Die kleine Karte verdeutlicht die Position der Überblickskarte innerhalb der Stadt oder Region.

Die Überblickskarten aus der Vogelperspektive zeigen die wichtigsten Sehenswürdigkeiten und erleichtern so die Orientierung.

● ▲ ◆
Diese Symbole finden Sie oben auf den Seiten. Sie kennzeichnen die verschiedenen Abschnitte des Reiseführers.

Casa del Conde de Santovenia
Der Wohnsitz wurde Ende des 18. Jh. erbaut und kündigte bereits den klassizistischen Stil des 19. Jh. an. Zunächst diente er dem Grafen von Santovenia als Residenz. 1867 wurde hier das erste Hotel der Stadt, das Santa Isabel, eröffnet, das seit seiner Renovierung ein Luxushotel ist. Die Fassade, die durch Portikus und Säulen gegliedert wird, hat im ersten Stock einen Balkon mit großen Öffnungen. Die bunten *lucetas* (Oberlichter, ● *84*) und die schmiedeeisernen Fenstergitter verleihen dem Bau Anmut.

PLAZA DE ARMAS ♥

Er ist der älteste und prachtvollste Platz der Stadt. Hier exerzierten im 16. Jh. die Truppen, und Ende des 18. Jh. wurde er zum administrativen und politischen Mittelpunkt von La Habana, das vergrößert und durch die barocken Fassaden vieler Paläste verschönert wurde. 1934 wurde der Platz nach den romantischen Vorstellungen des 19. Jh. umgestaltet. Wollbäume, Königspalmen und Brunnen unterstreichen die Geometrie der Parkalleen, die alle an der 1955 von Sergio López Mesa geschaffenen Statue zu Ehren von Carlos Manuel de Céspedes (unten rechts) zusammenlaufen. Man kann dort flanieren, wie es früher die Einwohner taten, die sich mit ihren berühmten *volantas* (Kutschen) einfanden, um der Musik zu lauschen. Noch heute wird unter den Arkaden musiziert.

Castillo de la Real Fuerza (● *78)*. 1538 befahl der Gouverneur Hernando de Soto den Bau von Befestigungsanlagen in der Stadt. Gegenüber der engen Hafeneinfahrt sollte eine erste Verteidigungsanlage entstehen. 1540 wurde der Bau beendet, 1555 vom französischen Piraten Jacques de Sores (● *33*, ▲ *206)* wieder zerstört. Zwischen 1558 und 1577 wurde die heutige Festung errichtet. Sie hat einen quadratischen Grundriss und wird von vier Bollwerken flankiert. Entworfen wurde das Fort vom Militäringenieur Bartolomé Sánchez, der hier, auf amerikanischem Boden, zum ersten Mal den Prinzipien der Regelmäßigkeit folgte, die dem Konzept der italienischen Renaissance entsprechen. Die Gouverneure ließen sich ab 1590 in der oberen Etage nieder, bevor sie ihren Hofsitz an den Palacio de los Capitanes Generales (▲ *124)* verlegten. Im Erdgeschoss ist heute das Museo de la Cerámica untergebracht. Von demTurm aus kann man die Festungen auf der anderen Seite der Hafeneinfahrt (▲ *146)* betrachten.

Palacio del Segundo Cabo. Dieser Palast bildet zusammen mit dem Palacio de los Capitanes Generales (▲ *124)* die schönste architektonische Einheit des Platzes. Sie ist ein Symbol der Kolonialmacht Ende des 18. Jh. Der Palast wurde auf königlichen Befehl zwischen 1770 und 1791 erbaut, um dort die *casa de correos* (Post) unterzubringen. Später befand sich hier die Finanzverwaltung, und ab 1854 war der Bau Sitz des Vizegouverneurs (daher der Name) und des Senats. Auch fungierte er als Justizpalast. Heute ist hier das Institut des cubanischen Buches untergebracht. Der Bau wurde von J. A. de Armona geplant und von Antonio Fernández de Trevejos ausgeführt. 1829 wurde er von Govantes und Cabarrocas umgestaltet. Der Palast ist ein eindrucksvolles Beispiel des ›cubanischen Barock‹ (● *82)*, der durch weniger Zierrat und Details nüchterner ist als der europäische Barock. Die herrlichen Fenster und die sorgfältige Ausführung der Portikussäulen heben die strenge Fassade hervor. Der enge Patio hat im ersten Stock eine Arkadenreihe, die von blauen Fenstern mit großen weißen Klappläden im französischen Stil eingegrenzt wird.

El Templete (● *86)*. Der kleine Tempel griechisch-römischer Prägung wurde am 19. März 1828 eingeweiht, um an die Gründungsmesse von 1519 zu erinnern, als San Cristóbal de La Habana hierher verlegt wurde. Der Portikus mit dorischen Säulen trägt einen Fenstergiebel, in den eine Gedenkschrift eingemeißelt ist. Im Inneren beschwören drei große Gemälde des französischen Malers Jean-Baptiste Vermay (1786-1833) die Ereignisse. Ein Wollbaum markiert den genauen Ort der Zeremonie. Daneben befindet sich seit 1754 eine Säule mit der Virgen del Pilar, der Schutzpatronin der spanischen Seeleute.

Habana Vieja: Weltkulturerbe der Unesco ★
Um den größten Andrang zu umgehen, sollte man das alte Stadtzentrum zwischen 8 und 14 Uhr besuchen. Zwei Museumsbesuche sind für die historische und kulturelle Annäherung unerlässlich: das Museo de la Ciudad an der Plaza de Armas und das Museo de Arte Colonial an der Plaza de la Catedral.

123

Am Anfang der Reiseroutenkapitel wird die Reisedauer genannt und angezeigt, welche Verkehrsmittel geeignet ist:
Kilometerzahl
Mit dem Auto
Zu Fuß
Mit dem Schiff
Dauer

♥ Das Herz steht bei den Sehenswürdigkeiten, die von den Autoren besonders empfohlen werden und daher nicht ausgelassen werden sollten.

★ Der Stern kennzeichnet die großen Highlights unter den Sehenswürdigkeiten.

Wissenswertes auf einen Blick

▲ Reiserouten auf Cuba

◆ Praktische Informationen

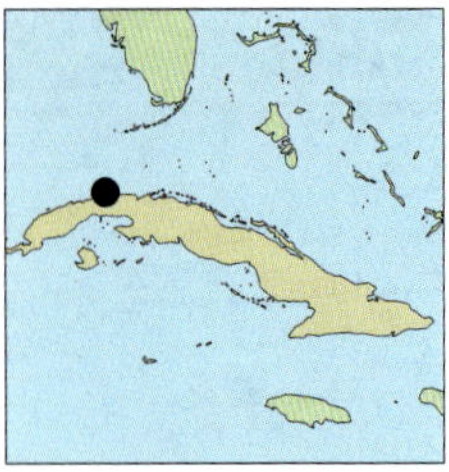

LA HABANA (▲ *119*)
Eine Route durch die cubanische Hauptstadt, die ihrer historischen Ausdehnung Richtung Westen folgt. Sie beginnt in der Altstadt (Habana Vieja), führt durch das Stadtzentrum und am Prado vorbei, der beliebten Flaniermeile der Habaneros, zum Villenviertel Vedado, zur Plaza de la Revolución und nach Miramar. Sie endet auf der gegenüberliegenden Seite der Bucht bei den Festungen von Habana del Este.

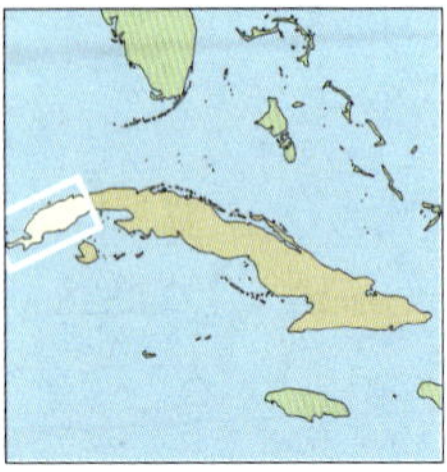

IM WESTEN: Pinar del Río (▲ *151*)
Ein Naturerlebnis, das die fruchtbare Sierra del Rosario, das berühmte Valle de Viñales, Vuelta Abajo, den Ort der cubanischen Tabakauslese im Süden von Pinar del Río, sowie die Halbinsel Guanacahabibes und seinen Nationalpark einschließt. Sie ermöglicht vor der Rückkehr nach La Habana einen Abstecher zur Nordküste der Provinz, die schöne Tauchgründe bietet.

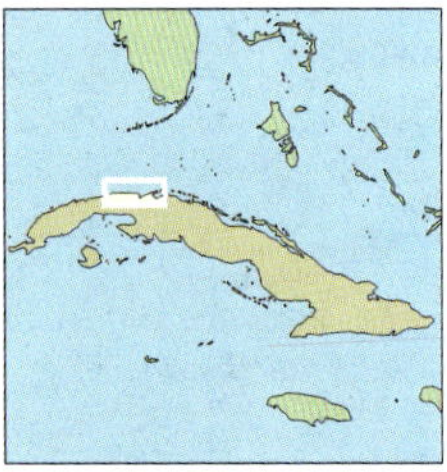

NORDKÜSTE: von La Habana nach Cárdenas (▲ *163*)
Eine Route, die die schönen Strände der ›cubanischen Riviera‹ einschließt. Sie beginnt in Cojímar, dem ›Heimathafen‹ Hemingways, und führt über die langen Playas del Este bis nach Varadero, dem größten Badeort der Insel. Sie macht in zwei Städten halt, die durch die Rohrzuckerplantagen boomten: in Matanzas, ›Königin des Rumba‹, und in Cárdenas, ›Königin des Rum‹.

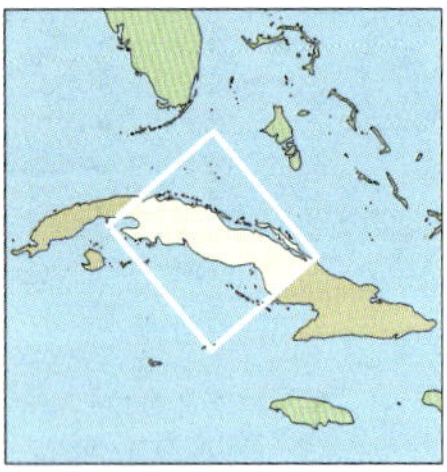

ZENTRAL-CUBA (▲ *171*)
Eine Route, die sich gänzlich der großen Zentralebene verschreibt und herrliche Kolonialstädte einbezieht. Sie beginnt auf der Península de Zapata und führt durch Cienfuegos, Trinidad, Sancti Spíritus und Santa Clara, dem der Erinnerung an Che gewidmeten Ort. Vor der Rückfahrt nach Camagüey führt ein kleiner Abstecher auf das Archipiélago de Sabana-Camagüey.

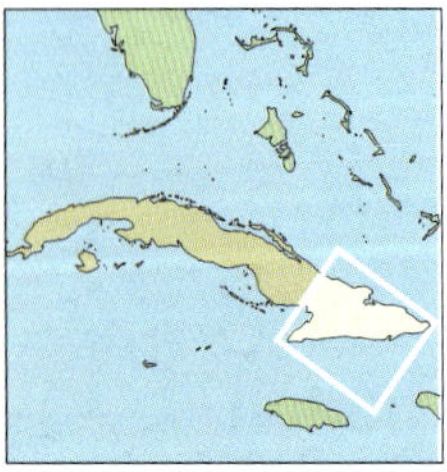

ORIENTE (▲ *197*)
Oriente oder der Kopf der ›großen grünen Eidechse‹, die Cuba darstellt. Diese ›Route der Aufstände‹ beginnt in Holguín, streift den Badeort Guardalavaca, folgt in der Sierra Maestra den Pfaden von Fidel Castro und Che bis ins lebensfrohe Santiago de Cuba und führt über die wasserärmste Gegend der Insel nach Baracoa, der ältesten Kolonialstadt Cubas.

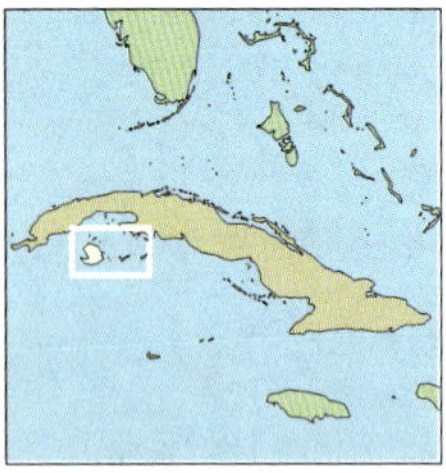

ARCHIPIÉLAGO DE LOS CANARREOS (▲ *223*)
Eine Route über das Meer von der Isla de la Juventud bis Cayo Largo. Sie beginnt in Nueva Gerona im Norden der Insel und bietet einen Besuch des berühmten Presidio Modelo, folgt dann einem schönen weißen Sandstrand an der Südküste bis zu dem beeindruckenden Korallenriff im Südwesten. Sie endet in der Stille der dem Wind ausgelieferten *cayos*.

→AN DIESEM REISEFÜHRER HABEN ZAHLREICHE LANDESKENNER UND SPEZIALISTEN GEARBEITET. ALLE INFORMATIONEN WURDEN VON PAUL ESTRADE (ALLGEMEINER TEIL) UND JUAN LUIS MORALES MENOCAL (REISEROUTEN) SORGFÄLTIG ÜBERPRÜFT.

Wissenswertes auf einen Blick

Françoise Barthélémy
Autorin von ›Die Revolution von 1953 bis 1967‹.
Professorin für iberische Literatur und Landeskunde, auf die lateinamerikanischen Länder spezialisierte Journalistin.

Yves Cohat
Koautor von ›Cayos und Korallenriff‹ und Autor von ›Das offene Meer‹.
Doktor der Literaturwissenschaft, Spezialist für Meereskunde und Fischerei.

Paul Estrade
Autor der Seiten über José Martí.
Spanischlehrer, Doktor der Literaturwissenschaft, emeritierter Professor der Université Paris-VIII. Spezialist für die hispanischen Antillen und das Werk von José Martí, Gründungsvater der ›Association France-Cuba‹.

Louis Fahrasmane
Autor der Seiten über den Zuckerrohranbau und die Zucker- und Rumherstellung.
Forschende Tätigkeit an der INRA auf Guadeloupe, Spezialist für Zuckerrohr.

Carmen González Díaz de Villegas
Koautorin von ›Volkskulte afrikanischen Ursprungs‹ und ›Der Karneval‹.
Cubanerin, arbeitete am ›Département des Pays d'Afrique du Ministère des Affaires Étrangères‹, dann bis 1990 am ›Centre d'Études sur l'Afrique et le Moyen-Orient‹.

Guilhem Lesaffre
Autor der vogelkundlichen Passagen, Koautor der Naturseiten.
Biologe.

Eduardo Manet
Koautor von ›Cuba in der Literatur‹.
Französischer Staatsbürger seit 1979, Dramatiker und Romancier.

Véronique Petit
Koautorin des französischen Literaturkapitels.
Journalistin, schreibt auch Gedichte und Erzählungen.

Jean-Claude Ribaut
Autor von ›Der Tabak‹, ›Zigarren und Rum‹ und ›Fábrica Partagás‹.
Berichterstatter der *Monde*.

Marie-Thérèse Richard Hernández
Autorin von ›Cuba - von Malern gesehen‹.
Doktorin der Literatur, Vorsitzende der Konferenzen an der Universität von Cergy-Pontoise und des ›Institut des Sciences Politiques de Paris‹, Autorin einer Abhandlung über die cubanische Malerei in der republikanischen Ära.

Eduardo L. Rodríguez
Autor der Architekturseiten und von ›Öffentliche Gebäude der Republik‹.
Cubaner, Architekt, Kritiker und Historiker. Herausgeber von *Arquitectura Cuba*.

Maryse Roux
Koautorin der Naturseiten, von ›Volkskulte‹ und ›Der Karneval‹, stellte die Seiten zum ›Montuna-Huhn‹ zusammen.
Geografin, lebte von 1986-98 in La Habana.

Maya Roy
Autorin von ›Musik und Tanz‹, Koautorin von ›Der Karneval‹.
Hochschullehrerin, Autorin von Arbeiten über hispanische Musik aus der Karibik, Mitarbeiterin des Radio France Internationale (RFI 3). Produzentin von verschiedenen Rundfunksendungen bis 1996.

Eduardo Torres-Cuevas
Autor von ›Chronologischer Überblick‹, ›Die Ureinwohner‹ und ›Die Sklaverei‹.
Cubaner, Professor der Geschichte an der Universität von La Habana, Herausgeber von *Debates Americanos* und Direktor des Studieninstituts Don Fernando Ortiz.

Reiserouten auf Cuba

Juan Luis Morales Menocal
Autor der Seiten über La Habana.
Seit 1993 in Paris lebender Architekt aus Cuba. Arbeitete zuvor auf der Insel, Entwurf des Atelier Morales und anderer Architekturprojekte. Er schuf Mobiliar und Fresken in den Restaurants *Havanita Café* und *Little Havana* in Paris.

José Dos Santos López
Autor von ›La Habana‹ und ›Die Nordküste: von La Habana nach Cárdenas‹.
Journalist seit 1969, vormals Deutschlandkorrespondent, seit 10 Jahren Vizepräsident der Agentur ›Prensa Latina‹.

Gérard de Cortanze
Autor von ›Ernest Hemingway auf Cuba‹.
Romancier und Essayist, als einer der größten Spezialisten der hispanischen Welt geschätzt.

Andrés Escobar Soto
Koautor von ›Der Westen: Pinar del Río‹.
Cubaner, Journalist und Herausgeber in der Agentur ›Prensa Latina‹, ehemaliger Korrespondent für Frankreich, Spanien und den Libanon.

Maryse Roux
Koautorin von ›Der Westen: Pinar del Río‹.
Geografin, s. o.

James Clement
Autor der Seiten über die Bahías de Cochones, Cienfuegos, Sancti Spíritus, Santa Clara, Remedios, Morón, die Cayos Coco und Guillermo, Camagüey.
Lizentiat für Sprachen an der Universität von Bristol, Präsident der spanischen und lateinamerikanischen Assoziation. Auf Cuba war er Reiseführer.

Jean Ortiz
Autor von ›Erinnerung an Che‹. Journalist in Lateinamerika von 1977 bis 1981, zur Zeit Vorsitzender der Konferenzen an der Universität von Pau, Spezialist für Cuba.

François Missen
Autor der Seiten über Trinidad und des Kapitels ›Oriente‹.
Auf Cuba spezialisierter Journalist und Schriftsteller.

Monique Peainchau
Autorin von ›Archipiélago de los Canarreos‹.
Lebt in La Habana, Professorin der ›Alliance Française‹.

Praktische Information

Monique Peainchau
Stellte die ›Praktischen Informationen‹ zusammen. Lebt in La Habana, Professorin der ›Alliance Française‹.

Jean-Claude Ribaut
Schrieb das ›Adressenverzeichnis‹.
Gastronomischer Berichterstatter der *Monde*.

GALLIMARD
■ **Président-directeur général**
Antoine Gallimard
■ **Comité stratégique**
Hedwige Pasquet,
Pierre Cohen-Tanugi
■ **Directeur**
Philippe Rossat
■ **Directrice éditoriale**
Nicole Jusserand
unter Mitarbeit von
Catherine Bourrabier,
Anne-Josyane Magniant

■ **Koordination**
Graphiker:
Yann Le Duc
Architektur:
Bruno Lenormand
unter Mitarbeit von
Isabella Bembo
Natur:
Frédéric Bony, Marc Duquet,
Guilhem Lesaffre
Fotografie:
Éric Guillemot, Patrick Léger
Aktualisierungen:
Virginie Maubourguet

■ **Partnerschaften**
Philippe Rossat
unter Mitarbeit von
Marie-Christine Baladi
■ **Vertrieb**
Jean-Paul Lacombe
■ **Presse und Werbung**
Manuèle Destors
■ **Foreign rights**
Gabriela Kaufman

CUBA
■ **Herausgeber**
Béatrice Méneux,
unter Mitarbeit von
Isabelle Dessommes, Catherine Ianco,
Emmanuelle Lepetit
■ **Praktische Informationen**
Sylvie Gendrot, Elsa Schifano,
Nicolas Christitch
■ **Layout**
Isabelle Roller, Olivier Brunot (Natur)
■ **Bebilderung**
Natalie Saint-Martin
■ **Übersetzungen aus dem Spanischen**
Maya Roy, Virginie Rouxel
■ **Redaktion - Korrektorat**
Isabelle Dessommes, Marianne Ganeau
■ **Illustrationen**
Umschlag: Henri Galeron
Natur: François Desbordes,
Claire Felloni, Pascal Robin
Architektur: Philippe Candé,
Jean-François Péneau, Claude Quiec,
Jean-Sylvain Roveri, Jean-Claude Senée,
Amato Soro
Routen: Maurice Pommier, Frédéric Bony
Praktische Informationen: Maurice Pommier
Kartographie: Vincent Brunot
Info-Grafik: Édigraphie, Paul Coulbois,
Patrick Mérienne

■ **Übersetzung ins Deutsche**
Ulrich Berger, Lissendorf (Natur)
Kristina Hering, Leipzig (Architektur,
Zentral-Cuba)
Klaus Jetz, Köln (Geschichte, Revolution,
La Habana, Oriente)
Rosemarie Reiners, Aachen (Kultur und
Traditionen, Maler, Westen und Nordküste,
Isla de la Juventud)
■ **Deutsche Literaturauswahl**
Gabriele Kalmbach
■ **Redaktion**
Anja Grebe und Rüdiger Müller für
Hans E. Latzke Redaktionsbüro, Bielefeld

Die Deutsche Bibliothek – CIP-Einheitsaufnahme
Cuba / [Übers.: Ulrich Berger ... Red.: Hans E. Latzke ...]
- Köln: DuMont, 2000
(DuMont Visuell)
Einheitssacht.: Guides Gallimard Cuba <dt>
ISBN 3-7701-5238-7
NE: Latzke, Hans E. ... [Red.]; EST

→WIR DANKEN GANZ BESONDERS FÜR IHRE HILFE:
David Bigelman, Dominique Colombani, Coralia und Bertrand Lamotte, Una Liutkus (Havanatour), Mario Veranes Castañeda, María Helena Martine Zequeira, seiner Exzellenz Señor Eumelio Caballero und Señora Gloria de Dios von der Botschaft Cubas in Paris.

Die Reihe wurde konzipiert von Pierre Marchand.

ISBN : 3-7701-5238-7
Druck und buchbinderische Verarbeitung: Editoriale Lloyd (Italien)

Wissenswertes auf einen Blick

Bevor die Tabakblätter von den Torcedores gerollt werden, haben sie bereits einen langen Weg hinter sich: zuerst zur Fabrik, wo noch nach den selben Methoden gearbeitet wird wie zu Beginn des 20. Jh. und die Entripper mit gekonnten Handgriffen Blatt für Blatt die Hauptadern heraustrennen; danach werden die Blatthälften aus der ersten Sortierung über den gepolsterten Rand eines runden Bottichs gehängt, den die Cubaner als ›Schildkröte‹ bezeichnen.

Santiago de Cuba, eine Marktszene aus den 1920er Jahren. Gesichter des Volks, die ein cubanischer Dichter so deutete: »Der Geist Cubas ist ein Mischling. Und das ist der Geist, der unserer Haut ihre endgültige Farbe gibt. Eines Tages wird man sogar sagen: cubanische Farbe.« (Nicolás Guillén)

Am 26. Juli 1959 organisierte Camilo Cienfuegos anlässlich des sechsten Jahrestages des Angriffs von Fidel Castro und seinen Leuten auf die Moncada-Kaserne in Santiago de Cuba eine große Parade.

Die Insel Cuba erstreckt sich als leichter Bogen über eine zentrale Ebene, die von kleinen Tälern und einigen hohen Gipfeln akzentuiert wird: Im Westen erhebt sich die Cordillera de Guaniguanico, im Osten die Sierra Maestra und das Sagua-Baracoa-Massiv und im Zentrum, an der Südküste, die Sierra de Escambray. Auf Cuba herrscht ein tropisches Klima mit einer feuchtheißen Phase von Mai bis Oktober und einer kühleren und trockeneren von November bis April. Die Insel unterliegt dem Einfluss der Passatwinde von Nordosten, die Hitze und Feuchtigkeit bringen, und der erfrischenden Wirkung des kontinentalen Hochdruckgebietes. Während das Klima für die Entstehung von tropischem Regenwald und Savannen sorgt, bestimmen Höhengliederung und Bodenbeschaffenheit die lokalen Unterschiede der Vegetation.

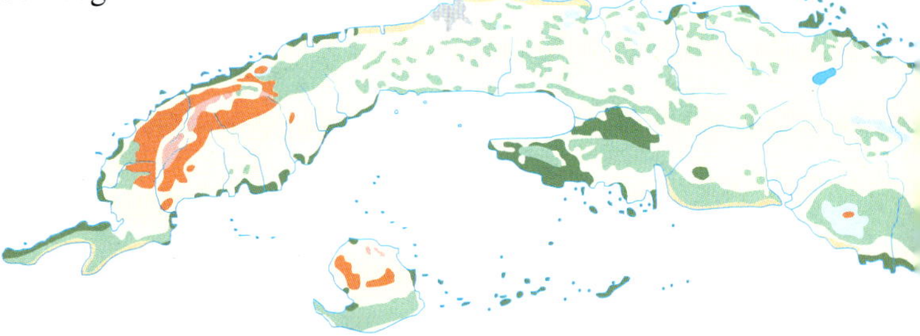

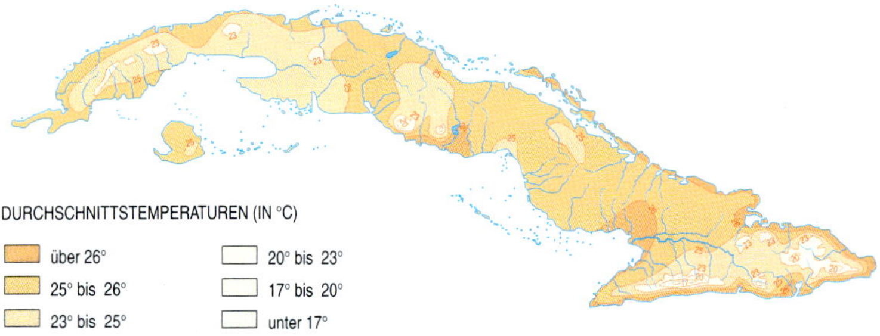

Der Archipel. Die cubanische Küstenform und der Archipel sind Folge der Veränderungen des Meeresspiegels im Quartär. Die Meeresströmungen spülten Sand von Flussmündungen und Stränden an, so dass sich die Cayos (Inselchen) bilden konnten.

Die Mogotes *(▲ 156)*. In kleinerem Maßstab als im tropischen Asien deuten die Landschaften der *mogotes* (Karsthügel) auf das Vorhandensein von riesigen unterirdischen Karsterscheinungen hin. Hier halten die Erhebungen Wache über Tabakfelder.

Die Zuckerrohrplantagen (● *48*). So weit das Auge reicht, erstrecken sich Zuckerrohrfelder neben Dorngestrüpp und Weiden über das Land. Der Zucker beansprucht die besten Böden mit der roten Erde der Kalkebenen. Eine Zuckerfabrik, die während der *zafra* (Ernte) qualmt, ist niemals weit.

Die Sierras. Die Sierras sind wichtige Zeugen der geologischen Geschichte und nehmen ungefähr ein Drittel der Inselfläche ein. Eine stufenförmige Vegetation bedeckt sie und lässt in den Tälern Platz für Strauchgestrüpp, Misch- und Kiefernwälder. Endemische Arten wie die Mayarí-Kiefer und der Anarcadier wachsen in den Sierras Orientales.

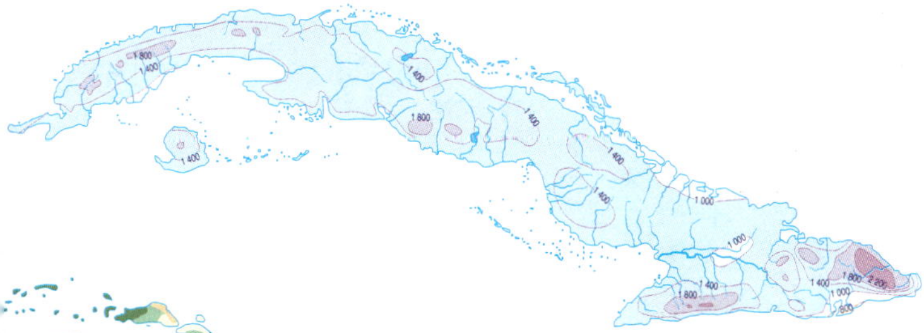

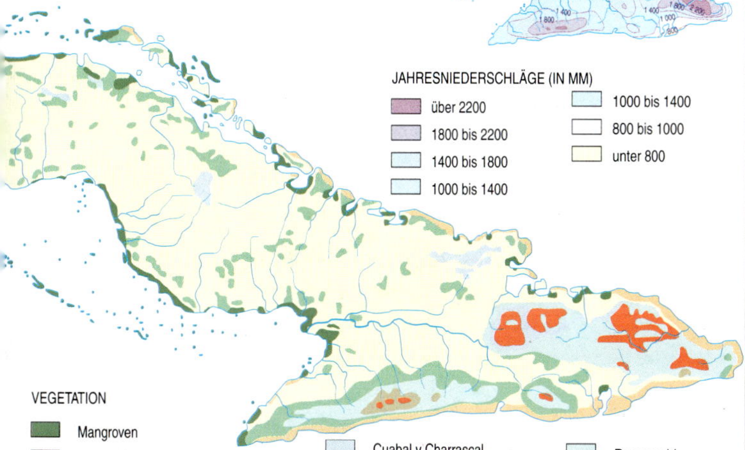

JAHRESNIEDERSCHLÄGE (IN MM)

- über 2200
- 1800 bis 2200
- 1400 bis 1800
- 1000 bis 1400
- 1000 bis 1400
- 800 bis 1000
- unter 800

VEGETATION

- Mangroven
- Hartlaubgewächse der Manigua Costera
- Mogote
- Cuabal y Charrascal
- Pinienwälder
- Laubabwerfender Wald
- Regenwald
- Gebirge
- Kulturland

Der Regenwald. Unter dem Einfluss des Nordostpassats haben die Berglandschaften von Moa und Baracoa eine jährliche Niederschlagsmenge von 3000 mm, davon die Hälfte in der Trockenzeit. Die üppige Vegetation hier ist der einzige echte Tropenwald Cubas.

Die Kakteen. Durch den Föhn, der mit der Ausrichtung der Sierras zusammenhängt, ist es an der äußersten Südküste zwischen Punta de Maisí und Guantánamo halbwüstenhaft. Hier gibt es Kakteen und Dornengestrüpp, wie im übrigen auch an der mittleren Nordküste.

Buntfalke
Diese lokale Gattung ist an ihrer Rotfärbung erkennbar. Der kleine Greifvogel sitzt gern auf Stromkabeln, wo er leicht zu beobachten ist.

Das Wort ›Savanne‹ ist von dem indigenen Wort *sabana* abgeleitet und kennzeichnet eigentlich eine baumlose Ebene. Hier ist damit eine offene grasbewachsene Fläche mit Büschen und wenigen Kiefern und Palmen gemeint. Im unberührten Zustand heißt dieser Naturraum *monte*, ein Begriff, der auch für die dichtere und baumreichere Vegetation der Höhenzonen angewendet wird. Er nimmt heute 40 % des Inselterritoriums ein. Gebiete mit Dornensträuchern und unfruchtbaren Böden sind von der Landwirtschaft unberührt geblieben. Auf den Grasflächen weiden Rinder und auf den reicheren Böden werden Zuckerrohr, Tabak und Mais angebaut.

Cotorra
(Cubanische Amazone)
Wenn Regenzeit ist, beginnen die Amazonen mit lautstarken Paarungsspielen und akrobatischen Einlagen in den Zweigen.

Rotschwanzbussard
Mit dem Truthahngeier ist er einer der großen Greifvögel, die man auf Cuba häufig beobachten kann. Er lässt sich von der warmen Luft tragen.

Truthahngeier
Diese weit verbreiteten Geier überfliegen freie Flächen, um Abfälle und tote Tiere zu orten, von denen sie sich ernähren.

Weißflügel-Turteltaube
Vor allem im Flug werden diese Tauben ihrem Namen gerecht. Sie bilden häufig kleine Schwärme.

Carolinataube
Sie fühlt sich in offenen Landschaften sehr wohl. Da sie nicht scheu ist, kann man leicht die metallischen Reflexe ihres Halses bewundern.

Sperlingstäubchen
Sie ist kleiner als eine geschlossene Faust und sucht gerne Straßenränder auf. Wenn man sie aufstört, erhebt sie sich kraftvoll in die Luft.

Blaue Anolis-Eidechse
Während sie sich in der Sonne wärmt, zeigt die männliche Eidechse eine ganze Palette an Blau- und Grüntönen, die nicht nur Weibchen und Rivalen beeindruckt.

Cubanischer Palmsegler
Diese kleine Seglerart mit schnellem und kunstvollem Flug baut auf den Wipfeln der Palmen ihre Nester.

Mangobaum
Die ältesten Bäume tragen tonnenweise Mangos und jede Frucht hängt am Ende eines langen, biegsamen und robusten Stiels.

Banane
Auch wenn sie wie ein Baum aussieht, ist sie doch eine Staude. Ihr ›Stamm‹ wird durch Blätter gebildet, die sich übereinanderlegen.

Tabak
Dieses Nachtschattengewächs aus der gleichen Familie wie die Kartoffel erreicht seine maximale Größe auf fetten Böden.

Zuckerrohr
Trotz seiner Größe, die 5 m erreichen kann, handelt es sich um eine Grasart, d. h. ein Gewächs aus der gleichen Familie wie Weizen oder Reis.

Der tropische Regenwald

Schwarze Anolis-Eidechse
Wenn sie aufgestört wird, bläst sie ihren weißen Kehlsack auf, der sonst unter dem Hals verborgen ist.

Bei der Ankunft der Spanier bedeckte tropischer Regenwald etwa zwei Drittel der Insel. Es wurde bald massiv gerodet, denn man benötigte Holz als Baumaterial und Brennstoff für den Schiffsbau, die Zuckerfabriken und die Eisenbahn. Der Wald musste zudem Platz für den Zuckerrohranbau machen. Aufgrund der Rodungen blieben in den Ebenen nur einige Bombax- und Flamboyant-Bäume übrig. Seltenere Baumarten kommen nur noch in Höhenlagen in der Nachbarschaft von Baumfarnen vor. In den Sierras konnte sich der tropische Regenwald jedoch erhalten. Er ist dicht bewachsen und beherbergt eine Vielzahl laubabwerfender und immergrüner Bäume.

Guitguit
Die metallischen Reflexe des blauen Federkleides dieses Nektar-Liebhabers zeigen sich nur bei vollem Lichteinfall.

Zunzún
Man trifft diesen Kolibri in von blühenden Bäumen gesäumten Lichtungen. Er ist auch gerne Gast in Ziergärten.

Singdrossel
Sie geizt nicht mit ihrem Gesang, ist nicht scheu und beteiligt sich rege an der akustischen Belebung des Regenwaldes.

Cartacuba
(Bunt-Todi)
Die ruhigen Todi-Vögel sind typisch für die Antillen.

Almiquí (Cubanischer Schnitzrüssler)
Auf Cuba gibt es eine der zwei Arten dieses vor allem nachtaktiven Säugetieres, das ungefähr 1 kg wiegt.

Periquito
(Cubanischer Sittich)
Dieser kleine Papagei ist an seinem langen Schwanz erkennbar. Er lebt auch in der Savanne.

Tocororo
(Bindentrogon)
Dieses geflügelte Juwel wird wegen seiner Farben als Wappenvogel Cubas angesehen. Man findet ihn auf der Nationalflagge wieder.

Brillenbindenspecht
Er untersucht häufig die Stämme der Palmen auf der Suche nach Insekten und Larven.

Brillen-
binden-
specht
Singdrossel

Eidechsen-Kuckuck
Am Boden unauffällig, zieht er im Flug durch seine langgestreckte Silhouette und seine bunten Flügel die Blicke auf sich.

Wenige Wälder sind im Urzustand erhalten; diese befinden sich nur in einer bestimmten Höhenstufe und zeichnen sich durch eine endemische Flora aus. Bei den jüngeren Wiederaufforstungsmaßnahmen sind die Kiefernwälder eintönig mit dichten und geradlinigen Stammreihen bepflanzt worden. Der etwas ältere Kiefernwald hat sein ursprüngliches Aussehen behalten oder erfolgreich wiedererlangt. An den Hängen mancher Sierras überragen die Kiefern Bananen-, Kaffee- und Kakaopflanzungen. An anderen Stellen besteht das Unterholz aus einer üppigen und vielfältigen Vegetation.

Grünscheitel-Waldsänger
Im Unterschied zu den amerikanischen Waldsängern, die nur nach Cuba fliegen, um dort zu überwintern, ist diese Art hier heimisch.

Fernandina-Waldsänger
Diese Waldsänger-Art gibt es nur auf Cuba, wo sie besonders in den Kiefernwäldern häufig anzutreffen ist.

Nördliche Spottdrossel
Von Zäunen oder Telefonleitungen aus stellt sie Insekten nach oder versucht sich in der Imitation des Gesangs anderer Vögel.

Cubanischer Specht
Vielfarbig, kreischend und lebhaft wie er ist, bleibt er nie unbemerkt. Außerhalb Cubas kommt er nicht vor.

Querequeté
(Ziegenmelker)
Tagsüber bleibt er unsichtbar und beginnt erst am Spätnachmittag mit seinem Himmelsflug. Dann stößt er den Jagdruf aus, der ihm den lautmalerischen Namen eingebracht hat.

Cubanische Kiefer
Auf Cuba gibt es vier endemische Kiefernarten, darunter die Sierra-Maestra-Kiefer, die Mayarí-Kiefer und die Männliche Kiefer.

Streifenkopf-Tangara
Von mittlerer Größe, gefällt sie ebenso durch die Schönheit ihres Federkleides wie durch den lieblichen Gesang.

Pitirre
(Tyrann)
Er ist immer gut sichtbar, denn er sitzt besonders oft auf Kabeln oder Pfählen und lauert auf große Insekten.

Jakarini-Fink
Von weitem erscheint das Sperlingmännchen ganz schwarz. Das feine weiße Band auf seinen Flügeln ist nur aus der Nähe sichtbar.

Binden-
trogon
Cubanische
Kiefer
Baumfarn
Cubanischer
Specht
F. Desbordes '95

Bindentaucher
Abwechselnd schwimmt er einem Korken gleich oder taucht, um seine Nahrung unter Wasser zu suchen.

Die cubanischen Sümpfe sind bei weitem die bedeutendsten aller Antillen. Auch wenn manche als Jagdreviere ausgewiesen sind, werden viele sorgsam geschützt. Diese Feuchtgebiete liegen oft an den küstenseitigen Rändern der Kalkebenen, wo die unzureichende ober- und unterirdische Entwässerung einen Wasserstau verursacht. Von Kanälen durchzogen und meist überwuchert von einer dichten schwimmenden Vegetation mit einem Saum aus Mangroven, bilden die Sümpfe einen von Menschen fast ungestörten Lebensraum. Hier gibt es zahllose Wasservögel, Fische, Schildkröten sowie sogar gelegentlich Alligatoren und Seekühe.

Schlangenhalsvogel
Der Taucher fühlt sich auch in der Luft wohl, wo er an seinem gleitenden Flug zu erkennen ist.

Fischadler
Er wartet so lange auf einem Ast, bis er einen Fisch geortet hat, den er mit nur einem Hieb dicht unterhalb der Wasseroberfläche erlegt.

Grünreiher
Dieser kleine Reiher watet am Ufer entlang. Er kann lange unbeweglich bleiben, bevor er gezielt nach einem Fisch schnappt.

Brautente
Das Männchen mit seinem farbig gemusterten Gefieder gehört zu den beeindruckendsten Entenarten.

Blesshuhn
Sein Trompetengeschrei ist weniger diskret als das schlichte schwarze Gefieder vermuten lässt.

Wasserhuhn
Es ist ein Meister darin, sich durch das Ufergestrüpp zu schlängeln, in dem es bei Gefahr verschwindet.

Blatthühnchen
Mit seinen übergroßen Zehen kann es sich auf dem schwimmenden Teppich aus Seerosenblättern fortbewegen.

Der Mangroven-Sumpfwald

1 Schwarze Mangrove **2** Graue Mangrove
3 Weiße Mangrove **4** Rote Mangrove

Zwischen Land und Meer erstreckt sich das Gebiet der Mangroven. Dieser Sumpfwald, bei dem die Bäume auf Stelzwurzeln stehen, ist ein sehr empfindlicher Naturraum mit einer großen biologischen Vielfalt. Viele Fische kommen zum Laichen in das Flechtwerk der im Wasser stehenden Wurzeln, während die Vögel inmitten des dichten Blattwerks Unterschlupf für die Nacht und Plätze zum Nisten finden. Zwischen den einzelnen Baumgruppen bieten freie Wasserflächen während der ganzen Regenperiode eine reichhaltige Nahrungsquelle für Stelzvögel.

Im Laufe der Zeit bilden die Mangroven einen in sich geschlossenen Lebensraum.

Hutia (▲ *161*)
Die Hutias sind große Nagetiere, die auf Bäumen leben. Sie sind inzwischen, mit Ausnahme einer Art, unter Tierschutz gestellt worden.

Weißscheiteltaube
Von der Morgendämmerung an hocken sie gurrend und in Schwärmen in den Wipfeln der großen Bäume am Rande der Mangrovensümpfe.

Weißer Ibis
Er ist leicht an seinem langen, gebogenen Schnabel zu erkennen und sitzt oft auf Mangrovenbäumen. Ein weißes Gefieder haben nur die Altvögel.

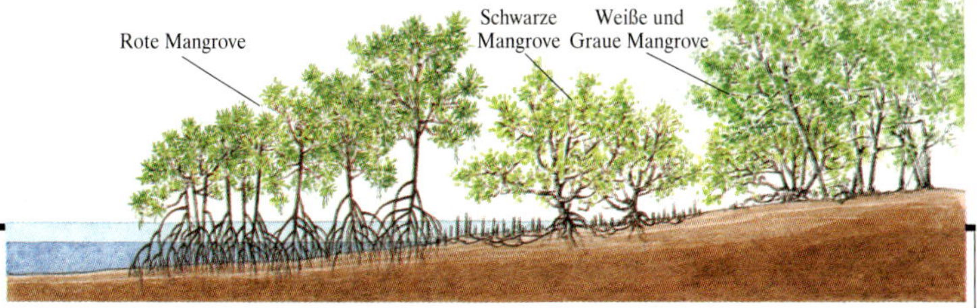

Der Sumpfwald besteht aus unterschiedlichen Mangrovenarten, darunter die Familie *Rhizophora.* Ihre Lebensbedingungen sind unterschiedlich. Zum Land hin wachsen die Grauen und Weißen Mangroven, die wenig Wasser und Salz vertragen. Dagegen können die Schwarzen und besonders die Roten Mangroven weit in das Wasser hinein wachsen.

Große Fregata
Ihre langen, gebogenen Flügel und der gegabelte Schwanz verleihen ihr im Flug bemerkenswerte Manövrierfähigkeiten.

Dreifarbiger Reiher
Dieser sesshafte Stelzvogel zeichnet sich durch die Eleganz seiner Erscheinung und durch die Schönheit seines Gefieders aus.

Rosa Löffler
Der vorne abgeflachte Schnabel findet sich bei Jung- und Altvögeln, doch tragen nur die Alten eine rosa gefärbte Tracht.

Rosa Flamingo
Das Plankton, von dem er sich durch Filtern des Brackwassers ernährt, enthält Karotin, das seinen Federn den rosa Farbton verleiht.

Die Cayos und das Korallenriff

Die größten Inseln des Archipels von Sabana-Camagüey sind nach der letzten Eiszeit durch eine Anhebung des Meeresspiegels von der Küste getrennt worden.

Die *cayos* sind kleine, sandige Inseln ohne Süßwasser, die Cuba labyrinthartig umsäumen. Sie dienen den Korallenriffen am Rand der unterseeischen Böschung als Stützpunkte. Dahinter ist die Küste oft in *seborucos* zerklüftet, in jene gehobenen alten Riffplatten, in denen fossile Polypen gefunden wurden, die das Riff gebaut haben. Die kleinsten Cayos dienen nur als eine Art ›Ruhestätte‹, die die Vögel in der Zeit der Vogelzüge aufsuchen. Die großen Cayos dagegen können riesige Kolonien von Vögeln und Reptilien aufnehmen, unter denen sich auch Leguane und Anolis-Eidechsen befinden.

Brauner Pelikan
An Land wirkt er plump. Wenn er aber erst einmal erfolgreich gestartet ist, wird aus ihm ein fantastischer Segler.

Königs-Seeschwalbe
In geschmeidigem und kraftvollem Flug überfliegt sie die Wellen, bevor sie im Sturzflug nach angepeilten Fischen taucht.

Steinwälzer
Mit kurzen Beinen und starken Zehen ausgestattet, trippelt er unbesorgt auf den zerklüfteten, scharfkantigen Riffen umher.

Weißstirn-Regenpfeifer
Kleiner ziehender Stelzvogel, der nach winzigen Lebewesen in den kleinen, von der Brandung erzeugten Tümpeln sucht.

Im karibischen Meer leben 50 Korallenarten. Zum Überleben brauchen diese mindestens 20° C warmes Wasser. Die Korallen-Kolonien bilden sich in maximal 40 m Meerestiefe.

Die Dichte der Lebewesen im Korallenriff ist enorm groß. So kann man bis zu 70 Fischarten in einem gedachten Wasserwürfel mit etwa 3,50 m Kantenlänge zählen.

Antillenmöwe

Sie ist die in den Antillen häufigste Möwenart. Im Brautkleid schmückt sich ihr Kopf mit einer schwarzen Kapuze.

Caouane-Schildkröte
Sie war früher im Karibischen Meer häufiger anzutreffen. Heute ist sie durch die touristische Nutzung der Strände gefährdet, die sie zur Eiablage aufsucht.

Die Lebewesen in den warmen Gewässern des offenen Meeres halten sich bevorzugt in weiter Ferne von der Küste auf, auch wenn sich einige Tiere manchmal dem Ufer nähern und in die Riffe verirren. Unter diesen pelagischen Arten befindet sich auch der fliegende Fisch, der sich mit bemerkenswerter Ausdauer den Sportanglern zu widersetzen versucht.

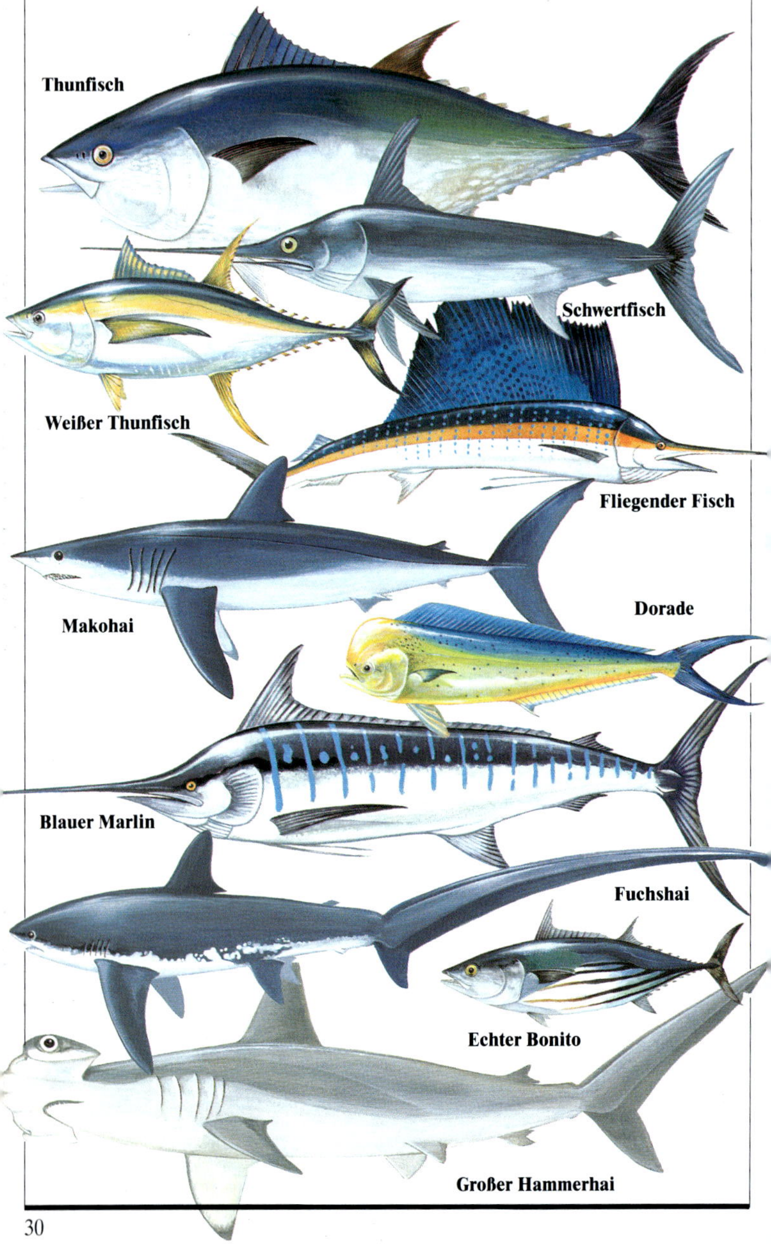

Geschichte

1492 Reconquista in Spanien

1519 Hernán Cortés bricht von Cuba aus zur Eroberung Mexikos auf.

-8000 | **-5000** | **-1000** | **0** | **1500** | **1525**

8000 v. Chr. erste Besiedlung Cubas

4500 v. Chr. zweite Einwanderungswelle

500 v. Chr dritte Einwanderungswelle

1492 Entdeckung Cubas durch Kolumbus

1510 Beginn der Eroberung Cubas

Die prähispanische Epoche

Archäologische Ausgrabungen brachten Funde zutage, die bezeugen, dass sich vor 10 000 Jahren Menschen auf Cuba niederließen. Als 1492 die Europäer kamen, hatten die Gemeinschaften auf der Insel unterschiedliche Entwicklungsstufen erreicht. Die älteste Gemeinschaft stellten die *Guanajatabeyes* dar (● *34)*, deren Kultur in die mittlere Steinzeit zurückreicht. Sie waren Fischer und Sammler. Die am weitesten entwickelte Gemeinschaft gehörte zu einem der größten Völker Südamerikas, den Arawaks, die das gesamte karibische Becken von der Orinoco-Mündung aufwärts bevölkerten. Sie waren um das Jahr 500 n. Chr. auf die Insel gekommen, wo sie sich Tainos (»ich bin gut«, (● *34)* nannten. Sie lebten sesshaft vom Maniokanbau,

besaßen entwickelte Werkzeuge; ihre Zivilisation beruhte auf einer differenzierten Stammes-Organisation. Töpferarbeiten und Kultgegenstände zeigen die kunsthandwerkliche Begabung der Tainos (oben: Cemíe, ● *34,* Göttin der Fruchtbarkeit). Man schätzt, dass 1492 rund 100 000 Ureinwohner auf Cuba lebten.

Die kreolische Gesellschaft: Die Kolonialisierung

Die Entdeckung der Insel

1492 ernennt Königin Isabella von Kastilien Christoph Kolumbus (Cristóbal Colón) zum Admiral und trägt ihm auf, einen neuen Seeweg nach Indien zu finden. Auf seiner ersten Expedition erzählen ihm die Einwohner der ersten Insel, die er anläuft, von einem großen Land, das sie Cuba nennen. Am 28. Oktober 1492 landet Kolumbus in der Bucht von Bariay (▲ *201)*, an der Nordküste der heutigen Provinz Holguín. Da er glaubt, in Asien angelangt zu sein, verwechselt er Cuba mit Cipango (Japan). Zehn Jahre später umsegelt Nicolás de Ovando Cuba und weist nach, dass es sich um eine Insel handelt.

Die Eroberung

1510 landet Diego Velázquez mit 300 Männern auf Cuba und beginnt im Namen der spanischen Krone mit der Eroberung der Insel. Der Hauptantrieb ist die Suche nach Gold. Ab 1511 gründet er die ersten Städte der Kolonie (Baracoa, Bayamo, Sancti Spíritus, La Habana, Camagüey und Santiago de Cuba). Im Verlauf der Eroberung kommt es zu zahlreichen Übergriffen gegen die Ureinwohner. Der Kazike Hatuey, der den indianischen Widerstand in der Gegend um Bayamo anführt, wird 1512 von den Spaniern bei lebendigem Leib verbrannt (▲ *221)*. Durch das *encomienda*-System, durch das die Ureinwohner an den Grundbesitz gebunden wurden, auf dem sie arbeiten mussten, erhielten die spanischen Grundbesitzer Arbeitskräfte. Doch 1524 lebten als Folge von Misshandlungen und neuen Krankheiten nur noch 893 Indianer auf der Insel.

Der Beschützer der Indígenas

Der Dominikanermönch Bartolomé de Las Casas (1474-1566) wurde in Caonao Zeuge eines Gemetzels unter den Ureinwohnern. In seinen Schriften und seiner Missionstätigkeit kämpfte er um einen besseren Status der Indígenas. 1542 erließ König Karl I. die Leyes Nuevas de Indias, die das Encomienda-System beendeten. Später wurde Las Casas vorgeworfen, die Versklavung der Farbigen in Amerika vorangetrieben zu haben, denn diese wurden nun als Arbeitskräfte aus Afrika herbeigeschafft.

1532 Eroberung Perus durch Pizarro

1728 Gründung der königlich-päpstlichen Universität des Hl. Hieronymus in La Habana

1530 — 1575 — 1600 — 1650 — 1740 — 1760

1542 Leyes Nuevas de Indias

1553 La Habana wird Hauptstadt der Insel, offiziell aber erst 1607

1697 Vertrag von Rijswick: Beendigung des Piratentums und der Seeräuberei

Cuba an der Kreuzung der Seerouten

Die Goldminen auf Cuba sind bald erschöpft, und so werden neue Expeditionen organisiert, etwa die von Hernán Cortés 1519 nach Mexiko. Cuba entvölkert sich noch mehr, was einen Wandel in der Landwirtschaft zur Folge hat. Der Tabakanbau bleibt zwar erhalten, doch dazu tritt nun eine extensiv betriebene Viehzucht. Leder war in Europa hochgeschätzt, und es stellte bald die Haupteinnahmequelle der Insel dar. Anfang des 17. Jh. erfährt die Wirtschaft der Insel dank der Bedeutung des Hafens von La Habana einen Aufschwung (▲ *121*). Wegen seiner geografischen Lage ist er ein idealer Zwischenstopp für die spanischen Schiffe, die mit Handelsware aus den Kolonien kommen und nach Cádiz weitersegeln *(oben,* Verteidigungsanlagen des Hafens von La Habana im Jahre 1567).

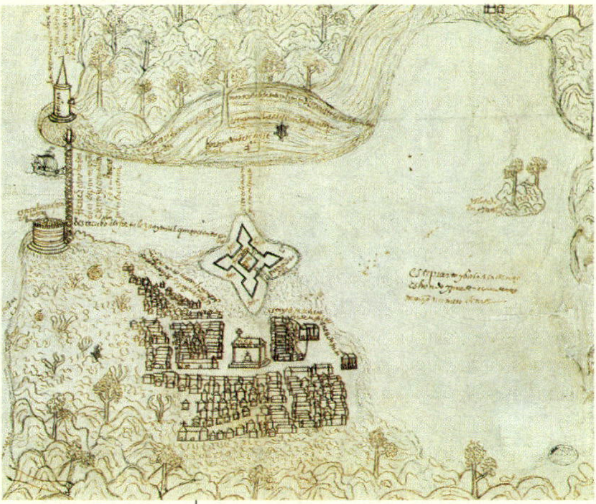

Im Rahmen des Monopols der spanischen Krone sind La Habana und Santiago die einzigen Häfen, die am Überseehandel teilhaben dürfen. Daher betreiben die Pflanzer einen blühenden Schmuggelhandel.

Entwicklung der kreolischen Lebensart

Mitte des 18. Jh. ist La Habana die drittgrößte Stadt der Neuen Welt, Mittelpunkt des Handels mit Westindien und der wichtigste Hafen in der Verteidigungsstrategie der spanischen Seerouten. In der ersten Hälfte des Jahrhunderts wächst die Bevölkerung der Insel um 80 %. Die Kreolen, wie alle auf der Insel geborenen Menschen genannt werden, entwickeln eine eigenständige Lebensart, die das Produkt der Verschmelzung der Kulturen der Spanier, der Afrikaner (die ersten Sklaven kamen bereits 1522) und der Indianer (z. B. das Naturgefühl) ist. Die Virgen de la Caridad von El Cobre (▲ *218*), eine Statue, die 1605 von zwei Mestizen und einem schwarzen Kind gefunden wurde, wird zur Schutzpatronin der Insel. Im 18. Jh. entsteht eine kreolische Aristokratie, die sich durch den Bau von großen Palästen und die Gründung von Kultureinrichtungen wie der Universität von La Habana (1728) einen Namen macht (▲ *142*).

Schmuggelhandel und Handelskriege (16./17. Jh.)

Im 16. und 17. Jh. entfesseln die mit Spanien rivalisierenden europäischen Nationen einen Handelskrieg. Sie wollen Spaniens Monopolstellung in Amerika nicht hinnehmen. Das Piratentum, in dem sich auch der Franzose Jacques de Sores hervortut (▲ *120, 206*), ist für die Bevölkerung eine Geißel, bleibt jedoch eine Randerscheinung. Sehr viel aktiver und zahlreicher sind Freibeuter wie die Engländer Francis Drake (▲ *225*) und Henry Morgan (▲ *206*), die mit Kaperbriefen der Königin agieren. Die Bukanier wie der Holländer Pieter Hayn und die Freibeuter, u. a. die berühmten Hermanos de la Costa (links), arbeiten, zusammen mit den Pflanzern der Insel, für europäische Handelshäuser. Der Vertrag von Rijswick von 1697 beendet das Piratentum und die Seeräuberei. Die spanische Krone errichtet in der Karibik ein Festungssystem (● *78*), um die Handelswege und deren wichtigste Städte, wie z. B. La Habana, zu verteidigen. Diese Bauten stellen eine der herausragenden architektonischen Leistungen des 18. Jh. dar.

1492 lebten auf dem cubanischen Archipel rund 100 000 Ureinwohner, die verschiedenen Ethnien angehörten. Sie siedelten an den Küsten und Flussmündungen. Die Guanajatabeyes, die um 6000 v. Chr. aus Nordamerika eingewandert waren, bevölkerten den Westteil der Insel. Diese Nomaden lebten als Jäger und Sammler und stellten Werkzeuge aus Muscheln her. Die Ciboneyes kamen wohl aus Mittelamerika und hatten sich um 2000 v. Chr. im Süden Cubas niedergelassen. Zum Teil wurden sie von den Tainos assimiliert, die die bevölkerungsreichste und am weitesten entwickelte Ethnie darstellten. Die Tainos hatten sich um 500 im Ostteil der Insel niedergelassen. Da alle Inselbewohner friedliebend waren, setzten sie der spanischen Eroberung keinen Widerstand entgegen.

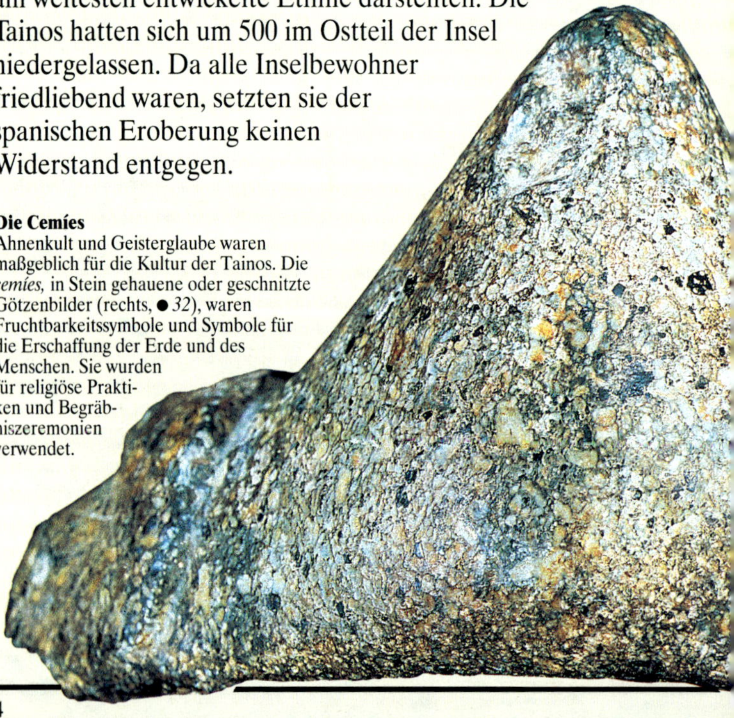

Die Cemíes
Ahnenkult und Geisterglaube waren maßgeblich für die Kultur der Tainos. Die *cemíes,* in Stein gehauene oder geschnitzte Götzenbilder (rechts, ● *32*), waren Fruchtbarkeitssymbole und Symbole für die Erschaffung der Erde und des Menschen. Sie wurden für religiöse Praktiken und Begräbniszeremonien verwendet.

Der Tabak sollte zu religiösen Zwecken in Ekstase versetzen. Er »war Teil der Mythologie, der Magie, der Medizin, der Stammeszeremonien, der Politik, der Kriege, der Landwirtschaft, des Fischfangs«. (Fernando Ortiz, ● *42*)

Der Tabak (● *68*)
Als die Spanier auf die Insel kamen, waren sie überrascht, Indianer zu sehen, die weißen Rauch durch die Nase einatmeten: Sie steckten das getrocknete Tabakblatt *(cohiba)* in kleine Y-förmige Holzröhrchen und zündeten es an. Auch rollten sie aus den Blättern eine Art Zigarre und sogen den Rauch durch den Mund ein, ähnlich, wie man heute eine Havanna raucht.

Der Maniokanbau
Maniok ist eine stärkehaltige Knolle. Die Tainos nutzten ihr gekörntes Mehl für verschiedene Produkte wie das *casabe* (Maniokbrot), Gargerichte und Getränke. Die Aussaat erfolgte immer zu zweit: Der eine grub mit Hilfe der *coa* (Grabstock) ein Loch, der andere gab den Samen hinein.

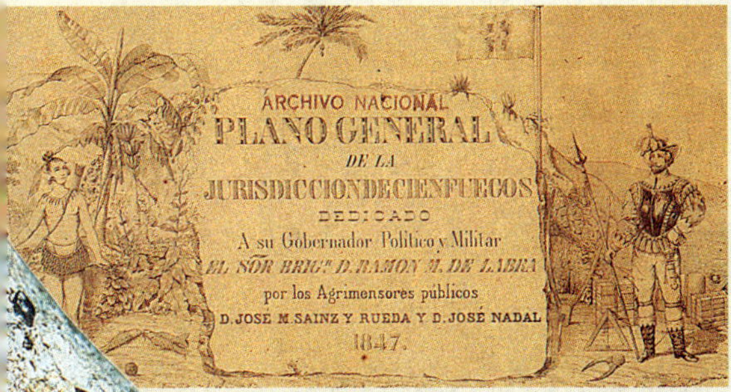

Das Taino-Dorf
Ein Dorf konnte aus bis zu 50 in Form und Größe variablen Wohnstätten bestehen. Es gab runde Hütten mit kegelförmigem Dach oder rechteckige Hütten mit Schrägdach und Vorbau. Letzterer Bautyp, das *bohío* (● *80*), war den höchsten Würdenträgern vorbehalten. Es ist die traditionelle Wohnstätte des Landarbeiters geblieben (oben links, Landschaft Cubas Ende des 19. Jh.). Das *batey* war Mittelpunkt des Weilers und religiösen Festen vorbehalten. Die Bezeichnung wurde später auf das ganze Dorf ausgedehnt; heute benennt es eine Siedlung, in der Zuckerrohrarbeiter leben.

Die Tainos waren in Dörfern organisiert und lebten friedlich von der Landwirtschaft. Den Spaniern erleichterte das die Eroberung der Insel. Dem Zeitalter der Aufklärung lieferten sie das Vorbild für den ›guten Wilden‹.

Die Verschleppung von afrikanischen Sklaven nach Cuba begann mit der spanischen Eroberung. Bis zur Abschaffung der Sklaverei 1886 wurden mehr als 850 000 Sklaven auf die Insel gebracht, davon 90 % allein zwischen 1762 und 1869. Sie gingen auf mehr als 25 Ethnien zurück, die an der afrikanischen Westküste (von der südlichen Sahara bis Angola) lebten. Der Preis der Sklaven richtete sich nach ihrer Herkunft: *bozal* (in Afrika geboren), *criollo* (auf Cuba von afrikanischen Eltern geboren), *rellollo* (kreolische Eltern). Um 1842 arbeiteten nur 22 % der Sklaven – vor allen die Bozales – auf den Zuckerrohrplantagen. Die anderen arbeiteten als Handwerker, auf Kaffeeplantagen oder als Hausangestellte. Ihr Glauben und ihre Sitten spielten eine herausragende Rolle in der Entstehung der neuen cubanischen Gesellschaft, Kultur und Religion.

Der Barracón

Auf den großen Zuckerrohrplantagen wurden bis zu 400 Sklaven in einem Gebäude, dem *barracón* (● *80*), untergebracht. Es hatte nur eine Türöffnung, die durch ein Gitter verschlossen wurde. Laut Aussage eines *cimarrón,* die durch Miguel Barnet überliefert ist, war der Barracón in ›Zimmer‹ unterteilt, die »ein Loch in der Wand« oder »eine Luke mit Gitterstangen« besaßen. Im Innenhof »wuschen die Frauen in Kübeln die Wäsche der ganzen Familie«.

Farbige Schriftsteller

Der Sklave Juan Francisco Manzano (1797-1854) war der erste bekannte farbige Schriftsteller. 1837 konnte er sich dank einer öffentlichen Geldsammlung freikaufen. Gabriel de la Concepción Valdés (1809-44), Plácido genannt, war ein freier Mulatte, dessen Dichtung für eine neue kreolische Sensibilität stand. 1844 wurde er als Verschwörer hingerichtet.

Der Sklavenalltag auf einer Plantage

»Um halb fünf morgens läutete (die Glocke) das Ave Maria […]. Um sechs Uhr ertönte eine andere: es war die der ›Aufstellung‹, und wir mussten uns außerhalb des Barracón in einer Reihe einfinden […]. Dann gingen wir bis elf Uhr zur Arbeit auf die Felder. Mittags aßen wir Rauchfleisch, gekochtes Gemüse und Brot. […] Abends um halb neun ertönte die letzte Glocke, die des ›Schweigens‹. Das war der Moment, in dem man zu Bett ging.« Miguel Barnet, »Sklaven auf Cuba«, 1967

Die Strafen

Sklaven, die entkamen und in die Berge flohen – vor allem in den Provinzen Pinar del Río und Oriente (▲ *197*) –, wurden *cimarrones* genannt. Sie bildeten Gemeinschaften, die unter dem Namen *palenques* bekannt waren. Wurden sie gefasst, unterwarf man sie grausamen Strafen wie zum Beispiel am Block: Das war eine Holzplanke mit zwei oder vier Öffnungen für die Gliedmaßen, an denen die Gefangenen tage- oder wochenlang gefesselt waren (oben).

Der Freikauf

Zu Beginn des 19. Jh. schrieb Alexander v. Humboldt: »Nirgendwo auf der Welt […] werden so viele Sklaven freigelassen wie auf Cuba«. Er fügte hinzu: »Welch ein Unterschied zwischen einem Sklaven, der im Haus eines reichen Herren in La Habana oder Kingston arbeitet, einem Sklaven, der auf eigene Rechnung arbeitet und seinem Herren ein tägliches Entgelt zahlt, und andererseits einem Sklaven, der an die Arbeit in einer Zuckerfabrik gebunden ist!« Sklaven, die in der Stadt einer Beschäftigung nachgingen, etwa als Koch, Maurer oder Musiker, fiel es leichter, sich ihre Freiheit zu erkaufen, da sie in ihrer Freizeit für sich selbst arbeiten konnten.

Geschichte

1776 La Habana ist englischer Stützpunkt während des amerikanischen Unabhängigkeitskrieges

1791 Sklavenrevolte in Haiti

1808 Spanischer Unabhängigkeitskrieg

1760 — 1770 — 1780 — 1790 — 1800 — 1810

1762 Besetzung La Habanas durch die Engländer

1789 Freier Handel mit ›Negersklaven‹

1791 Franzosen aus Haiti kommen nach Cuba

1808 Erste cubanische Verschwörung

Die Sklaverei und die cubanische Gesellschaft

Cuba als grösster Zuckerproduzent der Welt

Im letzten Drittel des 18. Jh., nach der Besetzung La Habanas durch die Engländer 1762, erfährt die cubanische Gesellschaft einen tiefgreifenden Wandel. Der Hafen von La Habana öffnet sich dem Handel mit England und seinen nordamerikanischen Kolonien. 1763 fällt La Habana wieder an Spanien, das eine wirtschaftliche Reformpolitik verfolgt, um die Verteidigung der Insel zu finanzieren. Die Einfuhr von Sklaven (● *34)* wird intensiviert (mehr als 600 000 zwischen 1763 und 1867), und rund 400 000 Europäer und Amerikaner wandern ein. Letztere betreiben kleinere landwirtschaftliche Betriebe, widmen sich dem Handel und anderen bürgerlichen Tätigkeiten. Cuba wird zum größten Zuckerproduzenten (1827) und exportiert den besten Tabak der Welt, dazu Edelhölzer und Kaffee. Der Kaffeeanbau wurde in den 70er Jahren des 18. Jh. eingeführt. Er profitiert von der Erfahrung der Franzosen, die nach der Sklavenrevolte in Haiti 1791 (▲ *199)* in den Osten der Insel kommen. Die Dampfmaschine (für die Zuckerfabriken, ● *50)* und die Eisenbahn werden in Cuba eingeführt, noch bevor dies im spanischen Mutterland geschieht. Städte werden modernisiert, weitere gegründet, etwa Cienfuegos (▲ *179)*, das von Franzosen aus Louisiana erbaut wird.

Cuba: Unabhängigkeit oder Annexion?

Die Spannungen der Zeit zeigen sich auch auf der Insel. Kreolen nehmen am amerikanischen Unabhängigkeitskrieg teil. Zwischen 1816 und 1826 lösen sich die spanischen Kolonien des Kontinents vom Mutterland. Auch in Cuba, das seit 1823 den *facultades omnímodas* (Vollmachten) der Generalkapitäne unterworfen war, entsteht eine Unabhängigkeitsbewegung. In den USA spricht man über eine Annexion der Insel, was unter vielen Kreolen und Großgrundbesitzern Unterstützung findet. Um 1860 setzt der Niedergang der Sklaverei ein, was auf das britische Verbot des Sklavenhandels (1820) sowie den amerikanischen Sezessionskrieg (1861-65) zurückgeht. 1867 scheitert die erste Bewegung für soziale, wirtschaftliche und politische Reformen.

Entstehung einer cubanischen Kultur

Die letzten Jahrzehnte des 18. Jh. sind geprägt von einer breiten kulturellen Bewegung zur Stärkung der cubanischen Identität – getragen vom Dichter José María Heredia (▲ *212)*, von Félix Varela – der dem Philosophielehrstuhl des Seminars von San Ambrosio und San Carlos (▲ *128)* vorsteht –, vom Romancier Cirilo Villaverde (● *104)* und dem Musiker Esteban Salas. *Filosofía electiva* von Agustín Caballero, das erste cubanische philosophische Werk, wählt aus dem europäischen Gedankengut alles das aus, was der cubanischen Sache nützt. Das Interesse an lokaler Kultur steigt im ganzen Land, das soziale Leben blüht auf. Um 1820 zählt man in La Habana mehr als 30 Ballsäle. Schwarze und Mulatten, ob Freie oder Sklaven, nehmen einen wichtigen Platz ein, wie die Aktivitäten des schwarzen Musikers Brindis de Salas (● *52)*, des Mulatten und Malers Vicente Escobar und des Mestizendichters Plácido (● *37)* zeigen.

1812-26 Unabhängigkeit der spanischen Kolonien in Amerika außer Cuba und Puerto Rico

1846-48 Krieg der USA gegen Mexiko

1870/71 Deutsch-französischer Krieg. Pariser Kommune

1815 — **1830** — **1870** — **1890** — **1900** — **1902**

1823 Verschwörung von Separatisten in Cuba

1868-78 Guerra de los Diez Años

1886 Abschaffung der Sklaverei

1895-98 Unabhängigkeitskrieg

1899-1902 Besetzung Cubas durch die USA

Die Unabhängigkeitskriege

Der Zehnjährige Krieg

Seit 1867 spielten Freimaurer eine wichtige Rolle in der Entstehung der Unabhängigkeitsbewegung Cubas. Am 10. Oktober 1868 schenkt Carlos Manuel Céspedes seinen Sklaven in La Demajagua (▲ *205*) die Freiheit und ruft die Unabhängigkeit aus. Das erste Parlament der aufständischen Republik tritt in Bayamo zusammen. Man singt zum ersten Mal die Nationalhymne (▲ *204*). Am 10. Februar 1878 unterzeichnen die Aufständischen Zentral-Cubas (▲ *172*) mit den Spaniern den Pakt von Zanjón, der die Guerra de los Diez Años beendet. General Antonio Maceo (rechts, ▲ *215*) und andere Offiziere lehnen ihn ab und proklamieren am 23. März 1878 den Protest von Baraguá, um den Kampf wieder aufzunehmen. Sie scheitern und Maceo geht ins Exil. Die Spanier lassen erste politische Parteien (1878) zu und schaffen in zwei Schritten die Sklaverei ab.

Die Mambises

Laut Fernando Ortiz (● *42*) stammt der Ausdruck aus dem Kongo und bedeutet »Böse«, »Taugenichtse«. Er bezeichnete alle, die sich auf Seiten der Unabhängigkeitskämpfer stellten: schwarze und weiße Bauern, ehemalige Sklaven oder auch Chinesen aus dem Ostteil. Als Waffen hatten sie nur ihre Macheten.

Besatzungsmacht USA (1899-1902)

Unter Kontrolle durch US-Truppen werden die Rechts- und Verwaltungsstrukturen der Insel von Grund auf reformiert: 1901 tritt eine neue Verfassung in Kraft, Cuba muss als Voraussetzung für die Unabhängigkeit das Platt-Amendment akzeptieren. Dieser Verfassungszusatz, erzwungen vom Kongress, erlaubt es den USA, in das politische und militärische Leben der Insel nach eigenem Interesse zu intervenieren. Zugleich muss Cuba einen Teil seines Territoriums für die Einrichtung von Militärbasen abtreten (Guantánamo, ● *46*, ▲ *220*).

Der Unabhängigkeitskrieg (1895-98)

Am 24. Februar 1895 beginnt der Unabhängigkeitskrieg, der vom Partido Revolucionario Cubano (PRC) unter Führung

von José Martí (● *40*) organisiert wird. Im April landen Martí, Antonio Maceo und Máximo Gómez (oben) im Ostteil der Insel. Doch schon am 19. Mai fällt Martí im Kampf. Der Marsch nach Westen beginnt im Oktober, im Januar 1896 erreicht Maceo die Stadt Mantua. Die Spanier schicken General Valeriano Weyler nach Cuba, der die Konzentration der Landbevölkerung in Lagern befiehlt. Man schätzt, dass 380 000 Gefangene an Hunger, Epidemien und unzureichenden hygienischen Bedingungen sterben. Am 7. Dezember 1896 fällt Maceo im Kampf. Ende 1897 gesteht Spanien, das den Konflikt beenden will, Cuba die Autonomie zu. Die Anhänger der Unabhängigkeit lehnen im Glauben an einen nahen Sieg ab. Im Februar 1898 explodiert im Hafen von La Habana das US-Panzerschiff Maine (der Handel wird zu dieser Zeit zu 90 % mit den Staaten abgewickelt). Dieses Ereignis dient den USA als Vorwand, um Spanien den Krieg zu erklären und in Cuba zu intervenieren. Die Spanier kapitulieren im Juli 1898. Zur Unterzeichnung des Friedensvertrages von Paris am 10. Dezember 1898 werden die Cubaner aber nicht eingeladen. Dieses Datum markiert das Ende der spanischen Souveränität in Cuba und den Beginn der ersten US-amerikanischen Intervention auf der Insel.

Die Erinnerung an José Martí ist in Cuba allgegenwärtig. Sein Name findet sich auf den Fassaden wichtiger Gebäude wie dem Flughafen von La Habana und der Nationalbibliothek. Jede Schule auf der Insel hat eine Büste von Martí, jede Stadt ihren Martí-Platz, ihre Martí-Allee, ihr Martí-Theater. Sein Geburtstag (28. Januar 1853 in La Habana) und sein Todestag (19. Mai 1895 in Dos Ríos) werden stets offiziell gefeiert.

Ein Leben im Exil

Bereits mit 17 Jahren war José Martí Zwangsarbeiter in den Steinbrüchen von San Lázaro, weil er zu den Aufständischen von 1868 gehört hatte. Nach seiner Verbannung auf die Isla de Pinos (▲ *225*) wurde er ins Exil nach Madrid geschickt. Dort studierte er Literatur und Jura, anschließend bereiste er Mexiko, Guatemala und Venezuela. 1878 kehrte er nach Cuba zurück, wurde wiederum nach Spanien verbannt, konnte jedoch nach New York fliehen (1880-95), wo er die letzte Phase des Unabhängigkeitskrieges vorbereitete. Er fiel mit 42 Jahren im Kampf. Sein Grab befindet sich in Santiago de Cuba (▲ *214*).

»ALLES, WAS MENSCHEN ENTZWEIT, IN KLASSEN TEILT, ISOLIERT ODER EINPFERCHT, IST EINE SÜNDE GEGEN DIE MENSCHHEIT.«
»DAS VATERLAND VERLANGT NACH OPFERN. ES IST EIN ALTAR UND KEIN POSTAMENT.«

JOSÉ MARTÍ

Architekt der Unabhängigkeit
Martí gründete die Revolutionäre Cubanische Partei (PRC) und organisierte, aufbauend auf den Erfahrungen der *Guerra de los Diez Años* (● *39*) und der *Guerra Chiquita* (▲ *207*), den Unabhängigkeitskrieg (auch *Guerra de Martí* genannt; 1895-98). Er fiel jedoch bereits in den ersten Tagen des Kampfes.

Vater der Demokratie auf Cuba
Bereits sehr früh warnte Martí vor den Gefahren eines US-amerikanischen Expansionsdrangs. Nach dem Vorbild Bolívars rief er die Bewohner Süd- und Mittelamerikas zu einem Zusammenschluss gegen die USA auf. Gegen Rassismus, Caudillismus, Militarismus und Klerikalismus setzte er einen republikanischen Demokratiebegriff, der bis dahin in Lateinamerika noch völlig unbekannt war. Seine politischen Ideen dienten später wiederum anderen als Vorbild.

Autor und Wegbereiter
Martí hat ein beträchtliches Werk hinterlassen, das aus Dichtungen (Ismaelillo, ›Einfache Verse‹, ›Freie Verse‹), Artikeln, Chroniken, Reden, Essays und Briefen besteht. Sein Einfluss auf die lateinamerikanische Literatur ist bis heute sehr groß. Bekannt ist er auch für seine Energie, seine Aufrichtigkeit, leuchtende Metaphern und die Ablehnung modischer Erscheinungen und importierter Modelle.

Die Präambeln der beiden ›Erklärungen von Havanna‹ (Castros Manifeste der Jahre 1960 und 1962) und auch die Präambel der Verfassung von 1976 sind von dem Gedankengut des geistigen Vaters der Revolution inspiriert. Der Dichter Nicolás Guillén schrieb: »Fidel hat erfüllt, was Martí versprochen hatte«. Der Personenkult um Martí ist größer als der um Che Guevara oder Castro. Doch ist dies keine Verordnung des Regimes: Selbst für die Oppositionellen symbolisiert Martí das Nationalgefühl Cubas. Links sein Denkmal in La Habana (▲ *144*).

Die Finca del Abra
Während seiner Verbannung auf die Pinieninsel (heute Isla de la Juventud) im Jahr 1870 lebte Martí in diesem Haus der Familie Sardá. Von hier ging er dann ins Exil nach Madrid.

1910 Beginn der Revolution in Mexiko
1914-18 Erster Weltkrieg
1917 Russische Revolution

1902 | 1905 | 1910 | 1915 | 1920 | 1925

20. Mai 1902 Gründung der Republik Cuba
1906 Kleiner August-Krieg. Zweite Besetzung Cubas durch die USA
1914-18 Der Zuckerpreis schnellt in die Höhe
1917 Aufstand der Liberalen in Cuba
1925 Beginn der Diktatur von Gerardo Machado

Eine Kultur entdeckt sich selbst

In der zweiten Hälfte des 19. Jh. wandern viele Spanier nach Cuba ein; zumeist kamen sie aus Galicien, von den Kanarischen Inseln, aus Andalusien und Valencia. Der öffentliche Sektor und die Zuckerindustrie werden modernisiert; man gründet neue Zeitungen und Zeitschriften nach europäischem Vorbild. Die Theater nehmen Opern und die typisch spanischen *zarzuelas* (Operetten) ins Programm auf. Bälle werden unter freiem Himmel, in den Gärten organisiert, und langsam nimmt die Musik einen originär cubanischen Charakter an. Das typische Orchester, die *charanga francesa* (● *54*), integriert cubanische und afrikanische Instrumente. Die Erfindung des *danzón* (▲ *166*) zeugt von einer neuen Sensibilität und Klangfarbe. Auch die *habanera* wird eine sehr populäre musikalische Gattung. In den ersten Jahren des 20. Jh. entstehen der *son,* die *conga,* die *rumba,* der *bolero* (● *54*).

DIE ERSTE REPUBLIK (1902-33)

Politik und Gesellschaft

»Wiedergeburt des Nationalbewusstseins«
Unter diesem Motto entstand in den 1920er Jahren eine breite kulturelle Bewegung. Der Antrieb der neuen Generation von Künstlern, Intellektuellen und Politikern war ein doppelter: Man strebte politische und soziale Reformen und die völlige Unabhängigkeit von den USA an. Unter den Intellektuellen, die diese Bewegung ins Leben riefen, sind Ramiro Guerra, Jorge Mañach, Raúl Roa und Fernando Ortiz (1881-1969, oben) zu nennen. Ortiz war Ethnologe und der erste, der sich den Randgruppen der Gesellschaft und Kultur, vor allem dem afrikanischen Einfluss, widmete.

Am 20. Mai 1902 wird die Republik ausgerufen, deren Souveränität jedoch durch das Platt-Amendment eingeschränkt ist. Tomás Estrada Palma wird zum Präsidenten gewählt. Ein Jahr später zwingen die USA Cuba einen Vertrag über gegenseitige Wirtschaftsbeziehungen auf: Nordamerikanische Produkte werden verbilligt, die USA wird Hauptimporteur der Landesprodukte. Die ersten Jahre des Jahrhunderts sind durch große politische Instabilität gekennzeichnet. Konservative und Liberale streiten um die Macht und machen selbst vor Wahlbetrug nicht halt. Dies provoziert bewaffnete Zusammenstöße: der ›Kleine August-Krieg‹ von 1906, in dessen Folge die USA die Insel bis 1909 besetzen, und die *Chambelona,* der Aufstand der Liberalen von 1917. Dennoch kommt es in der Regierungszeit des liberalen Präsidenten José Miguel Gómez zu großen demokra-

tischen Fortschritten: die Trennung von Kirche und Staat, die Einrichtung von Standesämtern, ein Scheidungsgesetz, die Gründung kostenloser staatlich-säkularisierter Schulen, Meinungs- und Versammlungsfreiheit. Nach dem großen Boom zu Beginn des Jahrhunderts gerät die Wirtschaft in eine Stagnationsphase. Das Land wird ein bedeutender Investitionsstandort der USA, Industrie und Landwirtschaft werden zum Großteil vom nördlichen Nachbar kontrolliert. Die Wirtschaftskrisen von 1921 und 1929 treffen die Insel besonders hart. Der liberale, von den USA gestützte Präsident Gerardo Machado (oben) regiert das Land diktatorisch mit harter Hand. Gegen das Regime wendet sich Julio Antonio Mella, 1925 Gründer des *Partido Comunista de Cuba,* (Kommunistische Partei Cubas, PCC). Er leitet die Bewegung für eine Universitätsreform, wird aber schon 1929 in Mexiko ermordet. Auch der Dichter Rubén Martínez Villena schließt sich der KP an. Machado wird schließlich nach einem Generalstreik am 12. August 1933 gestürzt. Diese Zeit ist von großen politischen Veränderungen geprägt.

1929 Börsenkrach in New York: Beginn der großen Depression

1939-45 Zweiter Weltkrieg

1930 · **1935** · **1940** · **1945** · **1950** · **1952**

1933 Sturz von Gerardo Machado. Erster Staatsstreich von Fulgencio Batista

1940 Verabschiedung der neuen Verfassung Cubas

1942 Cuba schließt sich den Alliierten an

10. März 1952 Zweiter Staatsstreich von Fulgencio Batista

Die Umgestaltung der Republik (1933-52)

Politik und Gesellschaft

Am 4. September 1933 unternehmen Militärs unterstützt von der Studentenbewegung *(unten)* einen Staatsstreich und setzen die provisorische Regierung von Grau San Martín ab, die auf Machado gefolgt war. Die USA drohen, Truppen zu entsenden, aber der neue starke Mann, Fulgencio Batista (rechts), beruhigt den großen Nachbarn und hält als Armeechef bis 1940 die eigentliche Macht in Händen. Die Volksbewegung von 1933 bringt dem Land neue Fortschritte: die Aussetzung des Platt-Amendments (1934), das Frauenwahlrecht (1935), den Achtstundentag (1940) und die Verabschiedung einer neuen Verfassung im Jahr 1940. Diese sieht eine Agrarreform, die Nationalisierung der natürlichen Ressourcen sowie Wahlen vor. Batista schaltet mit Hilfe der USA die extreme Rechte und einen Teil der Linken aus und wird 1940 zum Präsidenten gewählt. Die Wahlen von 1944 und 1948 bringen Grau San Martín und Prío Socarrás, die Führer der nun *Partido Auténtico,* ›Authentische Partei‹, genannten PRC, an die Macht. Um die Korruption in Verwaltung und Regierung zu bekämpfen, bricht Eduardo Chibás 1947 mit dem Partido Auténtico und gründet die Partei des Cubanischen Volkes (*Partido Ortodoxo*, ›Orthodoxe Partei‹). Kurz vor den Wahlen von 1952 organisiert Batista, der kaum reelle Siegeschancen hat, mit Hilfe der Armee einen neuen Staatsstreich, der alle Hoffnungen auf demokratische Verhältnisse im Keim erstickt.

1961 Kongress der KPDSU verurteilt den Stalinismus

1952 | 1954 | 1956 | 1958 | 1960 | 1961

1953 Fidel Castros Angriff auf die Moncada-Kaserne

20. November 1954 Wahlen legalisieren Batistas Präsidentschaft

1959 Fidel Castros Sieg. Agrarreform. Beginn der Konflikte mit den USA

1961 Alphabetisierungskampagne. Invasion in der Schweinebucht

Die Revolution gegen die Diktatur (1953-59)

Der bewaffnete Kampf gegen die Batista-Diktatur beginnt am 26. Juli 1953: An diesem Tag greift eine Gruppe von 160 jungen Leuten, die von dem Anwalt Fidel Castro angeführt wird, die Moncada-Kaserne in Santiago de Cuba an. Das Unternehmen scheitert, Castro wird auf der Isla de Pinos

(▲ *224*) interniert. 1955 wird er freigelassen und nach Mexiko abgeschoben, wo er den Movimiento de 26 Julio (M-26-7) organisiert und die *Granma*-Expedition vorbereitet. Der Argentinier Ernesto ›Che‹ Guevara (▲ *192*), der als Arzt in Mexiko

arbeitet, schließt sich Castro an. Am 2. Dezember 1956 landen Castro und seine 81 Begleiter in der Region Oriente. Sie erleiden hohe Verluste durch regierungstreue Truppen, doch eine kleine Rebellengruppe rettet sich in die Sierra Maestra (▲ *202*). Aus dem Rückzugsgebiet organisiert Castro mit aktiver Unterstützung eines Großteils der Bevölkerung die Guerilla gegen die Armee Batistas. Die Medien ermöglichen es ihm, seinen Kampf der Weltöffentlichkeit zu präsentieren.

Im Februar 1957 wird er von Herbert Matthews, einem Journalisten der *New York Times,* interviewt. So macht die Welt Bekanntschaft mit den *barbudos* (›Bärtigen‹) im grünen Drillich und ihrem charismatischen Anführer. Die Sympathie, die der Artikel ihnen entgegenbringt, zwingt die USA, ihre Unterstützung für Batista zu verringern. Im Februar 1958 beginnt Radio Rebelde, die Radiostation der Rebellen, im Bergdorf La Plata mit der Ausstrahlung.

Nachdem er die Großoffensive der Batista-Truppen gestoppt hat, baut Castros Bruder Raúl den Sommer über in der Sierra de Cristal eine zweite Front im Osten auf. Darauf folgt eine dritte Front im Osten der Sierra Maestra unter dem Kommando von Juan Almeida. Auf den Spuren von Máximo Gómez und Antonio Maceo marschieren die Rebellen unter Führung von Che Guevara und Camilo Cienfuegos Richtung Westen. In mehreren großen Städten der Provinz Las Villas schlagen sie die Truppen Batistas. Ende 1958 kämpft Che Guevara in Santa Clara, der Hauptstadt dieser Provinz. Nach der Einnahme der Stadt verlassen Batista und seine wichtigsten Mitarbeiter Cuba am 1. Januar 1959.

Die ersten Maßnahmen

Am 1. Januar 1959 beginnt der von Castro initiierte Generalstreik gegen die Militärs und das von Batista hinterlassene politische System. Am 2. Januar marschieren die Rebellen in La Habana ein, am 7. Januar wird das Grundgesetz *(ley fundamental)* der Republik verabschiedet. Es konzentriert Legislative und Exekutive in den Händen des Ministerrates. Als erste Reformen kommt es zur Nationalisierung der Elektrizitätswerke und der Telefongesellschaft, die von US-Kapital kontrolliert werden, Reduzierung der Mieten, Verteilung des Großgrundbesitzes an die Bauern, Reform des Unterrichtswesens, Abschaffung der Rassendiskriminierung. Doch die Ausreise Tausender von Oppositionellen wird die wirtschaftliche Entwicklung der Insel in Zukunft hemmen.

Angriff auf den Präsidentenpalast
Am 13. März 1957 versuchen Studenten aus La Habana, die im *Directorio Revolucionario* organisiert sind, den Präsidentenpalast einzunehmen. 35 von ihnen werden getötet, darunter auch José Antonio Echevarría, Gründer des Direktoriums im Jahre 1955 und Präsident der Studentenföderation (Federación Estudiantil Universitaria, FEU). Es kommt zu blutigen Repressalien: In den Tagen nach dem Angriff häufen sich Razzien, Folter und politische Morde.

Die Revolution auf Cuba von 1953 bis 1967

Françoise Barthélémy

Die Revolution von 1953 bis 1967
Die Zeit der Abhängigkeit

Durch einen Generalstreik geschwächt und vom Verbündeten USA fallen gelassen, stürzt im August 1933 Diktator Machado. Am 4. September wird die provisorische Regierung durch einen Staatsstreich abgesetzt, den der Unteroffizier Batista anführt. Nach sieben Jahren im Hintergrund wird der neue starke Mann Cubas 1940 in demokratischen Wahlen zum Präsidenten gewählt. Er regiert bis 1944. Die unter seinem Regime institutionalisierte Korruption erreicht unter seinen Nachfolgern erschreckende Ausmaße. Am 10. März 1952 ergreift Batista, dem in der kommenden Präsidentschaftswahl eine Niederlage droht, durch einen Militärputsch erneut die Macht.

Die Verfassung und die Parteien werden abgeschafft. Die Gefängnisse füllen sich, unzählige Personen verschwinden. US-Firmen besitzen auf Cuba 40 % der Zuckerfabriken und kontrollieren 90 % der Berg- und Elektrizitätswerke, 80 % der Dienstleistungen, 50 % der Eisenbahnlinien und, zusammen mit den Engländern, die gesamte Erdölindustrie.

Fulgencio Batista

1901 als Sohn einer armen Bauern- und Mulattenfamilie geboren. Der tüchtige und strebsame Kleinbürger trat bereits früh in die Armee ein. Zunächst als Leutnant und dann als General stellt er sich dem nordamerikanischen »Großen Bruder« zur Verfügung und häuft bald ein riesiges Vermögen an (er kontrolliert in erster Linie die hauptstädtischen Spielkasinos). So kann er einem luxuriösen Leben frönen und in zweiter Ehe Marta Fernández Miranda, eine weiße Spanierin, heiraten. Batistas Diktatur stützt sich auf die Agenten des militärischen Geheimdienstes SIM. Diese Handlanger der Diktatur werden, wie der Polizeichef von Santiago de Cuba, durch besondere Grausamkeit gegen Oppositionelle bekannt.

Fidel Castro

Geboren am 13. August 1926 in Birán (Oriente) als Sohn von galizischen Einwanderern. Der Jesuitenzögling ist ein brillanter und sportlicher Schüler. In der Studentenföderation prangert er die Perversionen des Nachtlebens und die Korruption in La Habana an. Er wird Anwalt und schließt sich der Orthodoxen Partei an, für die er bei den Wahlen zum Abgeordnetenhaus von 1952 kandidiert. Nach Batistas Staatsstreich klagt er vor dem Ausnahmegericht gegen den Diktator.

November 1947: Der Student Fidel Castro während einer politischen Diskussion

»In (Santiago) gab es willkürliche Verhaftungen, und bei Tagesanbruch baumelte an einer Strassenlaterne oft eine Männerleiche.«

Graham Greene, Vorwort zu »Unser Mann in Havanna«

Arbeitslose Landarbeiter, Juli 1954

Zwischen zwei *zafras* (Zuckerrohrernten, ● *48*) sind die Landarbeiter arbeitslos. Zahlreiche Erwachsene sterben an Hunger, Anämie, Rachitis und Tuberkulose, während viele Kinder noch vor ihrem ersten Geburtstag an Infektionskrankheiten sterben.

La Habana, Zentrum des Glücksspiels

In der Ära Batista wird das Nachtleben von der amerikanischen Mafia kontrolliert, die mit den Einnahmen problemlos die Polizei bestechen kann. Glücksspiel und Prostitution breiten sich aus. Zu Hause durch puritanische Strenge gehindert, kann sich der nordamerikanische Tourist in der Hauptstadt Cubas allen Lastern hingeben.

5. August 1951: Selbstmord von Eduardo Chibás

Senator Eduardo Chibás, der Gründer der Orthodoxen Partei, prangert unermüdlich die Korruption an. Für dieses Anliegen opfert er sogar sein Leben und begeht öffentlich, während einer Radiosendung, Selbstmord. Die Studenten setzen durch, dass er am 16. August in der großen Aula der Universität aufgebahrt wird. Man erkennt Fidel Castro (zweiter von rechts) unter den Mitgliedern der Totenwache.

Die Revolution von 1953 bis 1967
26. Juli 1953 bis 25. November 1956

Juli 1953. Die Leichen der Angreifer vor der Moncada-Kaserne (▲215)

Als Führer von 160 bewaffneten Männern beschließt Fidel Castro, die Revolution mit der Einnahme der Moncada-Kaserne in der traditionsreichen Rebellenstadt Santiago de Cuba zu beginnen. Man wählt die Nacht des 26. Juli 1953, als der Karneval seinem Höhepunkt zusteuert. Der Angriff scheitert, politisch aber wird er zum Erfolg. Castro wird ein nichtöffentlicher Prozess gemacht. Er verteidigt sich selbst und hält eine Rede, die unter dem Titel »Die Geschichte wird mich freisprechen« bekannt wird. Das Gericht verurteilt ihn zu 15 Jahren Zuchthaus auf der Isla de Pinos (heute Isla de la Juventud). 1955 amnestiert Batista unter dem Druck der Öffentlichkeit alle Gefangenen.

Im Gefängnis haben Fidel, sein Bruder Raúl und ihre Mitstreiter der Bewegung des 26. Juli (M-26-7) ihre revolutionären Ideen weiterentwickelt. Im Mai 1955 werden sie freigelassen. Sie reisen nach Mexiko aus, wo sie mit dem Argentinier Ernesto Guevara Freundschaft schließen, der in einem Krankenhaus arbeitet. Am 25. November 1956 schifft sich das Trio mit 79 Männern auf der Jacht *Granma* ein. Ihr Ziel: José Martís Tat wiederholen, im Westen Cubas landen und die Insel ›befreien‹. Im selben Jahr bildet eine Gruppe von Studenten unter Führung von José Antonio Echevarría das Directorio Revolucionario, um bewaffnete Aktionen gegen Batista durchzuführen.

9. August 1953: »Genug Blut«

Enrique Pérez Serantes, Erzbischof von Santiago, fordert, die Hinrichtungen von Angreifern der Moncada-Kaserne einzustellen. »Genug Blut«, ruft der Geistliche aus, dem Castro wohl sein Leben zu verdanken hat.

»Mein Schicksal ist mit der cubanischen Revolution verknüpft.«
Ernesto Che Guevara

Oktober 1953: Der Prozess gegen Castro

Im Moncada-Prozess, in dem Castro sich selbst verteidigt, sagt der Anwalt: »Es ist normal, dass ehrbare Männer getötet oder eingesperrt werden in einer Republik, deren Präsident ein Dieb und Mörder ist.« Er beruft sich auf José Martí (● *40*), zeichnet ein ergreifendes Bild der Unterdrückung und des Elends auf Cuba, zählt Maßnahmen auf, mit denen er Abhilfe geschaffen hätte, und kommt zu dem Schluss: »Die Geschichte wird mich freisprechen.«
Links: Deckblatt der späteren Veröffentlichung.

15. Mai 1955: Castro verlässt das Zuchthaus auf der Pinieninsel (▲ *224*)

Bei Wahlen im November 1954 ließ sich Batista als einziger Kandidat bestätigen. Im Februar 1955 tritt er die Präsidentschaft an. Die M-26-7 organisiert eine Kampagne zur Freilassung der Gefangenen. Das Komitee der Mütter der Gefangenen, in dem auch Frauen wie Celia Sánchez aktiv sind, wird durch die Presse unterstützt. Unter dem Druck der Öffentlichkeit gibt der Diktator schließlich nach.

Oktober-November 1955: Spendensammlung in den USA

Während seiner siebenwöchigen Reise durch die USA sammelt Castro (dritter von links) in New York Spenden für seine Bewegung. Wie einst José Martí mobilisiert er die cubanischen Emigranten.

Die Revolution von 1953 bis 1967
2. Dezember 1956 bis Anfang 1958

»Das war keine Landung, sondern ein Schiffbruch«, wird Che Guevara sagen. Im starken Sturm kentert die Jacht Granma, auf der sich die zukünftigen Rebellen eingeschifft hatten, am 2. Dezember 1956 an der Playa Las Coloradas (Provinz Bayamo). Die Passagiere sind völlig erschöpft: Seit sieben Tagen erleiden sie Hunger und Seekrankheit. Die alarmierte Küstenwache, die Landpolizei und Batistas Luftwaffe eröffnen das Feuer. Die Revolutionäre versuchen, die Sierra Maestra zu erreichen, aber am 5. Dezember kommt es zum Debakel von Alegría de Pío. Nur zwölf Männer entkommen. Celia Sánchez, die den M-26-7 in Manzanillo leitet, gelingt es, sie mit Proviant zu versorgen. Die Rebellen erhalten auf Anhieb die Unterstützung der Guajiros (Landarbeiter) und tragen am 17. Dezember in La Plata an der Südküste den ersten Sieg davon.

Die Barbudos

Castros Männer tragen den Beinamen *Barbudos* (Bärtige): Die Kämpfer sind der Auffassung, dass es eine Zeitverschwendung sei, sich zu rasieren… Die kleine Rebellengruppe der Sierra Maestra gewinnt an Stärke durch den Zulauf von Einheimischen: Kleinbauern, Tagelöhnern und Bauern aus den Kooperativen. Links: die Überlebenden der ›Granma-Expedition‹, darunter Camilo Cienfuegos (zweiter von links).

José Antonio Echevarría

Dieser junge Katholik, der aufgrund seiner moralischen Integrität großes Ansehen genießt, regt 1956 die Gründung des revolutionären Direktoriums an, des illegalen bewaffneten Arms der FEU (● *44*).

Am 13. März 1957 versuchen die Studenten des revolutionären Direktoriums in La Habana den Präsidentenpalast einzunehmen. Sie wollen Fulgencio Batista töten. Der Angriff endet in einer Katastrophe: Batista kann fliehen, zahlreiche Angreifer werden getötet, darunter auch José Antonio Echevarría, der Präsident der Studentenföderation FEU. In der Hauptstadt wird der Belagerungszustand verkündet. Überall werden Verdächtige verhaftet. Das harte Vorgehen veranlasst viele Oppositionelle, sich auf die Seite der Aufständischen zu schlagen.

Frank País

Er ist der Sohn eines Baptistenpfarrers und Gründer der revolutionären ›Aktion des Ostens‹, eines oppositionellen Netzwerks in Santiago de Cuba. Frank País (oben) ist ein noch junger Lehrer, als er den Rebellen der Sierra Maestra seine Dienste anbietet. Er versorgt sie mit Waffen, Munition und Medikamenten, rekrutiert neue Kämpfer in der Stadt und der ganzen Provinz. Wegen seines Mutes und seiner organisatorischen Fähigkeiten wird er von vielen bewundert, doch am 30. Juli 1957 wird er in Santiago de Cuba im Alter von nur 23 Jahren (▲ *214*) von der Polizei ermordet. Sein Bruder Josué, auch er Mitglied des M-26-7, war bereits am 30. Juni getötet worden.

»Alle Gewehre, alle Kugeln, alle Reserven für die Sierra!«

Fidel Castro

17. Februar 1957: Matthews interviewt Castro

Herbert L. Matthews, Lateinamerika-Spezialist mit großen Sympathien für die Rebellen, interviewt im Auftrag der New York Times Fidel Castro in der Sierra Maestra. Seine dreiseitige Reportage, die Ende Februar erscheint und den Guerillero als romantischen und großmütigen Robin Hood darstellt, sorgt für großes Aufsehen.

Die Guerilleras Celia Sánchez und Haydée Santamaría

Dank Celia Sánchez (unten, hinter Haydée Santamaría), der Tochter eines Arztes, erfreut sich M-26-7 seit der Landung der ›Granma‹ der Unterstützung durch die Bevölkerung. Sie ist eine Mitstreiterin Castros der ersten Stunde und wird seine engste Mitarbeiterin. Haydée Santamaría und Melba Hernández waren die einzigen Frauen, die am Angriff auf die Moncada-Kaserne teilnahmen.

La Plata, ein uneinnehmbares Hauptquartier

Castro hat sein Hauptquartier auf einem schwer zugänglichen Berg eingerichtet, oberhalb von La Plata, im Herzen der Sierra Maestra. Dort wurden unter Bäumen versteckt Holzbauten errichtet. Von hier aus stärkten die Rebellen ihre Positionen im ›befreiten Territorium‹, in dem sie eine politische und administrative Organisation aufbauten.

Castro bei der Lektüre

Seit der Schulzeit liebt Castro die Lektüre. Seine Gefangenschaft nutzt er, um die Werke Shakespeares, Balzacs, Gorkis zu lesen und um die Schriften Martís zu studieren. In La Plata liest er »Kaputt« von Malaparte.

Die Revolution von 1953 bis 1967
Anfang 1958 bis 8. Januar 1959

1958, als die Diktaturen in Peru, Kolumbien und Venezuela stürzen, verschlechtert sich die Lage Batistas. Die blutige Repression bewirkt eine ablehnende Haltung aller gesellschaftlichen Schichten, sogar die USA stellen ihre Unterstützung ein. Am 20. Juli 1958 bilden der M-26-7, das revolutionäre Direktorium und andere politische Kräfte in Caracas eine Einheitsfront gegen den Diktator. Die Kommunisten der Sozialistischen Volkspartei, die sich unbewaffnet der Diktatur widersetzt und Castro zunächst als »Abenteurer« bezeichnet hatten, nehmen Kontakt zum Comandante in der Sierra Maestra auf. In der verzweifelten Offensive, die Batista im Mai startet, stehen 10 000 Soldaten einigen hundert Rebellen gegenüber. Dennoch werden die Aufständischen nicht besiegt.

Während Castro auf Santiago zu marschiert und sein Bruder Raúl in Richtung Guantánamo, ziehen die Aufständischen unter Cienfuegos und Che Guevara nach Westen in Richtung Hauptstadt. Batista ist isoliert und flieht in der Nacht zum 1. Januar 1959. Am 1. Januar nehmen die Rebellen Santiago, Guantánamo und La Habana ein. Unter großem Beifall marschiert Castro am 8. Januar in die Hauptstadt.

23. Februar 1958: Fangios Entführung

Der M-26-7 versucht, die Aufmerksamkeit der Weltöffentlichkeit auf sich zu ziehen. Ihr erfolgreichster Coup wird die Entführung des argentinischen Rennfahrers, der in Cuba ein Rennen bestreiten soll. Bei seiner Freilassung am nächsten Morgen erklärt Fangio, dass er gut behandelt wurde.

24. Februar 1958: Gründung von Radio Rebelde

Das ›Rebellenradio‹, dessen Sender sich im Hauptquartier La Plata befindet, dient als Informationssender und Kontaktmedium zwischen der Guerilla und verschiedenen Orten Cubas. Man sendet auch nach Caracas, Mexiko und Miami. Die Kommuniqués werden von der Theaterschauspielerin Violeta Casals verlesen.

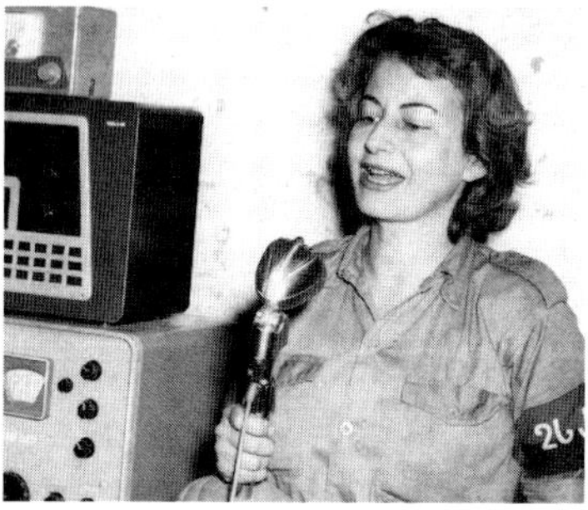

Guevara als Anführer der Kolonne 8

Am 18. August wird Camilo Cienfuegos beauftragt, eine Rebellenkolonne bis nach Pinar del Río zu führen. Che Guevara setzt sich mit 150 Männern in Richtung Las Villas in Bewegung. Der lange Marsch beginnt, immer wieder unterbrochen von Gefechten. Am Weihnachtsmorgen ist Santa Clara (▲ *192*) eingekesselt. Am 31. Dezember fällt die Stadt in die Hände der Rebellen, obwohl 3000 Soldaten zu ihrer Verteidigung abgestellt sind.

»Unsere Revolution ist so cubanisch wie unsere Musik. Kann man sich vorstellen, dass alle Völker die gleiche Musik hören?«

Fidel Castro

Der 1. Januar 1959

In La Habana besetzen die Kämpfer des M-26-7 die Radiostationen. Die Rebellen des revolutionären Direktoriums, die von Faure Chomón angeführt werden, bringen so wichtige Orte wie den Präsidentenpalast unter ihre Kontrolle. Camilo Cienfuegos und Che Guevara begeben sich zu den beiden Militärlagern der Hauptstadt: Columbia und die Festung La Cabaña, die die Einfahrt zum Hafen beherrscht. Unterdessen belagern Castro und seine Männer Santiago de Cuba. Als die Nacht hereinbricht, marschieren sie unter dem Jubel der Bevölkerung in die Stadt ein. Schon am Vorabend hatte Batista den Präsidentenpalast verlassen und war in das verschanzte Lager Columbia geflohen. Seine letzte Zuflucht gewährt ihm der Diktator Trujillo, der ihn am Morgen in Santo Domingo empfängt.

Der 8. Januar 1959 in La Habana

Die Befreier werden mit Jubel begrüßt. Eine Menschenmasse, die voller Ungeduld den Siegeszug erwartet, drängt zum Militärlager Columbia. Unter großem Beifall hält Castro eine seiner eindrucksvollsten Reden. Wie als symbolisches Zeichen setzt sich eine weiße Taube auf die Schulter des Redners.

Die Revolution von 1953 bis 1967
16. Februar 1959 bis 3. Januar 1961

Am 16. Februar 1959 löst Fidel Castro José Miró als Ministerpräsident ab und leitet sofort Reformen ein: Gesetze gegen die Rassendiskriminierung, Senkung der Mieten und der Strompreise, Erhöhung der Löhne, Verstaatlichung des Telefon- und Transportwesens, Vorrang der Erziehung und der Gesundheit. Am 17. Mai enteignet eine Agrarreform die Großgrundbesitzer – deren Ländereien in Staatsbesitz übergehen oder an Kleinbauern verteilt werden – und legt die Maximalfläche für Privatgrundbesitz auf 402 ha fest. Im Juli wird Präsident Manuel Urrutia, der als zu gemäßigt bezeichnet wird, durch Osvaldo Dorticós ersetzt.

Im Oktober 1959 werden Milizen gegründet, um der Konterrevolution zu begegnen. Im Verlauf des Jahres 1960 nehmen die Spannungen zwischen der Insel und den USA zu. Cuba beschlagnahmt ausländische Raffinerien, die es ablehnen, sowjetisches Erdöl zu verarbeiten, und enteignet US-Unternehmen. Im September verpflichtet sich Chruschtschow, die Insel militärisch zu schützen. Am 3. Januar 1961 brechen die USA die diplomatischen Beziehungen zu Cuba ab.

Che Guevara wird Cubaner und Botschafter der Revolution

Am 9. Februar 1959 wird Che Guevara ›gebürtiger cubanischer Bürger‹: Nichts soll ihn an der Ausübung staatlicher Funktionen hindern. Am 26. November 1959 wird er zum Direktor der Nationalbank ernannt. Als Botschafter der Revolution bereist er das ganze Jahr über die blockfreien Staaten. Im August 1959 wird er von einem alten Mann in New Delhi begrüßt (oben).

28. Oktober 1959 Camilo Cienfuegos verschwindet

»Herr der Avantgarde«, so nannte Che Guevara seinen Freund und Kampfgefährten Camilo Cienfuegos. Am 28. Oktober besteigt dieser ein Flugzeug in Camagüey, das Kurs Richtung Norden nimmt, wohl um an der Küste entlang nach La Habana zu fliegen. Wurde er Opfer eines Unfalls? Niemals hat man Spuren seines Flugzeugs, geschweige denn seine Leiche gefunden.

4. März 1960: Explosion der »La Courbe«

Ein französischer Frachter legt im Hafen von La Habana an. Er hat militärisches Material geladen. Am selben Abend fliegt er in die Luft (81 Tote). Castro beschuldigt die CIA der Sabotage.

Februar 1960: Castro, Che Guevara, Dorticós und Mikojan treffen sich im ehemaligen Hilton-Hotel

»Meine Regierung ist in keiner Weise kommunistisch«, wiederholt Fidel Castro anlässlich seines Besuches in den USA vom 16. bis 25. April 1959. Er will den Prinzipien der Blockfreien-Bewegung treu bleiben. Doch trotz seiner Erklärung knüpft er wirtschaftliche Beziehungen zur UdSSR. Im Februar 1960 besucht der sowjetische Wirtschaftsminister Mikojan La Habana. Am 13. Februar unterzeichnet die Regierung Cubas einen Vertrag über Handelsbeziehungen. Am Jahresende unternimmt Che Guevara eine Reise in fünf Ostblock-Staaten: die UdSSR, China, Korea, die DDR und die Tschechoslowakei.

Oktober 1960: Demonstration gegen das US-Embargo

Am 18. Oktober 1960 verhängt Washington ein Wirtschaftsembargo über Cuba. Eines der wesentlichen Ziele ist es, der Insel Ersatzteile für den Maschinenpark aus den USA vorzuenthalten. Dies ist der Beginn der Blockade, die noch heute in Kraft ist.

Die Revolution von 1953 bis 1967
April 1961 bis Oktober 1962

Im April 1961 gibt die neue US-Regierung unter Präsident John F. Kennedy grünes Licht für die Landung von Truppen in der Schweinebucht (Playa Girón), die von der CIA vorbereitet wird. Die Invasion scheitert. Am 25. April beschließt Kennedy die Einfrierung cubanischer Importe. Am 3. Februar 1962 verhängt die OAS (Organisation Amerikanischer Staaten) eine fast vollständige Handelsblockade über Cuba. Im Oktober 1962 bricht die Raketenkrise aus, als Chruschtschow Abschussrampen auf Cuba errichten läßt. Angesichts der harten Haltung Washingtons befürchtet die Welt einen Atomkrieg. Die Sowjetunion und die USA führen Geheimverhandlungen: Chruschtschow akzeptiert den Abzug der Raketen, und Kennedy verpflichtet sich, Cuba künftig nicht mehr anzugreifen. Castro wird von den Verhandlungen ausgeschlossen, was einer Demütigung gleichkommt.

April 1961: Die Schweinebucht

Der Landung von Truppen an der Playa Girón gehen am 15. April Luftangriffe auf die Flughäfen von La Habana und Santiago voraus, die mehrere Opfer fordern. Am 16. April verkündet Castro den »sozialistischen Charakter der Cubanischen Revolution«. Am 17. April scheitert die Invasion. Dieses Ereignis verstärkt das patriotische und antiamerikanische Gefühl der Cubaner, wie durch diesen Slogan deutlich wird: »Wie Du sagst, Fidel! Graben wir uns in unseren Zucker ein!« (rechts oben).

1961, das Jahr der Erziehung

Die Bevölkerung Cubas – 1961 leben rund 6,9 Mio. Menschen auf der Insel – weist im Durchschnitt rund 24 % Analphabeten auf, auf dem Land sogar 40 %. Wie soll das Land da eine Entwicklung erfahren? Das Projekt einer beschleunigten Alphabetisierungskampagne entsteht. Das Jahr 1961 wird zum ›Jahr der Erziehung‹ erklärt. Studenten und Schüler werden in Brigaden zusammengefasst und aufs Land geschickt. Unten: Alphabetisierung der Landarbeiter in der Region Escambray.

Das Wanderkino für die Unterschicht

Auf den Bildschirmen gab es fast nur ausländische Filme, vor allem US-Produktionen und Hollywood-Serien, zu sehen. Ab 1959 erwacht das cubanische Kino. Trotz beschränkter Mittel produzieren junge Filmemacher wie Santiago Alvarez Dokumentarfilme und Kurzfilme. Die Werke wurzeln im wirklichen Leben und thematisieren die Geschichte, Volksfeste, die kämpferische Tradition des Volkes, die Arbeit der Bevölkerung. Das Volk erkennt sich in den Filmen wieder.

Juni 1961: Rede an die Intellektuellen

Im Juni 1961 verteidigt der Filmemacher Néstor Almendros, der später ins Exil gehen wird, seinen Kurzfilm *P.M.* Dieser zeigt ohne Polemik die sinnliche Ausgelassenheit des Karnevals. Dies ist der Ausgangspunkt einer erbitterten Debatte über die Rolle der Kunst und der Künstler. Am 28. Juni gibt Castro, in seiner berühmten ›Rede an die Intellektuellen‹ den Slogan aus: »In der Revolution alles, gegen die Revolution nichts.«

Februar 1962: Cuba ist isoliert

Am 25. Januar 1962 stellt die OAS die Unvereinbarkeit des cubanischen Marxismus »mit den Prinzipien und Zielen des interamerikanischen Systems« fest und schließt Cuba mit 14 gegen sechs Stimmen aus. Am 4. Februar antwortet Castro vor Hunderttausenden von Zuhörern (unten) mit der ›Zweiten Deklaration von Havanna‹: »Die Aufgabe eines jeden Revolutionärs ist es, die Revolution zu machen«. Cuba ist isoliert und verstärkt seine Beziehungen zur UdSSR.

Oktober 1962: Die Raketenkrise

Die Raketenkrise beginnt am 14. Oktober 1962. U2-Spionageflugzeuge liefern den fotografischen Beweis, dass auf Cuba, nur 200 km vor der Küste Floridas, Raketenabschussrampen errichtet wurden. Die Krise droht, zum Atomkrieg zu eskalieren, bis Chruschtschow schließlich am 28. Oktober den Abbau der Rampen und die Rückkehr der schon versandten Raketen in die UdSSR ankündigt. Zum ersten Mal fordert Castro die USA auf, die Marinebasis Guantánamo (rechts, ● *46)* zu räumen.

Die Revolution von 1953 bis 1967
1963 bis 1965

Die im August 1961 begründete Allianz für den Fortschritt, mit der die Kennedy-Administration in Lateinamerika – als Antwort auf das von Cuba gegebene »schlechte Beispiel« – Reformen durchsetzen will, endet mit einem Misserfolg. Das Castro-Regime seinerseits hat mit enormen wirtschaftlichen Problemen zu kämpfen. Um die ›Tyrannei des Zuckers‹ abzuschütteln, wird beschlossen, die Produktion zu drosseln und die Landwirtschaft auszuweiten. Dieser Versuch ist nur von kurzer Dauer. Auch die zu hastig angegangene, viel zu ehrgeizige Industrialisierung erfüllt nicht die Erwartungen.

Che Guevara preist die ideologische Motivation

Che Guevara, der 1962 Industrieminister wird, glaubt an die »moralischen Anreize« des Sozialismus, die den »materiellen Anreizen« gegenüberstehen. Seine Ziele sind ehrgeizig: eine von der Landwirtschaft lebende Insel völlig umorientieren und eine Schwerindustrie aufbauen. Er überreicht einem verdienten Arbeiter eine Urkunde (links).

1963-64: Tauwetter in Moskau

Vom 27. April bis 3. Juni 1963 verhandeln Castro und Dorticós in der Sowjetunion über einen neuen Handelsvertrag. Während dieses 40tägigen Aufenthaltes besucht der Comandante 14 Städte, wobei er von Zentralasien nach Sibirien, von der Ukraine nach Georgien und von Moskau nach Leningrad reist. Er hält zahlreiche Reden

und wohnt am Kreml der Parade zum 1. Mai bei. Diese erfolgreiche Reise beendet die Verstimmung, die auf die Raketenkrise zurückging. Anfang 1964 reist Castro erneut in die UdSSR, wo er am 21. Januar das entscheidende Abkommen über Zuckerlieferungen unterzeichnet.

»Noch einmal spüre ich unter meinen Fersen die mageren Rippen meiner Rosinante […] Wieder mache ich mich auf, die Lanze in der Faust.«

Brief von Che Guevara an seine Eltern, März 1965

Im Jahr 1963 hat die Regierung die Hoffnung aufgegeben, auf die Monokultur des Zuckerrohrs verzichten zu können. 1965 schließt sie mit Moskau ein langfristiges Abkommen: Die UdSSR verpflichtet sich zur Abnahme immer größerer Mengen cubanischen Zuckers zu einem festen Preis. Seine kritische Einstellung gegenüber den Maßnahmen zur Entwicklung der Insel und gegenüber der Politik der UdSSR in Bezug auf die ›Dritte Welt‹ lässt Che Guevara, der voller Ungeduld den Kampf für seine Ideale wiederaufnehmen will, auf alle seine Ämter verzichten. Nach einer letzten Reise durch Afrika und Asien verlässt er im März 1965 unter geheimnisvollen Umständen Cuba. Am 1. Oktober 1965 tritt das Zentralkomitee der neuen Komunistischen Partei Cubas zusammen. Die Mehrheit der 100 Mitglieder sind alte Kämpfer aus der Sierra Maestra.

2. Januar 1965: Alles für den Zucker

Die Zuckerproduktion soll 1965 fünf und 1970 zehn Mio. Tonnen erreichen. »Wenn nötig, werden wir das ganze Volk mobilisieren!«, ruft Castro 1965 bei seiner traditionellen Rede am 2. Januar. Soldaten, Beamte und Oberschüler werden zu ›militärischen Hilfseinheiten in der Produktion‹ eingezogen, aber auch Arbeitslager für ›soziale Parasiten‹ gebildet (1968 wieder abgeschafft). Rechts: Celia Sánchez bei der Arbeit.

3. Oktober 1965: Abschiedsbrief von Che

Bei der Vorstellung der neuen Kommunistischen Partei verliest Castro auch den Abschiedsbrief Che Guevaras, den dieser am 1. April an ihn geschrieben hatte. »Meinen Teil der Aufgabe, die mich an die Cubanische Revolution auf ihrem Territorium festhielt, habe ich erfüllt«, schreibt der Guerillero, der entschlossen ist, »unermüdlich bis zum Sieg« zu kämpfen.

1966 und 1967

Angesichts der von den USA verfolgten Isolierungsstrategie beschließt das Castro-Regime, die revolutionären Bewegungen Lateinamerikas nicht nur zu ermutigen, sondern auch direkt zu unterstützen. Im Januar 1966 verabschiedet die Dreikontinentekonferenz – Asien, Afrika und Lateinamerika – Resolutionen, die dem Imperialismus weltweit den bewaffneten Kampf ansagen.

Trotz der Unterstützung Cubas für die Guerilla in Lateinamerika erfüllen sich die Hoffnungen auf Revolution nicht. Che Guevara scheitert mit seinem Guerilla-Krieg, den er 332 Tage lang in den bolivianischen Bergen führte. Er wird gefangen genommen und am 9. Oktober 1967 aufgrund eines Befehls der CIA an die Regierung in La Paz hingerichtet. Der Tod des »Guerrillero heroico« markiert einen Wendepunkt im revolutionären Kampf Lateinamerikas.

3. Januar 1966: Fidel Castro eröffnet die Dreikontinentekonferenz

Die erste Konferenz der Solidarität zwischen den Völkern Asiens, Afrikas und Lateinamerikas wird überschattet vom Gegensatz zwischen chinesischen und sowjetischen Thesen. Zugleich aber sammeln sich die sozialrevolutionären Bewegungen Afrikas und Lateinamerikas hinter Cubas Positionen.

März 1967: »Viele Vietnams«

Die Konferenz der Lateinamerikanischen Solidaritätsorganisation (OLAS) wird am 31. Juli 1967 in La Habana eröffnet. Aus dem bolivianischen Urwald, wo er unter entsetzlichen Bedingungen kämpft (*links*, in seinem Camp in Nancahuazú), schickt Che Guevara folgende Ermahnung: »Wie nahe wären wir einer strahlenden Zukunft, wenn es überall in der Welt zwei, drei oder viele Vietnams gäbe«.

9. Oktober 1967: Che hingerichtet

Der Tod von Che in La Higuera veranlasst die Führung Cubas, von der Strategie der Ausdehnung der Revolution auf den Kontinent Abstand zu nehmen.

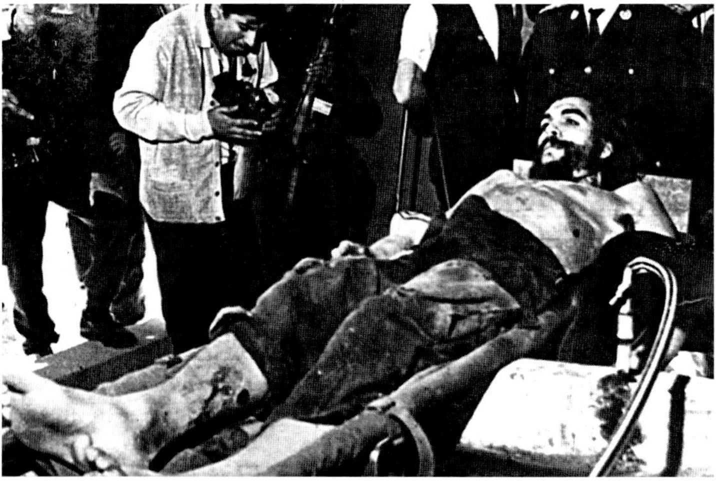

1963 Beginn des Krieges der USA in Nordvietnam

1968 II. Vatikanisches Konzil. Sowjet-Invasion in die CSSR.

1973 Staatsstreich in Chile und Ermordung von Präsident Allende

1962 1964 1966 1968 1970 1974

1962 Raketenkrise. Cuba wird aus der OAS ausgeschlossen

1964 Cuba tritt der Bewegung der Blockfreien bei. Das Embargo wird verstärkt

1967 Ermordung Che Guevaras in Bolivien

1972 Cuba tritt dem Comecon bei

Ein Konflikt vor dem Hintergrund des Kalten Krieges

Die Reformen, die Nationalisierungen von US-Unternehmen sowie die Unabhängigkeit der cubanischen Außenpolitik führen zum offenen Konflikt mit den USA. Nach verschiedenen Einschüchterungsversuchen verhängen die USA im Herbst 1960 ein Embargo über die Insel. Die USA rationieren ihre Zuckerkäufe aus Cuba und stellen die Ölexporte nach Cuba ein. Daraufhin schließt Cuba einen Vertrag mit der UdSSR: Die Russen versorgen die Insel mit Öl, kaufen einen Teil der Zuckerproduktion auf und werden somit zum Garanten des wirtschaftlichen Überlebens der Insel. 1961 ist das Jahr der Alphabetisierungskampagne, aber auch des Abbruchs der diplomatischen Beziehungen mit den USA. Es folgt die Invasion in der Schweinebucht (▲ *176*). Castro proklamiert den sozialistischen Charakter der Revolution. Im Januar 1962 wird Cuba auf Druck der USA aus der OAS (Organisation Amerikanischer Staaten) ausgeschlossen, eine Maßnahme, die durch Wirtschaftssanktionen, denen sich alle amerikanischen Staaten bis auf Mexiko und Kanada anschließen, noch verschlimmert wird. Die Raketenkrise, als sowjetische Raketen auf Cuba stationiert werden sollen, bedroht im Oktober 1962 den Weltfrieden. Die Russen ziehen schließlich ihre Raketen ab, ohne die Cubaner zu konsultieren, was zu ersten Meinungsverschiedenheiten mit der UdSSR führt. Doch unter dem Druck der wirtschaftlichen Probleme (das Embargo wird 1964 noch verschärft) nähert sich der Comandante wieder an die Russen an und heißt 1968 selbst den Einmarsch in die Tschechoslowakei gut.

Die CDR
Massenorganisationen spielten eine große Rolle in der Verbreitung der revolutionären Ideale. Die bekanntesten sind die Revolutionskomitees (*Comités de Defensa de la Revolución*, CDR), die 1960 geschaffen wurden. Es gibt sie in jedem Häuserblock, und ihre Aktivitäten reichen von der Organisation von Impfkampagnen und Wahlen bis hin zur politischen Überwachung der Bürger.

Wirtschaftliche Experimente

Die ersten zehn Jahre der Revolution sind voller Schwierigkeiten. Cuba versucht, mit der Zuckerrohrmonokultur zu brechen (● *48*), aber schlechte Verwaltung der Arbeitskräfte und der technischen Ressourcen zwingt zu einem Kurswechsel. 1963 bringt der Staat durch eine neue Agrarreform zwei Drittel des Ackerlandes in seinen Besitz. Das Land wird an Kooperativen verteilt, bei denen die Bauern Mitglied werden müssen. 1965, nach einem günstigen Vertragsabschluß mit der UdSSR, hat das Zuckerrohr wieder absolute Priorität. 1968 werden in der »Großen revolutionären Offensive« rund 55 000 Unternehmen verstaatlicht. Selbständige Arbeit und Privathandel ist verboten, was die wirtschaftliche Talfahrt noch beschleunigt. 1970 bleibt die revolutionäre »Mobilmachung« jedoch vergeblich, der Versuch, eine Rekordzuckerrohrernte zur Finanzierung der staatlichen Maßnahmen einzufahren, scheitert. Zwei Jahre später tritt Cuba dem Wirtschaftsblock der sozialistischen Staaten, dem Comecon, bei. Dennoch bleibt die Insel einflussreiches Mitglied der Bewegung der Blockfreien.

Cuba, Heimstatt der Revolution
Seit Anfang 1960 versucht Cuba die bewaffnete Revolution auf den amerikanischen Kontinent und nach Afrika zu exportieren, insbesondere nach Angola (1975-88). Die Dreikontinentekonferenz (vom 3. bis 14. Januar 1966) und der Gipfel der Blockfreien-Bewegung von 1979, die beide in La Habana stattfinden, bestätigen Cubas Rolle als Wortführer der Revolution, symbolisiert in der Person Che Guevaras. 1965 geht er in den Kongo, um den dortigen Befreiungskampf zu unterstützen, 1966 nach Bolivien. Dort fällt er der Armee in die Hände und wird am 9. Oktober 1967 erschossen.

● Geschichte

1989 Fall der Berliner Mauer. US-Invasion in Panama

1992 Das Torricelli-Gesetz verschärft die US-Blockade

1996 Helms-Burton-Gesetz (USA)

1975 — 1980 — 1985 — 1990 — 1995 — 2000

1975 Cubanische Truppen in Angola

1976 Dritte Verfassung

1988 Rückzug cubanischer Truppen aus Angola

1991 Beginn der ›Spezialperiode‹

1995 Beginn der wirtschaftlichen Wiederbelebung

1998 Papstbesuch

1999 Iberoamerikanischer Gipfel in La Habana

Jahre der Revolution: 1975-99

Der Institutionalisierungsprozess

Im Jahr 1975 stimmt der erste Kongress der KP Cubas (die 1965 neu gegründet wurde) dem Institutionalisierungsprozess zu. Damit ist die erste Phase der Revolution beendet, was sich in der Verabschiedung der ersten ›Verfassung mit sozialistischem Charakter‹ durch eine Volksabstimmung ausdrückt. Sie wird 1976 verkündet und ersetzt das Grundgesetz von 1959. Zum ersten Mal seit 1959 erhält Cuba wieder ein Parlament, eine Nationalversammlung der Volksmacht, die den ersten Staatsrat wählt. Dieses Gremium regiert das Land. Fidel Castro, der *comandante*, bekleidet seither die Ämter des Präsidenten des Staatsrates und des Ministerrates, des Ersten Sekretärs der KP und des Chefs der Armee.

Der Exodus aus Mariel
Im April 1980 verspricht die Carter-Administration, alle Flüchtlinge aufzunehmen. Dies hat zur Folge, dass Hunderte von Ausreisewilligen sich in der peruanischen Botschaft verschanzen. Castro lässt alle, die dies wünschen, ausreisen, darunter auch geistig behinderte Menschen und Kriminelle. In den folgenden Monaten schiffen sich in Mariel mehr als 120 000 *marielitos* nach Miami ein.

Die 80er Jahre

1980 wird Cuba von einer Flüchtlingswelle erschüttert: Zehntausende von Cubanern gelangen über den Hafen Mariel nach Miami. 1986 beginnt in der UdSSR die Perestroika. In Cuba hat der Prozess der ›Rectificación‹ bereits begonnen. Er zielt auf mehr Transparenz und Dezentralisierung und mündet 1989 in einer breit angelegten Kampagne gegen die Korruption. Sie erstreckt sich in alle Bereiche und gipfelt in dem Prozess gegen General Arnaldo Ochoa Sánchez, der wegen Korruption und Drogenhandel zum Tode verurteilt wird.

Die Spezialperiode

1991, nach dem Zerfall des sozialistischen Blocks, verliert die Insel vier Fünftel ihrer Absatzgebiete. Castro verkündet einen wirtschaftlichen Austeritätsplan für fünf Jahre (Período Especial). Diese Zeit ist durch Mangelerscheinungen geprägt: Erdöl und Elektrizität werden knapp, der öffentliche Transport bricht fast zusammen, die landwirtschaftliche Produktion wird gedrosselt. Der Staat fördert den Tourismus, der eine wichtige Devisenquelle darstellt. 1994 wird der Dollar als Zahlungsmittel zugelassen. Die *agromercados* (Märkte mit landwirtschaftlichen Gütern für den privaten Verkauf) werden wieder eröffnet. Kleinunternehmen sind erlaubt, werden aber kontrolliert. Nach Unruhen in La Habana lässt Castro im August 1994 rund 35 000 *balseros* ausreisen, die Cuba auf Flößen *(balsas* ▲ *220)*. verlassen. 1996 setzt neues Wirtschaftswachstum ein; die Mischwirtschaft entwickelt sich trotz des Helms-Burton-Gesetzes. Dieses vom US-Kongress verabschiedete Gesetz droht allen Drittstaaten, die mit Cuba Handel treiben, Sanktionen an. Für eine große Anteilnahme des gesamten Volkes sorgt am 8. Oktober 1997 die Rückkehr der sterblichen Überreste Che Guevaras (▲ *192)*. Vom 21. bis 26. Februar des Folgejahres hält sich Papst Johannes-Paul II. in Cuba auf. Dieser Besuch beschwichtigt die Spannungen zwischen dem Klerus und der KP. 1999 verschärft der Staat unter dem Eindruck steigender Kriminalität und wachsender Proteste die Gesetze gegen Delikte, die sich gegen die Volkswirtschaft und die nationale Unabhängigkeit richten.

Die Militärbasis Guantánamo (▲ *220)*
Im Kalten Krieg spielte der US-Posten eine bedeutende Rolle bei der Kontrolle der Karibik und der »Hinterhöfe« der USA. Cuba fordert die Rückgabe des Territoriums, das 1903 an die USA abgetreten wurde, bis 2002: Da die Dauer der Pacht im Abtretungsvertrag nicht festgelegt wurde, läuft der Vertrag nach 99 Jahren automatisch aus – eigentlich…

Kultur und Tradition

Das Zuckerrohr (*Saccharum officinarum*) wurde 1512 von den spanischen Kolonisten auf Cuba eingeführt. Die cubanische Zuckerproduktion steigerte sich ab dem Ende des 16. Jh. und erhielt zwei Jahrhunderte später durch die Zerstörung der Zuckerindustrie auf Haiti erneuten Aufschwung. Dank der Erschließung neuer Gebiete für den Anbau von Zuckerrohr, des Einsatzes neuartiger Techniken und des Eisenbahnbaus erlangte die cubanische Zuckerproduktion im Karibikraum eine unangefochtene Spitzenstellung. Heute ist Cuba mit 156 Zuckerfabriken einer der größten Zuckerexporteure der Welt.

Die Macheteros
Die Zuckerrohrschneider arbeiten mit einem gewaltigen Schlagmesser, der *machete*. Ihre Leistung ist beachtlich: Ein *machetero* kann bis zu 400 *arrobas* pro Tag schneiden, d. h. 4,5 t Zuckerrohr. Bei Rekordleistungen winkt eine Auszeichnung. Dazu müssen die Macheteros mehr Zuckerrohr geschnitten haben als im Vorjahr.

Nebenprodukte des Zuckerrohrs
Bei der Verarbeitung des Zuckerrohrs entstehen verschiedene Nebenprodukte: die Bagasse, ein faseriger Pressrückstand, der als Brennstoff genutzt wird und zu Papierbrei, Viehfutter und Pressplatten weiter verarbeitet werden kann, die Melasse, ein Sirup mit immer noch 50 % Zuckeranteil, aus dem der Rum gebrannt wird, der Klärschlamm (als Dünger genutzt) und die Vinasse, ein beispielsweise zur Berieselung der Felder einsetzbarer flüssiger Rückstand.

Das Zuckerrohr
Das in tropischen und subtropischen Zonen angebaute Zuckerrohr ist ein hoch wachsendes Süßgras, das in seinem Aussehen dem Schilfrohr ähnelt. Sein Stängel besteht aus aufeinander folgenden Knoten mit dazwischen liegenden Internodien. Er ist der produktive Teil der Pflanze, in dem die Saccharose gespeichert wird (10-18 % der Pflanze).

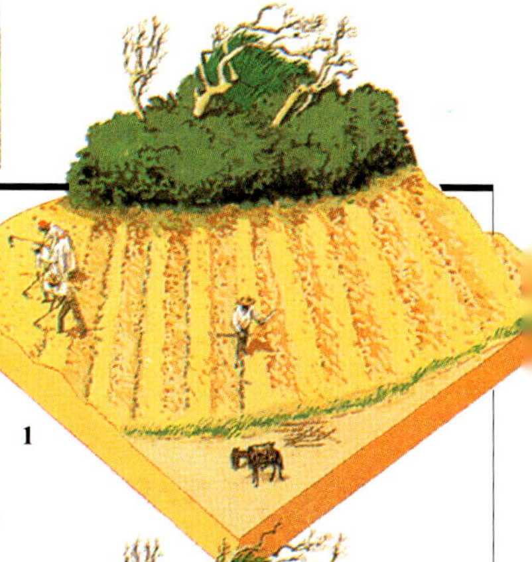

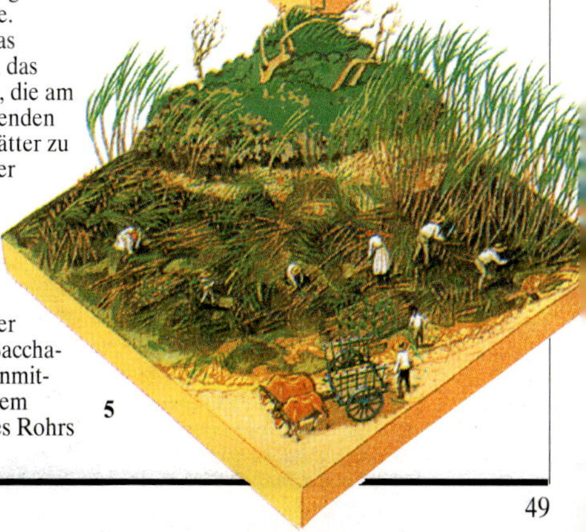

Von der Anpflanzung bis zur Ernte

1. Anpflanzung
Man beginnt mit dem Pflanzen von 30-40 cm langen Stecklingen, die aus drei oder vier Knoten bestehen: Im Abstand von 30 oder 40 cm werden sie in Furchen gelegt und mit einer dünnen Schicht feuchter Erde bedeckt. Pro Hektar werden 3 bis 8 t Stecklinge benötigt.

2. Wachstum
Am Steckling entstehen Triebe, aus denen sich die Haupttriebe entwickeln. Im Laufe der Bestockung bilden sich weitere sekundäre und tertiäre Seitentriebe aus. Das Grasbüschel des

Zuckerrohrs umfasst im Reifestadium 5-20 Halme. Im Laufe seines Wachstums bildet jeder Trieb eine Reihe aufeinander folgender Knoten und dazwischen liegender Internodien aus.

3. Reife
Das Rohr hat einen Durchmesser von 2-6 cm und wird 2-5 m hoch. Bei bestimmten Sorten bildet sich noch vor dem Reifungsprozess, in dessen Verlauf sich die Saccharose im

Rohr anlagert, eine Blütenrispe.

4. Abbrennen der Felder
Um die Arbeit der Macheteros zu erleichtern, werden die scharfkantigen Blätter manchmal durch Feuer beseitigt.

5. Ernte
Die Ernte (*zafra*) findet von Ende Dezember bis Juni statt, 11-18 Monate nach der Pflanzung bzw., im Falle nachwachsender Pflanzen, ein Jahr nach der letzten Ernte (wenn das Rohr nicht herausgerodet wird, wächst es von selbst nach). Die Ernte erfolgt meist maschinell auf ebenem, jedoch manuell auf hügeligem Gelände. Sie erfordert drei Arbeitsschritte: Zuerst das Schneiden des Rohrs – so nah am Boden wie möglich, da der untere Teil den meisten Zucker enthält. Dann das Schneiden der belaubten, die Kristallisation der Saccharose begünstigenden Spitze. Schließlich das ›Entstrohen‹, das darin besteht, die am Stängel hängenden trockenen Blätter zu entfernen. Der Abtransport muss dann so schnell wie möglich durchgeführt werden, da der Prozess des Saccharoseabbaus unmittelbar nach dem Schneiden des Rohrs einsetzt.

Im 16. Jh. waren die von Pferden, Ochsen oder Sklaven angetriebenen Zuckermühlen *(trapiche)* die ersten Hilfsmittel, die zum Extrahieren des Zuckerrohrsaftes *(guarapo)* verwendet wurden. Wenig später nutzte man die leistungsfähigere Wasserkraft in sogenannten *ingenios,* von denen es im Jahr 1760 120 gab. Dank der ersten Dampfmaschinen konnten die Kapazitäten und die Produktivität der Fabriken erheblich gesteigert werden. Es bildete sich ein hochspezialisierter agrarindustrieller Komplex heraus: Der *colono*, der Zuckerrohrpflanzer, betrieb Monokulturanbau für die *central,* die große Rohrzuckerfabrik. Als das spanische Parlament die Sklaverei 1880 auf Cuba abschaffte – einem der letzten Länder, wo sie schließlich (1886) verschwand – hatte diese weitgehende Industrialisierung den Sklaven bereits enorme Arbeitserleichterungen verschafft.

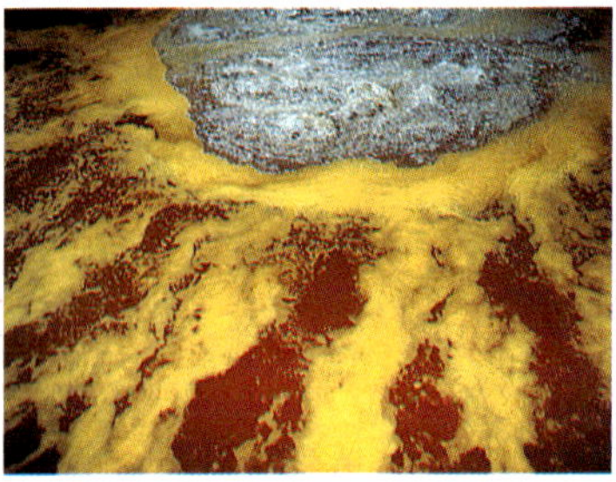

Die Zuckerraffinerie

Die Zuckerherstellung erfolgt in Arbeitsschritten, die dazu dienen, die im Saft des Rohrs enthaltene Saccharose zu gewinnen.
1. Die Anlieferung des meist zuvor gewogenen und gewaschenen Rohrs in der Zuckerfabrik.
2. Nachdem das Rohr zu einer homogenen Masse verarbeitet worden ist, wird es in einer Mühle gequetscht und getränkt.
3. Der ausgepresste Saft wird durch ein chemisches Verfahren und eine Filtrierung gereinigt.
4. Bei der Eindampfung verliert der Saft 75 % seines Wassergehaltes und wird zu einem braunen Sirup.
5. Mit dem Kochen des Sirups in Kesseln wird die Kristallisierung eingeleitet.
6. Durch das Zentrifugieren der gekochten Masse in Trennschleudern erhält man die Saccharosekristalle. Aus 1 t Zuckerrohr gewinnt man ca. 100 kg Saccharose.

Die Familie Bacardí (▲ *212)* hat dem cubanischen *ron* (›Rum‹) zu Weltruhm verholfen. Heute wird er unter dem Namen Havana Club (● *66)* verkauft.

Die Rumbrennerei
Der Rum wird in mehreren Etappen erzeugt:
1. Die Fermentation ist ein biologischer Vorgang, bei dem die im Rohstoff enthaltenen Hefen die Saccharose und weitere vergärbare Zuckerarten in Äthanol umwandeln.
2. Bei der Destillation wird die Masse auf ca. 70 °C erhitzt, so dass der Alkohol mitsamt den angenehmen Aromen gasförmig wird. Durch Kühlung wird dieses Gas dann wieder flüssig. In vielen Privatbrennereien sind noch die Destillierapparate aus dem frühen 20. Jh. in Betrieb.
3. Während der Reifung, die einige Wochen oder mehrere Jahre dauern kann, nimmt das Rohdestillat durch langsam ablaufende chemische Reaktionen die gewünschten Eigenschaften an. Bei diesem Vorgang erhält das Destillat auch seine Farbe, teils durch Zusätze, teils durch Gerbstoffe aus den Holzfässern.
4. Die Reduzierung des Alkoholgehaltes durch Verdünnung ist die letzte Etappe vor der Abfüllung des Rums.

Eine Zuckerfabrik im 19. Jh.
»In der Erntezeit bietet die Zuckerfabrik einen höchst betriebsamen Anblick. Überall ertönen Rufe, alles ist in Bewegung. Hier laden die Karren das Rohr ab, dort laufen die Maschinen, die bei ihrem heftigen Zischen von Zeit zu Zeit in lautes Schnauben verfallen; die schwarzen Spiralen des vom Wind verwehten Rauchs der Öfen vermischen sich mit dem weißen Dampf aus den Kesseln.«
Régis de Torbriand, 1853

Seit Beginn der Kolonialzeit wird auf Cuba viel musiziert. Kirchen und militärische Blaskapellen dienten als ›Musikschulen‹, in denen die Farbigen das Spielen europäischer Instrumente und Gesangskunst erlernten. Andererseits bedienten sich bereits ab Mitte des 19. Jh. Komponisten mit klassischer Musikausbildung volkstümlicher Instrumente und Rhythmen und schufen so einen spezifisch cubanischen Musikstil.

Im Musiktheater pflegt man die sehr beliebten spanischen *zarzuelas* (Operetten), in die typische Figuren der cubanischen Gesellschaft eingebaut werden. Anfang des 20. Jh. wurde das afrikanische Erbe in die Neuerungen der Kunstmusik integriert, und die lyrischen Interpreten feierten mit dem *afro-canción* große Erfolge. Viele Instrumentalisten spielen übrigens aus finanziellen Gründen gleichzeitig in Konzertorchestern und Tanzkapellen.

Ignacio Cervantes (1847-1905)
Der große Pianist und Komponist führte in seine *danzas* für Piano bestimmte Rhythmen des kreolisch beeinflussten Kontertanzes ein und setzte damit das Werk von Manuel Saumell (1817-70) fort, dem ›Vater der cubanischen *contradanza*‹ (A. Carpentier). Dieser Tradition folgend nutzte Amadeo Roldán (1900-39) für das Sinfonieorchester Instrumente, die bis dahin der Tanzmusik vorbehalten waren.

Brindis de Salas
(unten)
Als er mit dem ersten Preis des Pariser Konservatoriums ausgezeichnet wurde, titulierte man den Geigenvirtuosen Brindis de Salas (1852-1911) als ›Schwarzen Paganini‹. Am Hof Wilhelms II. zum Kammermusikanten ernannt und mit Ehrungen überhäuft, geriet er später in Vergessenheit und starb völlig verarmt in Buenos Aires.

Komische Oper
Das populäre Musiktheater nahm ab Ende des 18. Jh. zunehmend cubanische Züge an. Die zwischen die einzelnen Akte der Theatervorstellung platzierten *sainetes* und *tonadillas* (Singspiele) – in Europa ein vernachlässigtes Genre – gingen in der komischen Oper Cubas auf. Diese war von pikaresken Gestalten, Bauern (links), Mulatten und Schwarzen bevölkert, die volksmusikalische Instrumente spielen. Die *guaracha*, voller sexueller und politischer Anspielungen, und die *guajira*, das Landleben beschwörend, wurden Ende des 19. Jh. durch das Straßenlied abgelöst.

Die Habanera
Die 1841 in La Habana entstandene »Habanera« war bald überall zwischen Mexiko und Spanien bekannt. Das von Cervantes für eine Operette komponierte Werk erlangte unter dem Namen ›Erinnerungen an Cuba‹ großen Erfolg.

Ernesto Lecuona (1896-1963)
Der brillante klassische Pianist, der von Interpreten und Komponisten seiner Zeit wie Rubinstein, Ravel, Gershwin etc. bewundert wurde, gab in der ganzen Welt Konzerte und erntete 1928 in Paris großen Beifall. Er komponierte zahlreiche afro-cubanisch inspirierte Musikstücke (z. B. »La Comparsa«, »Danzas afro-cubanas«) und Lieder (»Siboney«). Außerdem kreierte er ein typisch cubanisches Operettentheater: mit Werken wie »El Cafetal«, dessen weibliche Hauptfigur África heißt, »María La O«, nach einer berühmten Mulattin benannt, sowie »Niña Rita o La Habana en 1830«, einer Koproduktion mit Eliseo Grenet, in dem Rita Montaner (1900-58) Mama Inés sang. Rita war neben Esther Borja die Lieblingssopranistin des Maestro. Beide machten auch mit volkstümlichen Liedern Karriere. 1928, im Paris der Josephine Baker und auf dem Höhepunkt der *vague négrist,* hatte Rita mit ihren Afro-Canciones und dem berühmten »El Manisero« von Moisés Simons großen Erfolg. Zurück in Cuba wählte sie sich einen Landsmann aus Guanabacoa, Ignacio Villa, als Pianisten und Sänger, der wegen seiner sehr dunklen Hautfarbe humorvoll Bola de Nieve (›Schneeball‹) genannt wurde. Mit seiner nach ›Mango-Verkäufern‹ klingenden Stimme galt er als ein Phänomen; gemeinsam feierten sie 1953 in Paris (oben) große Triumphe.

Lecuona Cuban Boys
Das 1931 von Ernesto Lecuona gegründete Orchester, eine Art Jazzband (unten), wurde in Europa zum Botschafter tropischer Tanzrhythmen.

Im cubanischen ›Schmelztiegel‹ vermischten sich Musikstile spanischer und afrikanischer Herkunft. Die Tradition der gesungenen Poesie findet sich in unterschiedlicher Akzentuierung im *punto guajiro* der Bauern des Westens und des Zentrums wieder, in der traditionellen *trova* aus dem Oriente, aber auch in der *rumba*, der gesungenen und getanzten Geschichte der übervölkerten Armenviertel von La Habana und Matanzas. Der *danzón* (1879), ein instrumentelles Genre, hervorgegangen aus der kreolischen Bearbeitung des Konzerttanzes, wie er bei Hof und in den Salons seit Beginn der Kolonialzeit gepflegt wurde, herrschte bis in die 1920er Jahre vor und entwickelte sich unter dem Einfluss des *son*, der zum Symbol für Cuba wurde, weiter.

Der Punto Guajiro
Diese Musik entstand im Westen und im Zentrum Cubas. Ihre Geschichte ist eng mit der Expansion der Tabakplantagen verknüpft, auf denen u. a. Einwanderer von den Kanaren arbeiteten. Bei den Bauernfesten (*guateque*, ▲ *152*) improvisiert ein Sänger (*repentista*) Strophen aus jeweils zehn Achtsilbern (*décima*), begleitet von einer Laute (oben), einer Gitarre und einem *tres* (Gitarre mit drei Saitenpaaren). Die *claves*, der *güiro* und die *maracas* zeugen von den afrikanischen Traditionen.

Die Danzón-Orchester
Der *danzón* (▲ *166*), ein zunächst als unerhört empfundener Paartanz, wurde anfangs von Blechbläsern, Geigen, Klarinette, Kontrabass, *timbales* und *güiro* gespielt (*orquesta típica*). Um die Jahrhundertwende formierten sich die *charangas a la francesa*: Anstelle der Blechblasinstrumente traten Klavier und Flöte, an die der Timbales die kreolische *paila*. Durch neue vom Son inspirierte Rhythmen, eine *tumbadora* und die Beteiligung von Sängern veränderte sich der Danzón.

»Der Son ist das Grösste, das die Seele zu erfreuen vermag.« Ignacio Piñeira

Unten: das Trío Matamoros 1928: Miguel Matamoros, Rafael Cueto, Siro Rodríguez (zwei Gitarren, Maracas, Claves und dreistimmiger Gesang).

Die traditionelle Trova (Vieja Trova)
Santiago de Cuba ist die Wiege der *trobadores*, Interpreten einer für den Gesang bestimmten Volkspoesie, die Ende des 19. Jh. aufkam. Die Autodidakten begleiten sich oft selbst auf der Gitarre. Die Tradition des Chorgesangs spiegelt sich hier in der Kunst der Zweistimmigkeit wider. Die Kombination von hoher Kunstfertigkeit und Schlichtheit vorgetragen von dem Cuarteto Patria, Compay Segundo oder den Interpreten der Casa de la Trova von Santiago (▲ *209*) begeistern bis heute. Pepe Sánchez (1856-1918) ist bekannt als Schöpfer des ersten Bolero (1883). Die Trova hat auch den Son beeinflusst wie das Trio Matamoros beweist.

Oben: Das Charanga-Orchester Estrellas Cubanas des 1998 verstorbenen Félix Reina (links) im Jahr 1960. Von links nach rechts: drei Geigen, eine Tumbadora, eine Flöte, die Paila, der Güiro, ein Kontrabass, drei Sänger und in der Mitte der Pianist Raúl Valdés.

Der Son
Der in den Bergen von Oriente (▲ *205*) entstandene *son* veränderte die cubanische Tanzmusik. Im Gesang wechseln sich Improvisation des Solisten und Chorrefrain ab. Der *tres*, die *bongós* und die von den Bantu stammende *marímbula*, bei der Metall-Lamellen angeschlagen werden (oben: Bongós auf Marímbula), werden von der Gitarre, den *claves* und den *maracas* begleitet. Als der Son La Habana erreichte, kamen all diese Instrumente beim Sexteto Habanero (1919) zum Einsatz. Hinzu kamen später mehrere Trompeten *(septetos)*, das Klavier und die Tumbadora *(conjunto)*. Der Gesang ist mehrstimmig, und die Rhythmen sind verschiedensten Traditionen entliehen.

Die Rumba
Falls keine Tumbadoras zur Verfügung stehen, lässt sich die Rumba mit jedem beliebigen Schlaginstrument spielen. Zu Beginn seines Gesangs stimmt der Solist eine Melodie ohne Text an, dann trägt er sein Thema in Décimas vor, und der (mehrstimmige) Chor antwortet. Von den drei Arten der Rumba, *yambú*, *columbia* und *guaguancó*, werden heute nur noch zwei gespielt. Bei der Columbia improvisiert ein Tänzer allein vor den Trommeln *(quinto)*. Der Guaguancó symbolisiert die Eroberung der Frau durch den Mann.

Schallplatte, Radio und Kino sorgten für Export und Weiterentwicklung der Musik. Alte und neue Rhythmen wie der Cha-Cha-Cha gingen um die Welt. Der Jazz aus Nordamerika verband sich mit cubanischen Rhythmen. Die Wirtschaftsblockade setzte dem ein Ende. Der cubanischen Jugend gefielen dennoch sowohl die Songs der Nueva Trova als auch der Rockmusik. Sie machte sich eine aufgefrischte Tanzmusik zu eigen, die sich technischer Mittel bediente und Elemente aus der rituellen Musik sowie aus traditionellen oder von außen eingedrungenen Rhythmen wie Rock, Funk und Rap miteinander verschmelzen ließ.

Beny Moré (● *107*) (1919-63)
Dieser glühend verehrte Sänger, auch Bárbaro del Ritmo genannt, war Autodidakt. Als er 1953 aus Mexiko zurückkehrte, wo er mit Pérez Prado gearbeitet hatte, gründete er eine Jazzband, die Banda Gigante, mit der er unvergessliche Erfolge feierte.

Los Van Van
Der 1969 durch den Bassisten Juan Formell gegründeten Band, die Geigen mit Blechblasinstrumenten kombiniert, gelang mit dem *songo* eine Erneuerung der Tanzmusik. Dank des Charismas ihrer Sänger und ihrer Texte, einer oft humoristischen Darstellung cubanischer Zustände, konnte die in Cuba bei alt und jung sehr populäre Formation ihren eigenen Stil durchsetzen.

Timba oder Salsa?
Um sich von dem außerhalb Cubas entstandenen Salsa abzugrenzen, sprechen die jungen Bands heute lieber von *timba* als von *salsa cubana*. Der Unterschied zu Salsa zeigt sich unter anderem in einem freieren oder auch erotischeren Tanz.

NG La Banda
1988 hat sich die als Symbol einer jungen und rebellischen Generation geltende Band formiert. Mit dem Aufgreifen von Tabuthemen wie Religion und Rassismus und einer Mischung aus Rap und cubanischer Musik ist sie zum Idol der Jugend geworden.

Mambo
Ursprünglich bezeichnete *mambo* einen Teil des Danzón. Pérez Prado, ein nach Mexiko emigrierter Pianist, nutzte den Begriff für den von ihm geschaffenen und die Tänzer begeisternden Rhythmus.

Volkskulte afrikanischen Ursprungs

Die Santería

Auf Cuba sind die *regla de Ocha Ifá*, *santería* genannt, die *reglas de Palo* und die Geheimgesellschaft Abakuá die am weitesten verbreiteten Kulte afrikanischen Ursprungs. Als einziges Gepäck der Sklaven boten sie geistlichen Beistand und moralischen Halt. Bei allen wird den Ahnen Tribut gezollt, und keine schließt die Ausübung anderer Kulte aus, einschließlich des Katholizismus. Die Santería ist eine polytheistische Religion, deren Gottheiten, die *orishas,* hochrangige vergöttlichte Vorfahren sind. Die *santeros* verehren und flehen sie an, wenn sie nach Lösungen für ihre Alltagsprobleme suchen.

Das Yoruba-Pantheon
Die Geschichte dieser ursprünglich sehr großen ›Familie‹ wurde aus den Erinnerungen der Sklaven aus den Königreichen Dahomey, Togo und dem Gebiet der Yoruba in Nigeria rekonstruiert. Verehrt werden nur Gottheiten mit starkem Symbolgehalt. Keiner Hierarchie unterworfen, sind sie alle Teil von Olofi, dem höchsten Gott, Herrscher des Universums und allem, was sich in ihm befindet.

Orishas und katholische Heilige: Überlagerung oder Synkretismus?
In der Kolonialzeit nutzten die christianisierten Sklaven katholische Feiertage, um ihre Orishas zu ehren. So bildeten sich nach und nach Übereinstimmungen heraus. Natürlich nehmen die Santeros an den Messen und Prozessionen teil, um die Heiligen zu feiern. Am 8. September wird gleichzeitig der Virgen de la Regla (▲ *146),* Yemayá (unten), der Virgen de la Caridad von El Cobre (● *33,* ▲ *219)* und Ochún gehuldigt.

Die wichtigsten Orishas
Jede Gottheit ist an besonderen Attributen erkennbar. Changó (oben rechts), der Herr des Blitzes, des Donners und der Trommeln, symbolisiert die Manneskraft. Rot und weiß gekleidet, hält er ein Zepter, das wie sein Helm in einer Doppelaxt ausläuft. Seine katholische Entsprechung ist die hl. Barbara. Yemayá ist das nährende Meer, Sinnbild der Mutterschaft. Sie ist blau und weiß angezogen (oben). Ochún verkörpert das Süßwasser, die Weiblichkeit und die Liebe. Ihre Farbe ist Gelb. Eleguá (oben, Kopf) ist der Wächter des Hauseingangs und der Wegkreuzungen sowie der Herr über die Zukunft. Rot und Schwarz sind seine Farben. Sein katholisches Pendant ist der hl. Antonius von Padua. Obbatalá steht für die Schöpfung, den Frieden und die Harmonie. Er ist ganz in Weiß gekleidet wie die Virgen de la Merced. Babalú Ayé, in violetter Tracht, herrscht über die Krankheit und ihre Heilung – dem hl. Lazarus gleich. Oggún, der Herr der Metalle, personifiziert die Entwicklungsstufen. Er wird in Grün und Schwarz dargestellt und entspricht dem hl. Petrus. Die *patakies* überliefern die Geschichten der häufig miteinander verwandten Orishas. Aufgrund ihrer Menge sind den Gläubigen nicht alle bekannt.

Die Orakel
Für die Lösung von Alltagsproblemen, die meist mit der Gesundheit zu tun haben, können sich die ratsuchenden Santeros der Wahrsagekunst zuwenden. Im Falle leichter Fragen legen sie die *oddún* (Prophezeiungen) selbst aus. Bei dem einfachsten Orakel *obi* werden vier Kokosnussschalenstücke befragt. Manchmal verweist Obi auf die Konsultierung zweier weiterer Orakel: *diloggún,* aus 16 Oddún zusammengesetzt und mit Muscheln zu lesen, und *ifá*, das höchste und komplizierteste Orakel der Santería. Im letztgenannten spricht Orula, die Gottheit des Wissens und der Weissagung über die Ifá-Tafel oder die *ekuelé*-Kette durch den Mund des *babalawo* (›Priester‹). Er ist der einzige Mensch, der dieses Orakel auslegen darf. Wenn die Santeros das Haus des Babalawo verlassen, entrichten sie eine Gebühr von einigen Pesos.

Die Initiation
Mit ihr tritt ein Gläubiger in einen Pakt des Respekts, Gehorsams und der Verehrung mit einem Schutz-Orisha. Vor der sieben Tage dauernden Zeremonie empfängt er die Kriegs-Orishas Oggún, Ochosí, den göttlichen Bogenschützen (unten links) und Eleguá. Nach der Opferung des seinem Orisha zugeordneten Tieres erhält er hinter geschlossenen Türen die Heiligenattribute. Dann legt der Neuling *(yabo)* sein neues Schmuckgewand an und nimmt die Ehrerbietungen der Familie und seiner Freunde entgegen. Schließlich legt der Babalawo für ihn durch Orakelbefragung Verhaltensmaßregeln fest. Ein Jahr lang muss sich der Yabo (oben) in Weiß kleiden.

Der Canastillero
Dies ist das Möbelstück (unten), auf dem der Santero Behältnisse (Schüsseln) mit symbolischen Machtattributen der Orishas aufbewahrt. In der Regel besitzt er fünf davon, die hierarchisch angeordnet werden: Eines ist dem empfangenen Orisha geweiht, die vier anderen den höchsten Orishas Obbatalá, Yemayá, Ochún und Changó. Auf dem Canastillero bringt er Blumen-, Obst- oder Tieropfer dar, wobei letztere seltener gewünscht werden.

Ursprünglich wurden die *reglas de Palo* von Sklaven aus dem Reich des Manikongo befolgt, das einen Teil von Zaire, der Republik Kongo und des Nordens von Angola einschloss. Sie sind als *myombe, brillumba, chamalongo* und *kimbisa* bekannt. Unter den drei letztgenannten, die Elemente des Spiritismus und anderer Kulte (z. B. der Santería) übernommen haben, ist der Synkretismus bei der Kimbisa am stärksten. Die Geheimgesellschaft Abakuá wurde von Gemeinschaften aus Calabar im Südosten Nigerias eingeführt. In der Anhängerschaft *(ñáñigos)* sind nur Männer willkommen – entsprechend einer spanischen Bevorzugung männlicher Sklaven. Die geistliche Grundlage dieser unterscheidet sich von der volkstümlichen Religiosität der Reglas de Palo und der Santería. Es ist ein monotheistischer Kult mit einem strengen Moralkodex.

Das Fundament der Reglas de Palo

Die *nganga*, die Grundlage des geistlichen Lebens des *palero,* vereint in einem untrennbaren Ganzen den Lebenshauch des Menschen, ob lebendig oder tot, mit der Natur. Der Glaube beruht auf der Macht der schützenden Energie des Toten, die man für seine Zwecke einsetzen kann. Als Behältnis in Form einer Kalebasse oder eines Kochkessels nimmt die Nganga (unten) Gebeine eines Toten *(nfumbe)* und die folgenden Elemente aus der Natur auf: Wasser und an verschiedenen Stellen angehäufte Erde, Steine, Kräuter, Hörner, Klauen, Krallen und Knochen verschiedener Tiere, wobei das Gesamte eine Art Mikrokosmos bildet.

Die Verschmelzung mehrerer Kulte innerhalb der Kimbisa

Die aus La Habana stammende Kimbisa wurde im 19. Jh. von einem Mulatten namens Andrés Petit gegründet, Mitglied des Franziskanerordens, Spiritist, Palero und Santero *(● 58)*. In der Überzeugung, dass man durch das Praktizieren mehrerer Kulte noch frommer würde, vermischte er die unterschiedlichen Konzepte und Riten dieser Religionen afrikanischen Ursprungs miteinander. Andrés Petit, der auch der Geheimgesellschaft Abakuá angehörte, erlaubte 1863 in Guanabacoa (▲ *147)* erstmals Weißen die Initiation. Heute sind die meisten Anhänger der Kimbisa Santeros, Paleros und unter dem Einfluss Alan Kardecs stehende Spiritisten.

Der Gründungsmythos der Abakuá: die Sikanekue

Nach dieser Erzählung aus Calabar hatte die Prinzessin Sikán, die zum Wasserholen an den Fluss gegangen war, mit ihrer Kalebasse unbeabsichtigt den heiligen Fisch Tanze gefangen, durch dessen Mund Abasí, der höchste Gott, spricht. Da Tanze starb, beschlossen der Zauberer und die Stammesangehörigen Sikán zu opfern und mit der Haut eine heilige Trommel herzustellen, den ersten *ekwé.* Noch heute kann man der heiligen Stimme nur im *famba* lauschen, einem geheimen Raum, der nur den *ekobios,* den Eingeweihten, zugänglich ist. Der Ekwé soll fremden Blicken verborgen bleiben.

Gegenseitige Unterstützung – in der Abakuá ein fester Wert

Die Gemeinschaft fungiert als auf Gegenseitigkeit beruhende Hilfsgesellschaften, z. B. beim Loskauf von Sklaven. Ihr Ziel, die soziale Gerechtigkeit, haben sie bewahrt. Wenngleich viele ihrer Mitglieder die Freimaurerlogen aufsuchten und sich an den Unabhängigkeitskriegen (● *39)* beteiligten, wurden sie anschließend oft umgehend zu Anhängern der Revolution. 1902 mussten sie bei den Gewerkschaftskämpfen, in den Häfen von La Habana, Matanzas und Cárdenas als Sündenböcke herhalten. Noch heute helfen die Abakuás ihren Mitbrüdern bei Bedarf moralisch und finanziell aus.

Die Zeremonien der Abakuás

Die *diabolitos* oder *iremes* (links und oben), die die Geister der Vorfahren verkörpern, erscheinen in der heiligen Einfassung, die einem Ort im Freien entspricht. Sie singen nicht, sondern tanzen nur nach der Enkríkamo-Trommel. An ihrer Mimik und ihren Kostümen – einem Juteanzug mit ausgefransten Armen und Beinen – lassen sich ihre Funktion und die Art der Zeremonie (Initiation, Beisetzung usw.) ablesen.

Die Enkríkamo-Trommel

Bei den Riten der Abakuá kommen neben der heiligen Trommel Ekwé auch vier weitere kleine Trommeln zum Einsatz. Oben sieht man die *enkríkamo*-Trommel (Sammlung des Museums von Guanabacoa).

Trotz der Wirtschaftseinschränkungen seit 1991 zählen der Karneval von La Habana und von Santiago zu den großen Ereignissen der Insel. In der Kolonialzeit durften sich die nach ihrer jeweiligen ethnischen Herkunft in Bruderschaften, den sogenannten *cabildos de nación*, vereinten Sklaven nur am Epiphanias-Tag öffentlich mit ihren Kostümen, Masken und Trommeln präsentieren. Dieser 1884 verbotene Umzug wurde nach der Abschaffung der Sklaverei in Form von *comparsas* erneut zugelassen. Letztere bestehen aus Musikanten, Sängern und Tänzern, die jeweils ihren Stadtteil vertreten. Alljährlich wählen sie sich verschiedene Themen, zu denen sie mit viel Sorgfalt und Mühen die musikalische Begleitung und die Choreographie schaffen.

Der Karnevalsumzug
Die Anordnung der Comparsas ist festgelegt: Träger von Bannern und *farolas* (großen Laternen), Tänzer, Sänger und Musikanten, die die *conga* spielen. Zum Orchester gehören Trommeln, Perkussionsinstrumente aus Metall (*cencerro*, eine viereckige Glocke und *llantas*, Lkw-Felgen) und Blechblasinstrumente (Trompete und Saxophon).

Die traditionellen Comparsas von La Habana
Die 1908 im Viertel Jesús María (Cerro) entstandene Comparsa El Alacrán (›Skorpion‹) führt die Tötung des Skorpions nach dem Tod der Natter auf, eine Erzählung der alten Cabildos. Ihre Masken stellen Persönlichkeiten der Stadt oder typische Gestalten dar. Die Comparsa Los Marqueses, 1937 im Viertel Ataré geboren, lässt die Aristokratie der Kolonialzeit wieder aufleben. Thema der Comparsa La Jardinera, die sich 1940 im Viertel Jesús del Monte herausgebildet hat, ist die Gartenkunst (unten). Die Comparsa Los Guaracheros aus Regla (▲ *147*) erinnert an die Guaracha-Spieler (● *52*).

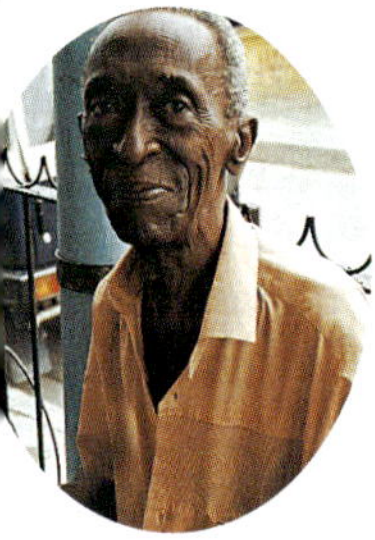

Der Karneval von Santiago

Dieser vor allem in den 1930er bis 1960er Jahren sehr berühmte Karneval ist aus den *fiestas de mamarrachos* oder *máscaras* (Maskeraden) hervorgegangen, Prozessionen, die man Ende des 17. Jh. zu Ehren des Stadtpatrons ins Leben rief. Das dreitägige Fest findet Ende Juli statt. Seine Besonderheit ist die Rolle der Congas. Ab Juni dürfen die ersten Conga-Trommler durch die Straßen ziehen. Größeren Zulauf finden dann die Paseos (Umzüge) im Juli.

Die Comparsa Los Hoyos

Sie wurde in einem sehr volkstümlichen Viertel im Westen Santiagos gegründet und ist die berühmteste Comparsa. Ihrem Direktor, Sebastián Herrera, ›Chan‹ (oben), liegt die Weitergabe der Traditionen dieser Formation am Herzen.

Die Trommeln

Am häufigsten kommen die kegelstumpfartigen *bocúes* mit großer Beckentiefe zum Einsatz. Es gibt sie in drei Ausführungen, die jeweils einen anderen Klang erzeugen: als *fondo, requinto* und *quinto. Galletas* nennt man Trommeln mit schmalem Gestell. Der *pilón*, die größte Trommel, gibt den Grundrhythmus an.

Die Corneta China

Das von den chinesischen Einwanderern eingeführte Instrument (links) ist zum Symbol des Karnevals von Santiago aufgestiegen. Mit seiner Melodie bringt es die Conga und die Comparsa in Schwung.

Der Cabildo Carabalí Olugo

Der Ende des 19. Jh. gegründete Cabildo Carabalí Olugo (unten) ist aus den Zusammenschlüssen der aus dem einstigen Calabar stammenden Sklaven hervorgegangen (● *60*). Diese Geheimgesellschaft, die gegenseitige Unterstützung gewährt, stellt anlässlich des Karnevals ihre eigene Comparsa auf.

Montuna-Huhn

Schweinefleisch und Geflügel werden auf Cuba sehr geschätzt. Meist werden sie mit Bohnen (einschließlich Erbsen), ein altes Erbe Spaniens, und Knollenfrüchten gereicht. Der Reis, der bei keinem Essen fehlt, wird oft mit schwarzen Bohnen kombiniert: Gemeinsam ergeben sie ein auf Cuba sehr geläufiges Gericht, das wegen des farblichen Kontrastes *cristianos y moros* (›Christen und Mauren‹) genannt wird. Ein weiteres übliches Gericht der cubanischen Gastronomie besteht aus Reis mit roten Bohnen. Montuna-Huhn ist ein traditionelles Gericht der ländlichen Bauernküche.

Zutaten:
1 Huhn (1 kg)
3 Zwiebeln
8 Knoblauchzehen
Ingwer
Schweineschmalz oder Geflügelfett
1 EL Essig
1 EL Mehl
Basilikum und Petersilie
Salz und Pfeffer
Zuckerrohrsaft *(guarapo)*, notfalls lieblichen oder gesüßten Weißwein

Zutaten für die Beilagen:
2 Kochbananen
1 Pfund Maniok
4 Kartoffeln
1 Pfund Taros (oder *malangas)*
weißer Reis

Zutaten für die kreolische Soße, den *mojo*
0,2 l Öl
Speckwürfel
10 Knoblauchzehen
1 Bitterorange (oder eine Orange und eine Limette)

1. Das Huhn zerteilen und im Schmortopf ausbreiten. Salzen und Pfeffern.

2. Drei Zwiebeln in Scheiben schneiden.

3. Die acht Knoblauchzehen zusammen mit etwas Ingwer zerstoßen. Gehackte Petersilie und Basilikum hinzufügen.

4. Das Huhn mit der Mischung aus Zwiebeln, Knoblauch, Petersilie und Basilikum bedecken und ein wenig Schweineschmalz und einen Esslöffel Essig hinzugeben. Abdecken und bei kleiner Flamme garen.

5. Wenn das Fleisch eine goldbraune Farbe angenommen hat, wird es aus dem Topf genommen, um die Soße mit einem Esslöffel Mehl einzudicken.

6. Das Huhn wieder in den Topf geben, etwas Weißwein hinzufügen und so lange auf niedriger Flamme garen, bis sich das Fleisch von den Knochen löst.

7. Taros, Kartoffeln, Maniok und Kochbananen schälen und in dicke Stücke schneiden. In verschiedenen Töpfen getrennt in Salzwasser kochen. Nach dem Kochen alles zusammen in eine große Schüssel geben.

8. Für den Mojo die Speckwürfel in Öl anbraten, danach auch die zehn im Mörser zerriebenen Knoblauchzehen. Mit einem Spatel gut umrühren; Vorsicht, den Knoblauch nicht anbrennen lassen. Das Ganze über die Knollenfrüchte geben.

9. Die noch heiße Pfanne mit dem Saft einer Orange ablöschen. Die so erhaltene Flüssigkeit über die Knollenfrüchte gießen.

10. Mit weißem Reis servieren.

Cuba, die Heimat des Cocktails

1914 wurde der Club der Cantineros von Cuba gegründet, eine Schule, die zur Ausstellung des Diploms ›Cocktail-Meister‹ befugt ist. Doch das Goldene Zeitalter des cubanischen Cocktails waren die 1920er Jahre: Damals gingen zahlreiche Barkeeper aus Paris oder den USA (dort herrschte die Prohibition) in La Habana in die Schule. Am bekanntesten wurde Constante, der Oberkellner des Floridita. Er erfand den eisgekühlten Daiquiri und den Hemingway's Special (unten).

Zigarren für jeden Geschmack

Die beste Havanna ist die, die man liebt. Es gibt für jeden Geschmack und (fast) jeden Geldbeutel die Richtige: von einer leichten Robusto für den Morgen (Epicure No. 2 von Hoyo de Monterrey) bis zu einer würzigen Corona Gorda (Exhibition No. 3 von Romeo y Julieta) oder einer kräftig-aromatischen Doppelcorona wie der Prominentenmarke San Luis Rey. Am besten passen sie zu Rum oder Süßweinen wie Porto oder Rivesaltes. Angesichts der Vielzahl von Fälschungen empfiehlt es sich, direkt bei den Fabriken einzukaufen: z. B. in Partagás oder La Corona.

Am cubanischen *ron* schätzt man den milden, trockenen und leicht würzigen Charakter.

Zwei Rumsorten

Der Carta Blanca (weißes Etikett) bildet die Grundlage für die Zubereitung von Mojito, Daiquiri und Cuba Libre. Der Carta Oro (goldenes Etikett) ist ein drei, fünf oder sieben Jahre lang gereifter Rum, den man wie Cognac verkostet.

Mojito: Ein halber Löffel Zucker, der Saft einer halben Limette, ein paar Minzblätter. Mixen. Eiswürfel und 2 cl Rum hinzufügen und mit Sodawasser auffüllen.
Daiquiri: 4 cl weißer Rum, 2 cl Zitronensaft. Mit gestoßenem Eis mixen und mit einer Zitronenscheibe garnieren.
Hemingway's Special: 2 cl Rum, ein Löffel Pampelmusensaft, Saft einer halben Zitrone, ein Löffel Maraschino und gestoßenes Eis. Mixen.

Der Tabakanbau

Das Deckblatt (rechts) ist die Umhüllung der Havanna und ihr sichtbarer Teil; es bedeckt die Einlage, die Blattmischung, die von den Herstellern geheim gehalten wird.

In den fünf Erzeugerregionen – Vuelta Abajo, Semi Vuelta, Partido, Remedios und Camagüey y Oriente – werden zwei Tabaksorten angebaut. Es gibt den *corojo,* dessen helle *(claro)* oder dunkle *(colorado)* Blätter meist zur Herstellung des Deckblattes verwendet werden. An der Pflanze stehen sie in sechs Stufen, die zugleich die Reihenfolge der Ernte bestimmen. Der *criollo* liefert die Einlage, d. h. vier der fünf Tabakblätter, aus denen die Mehrzahl der Havannas besteht.

Das Auspflanzen
Der Tabak ist eine Winterpflanze; von Oktober bis Januar nehmen die Pflanzer *(vegueros)* das Auspflanzen der von der Zuchtstätte gelieferten Setzlinge vor. Ihre optimale Größe erreichen die Pflanzen nach 45 Tagen.

Der Anbau der Deckblätter unter Tapados
Zum Schutz vor Sonne und Insekten werden die Corojo-Pflänzlinge unter Gazetüchern *(tapados)* aufgezogen. Die Deckblätter müssen nämlich seidig, weich und gleichförmig sein.

Die Ernte
Das Pflücken dauert von Januar bis März. Zuerst werden die untersten Blätter *(libres de pie)* mit der Machete abgetrennt. Eine Woche später sind die darüber befindlichen *(uno y medio)* an der Reihe. Diese Prozedur wird bis zum oberen Teil der Pflanze *(corona)* fortgesetzt.

Die Pflanze und die Samenkörner
Nicotiana tabacum – eine endemische Pflanze Amerikas –, gehört zur Familie der Nachtschattengewächse. Das Saatgut (oben) wird mit Sand und Asche vermischt. Nach 45-tägiger Bewässerung wird der Setzling umgepflanzt.

Die Trocknung
Paarweise und auf Stangen zusammengebunden werden die Blätter in mit Palmblättern bedeckten Trockenschuppen *(casas del tabaco)* angeordnet. Nach 50 Tagen hat das Blatt 85 % seines Wassers verloren und nimmt eine goldene Farbe an.

Die erste Fermentation
Die Blätter werden für vier bis zwölf Wochen in Garben *(gavilla)* gelagert. Die verbliebene Feuchtigkeit reicht aus, um die Fermentation einzuleiten, die den Harz- und Nikotingehalt senkt und den Blättern eine gleichmäßige Färbung verleiht. Wenn die Temperatur über 35 °C steigt, werden die Bündel belüftet.

»Das Blatt des Indianers, Trost der Grübler, Freude der verträumten Luftschlossbauer, Schoss, gefüllt mit dem Duft des beschwingten Opals.«
José Martí

Verarbeitung der Blätter

Nach Trocknung und erster Fermentation werden die Blätter in der Tabakfabrik gestapelt. Dann werden sie befeuchtet, entrippt, sortiert und gewogen, was unter der Kontrolle eines Zigarrenmeisters geschieht. Diesem in jedem Betrieb nur einmal vertretenen Berufsstand obliegt die Festsetzung des charakteristischen Mischverhältnisses der Tabakblätter. Anschließend werden die Blattmischungen den Zigarrenrollern *(torcedores)* anvertraut. Mit dieser monotonen Tätigkeit sind in der Werkstatt *(galera)* zahlreiche Arbeitskräfte beschäftigt.

1. Transport zur Fabrik
Vor dem Abtransport in die Fabriken wird jeder Ballen mit einem Zettel versehen, auf dem Tabaksorte, Herkunftsvega (Plantage), Fermentationsdauer und Alter vermerkt sind.

2. Zweite Fermentation
Nach einer ersten Sortierung werden die Blätter einem 60-tägigen Gärungsprozess unterzogen. Dabei werden die Ammoniak- und Chlorspuren entzogen und die Entwicklung der Aromastoffe gefördert.

Klassen und Qualitätsstufen
Die Blätter werden nach Höhenstufe und Farbe sortiert. In jeder Klasse unterscheidet man je nach Werkstatt 11-15 Stufen und über 75 Farbnuancen.

3. Befeuchtung. Die abgetrennten Deckblätter werden mit Wassernebel besprüht. Durch diese Benetzung *(moja)*, gewinnen sie ihre Elastizität zurück.

4. Entrippen und Glätten
Die Entripperinnen ziehen die von der Fermentation zerknitterten Blätter wieder in Form.

Anschließend sortieren sie sie nach Größe und trennen die noch verbliebene Hälfte der Hauptader heraus.

Künstler bei der Arbeit. In der Werkstatt sortieren die Arbeiter die Blätter. Dieser sich mehrmals wiederholende Vorgang erfolgt nach komplizierten Regeln und setzt eine hohe Erfahrung voraus. Die Ausbildung der Spezialisten dauert über fünf Jahre.

5. Sortieren
Die Blätter werden abermals nach der Größe, der Färbung, der Struktur, der zugeordneten Tabakstufe (siehe rechts) und dem Verwendungszweck (Umblatt oder Einlage) sortiert.

6. Wiegen. Die besonderen Eigenschaften einer Havanna ergeben sich aus ihrem jeweiligen Anteil der Blätter, d. h. an *ligero* (Stärke), *seco* (Aroma) und *volado* (Brennverhalten). Das Abwiegen der Mischung *(liga)* ist daher von elementarer Bedeutung.

7. Mischung
Der Erfolg der *ligada* (Mischung) hängt von der Erfahrung des Werkstattleiters ab, dem Meister, der als einziger das Mischungsverhältnis jeder Zigarre entsprechend ihres Formats (● *74)* und ihrer Marke kennt.

● Das Rollen der Zigarren

Das Deckblatt: die geschmeidigen Corojo-Blätter (● *68*).

Der Zigarrenroller *(torcedor)* ist derjenige, der für die Qualität einer Havanna verantwortlich ist. Zunächst legt er den Ligero, das Tabakblatt, in seine Handfläche, umhüllt ihn entsprechend der festgelegten Anteile mit Seco und Volado und schließlich mit dem Umblatt. Die Kunst des Torcedor ist seiner Fingerfertigkeit: Nur eine Zigarre, bei der die Blätter mit dem passenden Druck zusammengepresst sind, kann den Raucher erfreuen. Das Deckblatt trägt die Handschrift des Torcedor, beeinflusst den Geschmack jedoch kaum.

Die Galera
Die Werkstatt, das Herzstück der Fabrik (links), befindet sich häufig im oberen Geschoss. In dieser Halle sind die Zigarrenroller, je nach ihrer Produktivität mehr oder weniger weit von einer Estrade entfernt, auf der sich der Vorleser befindet. Nach alter Tradition trägt dieser Texte vor oder Erinnerungen an die Revolution.

Die erste Phase des Rollens
Der Torcedor legt die Blattmischung so in seiner Hand zurecht, dass er mit dem Einrollen beginnen kann. Wenn er die Einlage gerollt hat, umwickelt er sie mit dem Umblatt.

Die Puppe. Das bei der ersten Rollphase erhaltene Ergebnis, die in das aus Volado-Blättern bestehende Umblatt eingewickelte ›Puppe‹, ist etwas länger und hat einen größeren Durchmesser als das endgültige Format.

Pressung
Die Puppe wird für ca. 20 Minuten in eine Pressform gelegt.

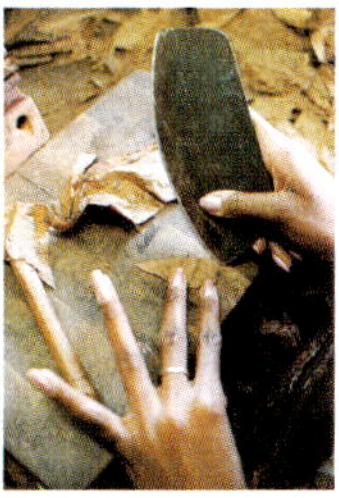

Rollen des Deckblattes
Mit der *chaveta*, einer runden Klinge, schneidet der Zigarrenroller das Deckblatt zurecht. Das runde Ende des Blattes wird so umgeschlagen, das es die Havanna verschließt.

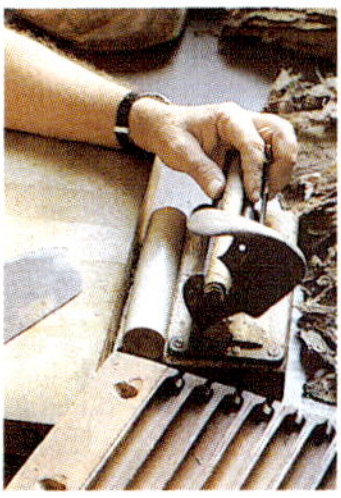

Schneiden
Eine Mini-Guillotine bringt die Havanna auf die richtige Länge.

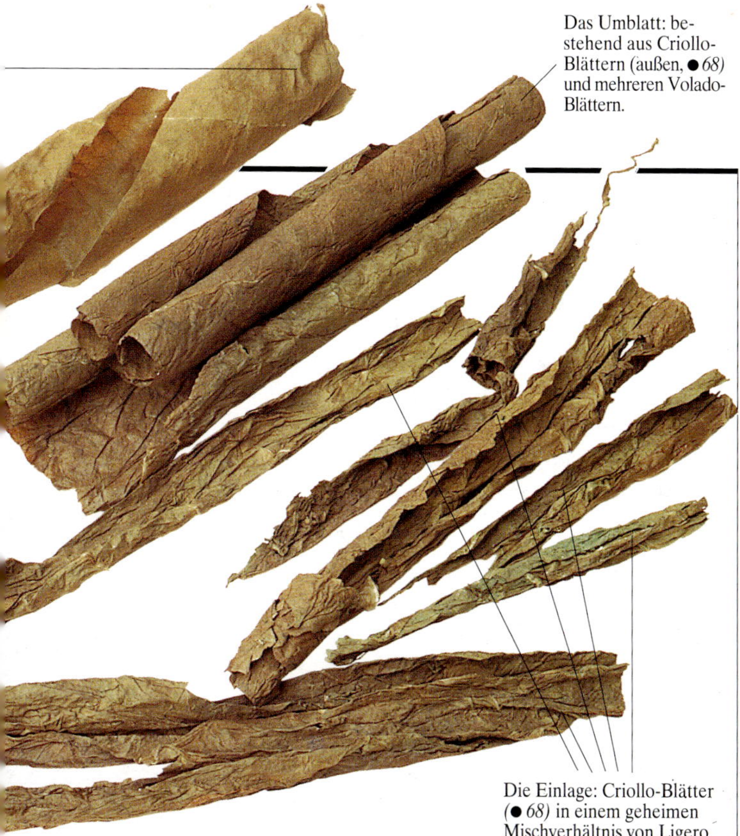

Das Umblatt: bestehend aus Criollo-Blättern (außen, ● *68)* und mehreren Volado-Blättern.

Die Einlage: Criollo-Blätter (● *68)* in einem geheimen Mischverhältnis von Ligero (Stärke), Seco (Aromen) und Volado (Brennverhalten).

Farbsortierung
Die *escogida*, die Kunst der Farbauslese, wird an großen Tischen vorgenommen, auf denen der Sortiermeister die Havannas nach einem jeweils firmenspezifischen Schlüssel anordnet. Man unterscheidet sechs von dunkelrot bis blassgrün reichende Gruppen – *sangre de toro, colorado, colorado claro, colorado pariso, pariso verde* und schließlich noch *pariso verdoso* –, nach denen die Zigarren sortiert werden.

Klimaraum
Hier verlieren die Zigarren ihre letzte Restfeuchtigkeit.

Einlegen in Kisten
Die Zigarren werden vom dunkelsten bis zum hellsten Farbton präsentiert.

Überprüfung von Größe und Form
Anhand von Arbeitsmustern aus der Produktion der Torcedores, die bis zu 120 Zigarren am Tag rollen, überprüft man die Havannas und achtet darauf, dass sie keine grobadrigen Stellen aufweisen. Ihr Durchmesser wird mit dem *cepo* kontrolliert, einem Holzbrettchen mit genormter Öffnung.

Lange Zeit anonym, erlebten die mit dem Gütezeichen ›Cuba‹ oder ›Havanna‹ versehenen Zigarren Anfang des 19. Jh. ihren großen Aufschwung: Das Ende des spanischen Tabakmonopols leitete nämlich die Herausbildung von Handelsmarken ein. Die vielen, teils nur kurzlebigen Manufakturen schufen ihre eigenen Sorten, erkennbar an ihren Bauchbinden und den Motiven auf den Zigarrenkisten (*vistas*). Mit den ab 1860 auf Cuba eingeführten Farbdruckmaschinen verfeinerte sich ihr Design.

Formate
Jedes der fünf hier abgebildeten Formate wird unter einem mit einer Marke verbundenen Originalnamen in den Handel gebracht. Die Bezeichnungen, es gibt über 30, werden nach der in der jeweiligen Fabrik gebräuchlichen Nomenklatur festgelegt. Zigarrenliebhaber differenzieren zwischen etwa 15 Formaten, deren Namen sich von denen der Fabrikkataloge unterscheiden.

Bauchbinden
Aus dem einfachen Papierband, das ursprünglich das Deckblatt einfasste, wurde 1830 ein üppig mit Wappen verzierter Ring. Dieses feierliche Motiv, ein Werbemittel, manchmal auch ein wahres Kunstwerk, trägt heute das Firmenzeichen oder das Logo der Marke. Viele Zigarrenraucher sammeln die Bauchbinden mit Leidenschaft.

Vistas
Die oft sehr aufwendige Grafik der Vista ist als Schutz vor Fälschungen gedacht (▲ *160*).

El Rey del Mundo
Auf der Vista dieser 1848 gegründeten Marke (oben) erkennt man einen König mit Federkrone auf einem Thron, der von verschiedenen Tieren gezogen wird.

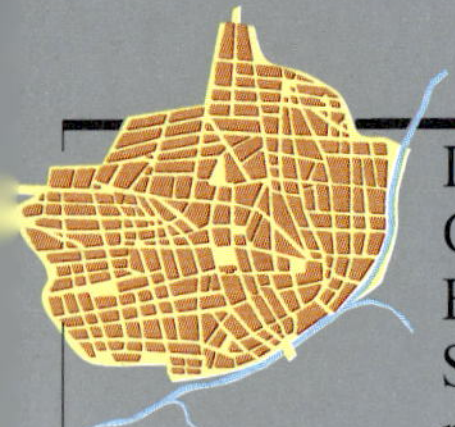

Oben der Plan von Camagüey; unten die Plaza de Armas in La Habana.

Die Leyes de las Indias (1573) regelten die Gründung neuer Städte und ihre Entwicklung: Es sollte ein rechtwinkliges Netz enger, vor der Sonne geschützter Straßen mit multifunktionalen Plätzen angelegt werden. La Habana wuchs erst Ende des 18. Jh. über seine Mauern hinaus. Anfang des 20. Jh. trat die US-amerikanische Bauweise an die Stelle der spanischen. Nach 1959 orientierte man sich am sowjetischen Modell und baute Ensembles, die sich nicht mehr der älteren Architektur anpassten.

Der frühkoloniale Städtebau

In den ersten, zwischen 1512 und 1515 gegründeten Orten gingen die noch unregelmäßig verlaufenden Straßen von einem Platz aus, an dessen einer Seite die Pfarrkirche stand.

Dieses Schema folgte keinem neuen städtebaulichen Plan: Die Spanier hatten einfach Muster aus ihrer Heimat auf die topografischen Begebenheiten in der ›Neuen Welt‹ übertragen. Es entstand ein Straßennetz mit labyrinthartigem Verlauf: Das historische Zentrum von Camagüey ist dafür das beste Beispiel. La Habana hingegen hat mit der Plaza de Armas und der Festung Castillo de la Real Fuerza eine fast regelmäßige Gestalt. Sie stellt jedoch eine Ausnahme dar.

Eine exemplarische Entwicklung: La Habana (▲ *141*)

- Das befestigte La Habana um 1519
- Ausdehnung außerhalb der Mauern (seit Ende des 18. Jh.)
- Neue Urbanisierung: Carmelo (1859) und Vedado (1860)
- Bebauung der Befestigungen (1865)

Die Lage an der Bucht erzwang eine Ausweitung der Stadt in Richtung Westen. Die Überschreitung der Befestigungswälle wurde 1818 durch den Bebauungsplan von Antonio María de la Torre festgelegt.

Die von Luis Yboleón Bosque (▲ *141)* entworfenen Pläne für mit Bäumen bepflanzte Avenidas in den Vierteln Carmelo und Vedado führten zu einer neuen städtebaulichen Qualität.

Plan von La Habana 1898

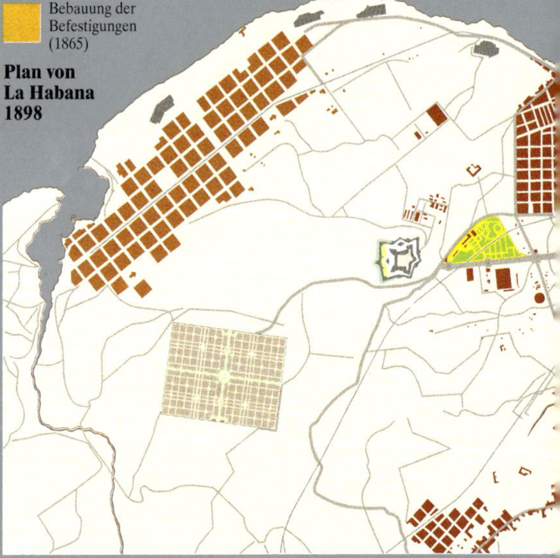

Überdeckte Säulengänge, Plaza Vieja, La Habana (▲ *130*)

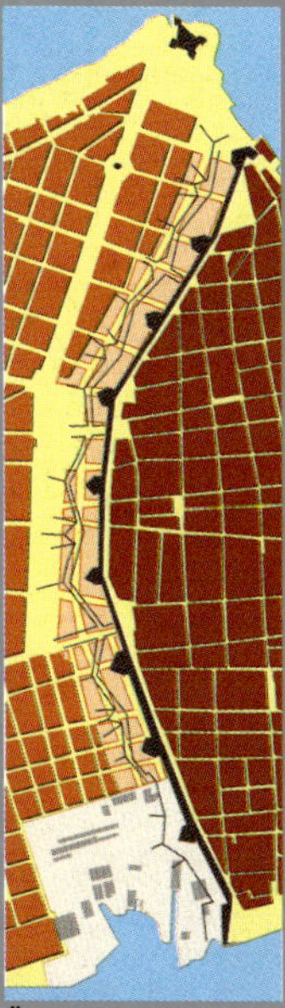

Bebauung der Festungswälle (1865)
Der Militäringenieur Juan Bautista Orduña ist der Schöpfer des Bebauungsplanes dieser Zone, die früher aus Böschung, Graben und den 1863 abgetragenen Festungswällen bestand. Das Viertel (▲ *132)* stellt einen architektonischen Übergang zwischen den Vierteln innerhalb und außerhalb der Stadtmauern dar. Bis ins 20. Jh. hinein ließen sich dort vorzugsweise öffentliche Einrichtungen nieder.

Überlagerung der alten Festungswälle und der neuen Straßen

Abrissbirne statt Renovierung: der Plan von José Luis Sert (1955-58)
Der berühmte katalanische Architekt Sert entwickelte einen vollständigen Nutzungsplan für La Habana (rechts), der Lösungen für alle Probleme bot, die sich einer modernen Stadt stellen können, besonders in Bezug auf städtischen Verkehr und Grünanlagen. Allerdings berücksichtigte er die traditionelle Architektur der sehr verfallenen historischen Viertel zu wenig. Das Projekt wurde nicht realisiert.

Das angelsächsische Modell: der Country Club (1914, ▲ *120*)
Der US-Architekt Sheffield A. Arnold projektierte dieses Wohnviertel als eine Gartenstadt um einen Golfplatz herum. (**1**) Die landschaftliche Umgebung mit weitläufigen Parzellen, umgeben von bogenförmigen Straßen und Alleen, war für begüterte Familien und für die kosmopolitische Gesellschaft von La Habana bestimmt.

Eine moderne Vision: der Plan von Forestier (1925-30)
Der französische Landschaftsgestalter J. C. Nicolas Forestier (▲ *136)* erarbeitete ein ehrgeiziges Projekt zur Stadtvergrößerung, das von Haussmanns Konzeption für Paris beeinflusst war (**2**). Er wollte die traditionelle Stadtstruktur um breite Alleen und weitläufige Parks bereichern. Sein Pläne wurden nur teilweise realisiert (▲ *145*).

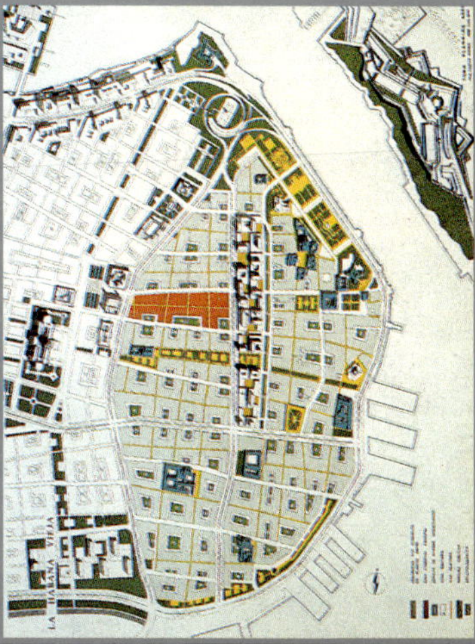

Die strategische Lage Cubas und die Bedeutung einiger Städte boten Piraten und Korsaren vielversprechende Beute. Häufig zerstörten diese die Orte, die sie angriffen: Es bedurfte wenigstens einer schützenden Festung. Mit der offiziellen Gründung des Flottensystems 1561 wurde La Habana immer wohlhabender, wodurch gleichzeitig potenzielle Angreifer angelockt wurden. Man entwickelte also zahlreiche Verteidigungssysteme.

Castillo de San Pedro de la Roca del Morro

Die ersten Forts
Oben das Castillo de la Real Fuerza, La Habana, 1558-77, Umbau 1632, beim Bau des Giraldilla-Turms (▲ *122*). Diese Anlage, deren Plan dem Ingenieur Jerónimo Bustamante de Herrera zugeschrieben wird, wurde von Bartolomé Sánchez und Esteban Calona gebaut. Es war die erste Festung mit Bastionen in Amerika. Die sternförmigen Bastionen werden aus Kasematten gebildet und ermöglichen ein flaches Überkreuzfeuer, wodurch tote Winkel verhindert werden. Ihre Terrassendächer bilden hohe Artillerieplattformen.

Erstes Verteidigungssystem
Dieses Castillo (▲ *217*), von 1639 bis 1661 von Juan Bautista Antonelli in Santiago de Cuba gebaut, ist ein schönes Beispiel für das Befestigungssystem der Renaissance. Es folgt einem Plan, durch den auf der Meerseite stufenförmig angelegte Geschützstellungen die Bucht abriegeln, während die Landseite durch eine flache Verteidigung mit Graben und Böschung geschützt wird.

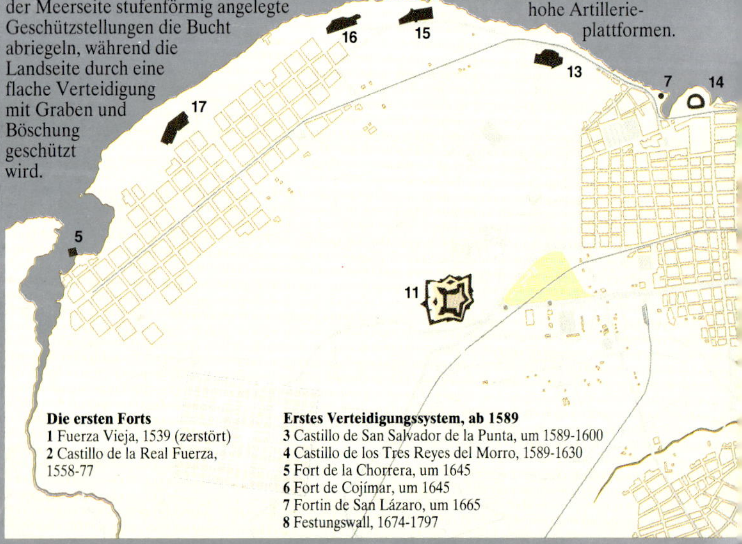

Die ersten Forts
1 Fuerza Vieja, 1539 (zerstört)
2 Castillo de la Real Fuerza, 1558-77

Erstes Verteidigungssystem, ab 1589
3 Castillo de San Salvador de la Punta, um 1589-1600
4 Castillo de los Tres Reyes del Morro, 1589-1630
5 Fort de la Chorrera, um 1645
6 Fort de Cojímar, um 1645
7 Fortin de San Lázaro, um 1665
8 Festungswall, 1674-1797

Zweites Verteidigungssystem
Die Einnahme La Habanas durch die Engländer 1762 (● *38*) hatte den Bau neuer Befestigungsanlagen zur Folge. S. Abarca und A. Crame schufen dieses zweite System, dessen bestes Beispiel die Festung San Carlos de la Cabaña (▲ *147*) ist. 1774 fertiggestellt, erstreckt sie sich über mehr als 700 m und umfasst die klassischen Elemente: Festungswälle (1); Bastionen (2); Ravelins (Vorwerke, 3); Inselforts (4); Gräben (5); gedeckte Wege (6); Glacis (Böschungen, 7).

Die Artillerie
Die Befestigungsanlagen veränderten sich parallel zur Entwicklung der Feuerwaffen. Da deren Wirkung größer wurde, musste man Mauern widerstandsfähiger bauen: weniger hoch, dafür breiter und rund; die Zinnen wurden durch Schießscharten und Brüstungen ersetzt und schließlich die Anlagen durch vorgelagerte Wälle abgeschirmt.

Drittes Verteidigungssystem
Das Fort N° 1 de Habana del Este ist die repräsentativste im 19. Jh. auf Cuba errichtete Festung. 1897 vollendet, folgt sie einer modernen architektonischen Konzeption. Dieses zuletzt geschaffene Verteidigungssystem umfasst eine große Anzahl von Bauten, darunter die militärischen, die anlässlich der Unabhängigkeitskämpfe entstanden (● *39*).

Zweites Verteidigungssystem, ab 1773
9 Fortaleza de San Carlos de la Cabaña, 1763-74
10 Castillo de Santo Domingo de Atarés, 1767
11 Castillo del Príncipe, 1767-79
12 Castillo de San Diego, um 1770
13 Batteria de Santa Clara, Ende 18. Jh.
14 Batería de la Reina, 19. Jh.
15 Batería N° 2, 19. Jh.
16 Batería N° 3, 19. Jh.
17 Batería de la Chorrera, 19. Jh.

Drittes Verteidigungssystem, ab 1896
18 Fort N° 1 de Habana del Este, 1897

1

Sakrale Bauten, zunächst schmucklos, dann durch Verzierungen bereichert, gab es seit der Gründung cubanischer Städte. Wie auch die Festungen dienten die Kirchtürme als sichtbares Zeichen in der Stadtlandschaft. Vor allem in der sakralen Architektur kamen die Einflüsse der Mudéjar-Kunst zur Geltung. Die Bauten mit maurischer Tendenz gewannen an Komplexität, ihre Fassaden wurden mit barocken Verzierungen gestaltet.

Kirchen und Klöster (▲ *131*)

Die Klöster, die im Allgemeinen mehrere Wohnblöcke belegten (bis zu vier), waren nicht vom städtischen Raum abgetrennt. Die Kirche und das Kloster Nuestra Señora de Belén (von Bethlehem) wurden zwischen 1712 und 1720 erbaut, dann zwei Jahrhunderte lang vergrößert und umgestaltet. Sie sind das größte sakrale Ensemble, das es noch in La Habana Vieja gibt. Es umfasst sechs Klosterhöfe. Ein erstaunlicher Rundbogen von 1775 überragt die Calle Acosta.

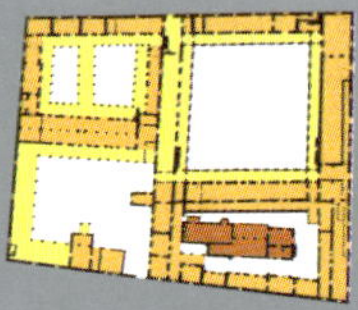

Der cubanische Barock (Kathedrale von La Habana, ▲ *126*)

Oft nüchterner als das spanische Vorbild, ist der cubanische Barock des 18. Jh. das Werk von Künstlern und Handwerkern, die sich den neuen Bedingungen angepasst haben. Der Plan für die Kathedrale von la Habana wurde von der in Toledo beeinflusst. Die gekrümmte Fassade ist ein für Cuba seltenes Beispiel für das Spiel barocker Bögen und Wölbungen. Das Material und seine Bearbeitung verleihen ihr einen besonderen Reiz.

1 Espíritu Santo, La Habana, 1638 (Turm von 1707).
2 Santa María del Rosario, 1766.
3 San Pedro Versalles, Matanzas, 1857-70 (Daniel dalli Aglio).

Die Stilrichtungen der Kolonialepoche

Obwohl die Kirche Espíritu Santo (▲ *131*) 1760 und 1847 wieder aufgebaut wurde, repräsentiert sie eine Typologie, die ihren Ursprung im 17. Jh. hat. Charakteristisch sind ein seitlich angebauter Turm und Schmucklosigkeit. Unter dem Einfluss des Barock bekommen die Portale im 18. Jh. Verzierungen: Fast altarähnlich gestaltet, nehmen sie die ganze Fassadenhöhe ein und laufen in gebogenen und zierlich geschweiften Elementen aus. Auch Seitenschiffe werden üblich, aber manche Kirchen (z. B. Santa María del Rosario, ▲ *147*) haben nur eins. Der Klassizismus des 19. Jh. betonte dann eine von Würde geprägte Schlichtheit. Ein das Hauptportal überragendes Giebeldreieck wurde in dieser Epoche zur Regel.

Portal del Sagrado Corazón de Jesús, La Habana, 1914-22.

Neogotischer Stil

Unter allen Stilrichtungen der Architektur in den ersten 30 Jahren der Cubanischen Republik wurde der neogotische wegen seines symbolträchtigen Charakters und der Ausdruckskraft seiner aufsteigenden Linien von den Kirchenbauern bevorzugt.

Die Ausstattung

(Altar in der Kirche Nuestra Señora de los Dolores, Bayamo, ▲ *204*)
Die wesentlichen Elemente der Ausstattung barocker Kirchen sind Altäre aus gedrechseltem vergoldeten Holz mit großem Formenreichtum. Sie heben sich stark von den nüchternen Wänden ab. Diese Altäre sind das Ergebnis des religiösen Eifers und der Fantasie der Handwerker, die sich gerne in filigran verschlungenen Verzierungen ausdrückten.

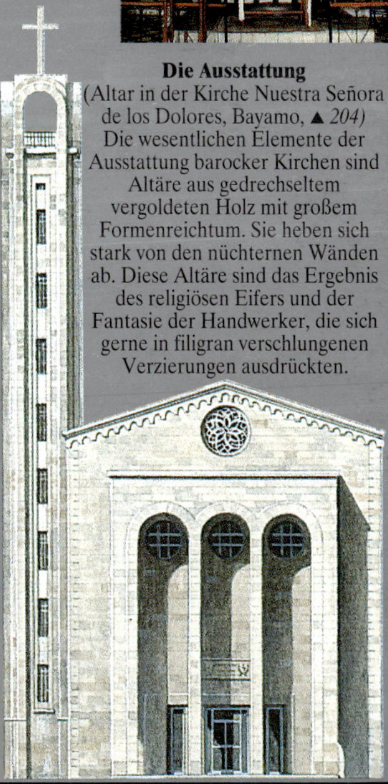

Der Modernismus

Trotz der kontinuierlichen Modernisierung des Landes insbesondere nach 1945 veränderte sich die sakrale Architektur mit wenigen Ausnahmen nur langsam. In ihrer Grundkonzeption wie auch in den Details knüpfte sie weiterhin an Modelle ausländischer Kulturen an, die traditionell mit der Religion verbunden waren. Man bemerkt es deutlich an der Kirche San Antonio de Padua, die 1949 von Eloy Norman und Salvador Figueras in La Habana gebaut wurde.

Klassizistische Urne aus Trinidad

Die ersten Unterkünfte mit Wänden aus Palmzweigen entwickelten sich zu beständigeren Behausungen mit Wänden aus Stampferde und ziegelgedeckten Holzdächern. Diese Bauweise setzte sich durch und wurde perfektioniert. Mitunter bekamen die Häuser zwei Etagen, einen Innenhof und wurden im Mudéjar-Stil eingerichtet. Zur Zeit des Barock legte man besonderen Wert auf die Ausschmückung aristokratischer Wohnsitze. Sie wurden später im klassizistischen Stil umgestaltet.

Die Wohnung im 17. Jh.
(Esq. Obrapía und San Ignacio, Habana Vieja) Die Bauten des 17. Jh. kopieren die spanische Architektur. Diese Häuser sind um einen Patio angelegt. Die erste Etage war dem Wohnen vorbehalten, während das Erdgeschoss geschäftlich genutzt wurde. Die schlichte Fassade schmückt sich mit einem Portal und mit Balkonen, deren Geländer aus gedrechseltem Holz sind.

Die Wohnung mit Loggia im 18. Jh
(Muralla N° 107 und San Ignacio, La Habana). Im Gegensatz zu den engen Straßen können auf Plätzen Häuser mit Säulengang und Loggia stehen. Der Säulengang schützt vor Sonne oder Regen, mit der Loggia öffnet sich das Haus zur Stadt hin. Als privilegierter und symbolischer Raum wurde die ursprünglich offene Loggia im 19. Jh. durch Fensterläden geschlossen. Eine der Öffentlichkeit zugängliche Diele (*zaguán*) befindet sich zwischen Portal und Patio. Der Mauerbogen, der sich zum Patio hin öffnet, ein Merkmal des cubanischen Barocks, ist vielgestaltig und reich verziert (▲ *84*).

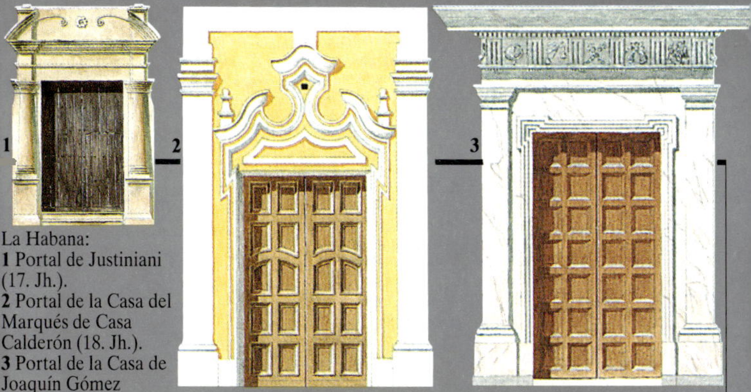

La Habana:
1 Portal de Justiniani (17. Jh.).
2 Portal de la Casa del Marqués de Casa Calderón (18. Jh.).
3 Portal de la Casa de Joaquín Gómez (19. Jh.).

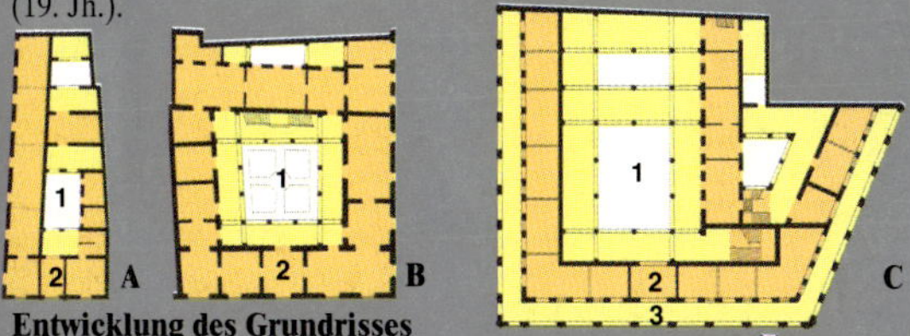

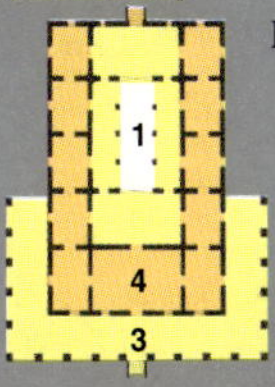

Entwicklung des Grundrisses
La Habana: **A** Wohnung an der Esq. Calle Cuba und Calle Cuarteles (17. Jh.) **B** Haus des Conde de Casa Bayona (18. Jh., ▲ *126)* **C** Palacio Villalba (1879) **D** Quinta San José (20. Jh.). Mittelpunkt ist stets der Patio (**1**), der mit der Zeit vergrößert wurde. Man erreicht ihn über die Diele (*zaguán,* **2**) und durch die Säulengänge (**3**); in den Sommerresidenzen (*quintas)* führt der Salon (**4**) zum Patio.

Entwicklung des Portals
Das Portal, das im 17. Jh. in seiner Ausführung noch bescheiden war, wurde im 18. Jh. reicher gestaltet, was bis zum Ende des 19. Jh. gilt. Der vorkragende Aufsatz mit charakteristischen bogenförmigen Gesimsen verschwindet mit dem klassizistischen Stil, um die Reinheit der klassischen Ordnung wiederzufinden.

Die Hausfront im 18. Jh.
(Palacio Pedroso, La Habana, oben restaurierter Zustand) Die Fassadengestaltung spiegelt die hierarchische Anordnung von Räumen und Funktionen wider. Die Türen im Erdgeschoss führen zu Speichern, im Zwischengeschoss befinden sich Büros, der große Balkon betont das Piano Nobile.

Die Sommerresidenz
(Quinta Santovenia, La Habana, unten) Das Viertel von Cerro verwandelte sich im 19. Jh. in einen Ort der Sommerfrische. Dort entwickelte sich eine charakteristische Architektur: die *quintas*, von Gärten umgebene Residenzen im klassizistischen Stil mit einem breiten Säulengang an ihren Hauptfassaden.

Die Architektur folgte seit dem 17. Jh. der frühen kolonialen Tradition. Vier Jahrhunderte lang blieb der Patio der Mittelpunkt des Hauses, auch wenn seine Bedeutung im 19. Jh. abnahm, als die ersten Gärten die Residenzen umgaben. Bei dieser Beständigkeit der Formen scheint das Fenster das einzig wesentliche Element einer stilistischen Entwicklung zu sein.

Räumliche Anordnung des Hauses

Der Raum gliedert sich in Abhängigkeit von der Straße. Die nebeneinander liegenden vorderen Zimmer sind für kommerzielle Zwecke bestimmt, während die Innenräume, die auf den Hinterhof (*traspatio*) gehen, den häuslichen Aktivitäten vorbehalten sind. Die Zuwege sind zum Patio geöffnet. Die gleiche Anordnung findet sich im Piano Nobile, der Belle Etage: Die Empfangsräume gehen zur Straße und die Privaträume nach hinten hinaus.

Entwicklung des Fensters

Im 17. Jh. wurden die Fenster noch mit Holzläden (**1**) geschlossen und hatten ein Gitter aus gedrechseltem Holz. Sie waren bündig mit der Fassade (**2**) oder vorspringend (**3**) angebracht, sofern es die Straßenbreite erlaubte. Diese Gitter boten Schutz und sorgten für Belüftung. Gleichzeitig ermöglichten sie die Kommunikation mit der Außenwelt. Im 18. Jh. wurde die Gestaltung der Gitter vielfältiger (**4**), wie z. B. in Trinidad (▲ *189*) und Camagüey. Im 19. Jh. wurden sie häufig durch Metallgitter (**5**) ersetzt.

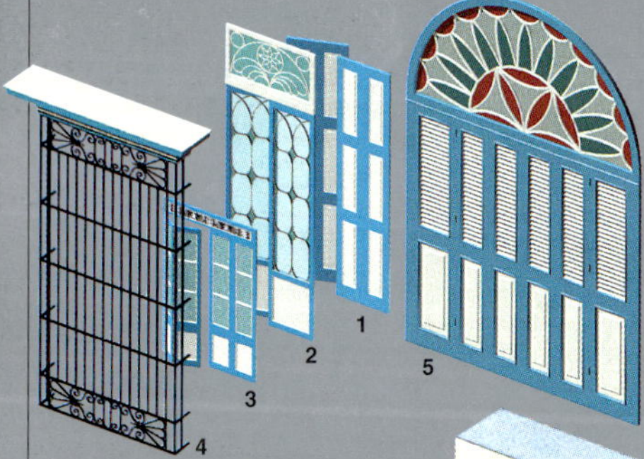

Das Erdgeschoss

Es hat einen halb öffentlichen Charakter und wird bis heute für kommerzielle Zwecke benutzt. Der Patio (**1**) ist das Zentrum, die Räume rundherum werden als Lager (**2**) und Büros (**3**) genutzt. Die zur Straße offenen Räume vermietet man oft als Läden (**4**). Im Hinterhof (*traspatio*, **5**) sind die Pferdeställe und der Bewirtschaftungskomplex (**6**) untergebracht.

Das Fenster im 19. Jh.

Neben der Verwendung von Metall hielt das Glasfenster Einzug, das selten sowie kostspielig und bisher unbekannt war. Ohne die Holzfelder (**1**) zu ersetzen, fügte sich das mehrfarbige und/oder gravierte Glasfenster (**2**) zwischen Holzladen und Gitter ein (**3**). Hinzu kam eine Abschirmung aus einem Fensterladen in halber Höhe (**4**). Die Fensteröffnung wird durch Läden geschlossen; darüber sind *medios puntos* (**5**) eingefügt, farbige Scheiben, die das eindringende Sonnenlicht dämpfen.

Casa del Dominicano (▲ *188*), 18. Jh., Trinidad.

Der Bogen des Zaguán

Die Tür, die von der Diele zu den anderen Räumen führt, ist zuerst als Halbbogen ausgeführt, der sich zu vielfältigen Formen fortentwickelt. Am häufigsten sind halbkreisförmige Bogen und Kielbogen (links).

Grundriss der drei Etagen der Casa de la Obra Pía (▲ *129*).

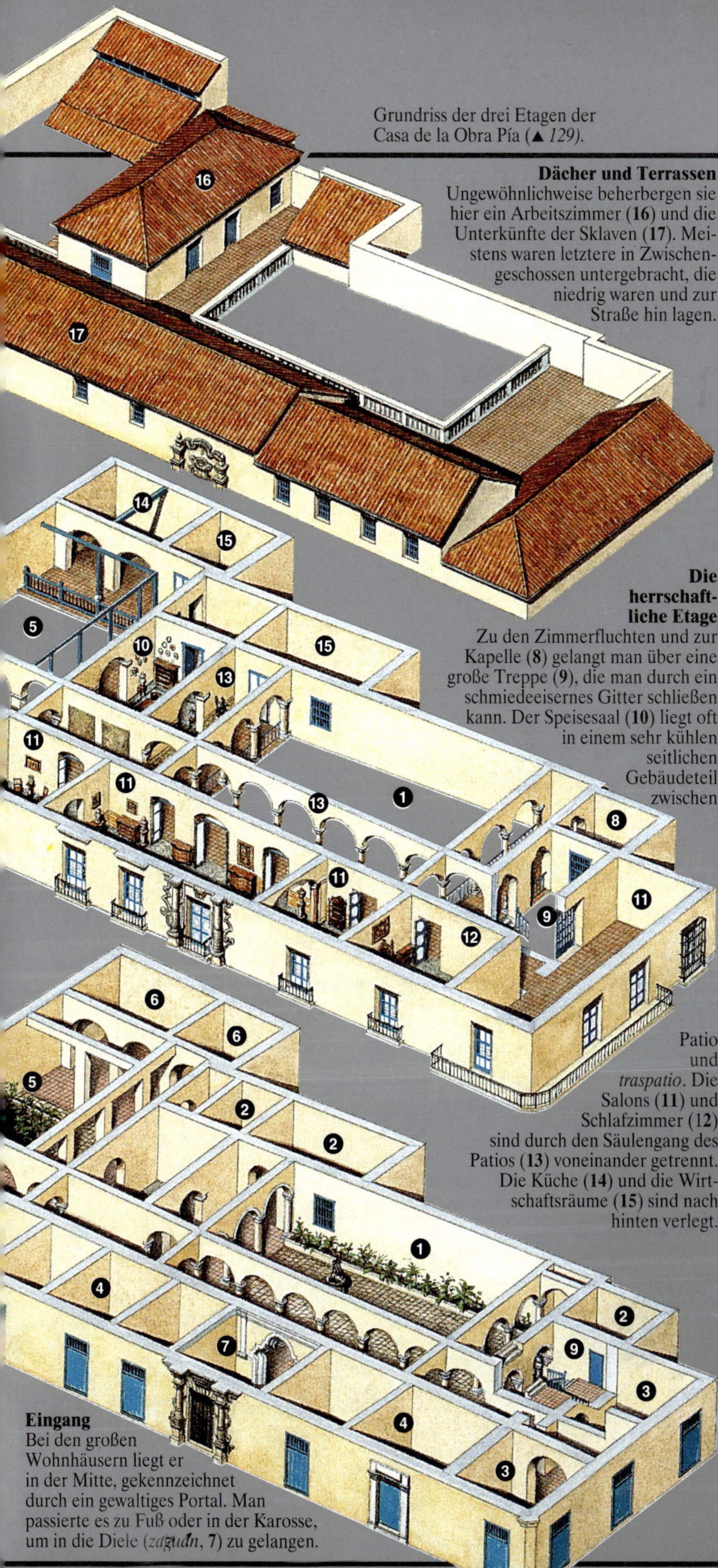

Dächer und Terrassen
Ungewöhnlicherweise beherbergen sie hier ein Arbeitszimmer (**16**) und die Unterkünfte der Sklaven (**17**). Meistens waren letztere in Zwischengeschossen untergebracht, die niedrig waren und zur Straße hin lagen.

Die herrschaftliche Etage
Zu den Zimmerfluchten und zur Kapelle (**8**) gelangt man über eine große Treppe (**9**), die man durch ein schmiedeeisernes Gitter schließen kann. Der Speisesaal (**10**) liegt oft in einem sehr kühlen seitlichen Gebäudeteil zwischen

Patio und *traspatio*. Die Salons (**11**) und Schlafzimmer (**12**) sind durch den Säulengang des Patios (**13**) voneinander getrennt. Die Küche (**14**) und die Wirtschaftsräume (**15**) sind nach hinten verlegt.

Eingang
Bei den großen Wohnhäusern liegt er in der Mitte, gekennzeichnet durch ein gewaltiges Portal. Man passierte es zu Fuß oder in der Karosse, um in die Diele (*zaguán*, **7**) zu gelangen.

Der *guardavecino*, ein Gitter, das die Häuser voneinander trennt, sollte verhindern, dass man von einem Balkon zum andern gehen konnte. Später wurde er zu einem kunstvoll gestalteten Element.

Der Klassizismus hielt dank neuer kultureller Kontakte, die nun von der Regierung gestattet wurden, Einzug. Er wurde zum Symbol für wirtschaftlichen und künstlerischen Fortschritt. Diesbezüglich spielte der Bischof Juan José Díaz de Espada y Landa eine wichtige Rolle, denn ihm verdankte man das erste Werk dieses Stils, den Espada-Friedhof (La Habana, 1806; er wurde abgetragen). Infolge der günstigen finanziellen Konjunktur erfuhr das Bauwesen zunehmend Aufschwung.

El Templete (▲ *123*, 1828, Habana Vieja) Der kleine Tempel, von Antonio María de la Torre zum Gedenken an die Stadtgründung gebaut, hatte wegen seiner Lage und seines reizvollen Aussehens beträchtlichen Einfluss auf die Verbreitung des klassizistischen Stils. Im Innern sind drei Bilder des Malers Jean-Baptiste Vermay zu sehen, auf denen die Gründungsfeierlichkeiten dargestellt sind.

Aufriss des Eingangspavillons und des Reservoirs.

Aquädukt von Albear (1893), La Habana Der von Francisco de Albear und Francisco Ruizen 1856 entworfene Aquädukt war eine für seine Epoche sehr fortschrittliche technische Leistung. Der Eingangspavillon des Reservoirs zeigt mit seiner Symmetrie und der Eleganz seiner Proportionen, mit welcher Sorgfalt man die Entwürfe ausarbeitete, selbst bei ausgesprochenen Nutzbauten.

Oben: Teatro Sauto (▲ *167*), Matanzas (1863); Unten: Plan des Teatro Terry (▲ *178*), Cienfuegos (1889).

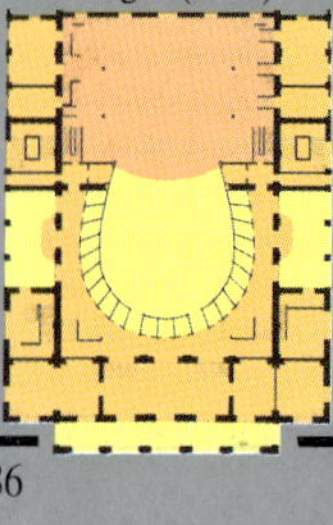

Die Theater
Die Schauspielhäuser, in denen sich die gesellschaftlichen Aktivitäten des Bürgertums konzentrierten, nahmen zu und wurden ein wichtiger Teil des städtischen Lebens. Häufig haben die Fassaden Arkaden und der rechteckige Grundriss birgt einen traditionellen Zuschauerraum in Hufeisenform.

Der Mercado Colón (▲ *136*), La Habana (1884; heute abgetragen), Emilio Sánchez Osorio.

Die Tabakmanufakturen (Calixto Lópezi, 1886, La Habana)
Die Tabakindustrie ist ein wesentlicher Wirtschaftszweig im 19. Jh. Die großen Manufakturen fügen sich in die Stadtzentren ein, und ihr Bauplan entspricht dem der Wohnungen: Sie bestehen aus einem Erdgeschoss, einem Zwischenstock und einer Hauptetage.

Die Märkte
Markthallen ersetzten die Stände, die planlos über die ganze Stadt verteilt waren. Dank der umlaufenden Arkaden wirken die Fassaden der Gebäude heute sehr einheitlich. Beim Mercado Colón wurde der weitläufige Raum im Inneren des Gebäudes mit einem aus Belgien importierten Metallaufbau überdacht.

Die Mampara
(Casa de los Sánchez-Iznaga, ▲ *183*, Trinidad)
Die zweiflügelige Tür vor der Eingangstür bietet Schutz vor neugierigen Blicken, wenn man die

Haustür geöffnet lässt, um das Haus zu belüften. Meist sind ihre Fenster mit farbigem Glas versehen oder mit Schleifarbeiten verziert.

Sommerresidenzen
(Residenz von Félix G. Torres, 1867, Matanzas)
An geeigneten Orten baute man Residenzen, die mit Säulengang, Garten und Dachterrasse zur Sommerfrische einluden. Vor allem in Matanzas beeinflusste der Palladianismus diese Bauwerke.

Kunstschmiedearbeiten
(Gitter des Palacio Aldama, La Habana)
Schmiede- oder Gußeisen, die im 19. Jh. das Holz bei Gittern und Geländern ersetzten, wurden die bevorzugten Materialien der Kunstschmiede. Ihre Arbeiten erinnern mitunter an feine Spitze.

Das Stadtpalais
(Palacio Aldama, ▲ *132*, 1844, La Habana)
Die Stadtresidenzen des Klassizismus bewahren die Aufteilung der Räume des Hauses aus dem 18. Jh., übertreffen dieses aber in ihren Ausmaßen und im Luxus der gewählten Materialien.

Plan der Ingenio Santa Rosa, Matanzas, 1875.

Der Aufschwung der Zuckerproduktion seit Ende des 18. Jh. ermöglichte es, die primitiven Zuckermühlen durch Zuckerfabriken (*ingenio*) zu ersetzen, einem agrarindustriellen Komplex, dessen Technologie regelmäßig modernisiert wurde. Andererseits entwickelten sich seit Anfang des 19. Jh. die Kaffeeplantagen vor allem im östlichen Gebiet wegen der zunehmenden Einwanderung französisch-haitianischer Großgrundbesitzer nach der Revolution auf Haiti.

Das Herrenhaus
(Oben: Ingenio Manaca Iznaga; rechts: Ingenio Buenavista, ▲ *190*). Im Zentrum des Batey (● *35*) gelegen, ist dieser oft von Arkaden umringte Steinbau als Residenz des Gutsherrn das prachtvollste Gebäude. Es hat eine gedrungene Form, manchmal einen Patio und ist immer von Gärten umgeben.

Die Zuckerrohrplantage (Ingenio Flor de Cuba, Colón)
Der Batey umfasst wie ein Dorf alle Bauten der Zuckerfabrik: das Wohnhaus, die Mühle, die Heiz- und Reinigungsanlagen, die Brennerei, den Barracón, in dem die Sklaven hausten, die Krankenstation, die Gehege für die Tiere, die Gärten, Gemüse- und Obstanpflanzungen, die Pferdeställe und die Lagerhäuser. Um den Batey herum breiteten sich die Zuckerrohrpflanzungen aus.

Die Kaffeeplantage (La Isabelica, ▲ *219*)

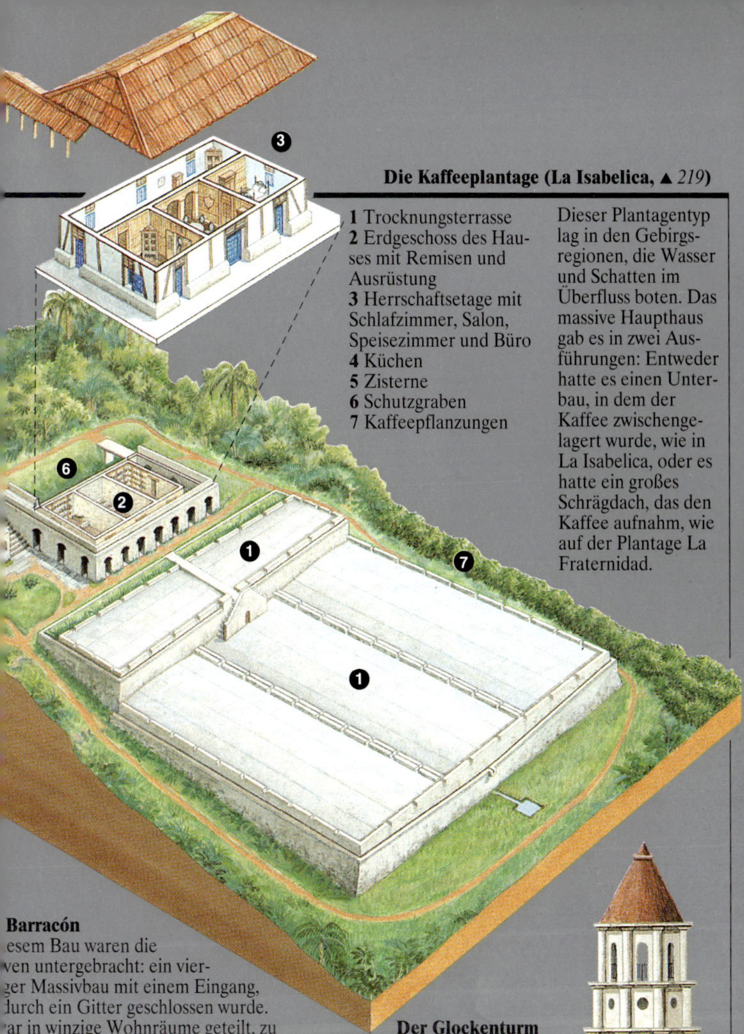

1 Trocknungsterrasse
2 Erdgeschoss des Hauses mit Remisen und Ausrüstung
3 Herrschaftsetage mit Schlafzimmer, Salon, Speisezimmer und Büro
4 Küchen
5 Zisterne
6 Schutzgraben
7 Kaffeepflanzungen

Dieser Plantagentyp lag in den Gebirgsregionen, die Wasser und Schatten im Überfluss boten. Das massive Haupthaus gab es in zwei Ausführungen: Entweder hatte es einen Unterbau, in dem der Kaffee zwischengelagert wurde, wie in La Isabelica, oder es hatte ein großes Schrägdach, das den Kaffee aufnahm, wie auf der Plantage La Fraternidad.

Barracón
esem Bau waren die ven untergebracht: ein vierger Massivbau mit einem Eingang, lurch ein Gitter geschlossen wurde. ar in winzige Wohnräume geteilt, zu n ein zentraler Hof gehörte, in dem sich die Küche befand.

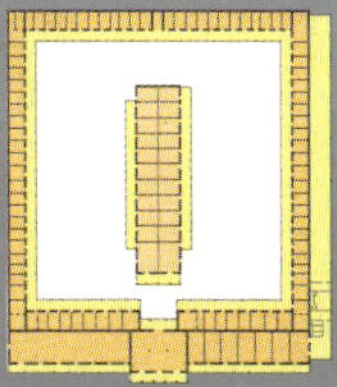

Plan des Barracón von Santa Rosa

Die Tabakplantage
Sie hat keine so spezialisierte Architektur wie die Zucker- und Kaffeeplantagen hervorgebracht: Die Besitzer kümmerten sich mehr um ihre in der Stadt gelegenen Fabriken und machten daraus Prestigebauten (● *87*).

Der Glockenturm (Ingenio Manaca Iznaga ▲ *190*)
Das Leben auf den Zuckerplantagen wurde durch das Anschlagen der Glocken vom Turm geregelt. Dieser spielte auch eine Rolle bei der

Überwachung. Der symbolische Wert des Glockenturmes drückt sich in seiner Größe, seiner Gestaltung und seiner mitunter sehr ausgefallenen Ornamentik aus.

Keramikdetail der Masiá La Ampurdá (1919), Havanna, Mario Rotllant.

Der Eintritt in das 20. Jh. und die Gründung der Republik (1902) weckten den Wunsch nach Modernität, der sich vor allem auf künstlerischem Gebiet ausdrückte. Darüber hinaus brachte der Fortschritt bei Transportmitteln und Kommunikation einen Aufschwung des kulturellen Austauschs mit sich: Alle künstlerischen Stilrichtungen, die in der Mehrzahl von Europa ausgingen, breiteten sich auf der Insel aus, auch wenn sie in La Habana am stärksten zum Ausdruck kamen.

Der Jugendstil
(Casa Gutiérrez, 1913, Mario Rotllant)
Der sich in Cuba etwa zwischen 1905 und 1920 entwickelnde Jugendstil zeigt Varianten, je nachdem, ob er frankobelgischen, wienerischen oder katalanischen Urspungs ist. Die starke Einwanderung von Spaniern, ganz besonders von Katalanen, spielt eine entscheidende Rolle bei seiner Einführung auf der Insel. Diese neuen, besonders dekorativen Formen mischen sich mit traditionellen Details.

Der eklektische Stil
(Companía Cubana Telefónica, 1927, Leonardo Morales)
Dank dieses Stils veränderte sich das Gesicht von La Habana. Es wurde abwechslungsreich und gewann einen eigenen Charakter. Dabei prägten vor allem die Fassaden das Profil der Stadt, die ihre Ornamentik vom plateresken Stil der spanischen Renaissance übernahmen.

Der Beaux-Arts-Stil
(Casa de José Gómez Mena, ▲ *143*, 1927, La Habana)
Die École des Beaux-Arts in Paris übte in Cuba, wo Thomas M. Newton und Emilio Heredia ihre Theorien verbreiteten, großen Einfluss aus. Sie setzte eine Mode durch, in der man den Klassizismus in der axialen Komposition, der Symmetrie und dem Nachdruck der Linie erkennt.

Detail der mittleren Türfüllung in der Eingangshalle des Edificio López Serrano von 1932, Mira und Rosich.

Der Art-Déco-Stil
(Edificio Bacardí, 1930, Esteban Rodríguez)
Der Art-Déco erschien in Cuba 1927, zwei Jahre nach der Exposition des Arts Décoratifs in Paris, und verbreitete sich schnell. Er beruhte auf einer mit linearen Elementen und geometrischen Motiven arbeitenden Oberflächengestaltung, auf Vielfarbigkeit und dem Luxus der verwendeten Materialien.

Reichtum des Dekors
Der Modernitätsgedanke drückt sich in der dekorativen Kunst durch Fortschritt und Geschwindigkeit aus: Hermes, das Symbol erfinderischer und schöpferischer Intelligenz, wird mit drei Flugzeugen verbunden, wodurch die Idee eines modernen Mythos entsteht.

Modernistische Bauströmungen
(Rechts: Cabaret Tropicana, 1951, Marianao, Max Borges jr.)
Der europäische Rationalismus erreichte Cuba Ende der 1920er Jahre. In den folgenden Jahrzehnten gestaltete er sich vielfältig und übernahm unterschiedliche Tendenzen. Die Ästhetik von Max Borges jr., einem der wichtigsten Architekten der Zeit, verbindet komplexe Strukturen mit tropischer Sinnlichkeit.

Modernität und Tradition
In den 1950er Jahren entwickelte sich eine moderne Architektur, die der cubanischen Umgebung angepasst war. Die Apartamentos Farfantes, von F. Martínez gebaut, verbinden Le Corbusiers Ästhetik der rechteckigen Prismen, des Gerüstes aus Pfahlwerk und der freien Flächen mit breiten Vordächern, Fenstern mit den traditionellen Läden und der Nutzung einheimischer Materialien.

Apartamentos Farfantes, 1955.

Der Sieg der Revolution 1959 beeinflusste die Architektur. Eine erste Periode sah die Ausführung von Projekten in großem Maßstab vor, die der neuen Regierung die Möglichkeit gaben, ihren Willen zur Veränderung unter Beweis zu stellen. Später verringerten sich die Dimensionen wieder, ohne jedoch die Architektur in die alte kulturelle Tradition zurückzuversetzen.

1 Kuppel der Eisdiele *Coppelia.*

2

3

4

5

6

Eine Architektur in Harmonie mit Geschichte und Umwelt
Die besten zeitgenössischen Bauten integrieren Elemente der einheimischen Kultur.

1 und 3 Eisdiele Coppelia, La Habana
(1966, M. Girona)
Ein rippenförmiges Dach überdeckt die durch Jalousien und farbiges Glas getrennten Säle.

2 Restaurant Las Ruinas, La Habana
(1972, J. Galbán)
In diesen modernen Bau integriert, kommen die üppige Vegetation und die Kolonialruinen besser zur Geltung.

4 Schule für Medizin, Santiago
(1964, R. Tascón)
Das sich wiederholende Raster der Gebäudestruktur gliedert sich um den traditionellen Zentralpatio.

5 Lenin-Schule, La Habana
(1974, A. Garrudo)
Diesen Typ Gymnasium, aus vorgefertigten Elementen gebaut, findet man im ganzen Land.

6 Nationale Schule für Modernen Tanz, La Habana
(1961-65, R. Porro)
Mit symbolischen Bezügen überladen, ist sie Teil eines einzigartigen Ensembles von fünf den Künsten gewidmeten Schulen.

Cuba – von Malern gesehen

Marie-Thérèse Richard Hernandez

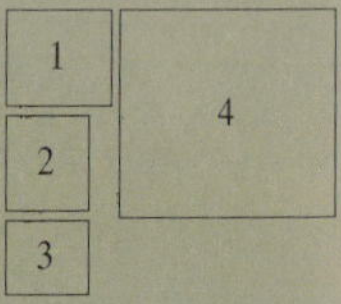

Auf *El triunfo de la rumba* (**1**) stellt Eduardo Abela (1889-1965) eine Personengruppe in einer spiralförmigen Komposition dar. Die Frau, ein aus der Finsternis hervorsprudelnder Lichtwirbel, wendet sich dem Betrachter zu, während die Männer hinter ihr sich bewegen, verrenken, toben. Bei dem Tanz geht es um sie; sie ist der Grund für diese fieberhafte Betriebsamkeit. Sie würden alles tun, um sie zu erobern; während sie versucht, ihren kühnen Gesten auszuweichen. Das ist das Gesetz der Rumba, primitiv und sinnlich. Mit seinen *Mujeres junto al río,* »Frauen am Fluss« (**4**), bietet Antonio Gattorno (1904-80) ein ganz anderes Bild der tropischen Sinnlichkeit. Hier verleihen die sanften Kurven und Wogen der Landschaft der Darstellung einen friedlichen Rhythmus. Zwei Frauen erquicken sich am Wasser, im Schatten einer Bananenstaude – die Idylle eines beschaulichen Daseins auf den ›arkadischen‹ Antillen. Das harmonische Zusammenspiel der auf

»In weiter Ferne, jenseits der Zuckerrohrfelder, leben in einigen Dörfern nachts, wenn die Glühwürmchen leuchten, Trommeln, Maracas und Gesänge auf.«

Alejo Carpentier

Grün und Ocker basierenden Tonabstufungen steigert den Eindruck des Wohlgefühls, das von dem Gemälde ausgeht; die in der Manier Gauguins durch schwarze Konturen betonten Körper geben den weiblichen Silhouetten die Trägheit, die sich am Ende eines an der Sonne verbrachten Tages einstellt. Die Schlichtheit dieser Bildsprache steht in Kontrast zu der wilden Subjektivität des Expressionismus von Ramón Alejandro. Seine »Irdischen Gelüste« (**3**) muten mit leuchtenden Farben und Früchten, die sonnendurchtränkt und weit geöffnet den Gaumen zum Genuss anbieten, wie eine Hymne an das Leben an. Die Papaya versinnbildlicht einen Paradiesgarten. In einer ähnlichen Farbpalette erinnert *Naturaleza muerta en amarillo*, (Stillleben in Gelb, **2**, von Amelia Peláez, 1896-1968) mit der geometrischen, schwarz konturierten Zeichnung und den strahlenden Farben an den Mediopunto (● *84*), eine für La Habana typische Form des Glasfensters. Das dekorative Element wird zur Stilfigur und Charakteristikum eines dem Licht und den grellen Farben einer üppigen Natur gewidmeten Werkes.

Die Guajiro-Figur

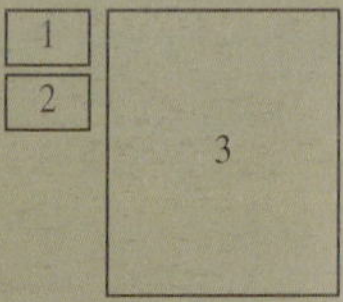

Auf der Suche nach einem »menschlichen Gehalt der Nation« wandten sich die Maler der Avantgarde, die 1927 in La Habana auf der Ausstellung zum Art Nouveau an die Öffentlichkeit traten, der emblematischen Figur des Bauern zu. Hiervon bietet Eduardo Abela mit *Guajiros* (**3**) ein sowohl pittoreskes als auch idyllisches Bild. Auf seinem Gemälde ist eine ländliche Szene zu sehen, Ausdruck stillen Glücks; Männer mit heiteren Gesichtern scheinen hier eine kurze Pause zum Plaudern zu nutzen. Als ein Gemälde, das in seiner klassischen und ausgewogenen Komposition eine gewisse Naivität erkennen lässt und in warmen harmonischen Farben ausgeführt ist, hat Guajiros auch etwas Überraschendes: Mit der Übernahme einer vom Zöllner Rousseau inspirierten stilistischen Eigenart und der Wiedergabe einer idealisierten Wirklichkeit hat Abela eines der kraftvollsten Bilder der cubanischen Malerei erschaffen. Mariano Rodríguez (geb. 1912) stellt die Welt anders dar. Seine Guajiros (**1**) bewegen sich in städtischer Umgebung. Die verschwommene, bisweilen betonte Zeichnung bleibt im Hintergrund, während das Licht den Körper zurückzieht, ihn neu erstehen lässt, die Farbe in aufeinander bezogene Tonabstufungen zerlegt. Etwa 30 Jahre trennen die Bauern Abelas von den *Milicias campesinas* (**2**) Cabrera Morenos (1923-84). Den Bauernmilizsoldaten sind nur noch die Strohhüte geblieben. Mitten im Gewühl und diesmal mit der historischen Wirklichkeit verknüpft, verteidigen sie kraftstrotzend die Ideale der Revolution.

»Der Künstler muss sich an der unerschöpflichen Quelle der Emotionen laben, die das Leben des Volkes bietet.«

Jorge Ibarra

»ICH BIN YORUBA UND ICH GEHE SINGEND UMHER […]
ICH BIN EIN YORUBA AUS CUBA…«

NICOLÁS GUILLÉN

Die renommierte Heilerin und Zauberin Mantonica Wilson, die Patin von Wifredo Lam (1902-82), weihte den Künstler früh in die afrikanische Kultur ein. dank ihr drang Lam (unten) in das Reich des Unsichtbaren vor. Sie erzählte ihm Mythen und Legenden der Yoruba (● *58*), deren

Poesie er in Linien und Farben übertrug. »Der weiße Vogel« (**1**) verkörpert in seinem Grundaufbau und seinen subtilen Blautönen Orisha, die Gottheit des Pantheons der Santería (● *58*). Das durch die kraftvolle Strichführung noch intensiver erscheinende Weiß setzt sich durch und meint die Beschwörung des Heiligen. Auf *Santa Bárbara* (**2**) erinnert uns René Portocarrero (1912-85) an die Ambivalenz der hl. Barbara: In der Santería entspricht sie Changó, dem Yoruba-Gott des Donners, des Krieges, des Feuers, und der männlichen Schönheit. Auch das Gemälde von Manuel Mendive (geb. 1944) nährt sich aus dem Wunderbaren; die auf *El Malecón* (**3**) schematisch dargestellten Gottheiten sind in eine Struktur symbolischer Farben integriert, die die Anwesenheit bestimmter Orishas beschwören.

1

2

Der Stil des von der Pop-Art inspirierten Raúl Martínez setzte sich in den 1970er Jahren durch. *Sin título* (Ohne Titel, **1**) zeigt Porträts berühmter Männer, meist Helden der cubanischen Revolution und Geschichte. Diese Bilder basieren auf intensiven Farbtönen ohne weitere Abstufungen. Mit *Masas y Vedado* (Masse und Vedado **2**) aus der Serie Masas (ca. 1980) bildet Mariano Rodríguez (geb. 1912) einen Volksauflauf in La Habana ab. Die Menge kommt hier im Vedado (▲ *141*) und nicht – wie zu den Reden Castros – an der Plaza de la Revolución (▲ *145*) zusammen. Die modernen Bauten im Hintergrund versperren mit ihrer plumpen Masse den Horizont.

Cuba in der Literatur

Eduardo Manet und Véronique Petit
Deutsche Bearbeitung Gabriele Kalmbach

SKLAVEREI

KÖNIG VON EIGENEN GNADEN

Alejo Carpentier (Havanna, 1904 - Paris, 1980) gilt als einer der bedeutendsten Autoren Cubas. Zunächst arbeitete der Sohn eines bretonischen Vaters und einer russischen Mutter als Journalist und leitete die Revue »Carteles« (1924). 1927 wurde er verhaftet, weil er ein Manifest gegen Machado unterzeichnet hatte. Im Gefängnis schrieb Carpentier seinen ersten Roman, »Ekoué-Yamba-Ó« (1933). 1928 flüchtete er aus Cuba und ging nach Paris, wo er elf Jahre lebte und sich mit Artaud, Prévert und den Surrealisten befreundete. Ab 1939, nach seiner Rückkehr nach Cuba, verfasste Carpentier die erste »Geschichte der cubanische Musik« (1946), die noch heute als Autorität gilt. Er ging erneut ins Exil, nach Venezuela, und kehrte erst nach der Revolution zurück. Von 1966 bis zu seinem Tod war er als Diplomat der cubanischen Botschaft in Paris. Sein Werk hat als zentrales Thema Mittelamerika und die Karibik, sein Stil vereint lateinamerikanische und europäische Traditionen.

“Was Ti Noel am meisten erstaunte, war die Entdeckung, daß diese Wunderwelt, wie sie noch nicht einmal die französischen Gouverneure des Cap gekannt hatten, eine Welt von Schwarzen war. Denn schwarz waren diese schönen Damen mit dem strammen Gesäß, die jetzt um einen mit Tritonen geschmückten Brunnen Ringelreihen tanzten; schwarz jene zwei Minister in weißen Strümpfen, welche, die kalbslederne Mappe unterm Arm, die Freitreppe herabschritten; schwarz jener Koch mit dem Hermelinschweif an der Mütze, der ein Wild von den Schultern mehrerer von dem Oberjäger angeführter Bauern in Empfang nahm; schwarz jene Husaren, die in der Reitbahn trabten; schwarz der Obermundschenk mit der Silberkette um den Hals, der mit dem Großmeister der Falknerei der Probe schwarzer Schauspieler auf einer Parkbühne zusah; schwarz jene Lakaien mit weißer Perücke, deren vergoldete Knöpfe ein Majordomus in grüner Jacke zählte; schwarz endlich – und wie schwarz! – war die Maria Immaculata, die sich über dem Hauptaltar in der Kapelle erhob und den schwarzen Musikern, die ein ›Salve‹ übten, sanft zulächelte. Ti Noel begriff, daß er sich in Sans-Souci, der Lieblingsresidenz des Königs Henri Christophe, befand, jenes Mannes, der einst Koch in der Straße der Spanier, Besitzer des ›Gasthofs zur Krone‹ gewesen war und der heute Münzen mit seinen Initialen über der stolzen Devise prägen ließ: ›Gott, meine Sache und mein Schwert‹.

Der Alte bekam einen fürchterlichen Stockschlag in den Rücken. Ehe er protestieren konnte, führte ihn ein Wächter, mit Fußtritten in den Hintern, in eine der Kasernen ab. Ti Noel wurde in eine Zelle gesperrt, und dort fing er an zu schreien, daß er Henri Christophe persönlich kenne, ja, er wisse sogar, daß er sich inzwischen mit Marie Louise Coidavid, der Nichte einer freigelassenen Spitzenklöpplerin, verheiratet habe [...]. Aber niemand achtete auf ihn. Am Nachmittag wurde er mit anderen Gefangenen an den Fuß des Berges ›Bischofsmütze‹ gebracht, wo große Haufen Baumaterial herumlagen. Man gab ihm einen Ziegelstein in die Hand.”

ALEJO CARPENTIER, *DAS REICH VON DIESER WELT (EL REINO DE ESTE MUNDO)*, ÜBERSETZT VON DORIS DEINHARD, INSEL, FRANKFURT/M. 1964

Arbeit auf dem Zuckerrohrfeld

Miguel Barnet, 1940 in Havanna geboren, ist Romancier, Lyriker, Essayist und Ethnologe. 1963 entdeckte er durch eine Zeitungsnotiz die Existenz von Esteban, einem 104 Jahre alten Cimarrón, wie man die entflohenen schwarzen Sklaven damals nannte, dessen Erinnerungen Barnet aufzeichnete. Dies eindrucksvolle Zeugnis, das das koloniale Cuba wiederauferstehen läßt, erschien 1966 auf Cuba und wurde auch ins Deutsche übersetzt. In seinem Roman »Ein Kubaner in New York« wiederum erzählt Barnet die Geschichte eines Emigranten, beginnend mit dessen Kindheit unter Dörflern in der Provinz: »Ich sage ja, arme Leute haben nur die Wahl zwischen Heulen und Zähneklappern«.

“Was soll ich über meinen Geburtsort sagen? Ringsum Zuckerrohrplantagen, welliges Gelände, Bananenhaine, ein Fluß, der eher ein Bach war, und jede Menge Armut. Eine gottverlassene Gegend, seit jeher. Meine ganze Kindheit habe ich keinen Arzt und keinen Friseur gesehen. Was der war, wußte ich überhaupt nicht! Uns wurden einfach die Haare geschoren wie bei Tieren. Von einem Kino oder ähnlichen Dingen ganz zu schweigen. Die Arbeitersiedlung um die Zuckerfabrik war ein Kleinod im Vergleich zu dem Kuhdorf, in dem wir wohnten. [...]

In meinem Kaff gab es Tag und Nacht nur eines – Klatsch und Eintönigkeit. Aus beidem entsteht meiner Meinung nach nichts Gutes: Nie habe ich Menschen später wieder so hart arbeiten sehen wie damals die kubanischen Bauern. Regelrechte Packesel waren das, regelrechte Zugochsen. Mein Vater kam in Schweiß gebadet vom Zuckerrohrschlagen nach Hause. Er übergoß sich mit einem Eimer Wasser und fiel ins Bett – schließlich ging es schon um vier wieder raus, um auf der Plantage die Morgenkühle zu nutzen. Die Arbeit auf dem Zuckerrohrfeld ist das Härteste, was es gibt, aber einmal daran gewöhnt, wird man süchtig. Ich weiß nicht, ob sie auch gesund ist, aber jedenfalls hatte mein Vater nie einen Schnupfen oder auch nur Bauchweh. Er starb beim Löschen eines brennenden Feldes. Eine verkohlte Leiche. [...]

Und mich ereilte das Schicksal aller armen Leute – arbeiten gehen zu müssen. Im Alter von zwölf Jahren fing für mich die Rackerei an. Ein bißchen Lesen konnte ich mir noch selber beibringen, Schreiben erst später. Ich malte dazu einfach die Buchstaben ab. Unterricht, was man richtigen Unterricht nennt, hatte ich keine Stunde. Erst in Havanna. Wenn ich zurückblicke, wird mir das Herz schwer und ich kann nur sagen: ach, Kuba!

Wäre nicht Tomás Duarte gewesen, wir hätten verhungern können. Der hat uns zu Arbeit auf der Zuckerrohrplantage verholfen. Meine erste Arbeit bestand im Stapeln von Zuckerrohrstengeln. Mit dem Spielen war es damit aus. Mein Bruder Pascual konnte noch mit der Flinte im Gebüsch Jäger spielen, aber ich spielte nie mehr im Leben. Mit dem ersten Stapel Zuckerrohr war meine Kindheit zu Ende. Für die alten Neger ist die größte Erfindung der Menschheit die Zuckermühle, weil die Stengel da nur noch ins Rohr gesteckt wurden, und heraus kam der Saft, der Guarapo. Aus meiner Sicht aber waren die Ochsen das Allergrößte, denn ohne sie hätten wir die beladenen Erntewagen selber zur Fabrik und die Wassertanks zu unseren Häusern ziehen müssen.”

Miguel Barnet, *Ein Kubaner in New York (La vida real, 1984)*, übersetzt von Monika Lopez, Suhrkamp, Frankfurt/M. 1990

DER ›GARTEN CUBAS‹

DIE KAFFEE-PLANTAGE

Cirilo Villaverde (Cuba, 1812 - New York, 1894) schrieb im Exil den Roman »Cecilia Valdés« (1839), der ihm den Beinamen ›Balzac der cubanischen Literatur‹ einbrachte. Dieses fesselnde Werk ist ein Klassiker derLiteratur Cubas geworden und tief im kollektiven Gedächtnis der Cubaner verankert. Cecilia, die ›bronzene Madonna‹, ist eine sehr hellhäutige Mulattin, die ihre Sinnlichkeit, ihr Eifer und ihre Leidenschaft bis zum Verbrechen führen, weil sie zunächst glaubt, dass ihre Schönheit als Eintrittskarte in die angesehene, luxuriöse Welt der wohlhabenden Weißen gilt. Dieser entschieden gegen die Sklaverei Stellung nehmende Text zeichnet ein beeindruckendes Bild der kolonialen cubanischen Gesellschaft in der ersten Hälfte des 19. Jh.

“Je mehr sie sich von Hoyo Colorado entfernten, umso häufiger gab es zu beiden Seiten des Weges Kaffeepflanzungen, denn dies waren die einzigen Plantagen von einiger Bedeutung in diesem westlichen Teil der Insel, zumindest um 1840. Wir sprechen hier vom berühmten ›Garten Cubas‹, zwischen Guanajay, Güira de Melena, San Marcos, Alquizar, Ceiba del Agua und San Antonio de los Baños gelegen. Man legte damals noch keine landwirtschaftlichen Güter im strikten Sinne des Wortes an, sondern eher echte Gärten zur Entspannung ihrer verweichlichten Herren, zumindest so lange wie der Kaffeepreis so hoch blieb.

Gemäß dem seit den Anfängen in Cuba befolgten System waren diese schönen Anwesen in regelmäßige Figuren aufgeteilt, am häufigsten in Vierecke, jeweils umgeben von Zwergzitronenhecken oder Dornensträuchern, und häufiger noch von Steinmauern oder sogar von sorgfältig, fast künstlerisch gestalteten Einfriedungen. Sie waren bedeckt von rankenden Pflanzen, vor allem *aguinaldos*, Schlingpflanzen mit weißen Glockenblumen, die zu Weihnachten blühten und die der Landschaft ein freundliches Gesicht verliehen mit ihren makellosen Blüten, die zum dunklen Grün der benachbarten Bäume in Kontrast standen, während sie mit ihrem exquisiten und durchdringenden Duft die Luft meilenweit im ganzen Umkreis mit Wohlgeruch erfüllten.

Die imposanten und komfortablen Residenzen lagen nicht an einer der zahlreichen Alleen oder Landstraßen, die die einzelnen Anwesen voneinander trennten. Sie suchten vielmehr die Zurückgezogenheit im Schatten, die ihnen die bewaldeten Teile boten, wo dicht gedrängt Bäume wuchsen, der Orangenbaum mit den goldenen Kugeln, der einheimische und der exotische Zitronenbaum, der gemeine Mangobaum und der sogenannte indische, der großblättrige Brotbaum, der Kirschbaum in verschiedenen Arten, der imposante Tamarindenbaum mit sauren Schoten, die Stachelanone mit sehr süßen, herzförmigen Früchten und schließlich die elegante Palme, die sich von der großen Pflanzenfamilie durch ihren hoch aufragenden, zylindrischen Stamm unterschied, glatt und massiv wie der Schaft einer dorischen Säule, und durch ihre schöne Krone aus Palmwedeln [...].”

CIRILO VILLAVERDE, *CECILIA VALDÉS*,
FÜR DIESE AUSGABE ÜBERSETZT VON GABRIELE KALMBACH

RAUCHZEICHEN

HAVANNA-ZIGARREN

Guillermo Cabrera Infante (▲ 107), einer der originellsten Autoren Lateinamerikas, wurde mit seinem Hauptwerk »Drei traurige Tiger« (1987) in Europa bekannt. Heute lebt er als freier Schriftsteller in London. Mit »Holy Smoke« legte er 1985 sein erstes auf englisch geschriebenes Buch vor.

“Es ist ein strittiger Punkt auf der Karte der Neuen Welt, ob die Zigaretten aus Mexiko oder Kuba stammen (wahrscheinlich aus Spanien). Aber gewiß rauchte man Zigarren in Kuba, ehe Kolumbus je eine Zigarre sah und Gold interessanter fand als Tabak. Es besteht kein Zweifel, daß es sich um eine eingeborene Pflanze handelte – in höherem Maße eingeboren als die Eingeborenen selbst, auch Rothäute genannt. Die Zigarren hießen einst Braunhäute, und ›Havanna‹ ist der

Name der Farbe des echten kubanischen Blattes. Was Jerome K. Brooks in seinem gleichnamigen Buch ›the mighty leaf‹ nennt, ist tatsächlich eine zarte Pflanze, welche als kultivierte Spezies in wissenschaftlichem Latein *Nicotiana tabacum* genannt wird. Wild hat man *Nicotiana tabacum* im übrigen noch nie entdeckt. Einst hatten die Botaniker *Nicotiana rustica* im Verdacht, eine Abart des Bilsenkrautes zu sein, man hielt sie für eine mörderische Pflanze. Wild wachsend heißt sie nämlich Caval-, Pardon: *Nicotiana rustica,* und diese Form machten Raleigh und Nicot ihren jeweiligen geneigten Königinnen interessant. Eine andere Abart führt den hübschen Namen *Nicotiana alata grandiflora,* das Tabakkraut mit großen Flügel-Blüten – Jasmintabak. Dies ist natürlich eine Zierpflanze. Alle *Nicotianae* gehören zu den *Solanaceae,* den Nachtschattengewächsen, und der Tabak ist nicht nur mit dem Paprika und der Petunie verwandt (deren Name von *petun,* dem Tupi-Wort für Tabak kommt), sondern auch mit scheinbar so fremden Formen wie Belladonna und Stechapfel, und außerdem mit der Aubergine, der Kartoffel und der Tomate. Heutzutage können Sie zum Mittagessen Tomoffeln bestellen, die Kreuzung der Kartoffel mit der Tomate, eine neue Art Gemüse, eine Freakfrucht. Da sie alle wie der Tabak auch Solanaceae sind, wird man auch bald den Taboffel genießen können. Den können sie fröhlich dampfend auftragen lassen, oder sie rauchen ihn selbst nach dem Kaffee in der Pfeife oder gerollt.”

GUILLERMO CABRERA INFANTE, *RAUCHZEICHEN (HOLY SMOKE, 1985),*
ÜBERSETZT VON JOACHIM KALKA, INSEL, FRANKFURT/M. 1987

KREOLISCHE KULTUR

Severo Sarduy (Camagüey, 1937 - Paris, 1993) ist neben Alejo Carpentier der ›französischste‹ der cubanischen Autoren. Seit 1961 lebte er in Paris und schrieb dort die meisten seiner Werke, beeinflusst vom Surrealismus. Er war mit Roland Barthes, Philippe Sollers und den Mitgliedern der Gruppe Tel Quel bekannt, schrieb Romane, Essays, Gedichte, Hörspiele (in rund 25 Sprachen übersetzt) und arbeitete als Verlagslektor und Maler.

“Sie setzten einen festlichen Bohnenschmaus auf, und während sie noch nach Speckdekoration forschten, um der Bohnenschwärze mit rötlichen Tönen einen lieblichen Hauch zu verleihen, mitten bei der mühevollen Herstellung eines Mojitos für den Aperitif, formierten sie sich zu einem Tschingbummsextett, ihre Stimmen hochtönend, im Stimmbruch oder im sixtinischen Sopran, dazu eine dissonante Drehleier, die in einem Dachkabuff aufgetaucht war – Überbleibsel von irgendeinem Familienkränzchen –, Pfannenperkussion und flaschengrüne Bacardi-Marimba.

Die Kreolenkapelle schrie sich auf dem Podium die Lunge aus dem Hals; beim Refrain liefen die Instrumentalisten abwechselnd in die Küche, um den Bohnenreis im Auge zu behalten.”

SEVERO SARDUY, *KOLIBRI (1984),*
ÜBERSETZT VON THOMAS BROVOT,
EDITIONS DIA, © ZEBRA
LITERATURVERLAG, BERLIN 1991

RHYTHMEN

DIE MAMBO KINGS

Oscar Hijuelos (1951) wurde als Sohn cubanischer Eltern in New York geboren, wo er noch immer lebt. Die Welt seiner Vorfahren aus Cuba und deren Emigration in die USA bilden den Hintergrund für seine Bücher. »Die Mambo Kings spielen Songs der Liebe«, ein Roman über die Musik der 50er Jahre, über Leidenschaft und Verlangen, Verlust und Sehnsucht, erzählt die Geschichte der beiden Castillo-Brüder, ihrer Frauen, ihrer Freunde, ihrer Familien – und ihres Orchesters: Nestor spielt Trompete, Cesar singt.

“JETZT IN DIE TANZSCHULE! LERNEN SIE DEN MAMBO, FOXTROTT, RUMBA. TANZEN SIE SICH IN DIE HERZEN DER MÄDCHEN! Warum also nicht Cesar Castillo and the Mambo Kings?

Dbwohl Cesar sich selbst mehr als Sänger sah, war er auch ziemlich begabt als Instrumentalist, er konnte Klavier spielen, Gitarre, Flöte, Trompete, und war ein Meister am Schlagzeug. Er war mit einer ungeheuren Energie gesegnet, einem Schwall von Kraft seines jähzornigen Vaters, Pedro Castillo, und einer Liebe zur Musik von seiner Mutter und dem liebevollen Hausmädchen, das geholfen hatte, ihn auf die Welt zu bringen, Genebria. (An dieser Stelle horcht er auf die fernen Trompetenklänge auf einer der Aufnahmen der Mambo Kings, »Twilight in Havana«, und seufzt; es ist, als ob er wieder ein Kind wäre und im Karneval durch die Innenstadt von Las Piñas liefe, und die Veranden der Häuser sind mit riesigen Laternen erleuchtet und die Balkone geschmückt mit Girlanden von Bändern und kleinen Lichtern und Blumen, und er läuft an so vielen Leuten vorbei, die Musik machen, Musiker überall an jeder Straßenecke, auf Kirchenstufen, auf den Veranden der Häuser, aber er läuft weiter in Richtung Plaza, wo das große Orchester Aufstellung genommen hat; das ist die Trompete, deren Echo er da unter den Arkaden seiner Stadt hört, während er an den Säulen vorbeiläuft und an den Schatten der Liebespaare, die sich dahinter verstecken, und er rennt Stufen hinunter, an einem Garten vorbei, mitten durch Zuschauer und Tänzer, zum Podium, wo dieser Trompetenspieler, fett und feist in seinem weißen Anzug, den Kopf zurückgelegt, seine Musik hinauf in den Himmel bläst, und das trägt und hallt wider von den Wänden einer anderen Arkade in Havanna, und er spielt Trompete, jetzt, um drei Uhr morgens, dreht sich im Kreis und lacht nach einer langen Nacht in den Clubs und Bordellen mit Freunden und seinem Bruder, lacht mit den Noten, die ins leere Dunkel hinausschießen und zurückschallen, in ihm wirbeln wie die Jugend.)

Er und sein Bruder mochten eigentlich die langsameren Balladen und Boleros lieber, aber zusammen mit Montoya gingen sie daran, eine regelrechte Tanzcombo aufzubauen, weil es das war, was die Leute wollten. Montoya war es, der für Stücke wie *»Tu Felicidad«, »Cachita«, »No te importe Saber«* die Arrangements machte, Nummern, die Leute wie René Touzet, Noro Morales, Israel Fajardo populär gemacht hatten. Er konnte Noten lesen, was die beiden Brüder nie wirklich gelernt hatten – obwohl sie durch eine Partitur irgendwie durchwursteln konnten [...] ”

OSCAR HIJUELOS, *DIE MAMBO KINGS SPIELEN SONGS DER LIEBE (THE MAMBO KINGS PLAY SONGS OF LOVE, 1989)*, ÜBERSETZT VON MICHAEL STRAND, FISCHER, FRANKFURT/M. 1990

BENY MORÉ: »EL BÁRBARO DEL RITMO«

Guillermo Cabrera Infante (geb. 1929 in Gibara, Cuba) arbeitete zunächst als Film- kritiker bei der Zeitschrift »Carteles«. 1952 wurde er wegen obszöner, vor allem aber gegenüber Batista zweifelhafter Wortspiele verhaftet. 1965 ging er ins Exil nach England, wo er heute noch lebt und arbeitet. In »Drei traurige Tiger« beschreibt er das nächtliche Havanna der 1950er Jahre, eine verwirrende und dekadente Welt, die von einer merkwürdigen Fauna bevölkert wird. Die Sprache seiner Romane, deren eigentlicher Gegenstand die Literatur ist, ist charakterisiert durch zahlreiche – schwer übersetzbare – Wortspiele, Alliterationen und Kalauer.

“Ich war also im Sierra, trank etwas an der Theke und unterhielt mich mit Beny. Laßt mich ein bißchen über Beny reden. Beny ist Beny Moré, und über ihn reden heißt über Musik reden, laßt mich also über Musik reden. Wenn ich an Beny denke, muß ich an vergangene Zeiten denken, an den *Danzón* »Isora«, in dem die *Tumba* einen Doppelschlag des Basses wiederholt, der den ganzen Takt ausfüllt und den gewieftesten Tänzer austrickst, weil der sich nämlich der steilen, fast senkrechten Kadenz des Rhythmus anpassen muß. Diesen raffinierten Doppelschlag hat Chapottín auf einer Platte nachgemacht, die man ab und zu noch findet, dreiundfünfzig aufgenommen, im *Montuno* von »Cienfuegos«, einem zum *Son* abgewandelten *Guaguancó,* in dem der Baß allerdings eine ganz dominierende Rolle spielt.

Ich fragte Chapo einmal, wie er das denn gemacht hat, und er sagte, er hätte es (ein langes Leben sei den langen Fingern Sabino Peñalvers beschieden) direkt bei der Aufnahme improvisiert. Nur so kann man in der starren Quadratur kubanischer Rhythmen einen Kreis fröhlicher Musik ziehen. Darüber hab ich mal mit Barreto bei Radio Progreso geredet, bei einer Aufnahme, bei der er Schlagzeug spielte und ich ihm mit meiner *Tumba* manchmal in die Quere kam. Barreto sagte, man müsse den zwingenden, geometrischen ¼-Rhythmus durchbrechen, und ich nannte als Beispiel Beny, der bei seinen *Sones* mit der Stimme diesem rhythmischen Gefängnis ein Schnippchen schlug, die Melodie über den Rhythmus hinausschweben ließ und damit die Band zwang, seinem Flug zu folgen, und sie geschmeidig wie ein Saxophon, wie eine legato gespielte Trompete, als wenn der *Son* beliebig dehnbar wäre. Ich weiß noch gut, wie ich mal in seiner Band spielte, als Ersatzmann für den Schlagzeuger, der ein Freund von mir war und mich gebeten hatte, ihn zu vertreten, weil er die Nacht frei haben wollte – zum Tanzen! Es war einfach Klasse, mit Beny zu spielen, wie er so dastand, mit dem Rücken zu uns, sang, Faxen machte, die Melodie über unsere am Fußboden festgewachsenen Instrumente fliegen ließ, und dann dreht er sich plötzlich um und fordert dich genau im richtigen Moment auf, die Bombe platzen zu lassen. Eine Wucht, dieser Beny!”

GUILLERMO CABRERA INFANTE, *DREI TRAURIGE TIGER*, (*TRES TRISTES TIGRES, 1967*), ÜBERSETZT VON WILFRIED BÖHRINGER, SUHRKAMP, FRANKFURT/M. 1987

HAVANNA 1958

NACHTLEBEN

Der Klassiker unter den Spionageromanen, »Unser Mann in Havanna« (▲ 208) gilt als bestes Buch des britischen Schriftstellers Graham Greene (1904-91). Die Missgeschicke eines Staubsaugerverkäufers, der wider seinen Willen zum Spion wird, werden mit englischem Humor präsentiert. Der 1958 veröffentlichte Roman beschreibt die Atmosphäre in der cubanischen Hauptstadte am Vorabend der Revolution. Im Vorwort zum Roman charakterisiert der Autor die von ihm gewählte Kulisse so: »Im Shanghai konnte man, für einen Dollar und fünfundzwanzig Cents, eine Strip-Show von extremer Obszönität sehen, und in den Pausen die pornographischsten Filme der Welt.«

“Das Shanghai lag von zwielichtigen Bars umgeben in einer engen Straße, die von der Zanja abging. Eine Tafel warb für *Posiciones,* und die Karten wurden auf dem Gehsteig verkauft, vielleicht, weil kein Platz für eine Kasse war, denn das Foyer nahm eine Pornobuchhandlung ein, zum Nutzen derjenigen, die während der Pause Unterhaltung wünschten. Die schwarzen Zuhälter auf der Straße musterten Beatrice und Wormold neugierig. Hier waren sie nicht an europäische Frauen gewöhnt.

»Ich habe das Gefühl, weit weg von zu Hause zu sein«, sagte Beatrice.

Alle Plätze kosteten einen Peso fünfundzwanzig, und in dem großen Saal waren nur noch wenige leer. Der Mann, der ihnen den Weg zeigte, bot Wormold für einen Peso ein Päckchen pornographischer Postkarten an. Als Wormold ablehnte, zog er eine zweite Auswahl aus der Tasche.

»Kaufen Sie nur, wenn Sie wollen«, sagte Beatrice. »Falls es Ihnen peinlich ist, konzentriere ich mich ganz auf die Revue.

»Zwischen der Revue und den Postkarten«, sagte Wormold, »ist kein großer Unterschied.«

Der Platzanweiser fragte, ob die Dame eine Marihuanazigarette wolle.

Beatrice brachte ihre Sprachen durcheinander und sagte auf deutsch: »*Nein, danke*.«

Zu beiden Seiten der Bühne warben Plakate für Clubs in der Nachbarschaft, wo die Mädchen angeblich schön waren. Ein Hinweis auf spanisch und in schlechtem Englisch verbot dem Publikum, die Tänzerinnen zu belästigen.”

GRAHAM GREENE, *UNSER MANN IN HAVANNA (OUR MAN IN HAVANA, 1958)*,
ÜBERSETZT VON DIETLIND KAISER,
DTV, MÜNCHEN 1995, © ZSOLNAY, WIEN 1995

KARIBISCHE KÖSTLICHKEITEN

BANANENSUPPE UND KRABBENSOUFFLÉ

José Lezama Lima (Havanna, 1910 - Havanna, 1976) gilt als »Proust der Karibik«. Er gründete mehrere avantgardistische Zeitschriften, u. a. »Orígenes« (1944-57), die durch Surrealismus, Existantialismus und Transzendantalismus geprägte Texte veröffentlichten. Seine Dichtung ist barock und hermetisch, doch er schrieb auch Essays, eine Sammlung von Erzählungen und zwei Romane. Er blieb auf Cuba, behauptete aber von sich selbst, er sei der vielleicht authentischste cubanische Exilautor. Sarduy beschrieb ihn so: »Inbrünstiger Katholik, Homosexueller, der sein Leben lang unter Asthma und Fettsucht litt, so dass er sein Viertel in Havanna fast nie verlassen konnte.« In dem inzwischen legendären Haus in der Calle Trocadero, in dem er mit seiner Mutter lebte, verfasste er seine Werke, deren zentrales Thema die nationale Identität ist. Sein mit autobiografischen Erinnerungen unterlegter Roman »Paradiso« (1966) ist die Chronik einer Familie aus Havanna, in der sich mehrere Kulturen mischen, und gilt als Meilenstein in der Geschichte der lateinamerikanischen Literatur.

“Doña Augusta hatte darauf Wert gelegt, ein Festessen zu bieten, das dennoch nicht häuslicher Einfachheit entbehrte. Die Besonderheit drückte sich zunächst im Spitzentischtuch und Porzellan aus, das mit einem goldgefaßten grünen Rand verziert war. Die weiße, für dieses Mahl besonders blankgeputzte Porzellanglasur spiegelte in wechselndem Widerspiel die verschiedenen Gesichter, die sich flüchtig über ihr Ebenbild beugten […]

Doña Augusta nahm den Deckel von der Suppenterrine ab, in der eine dicke Bananensuppe dampfte. »Ich habe alle verjüngen wollen«, sagte sie. »Ich habe alle in ihre frühe Kindheit zurückführen wollen und der Suppe daher etwas Tapioca zugegeben. Ihr werdet euch alle als Kinder vorkommen und sie rühmen, als hättet ihr sie zum erstenmal entdeckt. Ich habe ein paar Körner Mais darin schwimmen lassen, denn es gibt so vieles, was uns als Kindern gefallen hat und was wir nie wieder genießen werden. Doch keine Sorge, dies ist nicht die sogenannte Far-West-Suppe, denn einige Gourmets, sobald von Mais die Rede ist, glauben gleich die auf den Prärien der Sioux-Indianer zu Beginn des letzten Jahrhunderts nach Westen ziehenden Auswandererwagen zu sehen.« Bei diesen Worten blickte sie zum Kindertisch hinüber, denn sie hatte den letzten Satz nur gesagt, um zu sehen, wie ihre Enkel reagierten. Nur Cemí zog den Hals lang und wollte ihre Worte in der Luft verfolgen, doch dann blickte er seine Vettern und Kusinen an, verwundert, daß sie nicht auf den kleinen Pfeil achteten, den ihre Großmutter auf sie abgeschossen hatte. [...]

Das zweite Gericht wurde aufgetragen, ein schaumiges Krabbensoufflé, auf der Oberfläche mit einem Geschwader von Langusten garniert, die, paarweise als Chor angeordnet, mit ihren Zangen den Dampf unterteilten, der aus der zu einem weißen Korallenbaum zusammengepreßten Masse aufstieg. Es war eine Masse aus riesigen Krabben, herbeigeschafft von unseren Fischern, die in aller Einfalt glaubten, die ganze Korallenbank der Insel sei von Krabbentieren verkrustet – fraglos so groß wie die in den von griechischen Fischern gefundenen Krabbenfriedhöfen, denn dieses Tier, wenn es, reifgeworden, den Tod nahen fühlt, überläßt sich der Strömung, die es in bestimmte felsige Tiefen entführt, wo es sich anklammert, um gut zu sterben. Zu dem Soufflé gehörte auch der *Kaiser* genannte Fisch, den Dona Augusta nur verwendete, wenn sie des Goldbrassens müde war; sein Fleisch wurde zuerst in runde Scheiben, dann in Filets aufgeschnitten; die Langusten aber zeigten noch das violette Staunen, mit dem ihre Panzer die Laternenfolter und das Verbrennen ihrer hervorquellenden Augen erduldet hatten.

Nach diesem Gericht, das mit seinem so gelungenen flammenfarbigen Dekor an einen bereits barocknahen Flamboyantstil erinnerte, während es durch das Überbacken der Masse und die allegorieartigen Langusten noch zur Gotik gehörte, sollte nach Doña Augustas Wille der Rhythmus der Mahlzeit gedämpft werden mit einem Roterübensalat, bedacht mit gelbem Spatelzierat aus Mayonnaise und kariert mit Lübecker Spargeln.”

José Lezama Lima, *Paradiso (1966)*, übersetzt von Curt Meyer-Clason, Suhrkamp, Frankfurt/M. 1979

Nostalgie

Rückkehr nach Havanna

Reinaldo Arenas (1943-90), in der Region von Holguín geboren, ist einer der brillantesten Schriftsteller Lateinamerikas seiner Generation. 1980-90 lebte er in New York. Sein Esprit, sein Humor und seine Revolte gegen das tragische Schicksal der Insulaner machen aus seinen Werken mit mutigen Themen wichtige Zeitzeugen.

“Am 23. Dezember 1994 (aber wer erinnert sich schon an einen so unbedeutenden und weit zurückliegenden Tag?) traf Ismael in Havanna ein. Wie jeder Kuba-

ner mit Wohnsitz in den Vereinigten Staaten, der sein Land besuchen wollte, mußte er seinen nordamerikanischen Paß abgeben und unterstellte sich somit, eventuell mit kubanischen Ausweispapieren, den auf der Insel herrschenden Gesetzen. […] Sicherlich war dieser 23. Dezember für die Einwohner Havannas ein ganz normaler Tag, ein sonniger, heißer Tag, mit dem Vorteil, daß die schlimmste Hitze schon vorbei war. Für Ismael aber, der plötzlich in diese Helle, in die Wärme dieses Nachmittags trat, war es, als fände er unversehens seine Jugend wieder, er fühlte sich in eine magische Zeit zurückversetzt, angehalten in der Erwartung, ausschließlich für ihn, wo etwas – dieses Leuchten, dieser Glanz, dieser so ungewohnt hohe und blaue Himmel – in belebenden Wellen durch seine Poren, durch Nase, Haar und Fingerspitzen in ihn eindrang und ihn zum Weitergehen trieb, unempfänglich für jede Empfindung, die nicht Gehen, Sehen, Sein war. Schon lag die Quinta Avenida vor ihm, mit ihrer Promenade in der Mitte, die er so oft entlangspaziert war; jeder Baum schien ihm ein geheimnisvolles, verschwörerisches Zeichen zu geben, einen Gruß zuzuflüstern; der Rasen, die Sitzbänke, das Wetter, alles schien ihn zu begrüßen. Er war schon fast am Strand angelangt, jenem Strand, wo er seine Jugend verbracht hatte, die schönsten Momente seiner Jugend, als er im Sand lag oder aufs Meer hinausschwamm und dabei dachte *wenn ich bloß hier weg könnte, wenn ich bloß hier weg könnte…* Und jetzt kehrte er zurück, jetzt würde er noch einmal an diesen Strand gehen, nach fünfzehn Jahren Abwesenheit. Doch zwei Soldaten versperrten ihm den Weg, fragten ihn, was er wolle. Ismael erklärte ihnen, er wolle einfach nur an den Strand. Sie erklärten ihm, daß dies kein Strand sei, sondern ein Gesellschaftlicher Klub für die Werktätigen, genauer gesagt, für die Werktätigen der Revolutionären Armee.”

REINALDO ARENAS, *REISE NACH HAVANNA (VIAJE A LA HABANA, 1990)*, ÜBERSETZT VON KLAUS LAABS, DTV, © ZEBRA LITERATURVERLAG, BERLIN 1994

FAMILIENFOTO

Der Schriftsteller und Filmemacher Jesús Díaz (Havanna, 1941) ist ein Vertreter der cubanischen Gegenwartsliteratur. Seit 1992 lebt er in Madrid und leitet die literarische Zeitschrift »Encuentro«. Im Roman »Die Haut und die Maske« (1996) vermittelt Díaz unterhaltsam, fast beiläufig Einblicke ins Film- und Schauspielermilieu und spiegelt zugleich die Entwurzelung und Zerrissenheit der Cubaner.

“Links im Bild ist Fernando zu sehen, der Liebling. Ihn zu verkörpern war ein Fest, nicht nur, weil ich mir das Haar schwarz färben, mit Latex die Falten vertuschen, mir einen mächtigen Schnurrbart stehen lassen und eine bequeme Guayabera tragen konnte, sondern vor allem, weil Fernando das Muttersöhnchen und zugleich das schwarze Schaf der Familie war. Der erste bei der Rumba, beim Rum und im Bett seiner Mitbürgerinnen, wie er über sich selbst zu sagen pflegte, offenbarte er nie, nicht einmal seinem eigenen Schatten, wie sehr ihn seine Schwägerin anzog, und verhehlte auch nie, wie gering er das Geld schätzte, das er mit vollen Händen auszugeben verstand, auch wenn es bedeutete, vom Liebling zum Verräter zu werden. Ich werde ihn darstellen, das Schicksal dieses Ketzers verlockt und deprimiert mich. […]

Jetzt kann ich anfangen. Nach zahllosen Diskussionen, bei denen sie mir bis zum Erbrechen immer wieder sagten, was ich von ihnen verlange, sei nicht machbar, haben die Techniker im Labor doch gute Arbeit geleistet. Die sepiafarbene Patina kaschiert die Mehrfachbelichtung und verleiht dem Bild Glaubwürdigkeit, denn sie vermittelt diese Wehmut im Angesicht des Unwiederbringlichen, die Fotos von Familien umgibt, wenn diese von der Zeit heimgesucht werden. Irgendwann wird im dunklen Kinosaal ein todtrauriger Bolero erklingen, der Lichtstrahl, der mich von Kind an geprägt hat, wird die Luft durchschneiden und dieses Bild ins Riesenhafte vergrößern, und darüber wird die rituelle Formel erscheinen: »Das Kubanische Institut für Filmkunst zeigt«, und dann, wie ein Sesame-öffne-dich, wie ein Losungswort oder wie das rotglühende Eisen, das ein Rind brandmarkt, der

Satz, den ich murmelte, als ich mich über den Fluß meiner Kindheit beugte und feststellte, daß sich im Wasser zwei Gesichter spiegelten, das meiner Fröhlichkeit und das meines Grauens.”

JESÚS DÍAZ, *DIE HAUT UND DIE MASKE (LA PIÉL Y LA MASCARA, 1996)*, ÜBERSETZT VON WILFRIED BÖHRINGER, PIPER, MÜNCHEN 1997

ERINNERST DU DICH?

Zoé Valdés, 1959 in Havanna geboren, ist Sprach- und Literaturwissenschaftlerin und hat mehrere Jahre bei der Unesco in Paris gearbeitet, wo sie heute noch lebt. 1994 erschien ihr erster Roman »Sangre azul« in Frankreich und Cuba. Mit »Das tägliche Nichts« und »La Douleur du dollar«, Chroniken des Alltags im letzten Reservat des Sozialismus (● 46), wurde sie in Europa bekannt. Ihre Heldinnen, die Abenteuer und Liebhaber sammeln, verkörpern die ungestüme Erotik »à la cubaine«.

“Erinnerst du dich noch, wie wir Schlange standen nach diesem wäßrigen Eis, als *frozen* aufkam bei uns?

Erinnerst du dich noch an die Eistorte in der Milchbar Prado y Neptuno?

Erinnerst du dich noch an das Experimentalkino, das Rialto?

Erinnerst du dich noch an die Kroketten Sojus 15, die einem immer am Gaumen kleben blieben, erinnerst du dich noch an die Cafeteria Manzana de Gómez?

Erinnerst du dich noch an die Spaghettis?

Erinnerst du dich noch an die Plempe, die es als Blockade-Ersatz für Coca-Cola gab?

Erinnerst du dich noch an die süßen Gloriabrote, an die Papageienscheiße, von der man einen flotten Otto bekam, an die Guavenmarmelade in der kleinen Klitsche in Obispo?

Erinnerst du dich noch an den Palast der Fliegen, die Pizzeria Europa?

Erinnerst du dich noch an die Ten-cents mit ihren alten Leutchen? Da, wo sie ihre Stände hatten, verkaufen jetzt staatlich zugelassene ambulante Händler Sessel in imitiertem kreolischem Art-déco. Die Alten mit knurrendem Magen im Schaukelstuhl. Die Identität – im Altersheim!

Erinnerst du dich noch an die Törtchen in La lluvia de oro?

Erinnerst du dich noch an die Kichererbsen vom Castillo Farnés?

Erinnerst du dich noch an die Bodeguita del Medio, als da noch Künstler saßen?

Erinnerst du dich noch an den Kavalier aus Paris, an die Chinesin und ihre Schweinigeleien, an die verwirrten Reden von Charlie, an die Marquise mit dem lila Kraushaar?

Erinnerst du dich noch an die zusätzlichen Busse, die an die Playas del Este fuhren?

Erinnerst du dich noch an die Strände, an die *guaguas,* weißt du noch?

Erinnerst du dich noch an den Roseneibisch und die Schmetterlinge des Vedado?

Erinnerst du dich noch an die Bäume des Prado in der Nähe der Zenea-Statue?

Erinnerst du dich noch an die Buchläden?

Erinnerst du dich noch daran, was für ein Verkehr in der Calle Neptuno war?

Erinnerst du dich noch an den Boulevard San Rafael, an die *pizzetas,* an die Kinos Rex und Duplex, die jetzt wegen Reparatur geschlossen sind?

Erinnerst du dich noch an die frei verkäufliche Milch, ein Peso der Liter, den Joghurt, den Quark und die Butter?

Erinnerst du dich noch an die Cafeterias Wakamba und Karabalí? Wenn du da jetzt hingehst, glaubst du, du bist auf dem Mars gelandet. Da, wo sie drin waren, sitzen jetzt lauter ausländische Unternehmen. Alles in US-Dollar. Mit kubanischem Geld kannst du dir den Hintern abwischen. Erinnerst du dich noch an unsere Landeswährung?

Erinnerst du dich noch an den Plasteschinken zu sechs Peso?

Erinnerst du dich noch an die Clubs, wo man herumschmusen konnte, an die Stundenhotels?

Erinnerst du dich noch an die Klimaanlagen, die Ventilatoren?

Erinnerst du dich noch an das Licht?”

ZOÉ VALDÉS, *DAS TÄGLICHE NICHTS (LA NADA COTIDIANA, 1995),*
ÜBERSETZT VON KLAUS LAABS, AMMANN, ZÜRICH 1996

GUAGUA

DER CUBANISCHE AUTOBUS

Bevor er 1958 endgültig nach Cuba zurückkehrte, lebte Virgilio Piñera (Cárdenas, 1912 – Havanna, 1979) ab 1946 in Buenos Aires. Dort lernte er Witold Gombrowicz kennen, dessen »Ferdydurke« er übersetzte. Sein Werk, gefärbt von schwarzem Humor, Spott und Sarkasmus, ist voller eisiger Syllogismen und situiert sich in jener Tradition von Franz Kafka bis Bruno Schultz, die die Literatur Osteuropas im 20. Jh. prägte. Für eine ganze Generation cubanischer Schriftsteller war er Vordenker und Vorbild.

“In der komplexen Welt der Verwaltungssprache gibt man den Fortbewegungsmitteln den Namen ›rollende Truppe‹. Ich wage zu behaupten, dass der Bus der König all dieser ›Tiere‹ ist. Die Autofahrer begegnen ihm respektvoll, wenn nicht gar furchtsam. Einer von ihnen sagte einmal zu mir: »Für einen Bus gibt es kein köstlicheres Mahl als ein Auto…« Da ich gerade in dem Moment in seinem mitfuhr, in dem er diesen Vortrag hielt, fühlte ich mich buchstäblich ›überfahren‹. Überdies sind die Busse von beeindruckender Verwegenheit. Ich sage Ihnen das, weil sie nicht die geringsten Hemmungen haben, sich mit fürchterlichen Exemplaren zu messen, etwa einem Tanklaster oder einem Schlepper mit acht Rädern. Eigentlich ist das Ziel des Busses weniger, einer Route zu folgen als mit eleganter Lässigkeit die Tausende von Hindernissen zu umgehen, die sich auf seinem Weg auftun, und zugleich selbst andere im großen Maßstab zu produzieren. Diese doppelte Hindernissperre, aus der Angstschreie ertönen, Flüche, ätzende Dialoge, Gehupe und Scheinwerfersignale, wirkt auf mich wie ein Schiffbruch, außer – ein kleiner Unterschied – dass hier nichts ertränkt wird: Alles wird platt gemacht.”

VIRGILIO PIÑERA, *NOUVEAUX CONTES FROIDS,*
ÉDITIONS DU SEUIL, 1988
FÜR DIESE AUSGABE ÜBERSETZT VON GABRIELE KALMBACH

Reiserouten auf Cuba

▲ Im Valle de Viñales

▲ Der Sabana-Archipel im Osten von Varadero

▼ Blick über den Valle de los Ingenios

▲ Domino-Spieler in Santiago de Cuba

▲ Traditionelle Tänze auf der Plaza de la Catedral ▼ Pelota-Spieler (Baseball) in Trinidad

▲ Jugendliche in La Habana

rau aus La Habana mit Havanna ▼ Rumberos (Rumba-Spieler) in La Habanna

▲ Casa de la Trova in Trinidad ▼ Der Prado in La Habana

La Habana

Die Stadt der Säulen
So nannte Alejo Carpentier (● *106*, ▲ *128, 144)* Cubas Hauptstadt: Zunächst als »zierliche Innensäule, im Herzen schattiger Höfe entstanden«, prägte die schlanke Silhouette der Säule jene »Stadt, wo die Straßen absichtlich eng waren und Schatten begünstigten, wo weder Sonnenuntergang noch Morgenröte die Passanten blendeten oder ihnen zuviel Sonnenlicht ins Gesicht strahlten«. Im 19. Jh. aber tauchte die Säule an den Fassaden der Wohnhäuser auf, wurde größer, blühte auf und machte sich breit. La Habana wurde damals »eine Hochburg der Säulen, ein Säulenwald, eine endlose Kolonnade, die letzte Stadt, die so viele Säulen erhalten sollte«. (Auszug aus: Die Stadt der Säulen)

La Habana, Cubas Hauptstadt, ist eine eklektische und ungeordnete Stadt, die immer wieder zerstört und wiederaufgebaut wurde, und immer noch durch ihre Reize besticht. Mit ihren architektonischen Kostbarkeiten ist sie eine der schönsten Hauptstädte der ›Neuen Welt‹. Die Unesco hat die historische Altstadt 1982 zum Weltkulturerbe erklärt. Die Atmosphäre von Verlassenheit, die Pracht und zugleich der Verfall der verblichenen Fassaden, der Kontrast zwischen altem Pomp und überschwenglichem Leben, all das wirkt auf den Besucher reizvoll, aber auch verwirrend. Seit 50 Jahren wird La Habana kaum noch instand gehalten. Überfüllte Verkehrsmittel, Engpässe in der Wasserversorgung, Stromausfall und Schwarzmarkt, das sind die Übel, mit denen sich die Einwohner abfinden müssen; doch sie tragen es mit Humor. Ein Stadtrundgang erschließt folgende Viertel: Habana Vieja, das historische Stadtzentrum zwischen der Bucht im Osten und der alten Stadtmauer im Westen. Dann kommt man, wenn man den Malecón, die berühmte Uferpromenade, von Ost nach West entlanggeht, zum Centro Habana und Vedado, denen sich südlich die neueren Stadtviertel Plaza de la Revolución und Nuevo Vedado anschließen. Westlich von Vedado sind die Wohnviertel Miramar und Cubanacán (ehemaliger Country Club). In Habana del Este schließlich, auf der anderen Seite der Bucht, befinden sich zwei Festungsanlagen (● *78)* sowie die östlichen Strände (▲ *165)*.

STADTGESCHICHTE

Gründung und erste Gefahren. San Cristóbal de la Habana wurde 1515 an der Südküste Cubas gegründet, mitten im Machtbereich des Kaziken Habaguanex, dem Namenspatron der Stadt. 1519 wurde die Stadt an den Hafen der Nordküste von Carenas verlegt, dessen gut geschützte Bucht für die heimkehrenden spanischen Schiffe die letzte Etappe in Amerika war. 1553 siedelte der Gouverneur der Insel von Santiago de Cuba nach La Habana über. Aufgrund der privilegierten Lage wurde La Habana 1607 (● *33)* Hauptstadt, doch der Aufschwung wurde immer wieder durch Überfälle von Seeräubern gebremst. Zwischen

dem 16. und 18. Jh. wurde ein Verteidigungssystem mit Festungsanlagen errichtet. 1674 begann der Bau der Stadtmauer.
Ausdehnung. Der Friede von Rijswijk 1697 (● *33*) setzte dem Piratentum ein Ende. Handel und Landwirtschaft, die sich auf Zuckerrohr, Tabak und Rum gründeten, trieben die Entwicklung voran. Die spanischen Generalkapitäne regierten die Stadt bis 1762 mit eiserner Hand, dann nahmen sie die Engländer ein. Elf Monate lang genoss La Habana den Freihandel und als die Spanier 1763 zurückkehrten, sahen sie sich gezwungen, ihre Monopolstellung einzuschränken. Es entstand ein kreolisches Bürgertum, das sich im Schutz der Stadtmauern prunkvolle Paläste errichtete (● *82*). Man pflegte eine großzügige und mondäne Architektur. Die Straßen wurden gepflastert, Bäder eingerichtet und 1846 erhielt La Habana Gaslaternen. Zur Zeit der Unabhängigkeitskriege zählte die Stadt 250 000 Einwohner.
Wandel im 20. Jh. Zu Jahrhundertbeginn zwangen die USA der Insel ihr System auf. Auch wenn einige Straßen in Habana Vieja, dem Zentrum des wirtschaftlichen Lebens, Züge einer kleinen Wall Street annahmen, verkam der Rest der Stadt. Die Wohnungsnot wurde auch durch die Revolution (● *44*) nicht eingedämmt. Castro trug dafür Sorge, dass das Land gegenüber diesem Moloch, der zum Synonym für Laster geworden war, nicht vernachlässigt wurde. Seine Regierung konzentrierte ihre Bemühungen auf die Landwirtschaft. Mit 2,5 Mio. Einwohnern ist La Habana heute die wichtigste Stadt der Karibik sowie die politische, wirtschaftliche, kulturelle und wissenschaftliche Hauptstadt der Insel. Die Wohnungen des Volkes stehen neben Palästen und die Kulturen mischen sich.

Eine übervölkerte Stadt
Zwischen 1900 und 1950 wuchs die Einwohnerzahl aufgrund massiver spanischer Einwanderung und der Landflucht um das Sechsfache. Der Westen der Stadt war dermaßen überbevölkert, dass 1957 unter der Bucht ein Tunnel gebaut wurde, um die unbewohnten östlichen Gebiete zu besiedeln. Die Wohnhäuser im Zentrum, die seit 1951 von den Reichen aufgegeben wurden, sind nun *solares*, typische Mietskasernen mit Hinterhöfen und unzähligen Wohnungen.

1. Castillo de la Real Fuerza
2. Palacio del Segundo Cabo
3. Palacio de los Capitanes Generales
4. El Templete
5. Casa del Conde de Santovenia

ca. 10 km

Plaza de Armas ♥

Er ist der älteste und prachtvollste Platz der Stadt. Hier exerzierten im 16. Jh. die Truppen, und Ende des 18. Jh. wurde er zum administrativen und politischen Mittelpunkt von La Habana, das vergrößert und durch die barocken Fassaden vieler Paläste verschönert wurde. 1934 wurde der Platz nach den romantischen Vorstellungen des 19. Jh. umgestaltet. Wollbäume, Königspalmen und Brunnen unterstreichen die Geometrie der Parkalleen, die alle an der 1955 von Sergio López Mesa geschaffenen Statue zu Ehren von Carlos Manuel de Céspedes (unten rechts) zusammenlaufen. Man kann dort flanieren, wie es früher die Einwohner taten, die sich mit ihren berühmten *volantas* (Kutschen) einfanden, um der Musik zu lauschen. Noch heute wird unter den Arkaden musiziert.

Castillo de la Real Fuerza (● *78*). 1538 befahl der Gouverneur Hernando de Soto den Bau von Befestigungsanlagen in der Stadt. Gegenüber der engen Hafeneinfahrt sollte eine erste Verteidigungsanlage entstehen. 1540 wurde der Bau beendet, 1555 vom französischen Piraten Jacques de Sores (● *33*, ▲ *206*) wieder zerstört. Zwischen 1558 und 1577 wurde die heutige Festung errichtet. Sie hat einen quadratischen Grundriss und wird von vier Bollwerken flankiert. Entworfen wurde das Fort vom Militäringenieur Bartolomé Sánchez, der hier, auf amerikanischem Boden, zum ersten Mal den Prinzipien der Regelmäßigkeit folgte, die dem Konzept der italienischen Renaissance entsprechen. Die Gouverneure ließen sich ab 1590 in der oberen Etage nieder, bevor sie ihren Hofsitz an den Palacio de los Capitanes Generales (▲ *124*) verlegten. Im Erdgeschoss ist heute das Museo de la Cerámica untergebracht. Von demTurm aus kann man die Festungen auf der anderen Seite der Hafeneinfahrt (▲ *146*) betrachten.

Giraldilla ♥, Wahrzeichen der Stadt
Die Bronzestatue von J. Martínez Pinzón auf einem Turm des Castillo de la Real Fuerza (unten) ist die älteste Cubas (1632). Das 1926 durch einen Sturm beschädigte Original ist im Museo de la Ciudad (▲ *124*) ausgestellt.

Casa del Conde de Santovenia
Der Wohnsitz wurde Ende des 18. Jh. erbaut und kündigte bereits den klassizistischen Stil des 19. Jh. an. Zunächst diente er dem Grafen von Santovenia als Residenz. 1867 wurde hier das erste Hotel der Stadt, das Santa Isabel, eröffnet, das seit seiner Renovierung ein Luxushotel ist. Die Fassade, die durch Portikus und Säulen gegliedert wird, hat im ersten Stock einen Balkon mit großen Öffnungen. Die bunten *lucetas* (Oberlichter, ● *84*) und die schmiedeeisernen Fenstergitter verleihen dem Bau Anmut.

Palacio del Segundo Cabo. Dieser Palast bildet zusammen mit dem Palacio de los Capitanes Generales (▲ *124*) die schönste architektonische Einheit des Platzes. Sie ist ein Symbol der Kolonialmacht Ende des 18. Jh. Der Palast wurde auf königlichen Befehl zwischen 1770 und 1791 erbaut, um dort die *casa de correos* (Post) unterzubringen. Später befand sich hier die Finanzverwaltung, und ab 1854 war der Bau Sitz des Vizegouverneurs (daher der Name) und des Senats. Auch fungierte er als Justizpalast. Heute ist hier das Institut des cubanischen Buches untergebracht. Der Bau wurde von J. A. de Armona geplant und von Antonio Fernández de Trevejos ausgeführt. 1829 wurde er von Govantes und Cabarrocas umgestaltet. Der Palast ist ein eindrucksvolles Beispiel des ›cubanischen Barock‹ (● *82)*, der durch weniger Zierrat und Details nüchterner ist als der europäische Barock. Die herrlichen Fenster und die sorgfältige Ausführung der Portikussäulen heben die strenge Fassade hervor. Der enge Patio hat im ersten Stock eine Arkadenreihe, die von blauen Fenstern mit großen weißen Klappläden im französischen Stil eingegrenzt wird.

El Templete (● *86*). Der kleine Tempel griechisch-römischer Prägung wurde am 19. März 1828 eingeweiht, um an die Gründungsmesse von 1519 zu erinnern, als San Cristóbal de La Habana hierher verlegt wurde. Der Portikus mit dorischen Säulen trägt einen Fenstergiebel, in den eine Gedenkschrift eingemeißelt ist. Im Inneren beschwören drei große Gemälde des französischen Malers Jean-Baptiste Vermay (1786-1833) die Ereignisse. Ein Wollbaum markiert den genauen Ort der Zeremonie. Daneben befindet sich seit 1754 eine Säule mit der Virgen del Pilar, der Schutzpatronin der spanischen Seeleute.

Habana Vieja: Weltkulturerbe der Unesco ★
Um den größten Andrang zu umgehen, sollte man das alte Stadtzentrum zwischen 8 und 14 Uhr besuchen. Zwei Museumsbesuche sind für die historische und kulturelle Annäherung unerlässlich: das Museo de la Ciudad an der Plaza de Armas und das Museo de Arte Colonial an der Plaza de la Catedral.

▲ PALACIO DE LOS CAPITANES GENERALES (MUSEO DE LA CIUDAD)

Die erste Gemeindekirche von La Habana wurde im 18. Jh. durch die Explosion des Schiffes Invencible zerstört. 18 Jahre später erbaute man an ihrer Stelle den bedeutendsten Barockbau Cubas. Das Werk von Antonio Fernández de Trebejos y Zaldívar wurde 1791 fertiggestellt. Der Palast war Sitz des Generalkapitäns, also des spanischen Gouverneurs, und bis 1841 auch des Gemeinderats. Zudem beherbergte er bis 1834 ein Gefängnis, war Sitz der nordamerikanischen Interventionsregierung (1899-1902), diente als Präsidentenpalast (1902-20) und Rathaus (1921-67). Heute sind hier das Büro des offiziellen Stadtschreibers und das Museo de la Ciudad (Stadtmuseum) untergebracht. Das Originalmobiliar und verschiedene Sammlungen zeugen von der Lebensart der ehemaligen Würdenträger und bezeichnen die Höhepunkte der Geschichte Cubas.

Ein Spaziergang durch die Zeit
Das Stadtmuseum beherbergt den ältesten Fund aus der Kolonialzeit: ein Grabsteinrelief (unten) der ersten Gemeindekirche. Es wurde an dem Ort aufgestellt, wo 1557 die junge Frau María de Cepero y Nieto durch einen verirrten Arkebusenschuss getötet wurde. Die anderen Säle führen uns bis in die Mitte des 20. Jh. So kann man etwa auch den Bronzeadler bewundern, der bis in die 60er Jahre das Monument für die Opfer der Maine (● *39*) verzierte.

Der Innenhof
Seine Dimensionen und seine Pracht suchen in Cuba ihresgleichen. Hier steht eine der ältesten Kolumbus-Skulpturen. Sie ist ein Werk des Italieners Cucchari und wurde 1862 aufgestellt.

Historischer Luxus
Das prachtvolle Badezimmer (oben) mit Badewannen aus Marmor zeugt von der einstigen Lebensart seiner Benutzer. So auch die Salones del Café y del Ambientado (Kaffeesaal und altes Speisezimmer) mit typischen Kolonialmöbeln aus dem ausgehenden 19. Jh.

Im Herzen der Geschichte
Der Palast besticht mit sehr schönen Privatgemächern und prunkvollen Sälen, wie z. B. dem Salón del Trono (Thronsaal) und dem Salón de los Espejos (Spiegelsaal, rechts). In letzterem fanden zwei wichtige historische Ereignisse statt: die Übergabe der Macht an die USA durch die Spanier am 1. Januar 1899 (● *39*) und, in Gegenwart der nordamerikanischen Interventionsregierung, die Übernahme der Regierungsgeschäfte durch den ersten Präsidenten Cubas, Tomás Estrada Palma, am 20. Mai 1902 (● *42*).

Sala de las Banderas (Fahnensaal)
Hier befinden sich drei Symbole der Republik: die Fahnen von Narciso López, Máximo Gómez und Céspedes. Ein Meisterwerk ist das Gemälde ›Der Tod von Antonio Maceo‹ (● *39*, ▲ *215* unten) aus dem Jahr 1908. Das Bild des Malers Menocal sorgte für Polemik: Einige der Personen, die neben dem ›Bronzetitan‹ abgebildet sind, hätten bei seinem Tod nicht an seiner Seite gekämpft…

1. Catedral de San Cristóbal
2. Casa del Conde de Casa Lombillo
3. Palacio del Marqués de Arcos
4. Casa del Conde de Casa Bayona
5. Casa de los Marqueses de Aguas Claras
6. Casa de Baños
7. Centro Wilfredo Lam

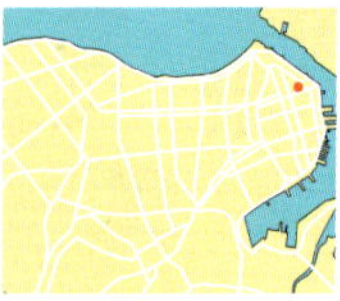

PLAZA DE LA CATEDRAL ♥

Den Platz der Kathedrale sollte man früh morgens erkunden, wenn man ihn noch verlassen und still vorfindet. Das ist die beste Zeit, um die Fassaden mit den harmonischen Säulenhallen und den langen schmiedeeisernen Balkonen zu bewundern. Dieses architektonische Juwel aus der Kolonialzeit macht trotz seiner Pracht einen eher gemütlichen Eindruck, was auf die geringe Größe und Abgeschlossenheit des Platzes zurückzuführen ist. Im 16. Jh. war er zur Regenzeit voller Schlamm, und man nannte ihn Plaza de la Ciénaga (Sumpfplatz). Erst 1789, als die dort stehende Kirche zur Kathedrale geweiht wurde, erhielt er seinen heutigen Namen.

Catedral de San Cristóbal (● *80*). Obwohl der Unbefleckten Empfängnis geweiht, ist sie unter dem Namen San Cristóbal bekannt. Die Jesuiten begannen 1748 mit dem Bau, der 1767 unterbrochen wurde, da die spanische Krone in diesem Jahr die Jesuiten aus Amerika vertrieb. 1777 wurde sie fertiggestellt. Der Grundriss folgt dem traditionellen Plan der Jesuiten, der drei Kirchenschiffe und Seitenkapellen aufweist. Die Fassade ♥ wurde zwar durch Francesco Borrominis Arbeit an Santa Agnese in Rom beeinflusst, doch ihre Ausführung ist freier und von einem rein barocken Stil durchdrungen. Zwei asymmetrische Türme mit glatten, schlichten Wänden flankieren das Bauwerk. Das schmucklose Kirchenschiff wurde 1814 restauriert und weist verschiedene Stilrichtungen auf. Das Gewölbe, ursprünglich aus Holz und heute aus Stein, wird von einer barocken Kuppel gekrönt. Der Hauptaltar aus dem 19. Jh., ein Werk des Bildhauers Bianchini, wird von drei Fresken überragt, die Giuseppe Perovani anfertigte. Die barocken Altäre wurden 1820 durch neue Exemplare im klassizistischen Stil ersetzt.

Casa del Conde de Casa Lombillo und Palacio del Marqués de Arcos. Der Bau der beiden Wohnhäuser (unten links), deren Säulengalerien und Balkone eine ununterbrochene Linie darstellen, wurde um 1750 vollendet. Zu dieser Zeit entstand die neue kreolische Aristokratie. Die beeindruckenden Portale, das verzierte Gesims sowie die dorischen Säulen der Vorbauten, alles dies weist auf den neuen gesellschaftlichen Status einer reichen Familien hin. Marquis von Arcos war der Sohn von Diego Peñalver, des königlichen Schatzmeisters. Er kaufte den Wohnsitz 1796. Um 1950 beherbergte das Gebäude die Hauptpost. Beide Gebäude werden gerade restauriert.

Casa del Conde de Casa Bayona. Das älteste Gebäude am Platz wurde 1720 für J. Bayona y Chacón wieder aufgebaut. Noch immer hat es eine für das 17. Jh. typische Linienführung. Die eleganten und symmetrischen Proportionen, die Dachzie-

Säulenhallen und Balkone
Die neue Macht der kreolischen Aristokratie findet ihre Entsprechung in der neuen Architektur ihrer Wohnsitze. Das Modell des niedrigen und geschlossenen Wohnhauses aus dem 17. Jh. macht im 18. Jh. dem offenen, großzügigen Wohnhaus Platz, in dem die Innen- und Außenbereiche miteinander in Verbindung stehen. An der Fassade greifen Portikus und Balkon die Innenstruktur des Patio wieder auf. Der Palacio del Marqués de Arcos sticht durch seine sorgfältig gearbeiteten Fassade ganz besonders hervor.

gel, der Patio mit toskanischen Pilastern und Flachbögen, die Fensterläden und bunten Scheiben verleihen dem Bau Charme. Bayona y Chacón hinterließ den Wohnsitz seinem Schwiegersohn, dem Grafen von Bayona. Später befanden sich hier das Kolleg der Kanzleibeamten, die republikanische Zeitung *La Discusión* und die Verwaltung der Rumfabrik Arrechabala. Heute ist es das Museo de Arte Colonial ♥.

Casa de los Marqueses de Aguas Claras. Dieser zwischen 1751 und 1775 errichtete Wohnsitz ist das jüngste Gebäude am Platz (unten links). Der originelle Säulenvorbau hat vier Arkaden mit Rundbögen auf beiden Seiten des Flachbogens, wo sich das Portal befindet. Das Restaurant El Patio liegt im Innenhof, wo Palmen und ein Brunnen für Atmosphäre sorgen.

Callejón del Chorro. 1587 wurde auf dem noch sumpfigen Platz eine Zisterne installiert, die die Schiffe mit Wasser versorgte. Durch einen kleinen Kanal, *el chorro,* wurde sie 1592 mit dem königlichen Aquädukt verbunden. Heute steht an der Stelle die Casa de Baños (ein altes Badehaus).

Centro Wilfredo Lam. Wilfredo Lam (1902-82, ● *99)* gab dieser Galerie (Calle San Ignacio, N° 22) seinen Namen. Hier werden vor allem Werke von Künstlern aus der Dritten Welt ausgestellt, die zur Kunstbiennale in La Habana kommen.

Casa de la Condesa de la Reunión ♥. Dieser Wohnsitz (Calle Empedrado, N° 213-215) aus dem Jahre 1809 weist die typische Hierarchie der Wohnhäuser von reichen, kreolischen Familien auf.

Museo de Arte Colonial ♥
Das Museum stellt den typischen Prunk eines aristokratischen Wohnsitzes der Kolonialzeit aus. Das sind Möbel aus Edelhölzern, Porzellanwaren aus Limoges, Kristallüster aus Baccarat, Spiegel aus Europa, mit pflanzlichen Motiven verzierte Plinthen in cubanischer Tradition, das für das 19. Jh. so typische verzierte Gitterwerk, die *medios puntos* (● *84)* aus durchbrochenem Holz, die *lucetas* (● *84)* aus buntem Glas, die das Licht in den oberen Stockwerken abschwächen sollen, sowie die *mamparas* (● *87)*, Paravents, die man in den großen Räumen aufstellte, um die Intimsphäre zu wahren.

1. Casa de la Calle Obispo
2. Casa de los Árabes
3. Casa de la Obra Pía
4. Casa de África
5. Casa de Simón Bolívar
6. Pozo del Leon
7. Iglesia y Convento de San Francisco de Asís

Im Erdgeschoss wurden Waren gelagert, im Zwischengeschoss wohnten die Bediensteten und im Obergeschoss die Besitzer. Durch einen Kleeblattbogen gelangt man auf einen breiten Hausflur (*zaguán*, ● *84*). Der Patio hat im ersten Stock eine verzierte Holzgalerie, und die Mauern sind mit Azulejos verkleidet. All dies verleiht dem Haus einen besonderen Reiz. Alejo Carpentier (● *102*, ▲ *120*) ließ die ersten Kapitel seines Romans »El Siglo de las Luces« hier spielen. Heute ist in dem Haus die Stiftung Alejo Carpentier untergebracht.

Calle Tacón. Die in Richtung Bucht verlaufende Straße ist eine der ältesten der Stadt. Häuser aus dem frühen 17. Jh. sind noch erhalten. Hier befindet sich mit dem Seminario San Carlos y San Ambrosio (▲ *129*) ein Gebäude des 18. Jh. Es war das geistige Zentrum der Intellektuellen der Unabhängigkeit (● *38*).

Calle Obispo ♥
Diese Straße der Kaufleute ist eine der Lebensadern der Stadt. Hier befinden sich zwei schöne Apotheken: die Farmacia y Droguería Taquechel (N° 155) und die Droguería Johnson (N° 260).

Von der Plaza de Armas zur Plaza de San Francisco

Casa de la Calle Obispo ♥. Dieses kleine, weiße, mit Dachziegeln bedeckte Haus mit der Hausnummer 117 (oben) ist das älteste Gebäude der Hauptstadt (1648). Die Fassade besticht durch die eleganten Balkone aus Holz. In der Nähe, links an der

Ecke Calle Mercaderes, steht das Hotel Ambos Mundos, wo Hemingway (▲ *150*) residierte. Die Gebäude der Calle Mercaderes (Straße der Händler) und der Calle Oficios (Straße der Kunsthandwerker) gehören in architekturhistorischer Hinsicht zu den schönsten der Stadt.

Casa de la Obra Pía ♥ ● *84*. Die ursprünglich zwei Häuser wurden 1665 und 1793 zu einem Haus umgebaut. Das riesige Ausmaß, die Frische im Arkaden-Patio und die mit Terrakottafliesen verkleideten Galerien machen aus dem Gebäude ein Beispiel für die Architektur Cubas. Das prächtige, 1686 aus Cádiz importierte Portal kontrastiert mit der nüchternen Fassade. Im Inneren überraschen große Säle, bunte Plinthen sowie eine Vielzahl an Bögen. Hier befindet sich das Museum Alejo Carpentier (▲ *102, 120).* Es stellt Kleidung und Gegenstände des Schriftstellers aus.

Casa de África ♥. Das Gebäude aus dem 17. Jh. hat ein Erdgeschoss, das als Lager für Baumwolle, Unterstellplatz für Fuhrwerk, Bestallungen und Sklavenwohnungen diente, sowie ein Obergeschoss, das die Besitzer bewohnten. Zu bewundern sind hier die Geschenke, die Fidel Castro auf seinen Reisen in Afrika erhielt, sowie die Sammlung von Kultgegenständen des Ethnologen Fernando Ortiz (● *42*).

Casa Simón Bolívar. Das Gebäude wurde 1993 restauriert. Es ist dem politischen Vorkämpfer der Unabhängigkeit Venezuelas gewidmet. In der Nähe steht eine Bolívar-Statue. Sie ist eine Replik des Originals aus Santa Fé de Bogotá.

Casa del Obispo. Der alte Bischofspalast aus dem 17. Jh., nicht zu verwechseln mit der Casa de la Calle Obispo, wurde 1858 nach größerem Umbau in ein Leihamt umgewandelt. Heute ist hier das Museo Numismático untergebracht, das die schönste Münzsammlung Cubas und seltene Einzelstücke besitzt: einen Geldschein mit der Unterschrift von Carlos Manuel de Céspedes, der 1869 in New York ausgegeben wurde (● *39),* und von Che Guevara (▲ *192)* unterzeichnete Scheine.

Plaza de San Francisco. Dieser große Platz wird durch das emsige Treiben im Umfeld des Zollgebäudes (1914) und der Börse belebt. Der Löwenbrunnen wurde 1836 von Giuseppe Gaggini geschaffen. Er symbolisiert die Macht des spanischen Reiches. Die Iglesia y Convento de San Francisco de Asís ♥, deren Portal mit dem gerippten Bogen in eine enge Gasse mündet, wurde zwischen 1580 und 1591 erbaut. Von 1720 bis 1737 wurden Umbauarbeiten vorgenommen. Sie ist eine der schönsten Kirchen aus der Kolonialzeit (● *80).* Der kegelförmige, 42 m hohe Glockenturm überragt die Stadt. Das Kloster wurde 1739 erbaut. Die Kirche ist heute ein Konzert- und Ausstellungssaal.

Casa de los Árabes
Der einfache Bau mit einem von Reben bewachsenen Patio, Holzbalustraden und mit Glasmalereien verzierten Fenstern stammt aus dem 17. Jh. Das Gebäude vereint zwei alte Häuser der Calle Oficios und erinnert an die arabische Kultur in Cuba. Die geht auf Einwanderungsbewegungen aus dem Libanon, Syrien und Palästina zurück. In dem Haus sind ein orientalisches Restaurant, Al Medina, sowie die einzige Moschee Cubas eingezogen. Zunächst war hier das Colegio San Ambrosio, bevor das Seminario in der Calle Tacón gebaut wurde.

La Lonja del Comercio
Die Börse wurde 1909 erbaut und in den 1990er Jahren mit Mitteln aus dem Ausland restauriert – eine Premiere im revolutionären Cuba. Auf der Kuppel steht ein Bronzemerkur.

1. Casa de las Hermanas Cárdenas
2. Casa del Conde de Jaruco
3. Iglesia y Convento de Santa Clara
4. Iglesia y Convento de Nuestra Señora de Belén
5. Iglesia del Espíritu Santo
6. Iglesia y Convento de Nuestra Señora de la Merced
7. Casa Natal de José Martí
8. Estación Central
9. Fragmentos de la Muralla

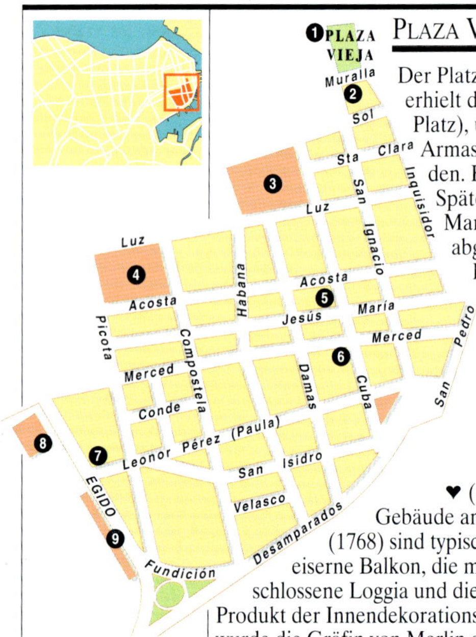

Plaza Vieja

Der Platz wurde um 1550 angelegt und erhielt den Namen Plaza Nueva (Neuer Platz), um ihn von der alten Plaza de Armas (Waffen-Platz) zu unterscheiden. Er diente dem Sklavenhandel. Später befand sich hier eine Markthalle, die Anfang des 20. Jh. abgerissen wurde. 1952 wurde der Platz durch eine Tiefgarage verunstaltet, dann wurde er restauriert, gepflastert und bekam einen Marmorbrunnen. Viele Gebäude werden noch instand gesetzt.

Casa del Conde de Jaruco ♥ (● *83*). Es ist das schönste Gebäude am Platz. Galerie und Portal (1768) sind typisch für das 18. Jh. Der schmiedeeiserne Balkon, die mit Blumenglasmalereien verschlossene Loggia und die Salons mit Farbanstrich sind Produkt der Innendekorationstechniken im 19. Jh. Hier wurde die Gräfin von Merlin geboren, eine der ersten Autorinnen Cubas. Das Gebäude ist Sitz des *Fondo Cubano de Bienes Culturales* und beherbergt mehrere Kunstgalerien.

Casa de las Hermanas Cárdenas. Das Haus wurde 1805 erbaut, und 1834 ließ sich hier die philharmonische Gesellschaft der Stadt nieder. Es ist vom klassizistischen Stil beeinflusst, weist Fenstersimse auf und hat eine Dachterrasse. Hier befindet sich eine Gemälde- und Skulpturengalerie.

Der Teil der Stadtmauer, der noch zwischen Hauptbahnhof und Hafen vorhanden ist, stellt nur einen kleinen Überrest der alten riesigen Befestigungsanlagen (● *78*) aus dem 18. Jh. dar.

Von der Plaza Vieja zum Hauptbahnhof

Iglesia y Convento de Santa Clara ♥. Das Nonnenkloster Santa Clara wurde 1638 gegründet und ist das älteste in La Habana. Der riesige Bau mit der schlichten Fassade hatte ehemals mehr als drei Kreuzgänge und einen Obstgarten. Doch vieles ist

»ES WAR EINE VOM WIND BELEBTE STADT, SIE DÜRSTETE NACH FRISCHEN BRISEN VOM MEER UND VOM LAND; FENSTERLÄDEN, JALOUSIEN, TÜRFLÜGEL WURDEN BEIM KLEINSTEN WINDHAUCH SOFORT GEÖFFNET.« ALEJO CARPENTIER

verschwunden. Von den beiden noch vorhandenen Kreuzgängen bietet der eine dem Besucher Ruhe. Palmen, Wollbäume und der Samariterbrunnen (17. Jh.) sorgen für Erfrischung. Alles wirkt so, als nutzten die fünf Nonnen aus Cartagena de Indias, die sich hier 1643 niederließen, den stillen Ort noch immer für ihre Meditationen. Heute ist hier das *Centro Nacional de Conservación, de Restauración y de Museología* untergebracht. Der andere Kreuzgang gehört zu einem Hotel.

Iglesia y Convento de Nuestra Señora de Belén ♥ (● *80*). Zwischen 1712 und 1720 erbaut, ist dieser Komplex mit sechs Kreuzgängen und der barocken Kirche der größte religiöse Bau der Altstadt. Bis 1842 war hier die Kongregation von Bethlehem untergebracht, danach richteten die spanischen Gouverneure ihre Büroräume ein, bevor sie den Bau 1854 den Jesuiten übergaben. Nach 1925 befanden sich hier die Akademie der Wissenschaften, das Innenministerium und ein Altersheim. Die prächtige, mit Gesims und Pilastern verzierte Barockfassade der Kirche erhebt sich hinter einem kleinen Vorhof. Der Arco de Belén ♥ wurde 1775 von Pedro de Medina errichtet. Er verbindet das Kloster mit den benachbarten Häusern und zeigt an, wo sich der Eingang zum alten Judenviertel befand, das sich rund um die Calle Acosta ausbreitete. Bogen und Kloster werden restauriert.

Iglesia del Espíritu Santo (● *80*). Die Kirche wurde 1638 von freigelassenen Sklaven errichtet. Im 18. und 19. Jh. wurde sie mehrmals umgebaut. Bemerkenswert sind die prächtigen geschnitzten Holzdecken im Mudéjarstil aus dem 17. Jh. und der Chor mit Steingewölbe. Auch die Krypta mit Katakomben stammt aus dieser Zeit (1638). Sie war die einzige Kirche der Stadt, die verfolgten Personen Zuflucht bieten konnte. Ihr Priester, Pater Gaztelu, gehörte neben José Lezama Lima (● *108*) dem literarischen Zirkel um die Zeitschrift Orígenes an, die von 1944 bis 1957 erschienen ist.

Die Gegend um den Bahnhof
Die Calle Leonor Pérez, früher Calle Paula, wurde zu Ehren der Mutter José Martís (● *40*) umbenannt. Sein Geburtshaus ♥, heute ein Museum, steht in der Nähe des Hauptbahnhofs (1905, ● *90*).

Oben: Die Alameda de Paula, die erste Promenade, die im 18. Jh. in La Habana angelegt wurde.

Nuestra Señora de la Merced
(oben rechts) Diese Kirche, an der von 1755 bis 1876 gebaut wurde, ist vor allem wegen ihres Innendekors bemerkenswert. Die drei durch Arkaden getrennten Kirchenschiffe führen jeweils zu einer Kapelle. Die Kuppel über dem Transept und das Gewölbe sind mit Fresken ♥ verziert, die auf bekannte cubanische Künstler wie Esteban Chartrand (1823-84) zurückgehen.

Die Junta
Im Hauptbahnhof steht die *junta*, die erste Lokomotive, die ab 1837 zu den Zuckerrohrfeldern von Güines fuhr.

1. PALACIO DE ALDAMA
2. PARQUE CENTRAL
3. HOTEL INGLATERRA
4. TEATRO GARCÍA LORCA
5. CENTRO ASTURIANO
6. POZO DE LA INDÍGENA

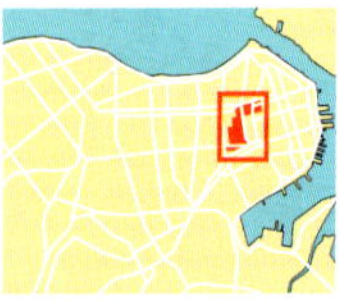

KAPITOL UND UMGEBUNG

Im 19. Jh. wuchs die eingeengte Stadt allmählich über ihre Stadtmauern hinaus. So entstand das Viertel Centro Habana. Ende des 19. Jh. wurden auf dem Vorfeld der Verteidigungsanlagen (● *76*) eindrucksvolle, riesige Palastbauten mit üppigem Dekor, Theater und Parkanlagen errichtet. Eine breite Allee, der Prado, auch Paseo de Martí genannt, wurden angelegt. Und schließlich errichtete man das Kapitol, in dem sich zwischen 1929 und 1959 das Zentrum der politischen Macht Cubas befand. Dieses sehr lebhafte Viertel ist noch immer die beliebteste Flaniermeile der Stadt.

»Morgens in La Habana. Die Busse, das Geschrei, die Leute, die hin und her gehen, ein unablässiges Kommen und Gehen.« Severo Sarduy

Capitolio Nacional (▲ *138*)**.** Das Kapitol ist mit Kuppel 92 m hoch und erinnert an das Kapitol in Washington. Mit den Arbeiten wurde 1910 begonnen. Erst 1929 in der Regierungszeit von Gerardo Machado (● *42*) konnten sie abgeschlossen werden. Hier tagte bis zur Revolution das Parlament (Repräsentantenhaus und Senat). Man betritt das Gebäude durch ein Portal, das mit Reliefs mit Szenen aus der Geschichte Cubas verziert ist. Die riesige Sala de los Pasos Perdidos (Saal der verlorenen Schritte) ist 120 m lang und bietet mit der Rotunde in der Mitte und Marmorwänden einen majestätischen Anblick. Von hier gelangt man in die halbkreisförmigen Konferenzsäle, die Bibliothek und die mit Fresken verzierte Sala Martí. Zunächst war im Kapitol die Akademie der Wissenschaften untergebracht, dann das Ministerium für Wissenschaft, Technologie und Umwelt. Das Museum der Naturwissenschaften wurde in die Calle Obispo N° 61 verlegt.

Parque de la Fraternidad ♥. Der Park wurde 1892 zur 400 Jahres-Feier der Entdeckung Amerikas angelegt. Er trat an die Stelle einer alten Esplanade, die den Spaniern für Truppenparaden diente. Zunächst hieß er Parque Colón, wurde aber 1928 umbenannt, nachdem er von Jean Claude Nicolas Forestier (● *74*) für die 6. Panamerikanische Konferenz, deren Gastgeber Cuba war, umgestaltet worden war. Seither ist der Parque de la Fraternidad Americana einer der belebtesten Orte der Hauptstadt. Hier warten die Einwohner im Schatten der Königspalmen auf ihren Bus, die berühmte *guagua* (● *112*).

Palacio de Aldama ♥. (Kann nicht besichtigt werden.) Er wurde 1844 vom Militäringenieur Manuel José Carrerá erbaut und ist einer der schönsten klassizistischen Bauten des 19. Jh. in der Stadt. Der Bau mit den großen Ausmaßen geht auf zwei Zwillingspaläste zurück. Hinter der Fassade, die ein tiefes Eingangsportal mit dorischen Säulen, einen schmiedeeisernen Balkon sowie eine Dachbrüstung aufweist, befinden sich luxuriöse Säle mit prächtigen Leuchtern, überraschend große Patios und mit buntem Marmor und Azulejos verzierte Galerien. 1868 wurde der Palast von der spanischen Regierung konfisziert und teilweise zerstört. Man verdächtigte die Aldamas, die Unabhängigkeitskämpfer in Oriente zu unterstützen. 1948 und 1971 wurde der Palast restauriert. Heute ist hier

Schätze im Kapitol
Die Innendekoration des Baus kontrastiert mit der klassizistischen Fassade. Am Eingang steht die vergoldete Bronzestatue, die die Republik darstellt. Sie ist 17 m hoch, wiegt 49 t und ist eine der größten Statuen weltweit. In der Mitte des Baus, unter der Kuppel, die der des Pantheons in Paris ähnelt, ist ein Diamant (vermutlich eine Replik) eingelassen, der den Nullpunkt darstellt. Von hier aus werden alle Entfernungen auf der Insel berechnet.

das Institut der Geschichte der Arbeiterbewegung Cubas.

Parque Central ♥. (links) 1877 trat er an die Stelle von drei kleinen Plätzen gegenüber der Stadttore. Er ist der eigentliche Treffpunkt der Cubaner, die hier gerne die Pelota-Spiele (den Nationalsport Baseball) kommentieren. Die Alleen sind im Mudéjar-Stil mit rosafarbenen Azulejos belegt. Die Laternen stammen aus New York. In der Mitte steht eine Martí-Statue, die 1904 von Vilalta de Saavedra (▲ *144*) geschaffen wurde und die seither das alte Monument zu Ehren von Isabella II. von Spanien ersetzt. Sie ist eine der ersten Statuen, die in Cuba zu Ehren des Helden der Unabhängigkeit angefertigt wurden.

Hotel Inglaterra ♥ (● *90*). Es wurde zwischen 1856 und 1915 im eklektischen Stil umgebaut und zum Nationalmonument erklärt. Es ist eines der besten Hotels der Stadt.

Centro Gallego und Teatro García Lorca ♥ (▲ *138*). Das galizische Zentrum beinhaltet das ehemalige Teatro Tacón, das 1834 erbaut und mit einer Reihe von Verdi-Opern eingeweiht wurde. Später nannte man es in Teatro Federico García Lorca um. Die große galizische Gemeinde beauftragte 1879 Paul Belau mit dem Bau eines Kulturzentrums. Zwischen 1906 und 1915 entstand das Gebäude nach Plänen des belgischen Architekten, der einen Bau im neobarocken Stil mit einer überfrachteten Fassade schuf. Hier ist das Nationalballett Cubas untergebracht, das von Alicia Alonso (rechts) geleitet wird. Man kann den Ballettsaal besichtigen und sich an Wochentagen die Proben anschauen.

Centro Asturiano. Der große Konkurrent des Centro Gallego wurde 1927 nach einem Brand von dem Spanier Manuel del Busto erbaut. Als Vorbild diente ihm die Madrider Hauptpost. Über dem Portal befindet sich ein schmiedeeisernes Schutzdach. Die Renaissance-Fassade wird durch neoklassizistische Motive hervorgehoben. Die verglaste Ehrentreppe stellt die drei in Blei gegossenen Karavellen des Kolumbus dar. Der Bau wird zur Zeit restauriert und zeigt künftig einen Teil der Gemälde des Museo de Bellas Artes (▲ *136*).

Der Park der Symbole

Ein Wollbaum, der von einem hohen Gitter umgeben ist, steht im Zentrum des Parque de la Fraternidad. Er wurde am 24. Februar 1928, anlässlich der Eröffnung der 6. Panamerikanischen Konferenz, gepflanzt. An seiner Wurzel wurde Erde aus allen Ländern der ›beiden Amerikas‹ niedergelegt, die an der Konferenz teilnahmen. Im Südosten des Parks steht der schöne Brunnen der Indígena ♥ (oben), der 1837 von Gaggini in Carrara-Marmor gemeißelt wurde. Die symbolische Figur stellt eine Indiofrau dar, die von vier Delfinen umgeben ist und die ein Füllhorn sowie ein Schutzschild mit dem Stadtwappen trägt.

▲ FÁBRICA PARTAGÁS

Der Katalane Jaime Partagás Ravelo schmiedete große Pläne. Auf den bescheidenen Verkaufsschuppen, den er 1828 eröffnet hatte, folgte 1845 eine große Zigarrenfabrik. Partagás hütete das Geheimnis des Anbaus und der Verarbeitung seiner Tabakblätter. Er war einer derjenigen, die die Havanna-Zigarre zur Legende machten, und unter den ersten Produzenten, die die Blätter in Holzfässern altern ließen, um die Gärung und die Entwicklung der Aromen besser kontrollieren zu können. Die Zigarrenfabrik Partagás war bald dafür berühmt, dass ihre Arbeiter Geschmack und Aroma der 67 Zigarrensorten unterscheiden konnten. Heute findet man bei Partagás 56 verschiedene Zigarrensorten.

Der Tabakladen
Hier wird nur eine kleine Auswahl der Zigarrenproduktion angeboten. Im Hinterraum, der Kennern vorbehalten ist, sind manchmal wahre Schätze. Links: In der ersten Reihe sitzen die geschicktesten Arbeiter, die die dicksten Zigarren rollen.

Gerüche
In der stickig-feuchten Hitze des Erdgeschosses der Zigarrenfabrik sind zehn Arbeiter mit der Verarbeitung von Tabakblättern (● *68*) beschäftigt. Man kann kaum atmen, doch in dem Aromagemisch lassen sich verschiedene Düfte unterscheiden: Apfel, Pfefferkuchen, schwarzes Unterholz, gefrorenes Farnkraut (dem Amber und Trüffel vergleichbar). Es ist die Welt der mineralischen Öle, Feuersteinduft, in den sich Pflanzendüfte, laugensalzige und sinnliche Düfte mischen. Der gegorene Tabak reicht an berühmteste Düfte heran.

Ein guter Tabakdreher
Er produziert grundsätzlich nur eine Sorte pro Tag, ohne die Marke zu kennen, es sei denn er dreht Cohibas.

Die Fassade
Die Fassade im neoklassizistischen Stil ist ein gutes Beispiel für die Industriearchitektur der zweiten Hälfte des 19. Jh. Pilaster, Stuckarbeiten und Bandgesimse gliedern die zweifarbige Fassade. Die Balkone weisen typische Kunstschmiedegeländer aus jener Zeit auf. Die stark hervorspringenden Fenstergesimse sind die einzige Anlehnung an den Barockstil.

Geschichte
Die Marke hatte bald Erfolg. Doch ihr Meister, Jaime Partagás, wollte noch mehr. Er strebte danach, Besitzer der kompletten Produktionskette zu werden. Deshalb kaufte er in der Provinz Pinar del Río eine Plantage. Sein tragischer Tod (er wurde am 17. Juni 1868 das Opfer eines geheimnisvollen Mordes) setzte dem Projekt ein Ende. Die Fabrik wurde an Ramón Cifuentes Llano verkauft, der sich als ein umsichtiger Geschäftsmann entpuppte. Er kaufte mehrere Zigarrenmarken hinzu, darunter auch Ramón Allones, die noch heute existiert.

Traditionelles Vorlesen
Der Vorleser befand sich auf einer Estrade vor den Porträts der Revolutionshelden (außer Fidel Castro). Er sollte die Monotonie des Arbeitsalltags durchbrechen. Das Vorlesen wurde zum ersten Mal 1865 in der Zigarrenfabrik Figaro eingeführt. Jaime Partagás griff diese Idee 1866 auf. Die Monotonie wurde, je nach Umständen, durch geistige Bildung oder politische Indoktrination aufgehoben. Heute erleichtern Lautsprecher das Vorlesen im Fabrikgebäude; alle halbe Stunde wird es durch Musik und Nachrichtensendungen abgelöst.

1. Edificio Bacardí
2. Palacio de los Matrimonios
3. Hotel Sevilla
4. Museo Nacional de Bellas Artes
5. Memorial Granma
6. Museo de la Revolución
7. Museo de la Música
8. Palacio Velasco
9. Máximo Gómez
10. Monumento para los Estudiantes
11. Castillo de la Punta

Vom Zentralpark über den Prado zur Bucht

El Prado ♥ (● *77)*. Früher hieß diese Promenade Alameda de Isabel II. oder Calle Ancha (breite Straße). Dann wurde sie in Paseo del Prado und 1904 in Paseo de Martí umbenannt, am häufigsten wird aber der alte Name benutzt. 1772 wurde sie für Kutschen auf dem Weg zum Meer angelegt, die so die engen Gassen der Altstadt umgehen konnten. 1834 wurde die Allee befestigt und bekam schmiedeeiserne Straßenlaternen. Dann entstanden zu beiden Seiten elegante Wohnhäuser, Tanz- und Fechtsäle, und die Damen der Aristokratie fuhren hier mit dem Pferdegespann aus. 1929 wurde die Allee vom französischen Landschaftsarchitekten Forestier (● *76)* und von dem Cubaner Raúl Otero neu gestaltet. Sie wurde verbreitert und mit Lorbeerbäumen (unten) beschattet. Darüber hinaus wurden Marmorbänke und acht Bronzelöwen aufgestellt. Die schöne Flaniermeile ist ein Paradies für Kinder, die hier gerne Pelota spielen.

Architekturspaziergang. Am Prado und in den Seitenstraßen wurden zahlreiche Wohnhäuser errichtet, die zu Beginn des 20. Jh. eine neue Stilrichtung begründeten. Der Palacio de los Matrimonios ♥ (Hochzeitspalast, N° 302, ▲ *138)*, der ehemalige Club der spanischen Einwanderer, wurde 1914 von Luis Dediot erbaut. Er hat eine neobarocke Fassade. Das gilt auch für das Hotel Sevilla, das 1908 im Mudéjar-Stil erbaut und 1923 um einen aufsehenerregenden zehnstöckigen Turm erweitert wurde. Er ist das Werk des amerikanischen Architekturbüros Schultze & Weaver. In dem neoklassizistisch eingerichteten Restaurant im obersten Stockwerk hat man nicht nur eine ganz besondere Aussicht. Man kann auch den Cocktail Mary Pickford (Rum, Ananas, Granatapfelsaft) probieren, der hier erfunden wurde. Die Casa de Pedro Estévez ♥ (N° 120) wurde 1905 von dem Franzosen Charles B. Brun erstmals mit Stahlbeton gebaut.

Palacio Velasco ♥
In diesem beeindruckenden Gebäude, einem Pionierbau des spanischen Eklektizismus, befindet sich die spanische Botschaft.

Museo Nacional de Bellas Artes. Das zur Zeit in Umbau befindliche Museum steht dort, wo sich früher der schöne und geheimnisvolle Mercado Colón (● *87)* befand, ein 8000 m² großer Bau, der Ende des 19. Jh. errichtet und 1945 abgerissen wurde. Das Museum, dessen Sammlungen auf mehrere Orte (▲ *133)* verteilt sind, soll nur noch die Malerei Cubas ausstellen und voraussichtlich 2001 wieder eröffnen.

Memorial Granma. (Zugang über das Museo de la Revolución) Es wurde 1976 eröffnet und ist der Revolution gewidmet. Unter einem großen Glasgehäuse kann man die 20 m lange Jacht Granma bestaunen, auf der sich Castro, Che Guevara und ihre 81 Genossen 1956 von Tuxpán in Mexiko nach Playa Las Coloradas (● *44)* einschifften. Sie steht zwischen dem Lieferwagen vom Angriff auf den Präsidentenpalast und einem Flugzeug, das in der Schweinebucht (▲ *176)* zum Einsatz kam.

Heirat im Palacio de los Matrimonios.

Museo de la Revolución ♥. Es befindet sich im ehemaligen Präsidentenpalast (unten ▲ *138*). Der Palast wurde zwischen 1913 und 1920 auf der alten Festungsmauer erbaut (ein Wachhäuschen ist erhalten) und zwischen 1940 und 1950 erweitert. Bei den großen Volksversammlungen, die nach der Revolution stattfanden, sprachen die Redner von den Terrassen gegenüber der Bucht auf der Esplanade der Plaza de Marzo. Das Museum zeichnet die Geschichte der Insel seit der Kolonialzeit in der Abfolge der Revolten nach. Der Schwerpunkt liegt aber auf den Ereignissen von 1959 und es zeigt einen Überfluss an Dokumenten und Fotos.

Casa de Pérez de la Riva. Dieses Haus (1906) mit der Neorenaissance-Fassade beherbergt seit 1981 das Museo Nacional de la Música ♥. Die Vielzahl der ausgestellten Instrumente liefert eine Vorstellung vom Reichtum der cubanischen Musikkultur. Die Sammlung gehörte dem Ethnologen Fernando Ortiz (● *42*) und ist von großem historischen und kulturellen Wert. Dabei beschränkt sie sich nicht allein auf den Archipel. Neben Instrumenten aus Cuba findet man hier auch Original-Partituren und Instrumente aus aller Welt.

Dem Meer gegenüber. Der Parque de los Mártires liegt am Ende der Promenade. In der Mitte steht die Statue des Generals Máximo Gómez aus dem Jahre 1935. Am Monument für die Medizinstudenten, ein von Marmor eingefasstes Mauerstück, erinnert eine Tafel daran, dass hier am 27. November 1871 acht Studenten erschossen wurden: Die Kolonialregierung hatte sie ohne Beweise vorzulegen beschuldigt, das Grab eines spanischen Offiziers verwüstet zu haben, um die von den Ideen der Unabhängigkeit geprägte Jugend zu beeindrucken. Das Castillo de San Salvador de la Punta, das zwischen 1586 und 1600 von Juan Bautista Antonelli (● *78*, ▲ *217*), Juan de Tejeda und Cristóbal de Roda erbaut wurde, bildete zusammen mit dem Castillo del Morro (▲ *146*), das zur gleichen Zeit auf der anderen Seite der Bucht errichtet wurde, die erste Verteidigungslinie der Stadt. Es kann nicht besichtigt werden, wird aber bald das Museo Naval beherbergen.

Edificio Bacardí (● *90*)
Der Sitz des Unternehmens Bacardí (● *50*) wurde um 1930 am Rande der Altstadt erbaut. Die geometrische Fassade mit den aufsteigenden Linien aus bunten Ziegelsteinen, das pyramidenartige, mit Keramik verzierte Dach erinnern an Bauten in Manhattan aus der Hochzeit des Kapitalismus. Das Firmensymbol, die Fledermaus, ähnelt der von Batman.

Hauptbahnhof (Estación Central), 1912, Habana Vieja, K. M. Murchison

Die öffentlichen Gebäude bestimmen das Bild einer Stadt. Zu Beginn des 20. Jh., als eine Periode rascher und wichtiger Veränderungen im Bereich des Städtebaus und der Architektur einsetzte, glaubte man, das Aussehen der offiziellen und sozialen Institutionen im Land verändern zu müssen. Die Architekten gingen zwei entgegengesetzte Wege: totale Ablehnung spanischer Vorbilder oder Rückbesinnung auf das Erbe.

Casino Español
(1914, Habana Vieja, Luis Dediot) Viele Berufsgenossenschaften hatten eigene kulturelle und soziale Vereinigungen. Wenn diese über genügend Kapital verfügten, errichteten sie sog. Casinos, Gebäude, in denen Verwaltung und Treffpunkte der Vereinigung untergebracht wurden. Es gab auch Vereinigungen, die nach Nationalitäten organisiert waren. Diese gaben Bauten in Auftrag, die an das jeweilige Herkunftsland erinnerten, etwa das Casino Español mit einer Fassade im Platereskenstil. Die Decke des Ballsaals ist mit den Wappen der spanischen Provinzen verziert.

Der Hauptbahnhof
Im Rahmen des Ausbaus der Infrastruktur und der Stadtmodernisierung wurde der Bahnhof als ›monumentale Pforte‹ mit zwei hohen, zum Land geöffneten Türmen konzipiert. Die Fassaden, in denen sich spanische und italienische Renaissance vermischen, erinnern an die Giralda in Sevilla und an die Medici-Villa in Rom. Sie scheinen zur Reise einzuladen.

Centro Gallego
(1915, Habana Vieja, Paul Belau) Die spanische Gemeinschaft war nach den verschiedenen Herkunftsprovinzen aufgegliedert. Diese Gruppen traten untereinander in einen Konkurrenzkampf um den prächtigsten Palast. Die auffälligsten Bauten sind die einander gegenüberliegenden Clubs der Asturier und der Galicier (das Centro Gallego, *▲ 133*). Sie sind beide im Stil der Neorenaissance bzw. des Neobarocks erbaut.

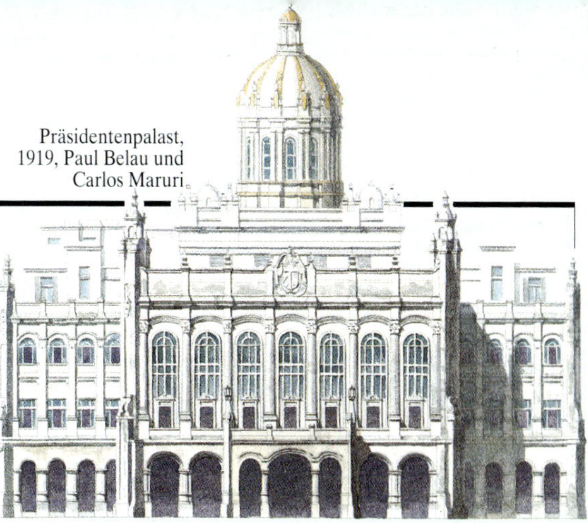

Präsidentenpalast, 1919, Paul Belau und Carlos Maruri

Machtzentren
Trotz des Innendekors im Tiffany-Stil zeigt der Palast eine gewisse stilistische Unentschlossenheit – vielleicht aufgrund seiner Erbauung in der noch jungen Republik. Einige Jahre später wurde er von der Größe und Pracht des Capitolio in den Schatten gestellt.

Das Capitolio (▲ *132*)
(1929, Raúl Otero u. a.)
Es hat ein in der Welt weit verbreitetes Modell zum Vorbild, auch wenn der Einfluss des Kapitols in Washington nicht zu verleugnen ist. Entwurf, Materialien und Ausführung sind außergewöhnlich. Es steht dort, wo sich der alte Bahnhof und das Vorfeld der Befestigungsanlagen befanden. Trotz der gewaltigen Ausmaße fügt es sich aufgrund des schlichten klassizistischen Stils in die Umgebung ein, ohne sie zu erdrücken.

Gebäude und Statuen
(links: Die Tugend der Rechtschaffenheit, Capitolio, von Angelo Zanelli)
In republikanischer Zeit wurden viele öffentliche Gebäude mit Skulpturen geschmückt. Als symbolische Elemente transportierten sie die Botschaft bürgerlicher Tugenden. Die Skulpturen des Capitolio sind besonders erwähnenswert, etwa die Statue »Die Republik« (▲ *132*), die auch von Zanelli stammt und im zentralen Rundbau steht.

Hotel Nacional
(1930, McKim, Mead & White, ▲ *140*)

Der Aufschwung des Tourismus ließ große Hotels entstehen. Die kosmopolitische Kundschaft verlangte exotischen Luxus. Wie auch andere Hotels entstand das Nacional dort, wo die alten Festungsanlagen standen, um von dem Panorama (● *78*) zu profitieren. Der Neorenaissancestil weist exotische Elemente auf wie das sevillanische Dekor der Hotelhalle oder die in die Arkaden des Gartens gemeißelten Langusten.

Languste (Detail)

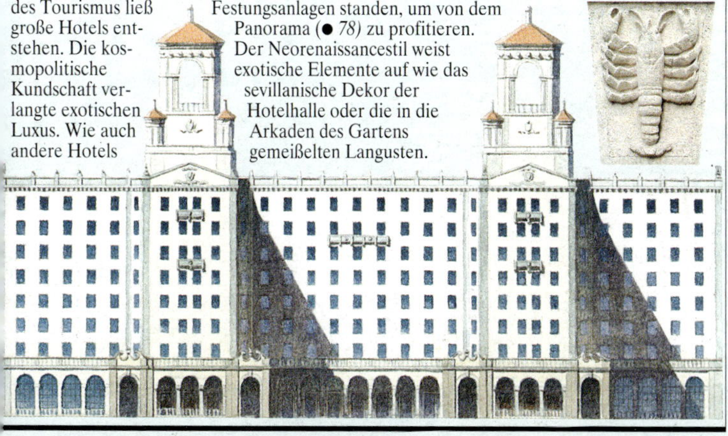

»Der Regen hatte die Stadt gereinigt. Durch die offenen Fenster drangen Stimmen und Musikfetzen, hier ein nostalgischer Bolero, da eine feurige Rumba…« Eduardo Manet

Hotel Nacional ♥ (unten) Es steht an einem der schönsten und strategisch wichtigsten Plätzen der Stadt, am Malecón, wo sich früher die Batterie Santa Clara befand. Es wurde 1930 vom Architekturbüro McKim, Mead & White im Stil der Neorenaissance (● *90)* erbaut. Hier stiegen Amerikaner, die der Prohibition entflohen, Filmstars und auch einige Mafiosi gerne ab. Batista nutzte den Staatsstreich von 1933, um hier mit vielen abzurechnen. Das Hotel ist zur Legende geworden. Eine Palmenallee führt zum Hauptportal, durch das man in eine Halle gelangt, die im sevillanischen Stil mit Azulejos ausgekleidet ist. Im Garten stehen noch einige Kanonen, und an einem Hügel wurde ein kleiner Wasserfall angelegt.

FLANIERMEILE MALECÓN ♥

Diese breite Promenade zieht sich über 8 km am Meer entlang, von der Altstadt bis ins Wohnviertel Miramar (▲ *146)* am anderen Ufer des Río Almendares. Die Uferstraße wurde in mehreren Phasen angelegt: Amerikanische Soldaten bauten 1902 einen Damm, um die Stadt vor den Flutwellen der Wirbelstürme zu schützen. Der Wall war erst 1958 fertig gestellt. Ein Spaziergang in der Abenddämmerung ist dringend zu empfehlen. Dann holen die Fischer ihre Netze ein, die Kinder spielen auf den Klippen und Liebespaare schlendern hier entlang. Erst kürzlich ergriffen die Behörden drastische Maßnahmen gegen die Prostitution. Im August 1994 (● *46)* traten von hier aus die Balseros (● 220) ihre abenteuerliche Flucht nach Florida an. An dem Teil des Malecón, der zu Centro Habana gehört, stehen alte Wohnhäuser mit pastellfarbenen, von Sonne und Gischt ausgeblichenen Fassaden, prächtige Bauten, die zu Jahrhundertbeginn von Händlern und Industriellen errichtet wurden. Weiter stadtauswärts, in Vedado, befinden sich moderne Gebäude und Luxushotels.

Monumente. Spaziert man auf dem Malecón von Ost nach West, kommt man an vielen Monumenten vorbei, die an die Unabhängigkeitskriege erinnern, etwa das Reiterstandbild von 1916, das Antonio Maceo (▲ *215)* darstellt. Ganz in der Nähe erinnert der kleine Befestigungsturm Torreón de San Lázaro (● *78)* aus dem 17. Jh. an die Anfänge der spanischen Kolonialzeit. Hat man das Hotel Nacional passiert, gelangt man an das beeindruckende Monumento para las Víctimas del Maine (ein Werk der Cubaner Govantes und Cabarrocas), das 1925 von US-Amerikanern zum Gedenken an die Soldaten errichtet wurde, die bei der Explosion des Panzerkreuzers Maine im Hafen von La Habana 1898 ihr Leben ließen (● *39)*. Dahinter folgt das sechsstöckige Gebäude, in dem die amerikanische Vertretung (die frühere Botschaft) untergebracht ist. An der Kreuzung mit der Calle G steht das Monumento de Calixto García (▲ *200)*, das 1959 zu Ehren des Helden der Unabhängigkeit

errichtet wurde. Der Malecón endet am Fort de la Chorrera (● *78*, ▲ *146*), das 1645 gebaut wurde, um die Flussmündung vor Piraten zu schützen.

VEDADO ♥

Vedado bedeutet ›Jagdgehege‹. In der Kolonialzeit diente das große, unbebaute Gebiet zwischen Centro Habana und dem rechten Ufer des Río Almendares als Sicherheitszone bei Angriffen auf die Stadt. Es war streng verboten, das Gelände zu betreten oder zu bebauen. Im 19. Jh. wuchs die Stadt über ihre Mauern hinaus, und die Einwohnerzahl verdoppelte sich. 1859 plante der Ingenieur Luis Yboléon ein neues Stadtviertel. Er hielt sich an eine moderne, rationale Stadtplanung: Schachbrettmuster mit breiten Alleen, hohe Häuser, Gleichwertigkeit von Grünanlagen und Bauten. El Vedado lockte zunächst die reiche Bevölkerung La Habanas an, die sich Häuser im eklektizistischen Stil erbauen ließ, später auch Amerikaner, die sich für Landhäuser im Neuengland-Stil entschieden.

La Rampa. So heißt der Abschnitt der Calle 23, der die Calle L mit dem Malecón verbindet, sowie das von diesen Straßen begrenzte Viertel. Es ist das Stadtzentrum von Vedado, und hier befinden sich Reisebüros, Jazz-Clubs, Kinos, Restaurants und Hotels, in denen sich zu ihrer Zeit Mafiabosse trafen. Unter Batista war das Viertel als Vergnügungszentrum bekannt. Das Fest hatte 1959 ein Ende, als Castro im 22. Stock des Habana Hilton (Ecke Calle 23/Calle L) sein Hauptquartier einrichtete. Das Hotel hat 27 Stockwerke. 1960 wurde es verstaatlicht und in Habana Libre umbenannt.

El Coppelia
Der bekannteste Eissalon von La Habana befindet sich in einem modernen Gebäude (● *92)* an der Ecke Calle 23 und Calle L, einem großen Platz, mitten im Zentrum von Vedado. Zwei Szenen des Films »Erdbeer und Schokolade« (1994) von Tomás Gutiérrez Alea wurden hier gedreht. Der Bau hat sechs kreisrunde Säle mit Rippengewölben. Auch die Stühle, nach Vorlage des nordamerikanischen Designers Harry Bertoia gearbeitet, sowie die Gartenanlage bestimmen den Charakter des Eissalons.

Berühmte Hotels
Das Capri in der Calle 21 (mit wunderbarer Aussicht auf die Bucht vom Schwimmbad in der obersten Etage) gehörte George Raft und hat in allen Stockwerken Rokoko-Spiegel. Wo der Paseo auf den Malecón trifft, steht das Riviera ♥ mit monumentalem Brunnen.

Oben: Versammlung am Fuß der großen Freitreppe, die in die Universität führt.

DER VEDADO: DAS UNIVERSITÄTSVIERTEL

Universidad de La Habana ♥. Sie wurde 1728 von Dominikanermönchen in der Altstadt gegründet, 1842 säkularisiert und 1902 auf einen kleinen Hügel in Vedado verlegt. Über die große Freitreppe, die die Calle L mit der Plaza Ignacio Agramonte verbindet, gelangt man in das Hauptgebäude. Am Fuß der Treppe, auf der anderen Straßenseite, steht die Büste von Julio Antonio Mella, dem Gründer der Föderation der Universitätsstudenten und der ersten kommunistischen Partei Cubas (● *44*). Auf einem Treppenabsatz steht die Alma Mater-Bronzestatue, die 1919 von Mario Korbel angefertigt wurde. Von hier gelangen die Studenten in einen Garten mit üppiger Vegetation. In dem großen Amphitheater (Aula Magna) befinden sich eine Wandmalerei (1910) von Armando Menocal und eine Marmorurne mit der Asche von Pater Félix Varela (● *38*). In dem innerhalb des Universitätsgeländes gelegenen Museo Antropológico Montané (1903) wird die größte Sammlung prähispanischer Kunstwerke Cubas gezeigt. Man kann Götzenbilder aus Holz und Stein aus dem 10. Jh. und Schädel von Arawak-Indianern (● *32*) bewundern.

Museo Napoleónico ♥. Unterhalb der Universität, in der Calle San Miguel N° 1159, beherbergt eine Villa im florentinischen Renaissancestil (1928) eine der weltweit größten Sammlungen, die sich mit der Welt Napoleons befasst. Sie stammt von Julio Lobo, einem cubanischen Millionär, der von Napoleon begeistert war. Man sieht eine bronzene Totenmaske Napoleons und Jean Viberts Bild von Bonaparte, der sich auf die Salbung vorbereitet. Die Säle sind im Empirestil möbliert und voller Sèvres-Porzellan. Vor allem aber besticht die Architektur des Wohnhauses, die asymmetrische, leichte Fassade aus Stein mit Loggias und Arkaden.

Castillo del Príncipe (● *78*). (Kann nicht besichtigt werden.) Die Calzada de Zapata und die Avenida Carlos III. laufen an diesem mächtigen, fünfeckigen Bauwerk zusammen, das zwischen 1767 und 1779 auf dem Ariósteguí-Hügel erbaut wurde, um das Verteidigungssystem der Stadt zu vervollständigen. Der Grundriss greift das spanische Modell

Quinta de los Molinos
Der Gitterzaun dieses prunkvollen Bauwerks zieht sich am Fuß des Castillo del Príncipe die Avenida Carlos III. entlang. Das Haus wurde zwischen 1837 und 1840 erbaut und diente den Generalkapitänen als Sommerresidenz. 1899 richtete sich hier General Máximo Gómez (● *39*) ein, der Oberbefehlshaber der Befreiungsarmee. Ihm ist hier ein Museum gewidmet. Das weiße Wohnhaus ist eine Neuauflage der *quintas* (Villen), die sich die Aristokraten im 19. Jh. in den Stadtvierteln Cerro und Vedado bauen ließen. Der riesige Park voller Statuen, Brunnen, Gartenlauben und Grotten wurde um 1900 zum botanischen Garten der Universität.

auf, das seit Beginn des 18. Jh. üblich war. Eine Neuerung stellten das Bollwerk und der umliegende Tunnel dar, durch den die Soldaten laufen konnten. Die Festung war durch die Achse der Avenida Carlos III. (heute Salvador Allende) und der Avenida de la Reina mit der Stadtmauer verbunden. Später wurde sie als Zentralgefängnis genutzt. Die Festung ist heute militärisches Sperrgebiet und wird gerade restauriert.

DER VEDADO: DAS WOHNVIERTEL

Avenida de los Presidentes ♥. Die Allee, auch Calle G genannt, die vom Castillo del Príncipe sanft in nordwestlicher Richtung zum Malecón abfällt, verläuft durch ein prächtiges Villenviertel. Hier wurde 1921 eine Büste des ersten cubanischen Präsidenten Tomás Estrada Palma (● *42)* und 1936 die seines Nachfolgers, José Miguel Gómez (● *42)* aufgestellt. Nach 1959 galten diese Präsidenten als ›amerikanische Marionetten‹ und ihre Statuen wurden umgeworfen (die von Gómez ist gerade erst wieder aufgestellt worden). In der Calle 23 befindet sich die Casa de los Alcaldes (Haus der Bürgermeister, 1921 von Leonardo Morales erbaut, oben) mit den, ganz im Mudéjar-Stil, grün glasierten Dachziegeln sowie das ehemals bei Künstlern sehr beliebte Hotel Presidente (1927).

Architekturspaziergang ♥. In El Vedado dominiert der Stil der Beaux-Arts (▲ *138)*, der Anfang des 20. Jh. in Cuba eingeführt wurde. Damals genoss die Pariser École des Beaux-Arts in der ›Neuen Welt‹ großes Ansehen, und viele zukünftige cubanische Architekten studierten dort die europäische Baukunst. Wieder zu Hause, inspirierten Renaissance, Klassizismus, Barock und Neoklassizismus ihre Bauwerke. Diese Stilrichtungen waren bis in die 30er Jahre beliebt und prägten auch das Haus des Architekten T. L. Hustons (1909), wo ebenfalls der Einfluss des Mudéjar-Stils spürbar ist, die Chinesische Botschaft (1916, drittes Foto von oben) in der Calle 13 mit der Hausnummer 551, die von Gärten umgeben ist, sowie das Haus von José Gómez Mena (1927), das das Museo de Artes Decorativas (Calle 17, N° 502, erstes Foto von oben) beherbergt.

In der Calle 17 ♥ Das Haus von Juan Gelats (N° 351, 1920; viertes Bild von oben) ist Sitz der UNEAC, des Schriftstellerverbandes Cubas, und ein Glied der berühmten »Kette prächtiger Residenzen« (Alejo Carpentier). Es besticht durch eine voluminöse runde Fassade und eine weiße, gewundene Marmortreppe, die durch bunte Glasmalereien im Art-déco-Stil erhellt wird. Die Casa de los Marqueses de Avilés (N° 301, 1915; zweites Foto von oben) ist Sitz des Cubanischen Institutes der Völkerfreundschaft. Der Beaux-Arts-Stil verleiht dem Bau das Aussehen eines antiken Tempels.

La Milagrosa
Dieses Grab ist immer mit Blumen geschmückt, da man ihm nachsagt, es vollbringe Wunder für Kinder. Eine Frau, die bei der Entbindung starb, wurde hier mit dem totgeborenen Kind zu ihren Füßen begraben. Sie wurden exhumiert, und man fand die Mutter mit dem Baby an der Brust.

Gemeinschaftspantheons
Sie sind eines der verblüffendsten Merkmale des Friedhofes. Bei der Mehrzahl handelt es sich hier um kollektive Gräber: die Asturier, die Galicier, die französische Gemeinde, die Geheimgesellschaft Abakuá (● *61*), die Theater- oder Filmschauspieler, die Zirkusakrobaten, die Radiosprecher, alle haben ihr eigenes Grabmal. In einigen Gräbern ruhen die sterblichen Überreste von Märtyrern oder Persönlichkeiten der Geschichte Cubas, vor allem im Pantheon der Medizinstudenten (▲ *137*). Außerdem gibt es ein Mal der Veteranen (1944) der Unabhängigkeitskriege (● *39*), das Mausoleum der revolutionären Streitkräfte, die nach 1959 verstorben sind, sowie der Pantheon von den Studenten, die beim Angriff auf den Präsidentenpalast fielen (● *44*).

CEMENTERIO DE CRISTÓBAL COLÓN ♥

Zu dem Friedhof gelangt man, indem man die Calzada Zapata bis zur Calle 12 entlanggeht. Ein großes neoromanisches Portal bildet den Eingang. Darüber befindet sich eine Figurengruppe aus Carrara-Marmor, die José Vilalta de Saavedra (▲ *133*) geschaffen hat und die den Glauben, die Hoffnung und die Nächstenliebe darstellt. Es ist kein einfacher Friedhof, sondern vielmehr eine Stadt der Toten mit außergewöhnlichen Grabmälern, griechischen und assyrischen Tempeln und prunkvollen Mausoleen. Die Baupläne für dieses ›Freilichtmuseum‹ stammen von dem spanischen Architekten Calixto de Loira, von dem auch das Eingangsportal ist. Zu dieser Ausstellung von Grabmalkunst gehört auch die achteckige Kapelle im neobyzantinischen Stil (oben) an der Kreuzung der beiden Hauptachsen. Im Inneren ist sie mit Fresken des Malers Miguel Ángel Melero verziert. Wichtige Persönlichkeiten sind hier bestattet: die Schriftsteller Alejo Carpentier (● *102*, ▲ *120*, *128*, *129* am Eingang links, Allee A) und Cirilo Villaverde (● *104*, Allee G, östlich der zentralen Kapelle) und General Máximo Gómez (● *39*, am Eingang rechts von der mittleren Allee).

Galería de Tobías. In diesem unterirdischen Bau ist Calixto de Loira beerdigt. Die Galerie ist 95 m lang und liegt links vom Eingang. Sie weist Nischen für die Särge auf, war die erste Grabstätte des Friedhofs und wurde bis 1875 genutzt.

Das Minint
Es ist nicht zu übersehen. An der Fassade des Innenministeriums (unten) befindet sich seit 1995 ein riesiges Porträt von Che Guevara (▲ *192*). Das Bildnis, das mit Bronze durchzogen ist, ersetzt die Fresken, die beim Tod des Guerilleros 1967 angefertigt worden waren. Vorlage ist das in aller Welt bekannte Foto von Korda (▲ *192*).

Plaza de la Revolución

Der französische Städteplaner Forestier (● *76*) ersann 1925 ein großes Projekt, das darauf abzielte, die Loma de los Catalanes (Katalanen-Hügel) zum neuen Verwaltungszentrum umzugestalten. Nach mehreren Wettbewerben entschied man sich 1952 für die Pläne des Architekten Aquiles Maza und des Bildhauers Juan José Sicre, die eine Gedenkstätte für José Martí auf der Platzmitte ansiedelten. Die restlichen Bauten entstanden in den 50er Jahren. Es gab keine genaue Richtlinie, doch alle sind in dem von Batista (● *43*) sehr geschätzten und von Corbusier beeinflussten monumentalen Stil gebaut. Modernere Bauten entstanden nach der Revolution, aber noch immer gibt es hier viele Baustellen. Zunächst hieß das Gelände Plaza Cívica, dann Plaza de la República. Fidel Castro verlieh ihm schließlich seinen endgültigen Namen. Der Platz wirkt wie eine riesige, 4,5 ha große Esplanade, die bis zu eine Million Menschen fassen kann. Zu den großen Versammlungen der kommunistischen Partei am 1. Januar, 1. Mai und 26. Juli (● *44*) findet sich hier eine riesige Menschenmenge ein. An anderen Tagen wird der Platz streng überwacht, und es gilt als verdächtig, wenn man sich hier zu lange aufhält.

Mémorial José Martí ♥ (● *40*). Nach einer Renovierung wurde dieser Bau 1996 der Öffentlichkeit wieder zugänglich gemacht. Das Museum an der Basis des Obelisken ist Leben und Wirken des Architekten der Unabhängigkeit gewidmet. Es beherbergt Originalarchive, Stiche, Dokumente, Tonbänder und Filme. Das Ausstellungskonzept ist modern und unterscheidet sich dadurch stark von anderen Museen.

Offizielle Bauten. Gegenüber der Gedenkstätte befinden sich das Innenministerium (im Volksmund Minint genannt), sowie das Ministerium für Post und Telekommunikation, das man an dem Slogan *Venceremos* (Wir werden siegen) erkennt, der sein Dach schmückt. Im Museo Postal Cubano, das in diesem Bau untergebracht ist, kann man Briefmarkensammlungen aus aller Welt bewundern. Rechts der Gedenkstätte befindet sich der Sitz der Revolutionären Streitkräfte (FAR) und die Nationalbibliothek José Martí. Auf der anderen Seite des Platzes steht das Teatro Nacional (1958). Es hat mehrere Aufführungssäle und ein Kabarett (Café Cantante). Auch die wichtigsten Tageszeitungen Cubas, »Granma« und die fast hundertjährige Zeitschrift »Bohemia«, haben ihren Sitz in der Nähe. Hinter dem Denkmal steht der Palacio de la Revolución, früher Justizministerium (1958) und heute Sitz der höchsten staatlichen Instanzen. Fidel Castro hat hier sein Büro.

Hommage an José Martí (● *40*)
Die Spitze des 138,5 m hohen Obelisken stellt die höchste Erhebung der Stadt dar. Das Bauwerk wurde erst 1958 fertig gestellt. Der Architekt Enrique Luis Varela entwarf den Grundriss, der die Form eines fünfzackigen Sterns hat. Es ist ein monolithischer Block vom Fundament bis zu den oberen Terrassen und ein massiver Bau im Art-déco-Stil. Bei schönem Wetter kann man von der Spitze aus bis zu 50 km weit sehen. Die 18 m hohe, weiße Marmorstatue von Juan José Sicre am Fuß des Obelisken stellt Martí in feierlicher, fast religiöser Pose dar.

MIRAMAR ♥

Am linken Ufer des Río Almendares liegt das Municipio Playa, eine grüne, üppig bewachsene Oase, zu der das Stadtviertel Miramar gehört. In den schattigen Alleen reihen sich Botschaften und Villen aneinander. Man sollte die Verlängerung des Malecón, die Quinta Avenida, entlang spazieren. Sie erinnert an die Fifth Avenue in New York. Zu den Sehenswürdigkeiten in Miramar gehören das Museo del Ministerio del Interior, das die Politik der USA gegen das revolutionäre Cuba nachzeichnet, das Stadtmodell ♥, das in der Calle 28 (N° 113) ausgestellt ist, und die Kapelle Santa Rita an der Kreuzung Quinta Avenida, Calle 26. Sie beherbergt eine Marienstatue von Rita Longa. Am westlichen Ende befinden sich ehemalige Sportclubs der Jahrhundertwende und Bauten, in denen 1962-65 die nationalen Kunstschulen (● *92)* untergebracht waren. Sie hat mit Backsteingewölben und Terracottadachziegeln eine originelle Architektur.

Die Pilgerfahrt nach San Lázaro
Das Santuario de San Lázaro in Rincón ist eines der wichtigsten Pilgerzentren des Landes. Der populäre Heilige Lazarus hat eine Entsprechung in der afrocubanischen Religion: Babalú Ayé (● *58)*, der Gott der Heilung. In der Nacht des 16. Dezember strömen die Gläubigen zu dieser heiligen Stätte, um die bösen Geister zu vertreiben.

FESTUNGSBAUTEN IM OSTEN (● *78)*

Als Philipp II. 1592 La Habana in den Rang einer Stadt erhob, wollte er, dass der Hafen zum ›Schlüssel zur Neuen Welt‹ und zum ›Bollwerk Westindiens‹ würde. Dieser defensive Charakter wurde im 17. und 18. Jh. noch verstärkt, als das Piraten- und Korsarenwesen von den Feindseligkeiten zwischen den Großmächten abgelöst wurde. Auf einer 12 km langen Linie, zwischen Cojimar (▲ *165)* im Osten und Chorrera (▲ *141)* im Westen entstanden mehrere beeindruckende Festungen. Die beiden wichtigsten befinden sich heute im militärhistorischen Park Morro-Cabaña. Dieser liegt in Habana del Este, wohin man durch einen Tunnel gelangt, der 1957 unter der Bucht durchgestoßen wurde.

Castillo de los Tres Reyes del Morro ♥. (unten) Dieses Fort wurde ab 1589 von Juan Bautista Antonelli (▲ *217)* erbaut. An der Hafeneinfahrt oben auf dem Felsen gelegen, wo die Ausguckposten den Ozean kontrollierten, war es die

Die Zeremonie des Kanonenschusses♥
Jeden Abend um 21 Uhr feuert man in Cabaña einen Kanonenschuss ab. Dieser Brauch geht auf die Kolonialzeit zurück: So verkündete man die Schließung des Hafens (durch eine riesige Kette) und der Stadttore.

wichtigste Verteidigungsanlage der Stadt, bis es 1762 von den Engländern eingenommen wurde. Nach dem Pariser Vertrag von 1763, der La Habana wieder Spanien zusprach, wurde die Festung neu aufgebaut und bekam einen Leuchtturm. Er war für lange Zeit das höchste Gebäude der Hauptstadt.

Fortaleza de San Carlos de la Cabaña ♥. (oben) Die Niederlage von 1762 hatte die Schwächen des Verteidigungsgürtels um die Bucht offen gelegt. Deshalb ließen die Behörden von La Habana von 1763-74 eine der größten Festungen Lateinamerikas bauen. Machado und Batista diente sie als Militärgefängnis, und Che Guevara (▲ *192)* richtete im Januar 1959 hier sein Hauptquartier ein. Heute sind in der Festung das Museo de las Armas und das Museo de la Comandancia de Che Guevara untergebracht. In letzterem werden persönliche Gegenstände des Guerilleros ausgestellt. Auch gibt es eine Nachbildung seines Ministerbüros zu bestaunen.

Guanabacoa, Königin der Rumba
In Guanabacoa gibt es viele Rumberos und Batá-Trommler (● *55).* Von hier stammen große Musikerfamilien wie die Aspirinas oder die Arangos, viele Trommler und Guaguancó-Sänger. Einmal im Jahr versammeln sich hier die besten Musiker der Gegend.

Weitere Vororte von La Habana

Regla ♥. Diesen kleinen Hafenort auf der anderen Seite der Bucht erreicht man mit einem Boot (*lanchita*), das von der Schiffsanlegestelle Muelle de la Luz (Altstadt) abfährt. Die seit 1812 autonome Arbeitergemeinde war die erste Ortschaft mit einem sozialistischen Bürgermeister. Aber Regla, dessen Geschichte 1687 mit der Errichtung der Kapelle Nuestra Señora de Regla begann, ist in erster Linie eine Hochburg der Santería (● *58).* Die Kirche mit der klassizistischen Fassade hat eine schwarze Madonna mit einem weißen Jesuskind. Am 8. September findet hier eine katholisch-afrocubanische Pilgerfahrt statt. Die Statue verkörpert die Schutzpatronin von La Habana, der Fischer und Yemayá, die Göttin des Meeres.

Guanabacoa. Die Geschichte von Guanabacoa begann 1554, als man hier die Indígenas zusammenbrachte, die in der Umgebung von San Cristóbal de la Habana lebten. Die Stadt wurde 1607 gegründet und spielte bald eine Schlüsselrolle in der Verteidigung der Hauptstadt gegen Piraten und im Widerstand gegen die englische Invasion von 1762. Im 18. Jh. ließen das Klima und das Heilwasser die Stadt zu einem Ort der Sommerresidenzen des Adels werden. Die Einsiedelei von Potosí ♥, deren Kirche (1644) zu den ältesten Cubas gehört, und das Kloster San Francisco (18. Jh.) erinnern noch an diese Vergangenheit. Aus der Stadt mit ihrer reichen, noch heute lebendigen Musiktradition stammen Künstler wie Ernesto Lecuona und Rita Montaner (● *53).* Die Inbrunst, mit der afrikanische Kulte (● *58)* begangen werden, führte zu dem Beinamen Pueblo Embrujado (verhextes Dorf).

Santa María del Rosario (● *80)*
Die alte Kolonialstadt wurde von der modernen Stadtplanung verschont. Ihr Stolz ist die Kirche Nuestra Señora del Rosario (18. Jh.). Der Bau der Kirche im Barockstil wurde von einem reichen Grundbesitzer finanziert, dem Grafen von Casa Bayona (▲ *126).* Dieser erlangte traurige Berühmtheit, da er einen Sklavenaufstand blutig niederschlagen ließ. An dem Ort der Hinrichtung rufen drei Kreuze den Berg Golgotha in Erinnerung. Das erste wurde in jener Zeit als Warnung aufgestellt, die beiden anderen kurz nach der Revolution.

Im Jahr 1939 ändert Hemingway sein Leben und verlässt die USA: Er zieht von Key West, Florida, 130 km weiter nach Süden, in ein Hotel in La Habana.

Schon bald suchen der Schriftsteller und seine neue Gefährtin Martha Gellhorn ein Haus als neue Bleibe. 15 km von der Hauptstadt entfernt machen sie ein großes Wohnhaus im spanischen Kolonialstil ausfindig: die *Finca Vigía*, die Hemingway zuerst mietet und später kauft. Das Haus auf einem Hügel bei San Francisco de Paula, »ein friedlicher Hafen, in den weder Krieg noch Revolution vordringen«, ist umgeben von Palmen, Mangobäumen und Hibiskus. Hemingway lebt hier bis 1960, ein Jahr, bevor er Selbstmord begeht.

»LASS UNS AN UNSER SCHIFF DENKEN UND AN DAS TIEFE, FAST PURPURNE BLAU DES GOLFSTROMS [...] UND AN DIE FLIEGENDEN FISCHE, DIE AUS DEM WASSER ZU UNS EMPORSPRINGEN.«
BRIEF VON ERNEST HEMINGWAY AN MARY WELSH

»Bauernhof mit Aussicht«
Von seinem Haus sah Hemingway die Lichter von La Habana. Der Besitz umfasste ein einstöckiges Haus, einen Bungalow für Gäste, ein Schwimmbad und einen Turm mit zwei Stockwerken (das erste gehörte den 57 Katzen des Paars, das zweite diente als Arbeitszimmer). Der Schriftsteller hinterließ in der *Finca* seine Schreibmaschine, seine Jagdtrophäen, Gemälde von Klee, Gris, Masson und Miró sowie rund 8 000 Bücher.

Das Arbeitszimmer
Hemingway arbeitete lieber im Haus als im Turmzimmer, das ihm zu abgelegen war. Der Büffelkopf an einer der Wände war ein Souvenir von seiner ersten Safari. Der Autor benutzte nur selten den Schreibtisch: von der Morgendämmerung bis 13 Uhr arbeitete er stehend, die tragbare Royal-Schreibmaschine auf einem Regal. Auf dem Bett im Zimmer stapelte er die Post. Allerdings sind nur die Gärten der Öffentlichkeit zugänglich.

Der alte Mann und das Meer
Hemingway liebte es, Merlin und Schwertfisch zu angeln. In Cojímar (▲ *165*) hatte »Papa« sein Boot *El Pilar*, sein Restaurant *La Terraza* und seine Freunde, darunter der Fischer Gregorio Fuentes, angeblich Vorbild für die Figur des Santiago in »Der alte Mann und das Meer«. 1954 widmete der Autor seinen Nobelpreis der Insel: »Dieser Preis gehört Cuba, denn mein Werk wurde auf Cuba erschaffen und erdacht, mit den Menschen aus Cojímar, deren Mitbürger ich bin«, erklärte er. Nach seinem Tod ließ ihm das Dorf ein Denkmal errichten. Auch der Name der Marina Hemingway (▲ *162*), einer touristischen Anlage etwa 20 Minuten von La Habana entfernt, ist als Hommage gedacht, auch wenn der Autor nie einen Fuß hierher gesetzt hat.

Der Salon
Mary Welsh, die letzte Ehefrau von Hemingway, entwarf die Einrichtung. Neben dem Sessel des Autors die Tischbar für Flaschen, die er selbst angefertigt hatte. Im Hintergrund Plattensammlung und Plattenspieler sowie eine Jagdtrophäe: der Kopf eines 1930 in Wyoming getöteten Hirsches.

Das Esszimmer
Hemingway aß hier mit seinen Freunden, darunter berühmte, unbekannte und Stars auf der Durchreise wie Ava Gardner, Gary Cooper, Ingrid Bergman, die Toreros Ordóñez und Dominguín. Ein Gemälde von Miró schmückte 20 Jahre lang eine der Wände. Die Tür wird von zwei *Prong-horn*-Köpfen gerahmt, amerikanischen, in Idaho erlegten Antilopen.

❝Leute fragen Dich, warum Du in Cuba lebst, und Du sagst ihnen, dass der wichtigste Grund der große blaue Fluss ist [...], den Du in einer Minute von der Tür Deines Hauses erreichst, durch hübsche Landschaft, und der, wenn er ruhig ist, das beste aller jemals gekannten Angelreviere bietet.❞
(aus : »Der große blaue Fluss«)

Hemingway liebte die Literatur, das Feiern und den Alkohol, drei Leidenschaften, denen er sich ohne Einschränkung im magischen Viertel von Vieja Habana hingab. In der Hauptstadt pflegt man die Erinnerung an seine Eskapaden: Die Orte, die er frequentierte, werden liebevoll bewahrt, und sein bevorzugter Spaziergang, von seinem Hotel zu seinen Lieblingsbars, wurde zum geführten Rundgang. Man begegnet dort allen Freunden von »Papa« – Kinostars, Boxern, Toreros, Politikern und einfachen Leuten aus dem Volk, die mit ihm in den Mythos von La Habana eingingen.

Das Floridita
Der Journalist Fernando Campoamor lotste Ernest Hemingway durch das Nachtleben von La Habana, ein Gefallen, den »Papa« ihm mit privaten Enthüllungen über seine berühmten Freunde aus Hollywood vergolt. Mit Fernando Campoamor entdeckte Hemingway das *El Floridita*, Bar und Restaurant nahe dem Capitolio (▲ *132*). Das Haus behielt die originale, schwarz-rote Ausstattung, doch eine Kette versperrt heute den Zugang zum Hocker des Schriftstellers am Ende der Bar. Hemingway blieb dem Lokal fern, als sie eine Klimaanlage installierten, später vergab er diese Ketzerei jedoch und machte die »beste Reede der Karibik« in »Inseln im Strom« unsterblich.

Hotel Ambos Mundo
Hemingways erste Station, zwei Schritte vom *La Boguedita del Medio* und vom *Floridita*. Hier hielt er sich von 1932 bis 1939 regelmäßig auf und schrieb *Farewell to arms*« und einen Teil von »Wem die Stunde schlägt«. Sein Zimmer in der 5. Etage gibt es zwar noch, doch die Schreibmaschine ist nicht seine eigene und der Blick auf die Kathedrale, das Morro-Fort und die Halbinsel Casablanca wird von Neubauten beeinträchtigt.

Der Daïquiri (● *66*, ▲ *219*)
Der Legende nach wurde der Daïquiri, ein Cocktail aus weißem Rum, Zucker, Limone und zerstoßenem Eis, von Hemingway und Constantino Ribalaigua (genannt Constante) erfunden, dem Besitzer des *Floridita*. Hemingway trank ihn als Doppelten ohne Zucker, eine Variante, die er »Papa's Special« getauft hatte. Im *Floridita* stellte er auch seinen Rekord auf: 15 Cocktails an einem Abend.

La Bodeguita del Medio
Die Casa Martínez, war ursprünglich ein Laden nahe der Kathedrale. Im April 1950, in *Bodeguita del Medio* umgetauft, wurde aus ihr ein Restaurant, das kreolische Küche servierte. Hemingway ging dort nur selten hin, weil es recht bald zueinem der schicken Szenelokale Cubas avancierte. Doch wird Hemingway der Satz zugeschrieben, der auf der Mauer steht: »Meinen Mojito im Bodeguita, meinen Daïquiri im Floridita«, obwohl er wahrscheinlich nicht authentisch ist.

Der Westen: Pinar del Río

Andrés Escobar und Maryse Roux

▲ Der Westen: Pinar del Río

1. Sierra del Rosario
2. Las Terrazas
3. Soroa
4. San Diego de los Baños
5. Parque La Güira
6. Cueva de los Portales
7. Viñales

➔ ca. 480 km

Das Valle de Viñales (▲ *156)* und die eigenartigen Karsthügel: eine der erstaunlichsten Landschaften auf der ganzen Insel.

Die Provinz Pinar del Río (10 931 km²) ist die westlichste Region Cubas. Das Tabakland gehört zu jenen Landschaften, die über eine Vielfalt natürlicher Reichtümer verfügen. Ein Großteil des Gebietes wird von der Cordillera de Guaniguanico, bestehend aus der Sierra del Rosario und der Sierra de los Órganos, und den Alturas de Pizarra eingenommen. Nirgendwo sonst auf Cuba ist das Klima so frisch. In den nicht besonders hohen, doch stärker bewässerten Sierras (der Pán de Guajaibón erreicht 698 m) wuchert die Waldvegetation üppiger als in der südlichen Ebene, in der sich eine typische Savanne ausbreitet, übersät mit *Colpothrinax wrightii,* einer alten endemischen Palmenart. Die Provinz besitzt zwei von der Unesco zum Biosphärenreservat erklärte Naturschutzgebiete, die Sierra del Rosario und die Península de Guanahacabibes am Westzipfel der Insel, wo charakteristische Tier- und Pflanzenarten beheimatet sind. Ein weiteres Juwel ist die Region Vuelta Abajo, die den allerbesten Tabak der Welt hervorbringen soll.

Punto guajiro
Dieses Gesangsgenre (● *54)* hat sich bei den *guateques* (Bauernfest, rechts: im 19. Jh.) auf den Tabakplantagen im Westen und später im Zentrum der Insel herausgebildet.

Das Land der Guanajatabeye. Ausgrabungen haben gezeigt, dass diese Region bereits ab 6000 v. Chr. von den Guanajatabeye (● *34*) bewohnt war. Kolumbus, der auf seiner vierten Reise mit ihnen in Kontakt kam, bemerkte, dass sie derber seien als die Bewohner der östlichen Gebiete, denen er während seiner früheren Erkundungen begegnet war.

Durch den Tabakaufschwung entstanden. Im 16. und 17. Jh. widmeten sich die meist über die Kanarischen Inseln eingereisten spanischen Kleinbauern verstärkt dem Tabakanbau (● *68*). Die steigende Bedeutung dieses Erwerbzweigs stand am Beginn der 1774 erfolgenden Provinzgründung durch den spanischen Gouverneur Felipe de Fondesvila, Marqués de la Torre – zunächst jedoch unter dem Namen Nueva Filipina. 1800 wurde die Stadt Pinar del Río im Herzen dieser bedeutenden tabakproduzierenden Region Hauptstadt der Provinz mit gleichem Namen.

Die Einführung des Kaffees. In der ersten Hälfte des 19. Jh. brachten meist über Louisiana kommende Franzosen den Kaffee in die Sierra del Rosario. Einige von ihnen spielten eine bedeutende Rolle beim Ausbau des Zuckerrohranbaus, und innerhalb weniger Jahrzehnte war die lukrativere Zuckerindustrie einer der Gründe für den Niedergang der Kaffeeplantagen. Ca. 50 Plantagen haben Spuren hinterlassen, an Hand derer heute noch die französisch beeinflusste Lebensart ihrer Besitzer ablesbar ist, als auch der reichen Pflanzer der Ebene von La Habana, die hierher kamen, um frische Landluft zu schnuppern. In den Municipios San Cristóbal und Candelaria, Bahía Honda und Viñales gibt es immer noch kleine Anpflanzungen mit Arabica-Sorten.

Der Westen: Ziel eines Feldzugs. Der von Antonio Maceo (● *39*) aus den Ostprovinzen in die westliche Region unternommene Vorstoß stellte Ende des 19. Jh. eine Schlüsselphase des Unabhängigkeitskrieges dar. Die Provinz wurde zum Schauplatz bedeutender Schlachten gegen die Spanier. 1958 wurde auf Befehl Castros eine andere Guerillafront gegründet, die von Comandante Dermidio Escalona geleitet wurde.

Der Fischfang
Die auf den Tourismus, den Tabak und das Zuckerrohr ausgerichtete Wirtschaft der etwa 700 000 Seelen zählenden Region stützt sich auch auf den Fischfang. Von Langusten, Nassau-Barsch, Schnapper und Bonito leben einige kleinere Hafenorte. Der bedeutendste ist Coloma an der Südküste.

Geburtsstunde des Naturtourismus
Ab dem 19. Jh. lockten die Nähe und das angenehme Klima dieser Region die Bewohner der Hauptstadt an, die Vergnügungsreisen in die grünen intramontanen Täler unternahmen und nach San Diego de los Baños oder San Vicente zur Kur fuhren. Heute kann man hier wandern, die Natur beobachten, fischen, jagen und sogar Höhlenforschung betreiben.

AUF DEM WEG ZUR SIERRA DEL ROSARIO

Die Carretera Central. Im Vergleich zur Autobahn *(autopista),* über die man Pinar del Río von La Habana aus in zwei Stunden erreicht, lädt die malerische Nationalstraße zu einer Spazierfahrt durch Felder, vorbei an Zuckerrohrplantagen und kleinen Marktflecken im Hinterland von La Habana ein. Hier ist eine der Gegenden, aus der die Hauptstadt Gemüse, Wurzelfrüchte, Schweinefleisch, Geflügel und Milch bezieht.

Finca Angerona. 1828 besuchte Hochwürden Abiel Abbot 17 km westlich von Artemisa die heute zerfallene Kaffeeplantage. Cornelius Sausse, in dessen Auftrag sie 1813 erbaut wurde, hatte sie zur reichsten Kaffeepflanzung der Region gemacht. Laut Abbot besaß sie 750 000 Kaffeesträucher und beschäftigte 450 Sklaven: »Man erreicht den *batey* über eine palmengesäumte Allee. Am Eingang gibt eine Marmorstatue der [römischen] Göttin Angerona der Plantage ihren Namen. [...] Das Wohnhaus besteht aus einem eleganten und großzügigen Saal, dessen Räume über Parkettböden verfügen, auf Cuba eine Seltenheit. Seine Wände sind mit Bildern geschmückt, teuren Gravuren, und beim Fenster sieht man eine Harfe. Angrenzend ein Kabinett und eine Bibliothek, gefolgt von geräumigen und gut belüfteten Zimmern.« (*Letters from the Interior of Cuba*)

Aus Liebe zu einer Mulattin
1809 traf Cornelius Sausse, ein deutsch-französischer Bürger aus Baltimore, in La Habana die aus Haiti stammende, wohlhabende Ursule Lambert. Die beiden Verliebten, deren Liaison auf Ablehnung stieß, zogen auf die Finca Angerona. Als Sausse 1837 starb, kehrte sie in die Stadt zurück. Die als Erbe hinterlassene Jahresrente lehnte sie ab.

DIE SIERRA DEL ROSARIO ♥

Weniger als 50 km von La Habana entfernt ragen die ersten bewaldeten Hänge der Sierra del Rosario (25 000 ha) auf, deren zwei höchste Gipfel eine Höhe von über 500 m erreichen. 1985 wurde sie wegen ihrer gut bewahrten Ökosysteme und der gelungenen Wiederaufforstung von der Unesco zum ersten Biosphärenreservat Cubas erklärt. Die von einer Mischvegetation – tropischer Feuchtwald (■ *20)* und halblaubabwerfender Wald – bewachsene Sierra beeindruckt durch eine reiche Tierwelt: 90 Vogelarten, davon 50 % endemisch, 16 Amphibienarten, u. a. der kleinste Frosch der Welt (*Smithilus limbatus),* und 33 ungiftige Reptilien-

Der Fluss San Juan bei Las Terrazas.

arten. 608 höhere Pflanzenarten hat man hier gezählt, 11 % davon endemisch, wie der Kopal, dessen Harz für die Lackherstellung verwendet wird. Die Bewohner der Sierra, die früher in Streusiedlungen lebten, wurden größtenteils zu Gemeinden zusammengefasst.

Die Terrazas. Dieses Dorf ist 50 km von La Habana entfernt. Die Einfahrt ist gebührenpflichtig. Die Architektur ist der natürlichen Umgebung angepasst: Mit kleinen Gebäuden und Fertighäusern wurde der Berghang bis zum Hauptteich bebaut. Es entstand im Rahmen des Programms der neuen Landgemeinden in den 1970er Jahren. Die 900 Einwohner widmen sich der Aufforstung von Erosion betroffener Waldgebiete. Außer der Viehzucht ist der Tourismus eine weitere Einkommensquelle des Dorfes, in dem sich ein paar Handwerker niedergelassen haben und das Hotel Moka errichtet wurde, bei dessen Konzeption Bäume und Vegetation in das Gebäudeinnere einbezogen sind. Hier ist der Ausgangspunkt für Wanderungen durch die Sierra del Rosario, z. B. zu der einstigen Kaffeeplantage Buena Vista oder zu Landschaftsschutzgebieten am Ufer kleiner Bachläufe wie die Badeplätze des Río San Juan oder die Cañada del Infierno.

Soroa. Dieses touristische Dorf (1960) wird auch als ›Regenbogen Cubas‹ bezeichnet, da ein 22 m hoher Wasserfall an bestimmten Stunden des Tages seine Farben annimmt. Hier befindet sich eines der wenigen Schwimmbäder der Region. Von der Terrasse des Restaurants El Castillo de las Nubes aus hat man den Blick frei über den Wald von Soroa, Farnpflanzen, Begonien, Aronstabgewächsen und Quellen. Inmitten dieses grünen Paradieses liegt der *Orquideario,* einer der schönsten Gärten Cubas mit 700 Orchideenarten, wovon 250 nur hier heimisch sind (oben) und die Mehrzahl von November bis Februar blüht. T. F. Camcho, ein wohlhabender Grundbesitzer, schaffte ihn 1943 zum Andenken an seine im Wochenbett verstorbene Tochter.

San Diego de los Baños und Umgebung

Der Fluss San Diego, der das gleichnamige Städtchen durchfließt, stellt eine natürliche Grenze zwischen der Sierra del Rosario und der Sierra de los Órganos dar.

San Diego de los Baños. 120 km von La Habana entfernt liegt das seit dem 18. Jh. renommierte und erst vor kurzem restaurierte Thermalbad. Die Heilwirkung seiner Quellen wird bei Haut- und Atemwegserkrankungen empfohlen.

Cueva de los Portales. Gefundenen Überresten nach zu urteilen, diente die 1800 entdeckte Höhle flüchtenden Ureinwohnern als Unterschlupf. 1947 übernahm sie der Grundbesitzer Manuel Cortina für seine Familie. Berühmt wurde sie auch als ehemaliges Hauptquartier Che Guevaras während der Cuba-Krise (● *45*). Persönliche Gegenstände von Che und Bauernmöbel sind hier ausgestellt.

Die Flussechse
Die *Anolis vermiculatus* gehört zu den beiden nur in der Sierra del Rosario vorkommenden Reptilienarten. Ihr einheimischer Name beschreibt die Eigenart der Echse, die sich besonders gerne in der Nähe von fließenden Gewässern aufhält.

Der Parque la Güira
Die Hacienda Cortina, die einstige Domäne des reichen Grundbesitzers Manuel Cortina (unten), befindet sich 5 km westlich von San Diego de los Baños an der Straße zur Cueva de los Portales. Sie war eines der neuen Landgüter, die bei der ersten Agrarreform (● *44*)

verstaatlicht wurden. Manuel Cortina selbst verließ das Land nach 1959. Auf dem Spaziergang entdeckt man die Ruinen des einstigen, in mittelalterlichem Stil gehaltenen Landsitzes (oben) sowie einige reizvolle, in einem englischen Garten verstreute Überreste: einen chinesischen Pavillon, Statuen von Venus, Sphinx und Satyrn. Außerdem können Touristen, die gerne Robinson spielen möchten, Baumhäuser mieten.

Der Urania
Dieser große Tagfalter wird nachts von elektrischem Licht angezogen.

Ungefähr 150 km von La Habana entfernt entfaltet sich eine bizarre Landschaft, Symbol der Provinz Pinar del Río. Riesige Anhöhen wachen über die stille Anordnung roter Erde, auf der sich in Grün- und Brauntönen Felder mit Tabak, Mais und Bohíos hervorheben. Das Tal in der Sierra de los Órganos wurde von den Seefahrern Viñales getauft, weil es aus der Ferne einer Orgel gleicht. In Wahrheit sind die seltsamen Bodenerhebungen oder Mogotes die sichtbaren Zeichen eines ungeheuren Karsts, der aus der Arbeit unterirdischen Wassers in den ältesten Felsen Cubas während Millionen von Jahren entstand. Die Erosion hat viele Grotten (Cueva del Indio) geschaffen. Das Dorf Viñales wurde im 19. Jh. von Tabakbauern gegründet, nachdem seit 1607 hier nur Viehzucht betrieben worden war.

Die Vegetation auf den Mogotes
Die Mogotes sind auf den Felswänden von einer buschartigen Vegetation überzogen, die die Gipfel zum Teil ausspart. In den Felsspalten wachsen Palmen der Sierra, Kapokwollbäume und Kaimaneichen. Dieses sind Gebirgsarten, die sich den schwierigen Bedingungen auf Felsboden anpassen.

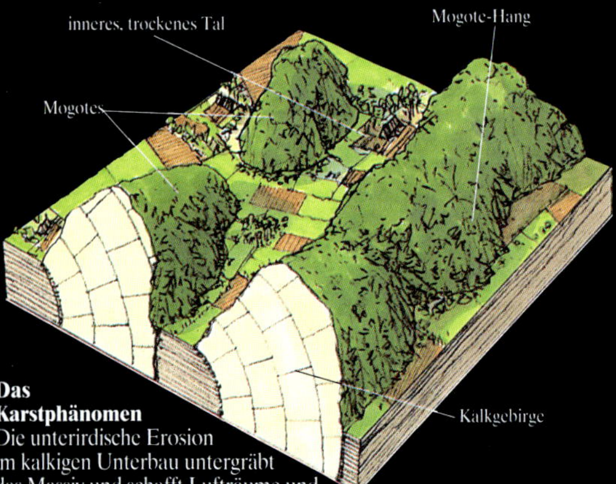

Das Karstphänomen
Die unterirdische Erosion im kalkigen Unterbau untergräbt das Massiv und schafft Lufträume und Grotten im Inneren. Wenn die Wölbungen einstürzen, bleibt nur der härteste Kern aus Kalk stehen. Das sind die Mogotes, die also in gewisser Weise den alten Säulen dieser Grotten entsprechen.

Die prähistorische Wand
Dieses riesige Fresko, 1961 von Leovigildo González an den Hang der Dos Hermanas gemalt, hat die geologische Entwicklung der Sierra de los Órganos zum Thema. Es zeigt ein Ammonshorn der Kreidezeit und ein *Megalocnus*, ein Säugetier aus dem Diluvium.

Ein Naturwunder ★
Das Tal kann zu allen Tageszeiten zu Fuß und zu Pferd bereist werden: Man sollte frühzeitig aufbrechen und eine Übernachtung einplanen. Eine schöne Rast bietet ein Frühstück in der Casa de Don Tomás in dem Dorf Viñales.

In der Calle José Martí, der Hauptstraße von Pinar del Río, sieht man dieses Anfang des 20. Jh. im eklektischen Stil entstandene Herrenhaus mit Portikus und fein ziselierter Balustrade.

Pinar del Río

Im Schatten eines Pinienwaldes wurde 1774 am Ufer des Río Guamá die kleine Siedlung gegründet, die der Region ihren Namen gab und zu einer Provinzhauptstadt mit 100 000 Einwohnern anwachsen sollte. Aus seiner kolonialen Vergangenheit hat Pinar del Río mit den Häusern im ländlichen Stil, überreich verziert und in lebhaften Farben, seinen Charme bewahrt. In 175 km Entfernung von La Habana blieb die Stadt lange Zeit ein bedeutender landwirtschaftlicher Marktflecken der Tabakverarbeitung, bis sich die Fabriken in der Inselhauptstadt zu konzentrieren begannen. Die Calle José Martí trägt noch die Spuren vergangenen Reichtums.

Palacio Guasch
Der Palast, in dem das Naturkundemuseum Sandalio de Noda (Calle Martí, N° 202) untergebracht ist, stellt eine Art Denkmal der Extravaganz dar. Es mischen sich maurische Bögen, gotische Turmspitzen und Barockelemente. Sein stilistischer Eklektizismus (● *90)* verdankt sich der Reiselust des Arztes, der es 1909 errichten ließ.

Teatro José Jacinto Milanés. Das Bühnenhaus im italienischen Stil des Neoklassizismus wurde 1883 nach dem Vorbild des Theaters von Matanzas (▲ *167)* erbaut.

Museo Provincial de Historia. In der Nähe des Teatro Milanés informiert dieses Museum über die Geschichte der Region seit der Conquista. Wie in anderen Museen der Inselgeschichte können die Sammlungen nur scheinbar Zusammengewürfeltes bieten: Möbel aus der Kolonialzeit, Bilder, Waffen der Rebellen usw.

Casa Garay. Alle Cubaner kennen und mögen die Guayabita, einen seit 1892 gebrannten Likör, der seinen Namen einer örtlichen Variante der Guajave (*guayaba)* verdankt. Sie wird mit einer Mischung aus Rum und Gewürzen gegoren. Liebhaber edler Tropfen dürfen davon im Rahmen einer Besichtigung der Casa Garay (Calle Isabel Rubio, N° 189) kosten.

Fábrica de Tabacos Francisco Donatién. Das alte Krankenhaus (Calle Maceo, N° 157) beherbergt seit den 1960er Jahren eine Tabakfabrik, die auch als Lehranstalt für *torcedores* (● *72)* dient. Ihre Produktion wird unter dem Markennamen Veguero vertrieben. Täglich demonstrieren den neugierigen Besuchern 40 Torcedores ihr Talent als Zigarrenroller.

VUELTA ABAJO ♥

In der Vuelta Abajo wird der beste Tabak der Welt (● *68)* produziert. Das Herzstück dieser Erzeugerregion, die als wichtigste der Insel gilt, entspricht der Fläche des von Pinar del Río sowie San Juan y Martínez und San Luis begrenzten Dreiecks. Zu den renommiertesten Vegas gehören Hoyo de Monterrey und El Corojo in der Nähe von San Luis sowie Las Vegas de Robaina in den Cuchillas de Barbacoa von San Juan y Martínez.

Ein Wunderland. Unter den Anbaugebieten der Vuelta Abajo genießt die südlich von Pinar del Río gelegene Gegend den besten Ruf: Die Vegas verfügen über leichte, rote und sandige Böden, gut entwässert und reich an Stickstoff und Nährstoffen, und bringen im Schutz der Sierra del Rosario, die vor starken Regenfällen bewahrt, einen Tabak hervor, der wegen der Qualität seiner für die Havanna verwendeten Einlage- und Deckblätter als einzigartig gilt. Ehemalige Besitzer, die das Land 1959 verließen, versuchten, das Saatgut dieses exzellenten Tabaks in Santo Domingo, Honduras, Nicaragua und den USA zu verwenden. Doch der gewonnene Tabak war nicht mit dem von Vuelta Abajo zu vergleichen: Es fehlte das Zusammenwirken bestimmter klimatischer Faktoren und einer entsprechenden Beschaffenheit des Bodens. Seit 1937 wacht in San Juan y Martínez das Tabakforschungsinstitut über das Saatgut.

Kleine Familienbetriebe. Die Mehrzahl der Plantagen wurde seit der Kolonialzeit von Vegueros-Familien bewirtschaftet. Oft waren sie einfache Pächter, die gezwungen waren, ihre Produktion zu Spottpreisen an Besitzer, Händler und Industrielle zu verkaufen. Die Anbaumethoden entsprechen alter Tradition. Dies erklärt den Fortbestand von Familienbetrieben (mit einer auf 7 ha begrenzten Anbaufläche) trotz der neuen staatlichen Bauernhöfe und Kooperativen. Der Staat, der 1990 noch über 40 % des Grundes verfügte, hat während der Período Especial (● *46)* 14 000 ha an 7000 Familien verteilt, so dass ihm 1998 10 % blieben. Er ist dennoch einziger Hersteller und Vertreiber geblieben.

Las Vegas de Robaina
Alejandro Robaina besitzt eine der renommiertesten Vegas der Vuelta Abajo. Seine 200 000 Corojo-Pflanzen (● *68)* liefern jedes Jahr herrliche Deckblätter, die ihm sogar die staatliche Anerkennung einbrachten: Eine Havanna-Marke trägt seinen Namen. Die Geschichte Robainas demonstriert in bemerkenswerter Weise, welche Bedeutung der Weitergabe von Familien-Know-How zukommt: Sein Großvater, der von den Kanaren kam, hatte 1845 auf den Ländereien von San Luis als Veguero angefangen; heute bereitet sich sein Sohn auf die Weiterführung des Unternehmens vor.

Etiketten (● *74)* zur Verzierung der Havanna-Kisten.

Die Hoyos
Im Innern der Sierra del Rosario, in den abgeschlossenen flachsoligen Tälern, nutzt man den wenigen Ackerboden für Tabakanbau: Diese Gebiete nennt man *hoyos*. Dem Hoyo Monterrey verdankt eine noble Zigarrenmarke ihren Namen.

Der aus Katalonien stammende José Gener hatte seinen Namen 1867 registrieren lassen. Bis zu seinem Tod (1900) beherrschte er die Zigarrenwelt. Anschließend führte seine Tochter den Namen weiter. 1931 wurde er der Sociedad Fernández y Palacio überlassen. Mit Zigarren wie Le Hoyo des Dieux oder Épicure No. 2 haben José Geners Nachfolger an seinen Erfolg angeknüpft.

DIE PENÍNSULA DE GUANAHACABIBES

Die nach den Ureinwohnern benannte Halbinsel bildet den äußersten Westzipfel der Provinz. Sie endet in einer im Norden felsigen und im Süden sumpfigen spornförmigen Landzunge, läuft auf 100 km spitz zu, ist auf weniger als der halben Strecke kaum 6 km und maximal 34 km breit und wurde 1985 von der Unesco zu einem Weltbiosphärenreservat erklärt.

Die Westspitze Cubas. Dieser Landstrich beginnt südlich zwischen der Flussmündung des Río Cuyaguateje und Guane, wo es inmitten von Savanne (■ *18)* und Pinienwäldern (■ *22)* noch Vegas gibt. Dahinter liegt eine von der Außenwelt durch eine Reihe von Teichen und Sümpfen abgeschnittene Gegend, die zwischen La Fe im Westen und Cortés im Osten verläuft. Die Halbinsel ist von der Bahía de Corrientes aus bis zum Cabo de San Antonio im äußersten Westen über einen die Südküste entlang führenden steinigen Weg erreichbar.

Playa Bailén. Der riesige Strand im Südosten des Dorfes Isabel Rubio wird vorwiegend von Cubanern aufgesucht.

María la Gorda ♥. Das einzige Seebad der Halbinsel, Maria die Dicke, ist mit seinem internationalen Tauchzentrum der ideale Ort für Tauchbegeisterte. Der goldfarbene Sandstrand erstreckt sich über 8 km an einer kleinen Bucht mit glasklarem Wasser der Bahía de Corrientes. Piraten sollen an der Küste Venezuelas eine junge Frau namens María entführt haben. Nachdem sie an der Bucht Resguardo wieder ausgesetzt worden war, bot sie ihre Reize den durchziehenden Piraten an.

Parque Nacional de Guanahacabibes. (Beim Hotel Villa María la Gorda ist eine Eintrittsgebühr zu entrichten.) Der aus laubabwerfenden und immergrünen Bäumen bestehende Mischwald steht ebenso wie die Mangroven und der Meeresgrund unter Naturschutz (101 500 ha großes Reservat). Jagen ist hier verboten. Die für lange Zeit kaum erforschte Gegend steht seit 1985 unter wissenschaftlicher Beobachtung. Hier leben 600 Pflanzen- und zahlreiche Tierarten: Hirsche, Wildschweine, Fledermäuse, Hutias (unten), die von den Einwohnern traditionellerweise verzehrt werden, und verschiedene nichtgiftige Reptilien. Unter der großen Schar von Vögeln, die hier nisten, sind auch Grünspecht, Papagei, der Bindentrogon (■ *22)*, zwei Kolibri-Arten (■ *20*, ▲ *174)* und der Eidechsenkuckuck, ein auf dem Boden lebender Vogel, vertreten. Die Mehrzahl der wenigen Bewohner des Reservats arbeitet im Forschungszentrum oder in einem staatseigenen Forstbetrieb. In dem Dorf Valle San Juan wird in 1200 Bienenstöcken Honig produziert. Einige Bewohner leben vom Fischfang. Außerdem gibt es noch eine Köhlergemeinde, die die Mangrovenbäume der Nordküste, den Rohstoff für Pflanzenkohle, und die kleinen Dolinen an der Südküste für ihren Eigenbedarf nutzen.

Cabo de San Antonio. Der Leuchtturm wurde 1849 auf Anordnung des damaligen spanischen Gouverneurs Federico Roncalli von Sklaven gebaut.

Ein Taucherparadies
In María la Gorda gibt es ca. 20 Tauchstellen, von denen aus man einige der schönsten freigegebenen Tauchgründe Cubas erkunden kann, wie z. B. das Tal der Schwarzen Koralle und seine über 100 m lange Wand. Hier lassen sich u. a. zahlreiche Barrakudas, Muränen, Hummer und Nassau-Barsche (oben) entdecken. Die Bahía de Corrientes birgt zahlreiche Grotten und Wracks alter spanischer Galeonen, Erinnerungsstücke an die Zeit der großen Freibeuter (● *33)*.

Tafelförmiger Korallenblock in María la Gorda.

Die Hutias (■ *26)*
Diese Nagetiere (spanisch *jutía*) sind enge Verwandte der Biberratte. Sie sind auf Cuba und den kleinen Nachbarinseln heimisch und umfassen etwa zehn Arten. Diese ohne Schwanz 20-50 cm langen und 5-7 kg schweren Tiere leben auf Bäumen und ernähren sich von Blättern, Rinden, Früchten, Anolis und anderen kleinen Wirbeltieren.

Der Strand von Cayo Jutías
Weniger besuchte Strände wie dieser werden häufig von kleinen Stelzvögeln wie Strand- oder Wasserläufern auf ihren Wanderzügen zwischen Nord- und Südamerika zu einem Zwischenstopp genutzt. Das seichte Wasser lockt auch Seeschwalben (■ *28*) an, die hier auf Fischfang gehen.

Primitive Lebewesen
Schwämme (rechts), Korallen und Gorgonien bilden den farbenprächtigen Dekor der karibischen Unterwasserwelt. Obwohl es sich um festsitzende Organismen handelt und auch ihr Aussehen nicht darauf hindeuten mag, sind es doch (einfache) Tiere. Sie ernähren sich von der winzigen Beute, die sie aus dem Wasser filtern.

Die Nordküste von Pinar del Río

Nach der Rückfahrt von der Halbinsel von Guanahacabibes erreicht man Guane, einen bedeutenden ländlichen Marktflecken im Tal des Río Cuyaguateje. Ist noch Abenteuerlust vorhanden, können die inneren Gefilde der Sierra de los Órganos (▲ *152)* überquert und über San Carlos und Sumidero zu den berühmten Kupferminen von Matahambre gefahren werden. Wer die Landschaften zwischen Meer und Gebirge mag, sollte ab Guane nach Mantua im Westen abbiegen und der behelfsmäßigen Straße durch die Ebene nach Santa Lucía folgen. Die häufig sumpfige Küste wird hier und da von isolierten Cayos (■ *28)* des Archipels von Colorado gesäumt, dem Fischfangreservoir. Jetzt ist die Gelegenheit, auf den zwei oder drei touristisch erschlossenen Inselchen die Seele baumeln zu lassen.

Cayo Jutías. Ein 3 km vor Santa Lucía ansetzender Damm jüngeren Datums führt zu einem hübschen kleinen Strand mit weißem Sand. Der Ort ist noch relativ unberührt und ruhig.

Cayo Levisa. Im Gegensatz zu Cayo Jutías ist diese kleine Insel, die eine täglich verkehrende Fähre mit der Anlegestelle von Playa Rubia verbindet, auf Tourismus eingestellt. Im weißen Sand ihrer 3 km langen Strände mit Korallenriffen kann man herrlich ausspannen.

An der Küste zurück nach La Habana
Ab der kleinen Zuckerfabrik Manuel Sanguily gegenüber von Cayo Levisa dominiert das Zuckerrohr in der von den charakteristischen ›Flaschenbuchten‹ von Bahía Honda und Cabañas, kleinen Fischer- und Küstenschifffahrtshäfen, eingeschnittenen Ebene. Wegen der Nähe zu La Habana (ca. 40 km) und den Steinbrüchen ist in der bedeutenden Hafenstadt Mariel eines der sieben Zementwerke der Insel angesiedelt. Der Hafen der durch Microbrigadas geschaffenen Arbeiterstadt hat nach den Ereignissen in der peruanischen Botschaft 1981 (● *46)* durch massive organisierte Auswanderung Berühmtheit erlangt. 20 km von La Habana entfernt, liegt der Luxusjachthafen Marina Hemingway, ein stark frequentierter Touristenort. Der Marlin-Angel-Wettbewerb, eine Hommage an Hemingway (▲ *148)*, lockt im Mai Fischfangbegeisterte aus aller Welt an.

Soldaten aufgestellt. Als Rivalin La Habanas ist Matanzas gleichzeitig ihre Nachahmerin, wovon die Gebäude an der Plaza zeugen.

Palacio del Junco. Dieses Gebäude im Neokolonialstil, erkennbar an seiner blauen Farbe und den zwei Arkadengeschossen, wurde zwischen 1835 und 1840 von einem wohlhabenden Pflanzer erbaut. Es beherbergt das Museo Histórico Provincial, das die Regionalgeschichte von der präkolumbischen Zeit bis zur Revolution nachzeichnet. Bemerkenswert sind Stiche von Édouard Laplante (▲ *186*) und eine Sammlung mit Folterinstrumenten (● *36*), die für die Bestrafung von Sklaven eingesetzt wurden.

Teatro Sauto ♥ (● *86*). Das vormals nach einem Provinzgouverneur benannte Teatro Esteban trägt heute den Namen des Mäzens, der es finanzierte. Es wurde 1862 von dem italienischen Bühnenarchitekten Daniele Delaglio errichtet, dem Erschaffer der Kirche San Pedro (1870) im Barrio de Versailles, einem netten Viertel auf einem Stadthügel. Zu den großen Stars, die hier auftraten, gehörten 1887 Sarah Bernard (›Die Kameliendame‹) und 1915 die Balletttänzerin Anna Pavlova. Es gibt in Cienfuegos (▲ *178*) und in Pinar del Río (▲ *158*) zwei weitere neoklassizistische Theater, die vom Teatro Sauto beeinflusst sind. Die neoklassizistische Feuerwehrkaserne (1897-1900) neben der Bucht gilt als die schönste der Insel.

Parque Libertad

Dieses pulsierende Herz der Stadt ist vormals öffentlicher Hinrichtungsplatz gewesen. Hier musste der Dichter Gabriel de la Concepción Valdés (● *37*) sein Leben lassen. Beim Anblick des einstigen Liceo Artístico y Literario (1860), des ehemaligen Casino Español (Anfang 20. Jh.) und des Palacio de Gobierno – laut Abbé Abbott (▲ *144*) »charakteristisch für die schönsten seiner Art« –, erscheint das blühende kulturelle Leben Matanzas zum Greifen nahe.

Museo Farmacéutico ♥. Neben dem Hotel El Louvre mit dem hübschen Patio befindet sich die Apotheke des Franzosen Ernesto Triolet (1882). In der Offizin, 1964 in ein Museum umgewandelt, ist noch alles erhalten: Theken und Regale aus Edelholz, Fayencegefäße, Phiolen aus Böhmischem Kristall usw. Der Apothekentisch wurde 1900 auf der Pariser Weltausstellung mit einer Bronzemedaille ausgezeichnet.

Oben: Am Ufer des Río San Juan. Darunter: Straße in Matanzas 1908.

Die Cuevas de Bellamar
»Wer die Höhlen von Bellamar nicht sah, hat von Cuba nichts gesehen«, sagte der Schriftsteller Samuel Haguard. Die älteste Touristenattraktion des Landes (unten) auf dem Landgut La Alcancía, 5 km südöstlich von Matanzas, soll von einem Sklaven entdeckt worden sein, der mit einer Rute auf der Suche nach Wasser war. Sie besitzt eine Fülle von weißen Kristallformationen, Stalaktiten, Stalagmiten und marinen Fossilien, die 26 Mio. Jahre alt sind. Die Gänge haben eine Gesamtlänge von 3 km, einer liegt in 50 m Tiefe und ist begeisterten Höhlenkundlern vorbehalten. Einige Teile sind bis heute noch nicht erforscht worden.

140 km östlich von La Habana erstreckt sich die Península de Hicacos, eine 18,5 km lange Landzunge, Richtung Norden. Am Atlantischen Ozean wird sie von Puderzucker gleichendem Sand eingefasst, dem der Badeort Varadero, schlichtweg der touristische Anziehungspunkt Cubas, seinen Erfolg verdankt. Anfang des 20. Jh. begannen hier reiche Familien von Cárdenas Villen zu errichten, gefolgt von Bewohnern La Habanas. 1915 wurde das erste Hotel gebaut. Doch der eigentliche Aufschwung begann Ende der 1920er Jahre mit dem amerikanischen Milliardär Irénée Du Pont de Nemours. Heute ist Varadero mit bombastischen Gebäudekomplexen überzogen, einem Drittel aller cubanischen Hotelanlagen.

Ein paar Holzhütten

Zwischen der Calle 1 und 54 stehen noch alte Häuser inmitten von Ikakopflaumen und Hibiskus. Neben imposanten Gebäuden aus *canto,* einem für die Gegend typischen porösen Gestein, sind drei oder vier mit Veranden umgebene Bretterbauten erhalten. Sie haben leuchtende Farben, wenn sie nicht durch die Gischt bereits Patina angesetzt haben. Das hübscheste unter diesen Strandhäusern ist jenes, in dem das Museo Municipal (unten) untergebracht ist. Hier kann man Fragmente präkolumbischer Objekte bewundern, Fundstücke aus der nahen Höhle Cueva de Ambrosio. Der besondere Reiz dieses Museums ist jedoch seine Fassade, angestrichen im traditionellen Blau der Karibik und mit Holzarbeiten verziert, die viktorianischem Schmiedeeisen nachempfunden sind. Bei solchen Konstruktionen handelte es sich häufig um bei US-Unternehmen aus dem Katalog bestellte Fertighäuser.

Ein Strand für Ausländer

Beim Besuch der Mansión Du Pont de Nemours, des Parque Jansone – einer schönen Anlage aus den 1940er Jahren – sowie der für ihre Epoche typischen Hotels Kawama (1940-50) und Internacional (1955) vermittelt sich ein Eindruck vom Varadero vergangener Zeiten. Nach der Revolution war das Seebad ein sozialistisches Badeparadies. Heute wird Tourismus im großen Stil praktiziert. Die Ausländer sind die Könige und die einzigen Cubaner, denen man begegnet, sind Angestellte.

»Auf der anderen Seite des schönen Hauses [Du Pont de Nemours] führte eine Terrasse zum offenen Meer. Der Fels bildete eine abrupt abfallende Steilküste, von der man beobachten konnte, wie sich die Haie im tiefen Wasser tummelten. [...] Man munkelte, dass sie sich in den Zeiten des Wohlstands, als ihnen die Angestellten des steinreichen Besitzers aussortierte Meeresfrüchte und Fische zuwarfen, daran gewöhnten, an die Stelle unterhalb der Luxusvilla zu kommen.«

Jorge Luis Camacho, »Der Schwanz des Affen« (1997)

Golf mit Tradition
Der für Du Pont de Nemours angelegte Golfplatz ist heute von Hotels umgeben. Auf Varadero Golf Club umgetauft, soll er nun die Touristen erfreuen.

Einige lokale Sehenswürdigkeiten
Im Delfinarium finden täglich drei Vorstellungen statt. Man kann sogar neben den Delfinen schwimmen. Nicht weit entfernt, an einem Ort namens Rincón Francés (Französische Ecke), ragt ein 500jähriger Riesenkaktus empor.

Der größte Badeort von Cuba ★
Nach einem Strandtag mit Golf und Badefreuden kann man auf der am Meer gelegenen Terrasse des Restaurants Las Américas etwas trinken. Für das Abendessen ist das Stadtzentrum vorzuziehen.

Villa des Herrn Du Pont de Nemours
Das neospanische Lustschlösschen Xanadu verdankt seinen Namen einem Vers von Coleridge: »In Xanadu also ließ Kublai Chan sich einen prunkvollen Palast errichten.« Diese Villa wurde in den 1930er Jahren von Govantes und Cabarrocas erbaut, Architekten des Kapitols der Hauptstadt. Es kostete damals horrende 338 000 Dollar.

Las Américas
Die Mansión Du Pont de Nemours beherbergt das Restaurant Las Américas. Ihre vier Etagen kann man besichtigen. Bewundernswert sind Marmorböden, Decken und Treppengeländer aus Mahagoni und ein Weinkeller mit Bar und Automatikorgel.

Die Wunderwelt von Varadero
An der Küste sind 23 Tauchzonen ausgewiesen. Noch reichere Meeresgründe liegen vor den zehn unbewohnten Cayos vor der Varaderoküste. Hier wachsen über 40 Korallenarten – darunter die seltene Schwarze Koralle –, über 70 Weichtierarten, Muscheln, Seeschildkröten und unterschiedlichste Fischgattungen. Nicht zu vergessen ist die Korallenbarriere von Cayo Libertad.

CÁRDENAS

Die 1828 unter dem Namen San Juan de Dios de Cárdenas gegründete Stadt hat ein schachbrettartiges Straßennetz, das als das vollkommenste der Insel gilt. Während des 19. Jh. kam die Stadt sehr schnell zu Reichtum. 1889 war sie die erste, die sich einer Straßenbeleuchtung erfreuen durfte. Der Niedergang ihrer Industrie setzte in den 1930er Jahren ein. Heute arbeitet ein Großteil der Bewohner im 18 km entfernten Varadero (▲ *168*). In der Nähe des Hafens steht die Rumfabrik Arrechabala, die ursprüngliche, 1878 von dem Basken Arrechabala gegründete Havana-Club-Brennerei (● *66*). Sie ist nicht zur Besichtigung freigegeben.

Parque Colón. Nahe der Kirche Inmaculada Concepción (1846) liegt das zum Nationaldenkmal ernannte Hotel La Dominica. Im Jahr 1850 wurde auf dem Gebäude, damals Sitz der spanischen Regierung, erstmalig die cubanische Flagge gehisst. Mit diesem symbolischen Akt feierte Narciso López (● *38*) den Sieg seiner Truppen über die des spanischen Gouverneurs.

Die Markthalle Malacoff. An der Ecke Calle 12/Avenida 3 erhebt sich ein erstaunlicher Metallbau, der mit einer 16 m hohen Kuppel gekrönt ist. Es handelt sich hier um das letzte derartige Gebäude auf Cuba.

Parque Echevarría. Der elegante Platz, ehemals Parque Estrada Palma, wird von einem hübschen neoklassizistischen Bauwerk mit Arkaden und Balustraden (1862) überragt: Das alte Rathaus birgt heute das Museo Municipal Óscar María de Rojas (1900). Im ältesten Museum der Insel werden u. a. Münzen, Medaillen, Orden und Waffen präsentiert; in einigen Vitrinen sind Muschel-, Schnecken-, Schmetterlings- und Mineraliensammlungen zu bewundern. Eine weitere Gedenkstätte ist das Geburtshaus von José Antonio Echevarría. Er ist 1932 geboren und wurde Präsident der Studentenvereinigung Federación Estudiantil Universitaria (FEU). Er starb während des Angriffs auf den Präsidentenpalast von La Habana (● *44*). Vor dem Eingang des Gebäudes steht seine Statue. Hier wurde ein stadtgeschichtliches Museum eingerichtet. Viele Exponate haben einen Bezug zu den Unabhängigkeitskriegen und der Revolution.

Die erste Christoph Kolumbus-Statue
Im Jahr 1862 hatte Cárdenas das Privileg, die erste Statue des berühmten Admirals auf cubanischem Boden aufstellen zu dürfen. Das Ereignis fand im heutigen Parque Colón gegenüber der Kathedrale statt. Die feierliche Enthüllung übernahm die große hispano-cubanische Dichterin Gertrudis Gómez de Avellaneda (1814-73) (▲ *125*).

Der Grundriss und die ebene Fläche von Cárdenas eignen sich hervorragend für Kutschen und Fahrräder, die hier seit sehr langer Zeit benutzt werden – und das lange vor dem Período Especial (● *46*).

Zentral-Cuba

▲ Zentral-Cuba

1. La Habana
2. Halbinsel Zapata
3. Bahía de Cochinos
4. Cienfuegos
5. Castillo de Jagua
6. Jardín Botánico de la Soledad
7. Trinidad
8. Playa Ancón

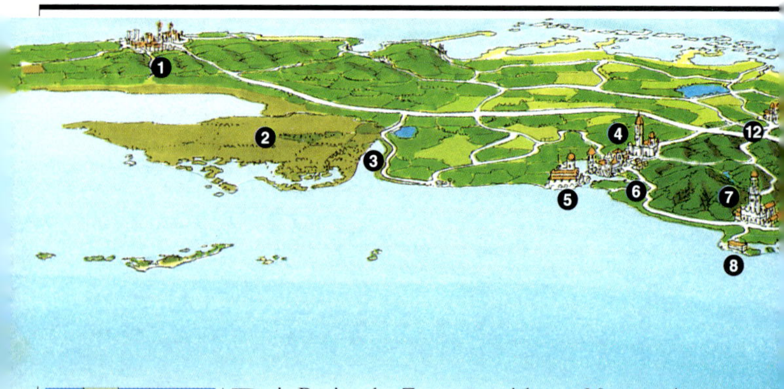

➔ ca. 920 km

Ein Museum unter freiem Himmel
Das fruchtbare Valle de los Ingenios (● *190*), das sich über 30 km von Trinidad nach Sancti Spíritus ausdehnt, ist eine der schönsten Landschaften der Insel und zugleich ein riesiges Museum. Mittels skrupelloser Sklaverei bildeten sich hier im 18. Jh. mit der Zuckerindustrie die großen Vermögen von Trinidad. Heute befinden sich hier Zeugnisse der Sklaverei: Auf den 270 km² dieses von der Unesco geschützten Kulturerbes zählt man 71 historische Stätten.

Die Region des Zentrums reicht von Matanzas im Westen bis Camagüey im Osten. Ihre Provinzen Villa Clara, Cienfuegos, Sancti Spíritus, Ciego de Ávila und Camagüey sind durch die Carretera Central (die zentrale Landstraße) erschlossen. Der Besucher fährt hier an den zu Pferde reitenden *guajiros* (Landarbeitern) vorbei, die heute noch ihre traditionelle Kleidung tragen. Unterwegs entdeckt man eine ländliche Ebene mit seltenen, aber markanten Erhebungen, gesäumt von Stränden und Mangrovensümpfen, und im Südwesten die geheimnisvolle Halbinsel Zapata.

Cubas ländliche Provinzen

Ihre Besiedelung folgte der Viehzucht, später dem Tabak, dann dem Zuckerrohr: Die Gründung von Dörfern und Gemeinden im 17. und 18. Jh., zunächst vorwiegend im Westen der Region, setzte sich im 19. Jh. in Richtung Sancti Spíritus fort. Im Osten machte die Viehzucht nur Camagüey und einige Häfen reich. Das Gebiet blieb wenig bevölkert und wurde erst im 20. Jh. wirklich besiedelt. Die wesentlichen Dörfer haben ihren Aufschwung der Lage an den Verbindungswegen und ihrer Bedeutung als landwirtschaftlicher Markt zu verdanken. Später hat die große Industrialisierungsbewegung die beiden wichtigen Städte im Innern, Santa Clara und Camagüey, und Häfen wie Nuevitas und Cienfuegos begünstigt.

Das Herz des Zentrums. Es umfasst im Großen und Ganzen die ehemalige Provinz von Las Villas, die heute in drei Teile untergliedert ist, nämlich Villa Clara, Cienfuegos und Sancti Spíritus. Hier werden die Kulturpflanzen Zuckerrohr und Tabak angebaut: Vuelta Arriba (● *13*) liegt an zweiter Stelle in der Produktion von Einlagetabak (● *68*) für Zigarren.

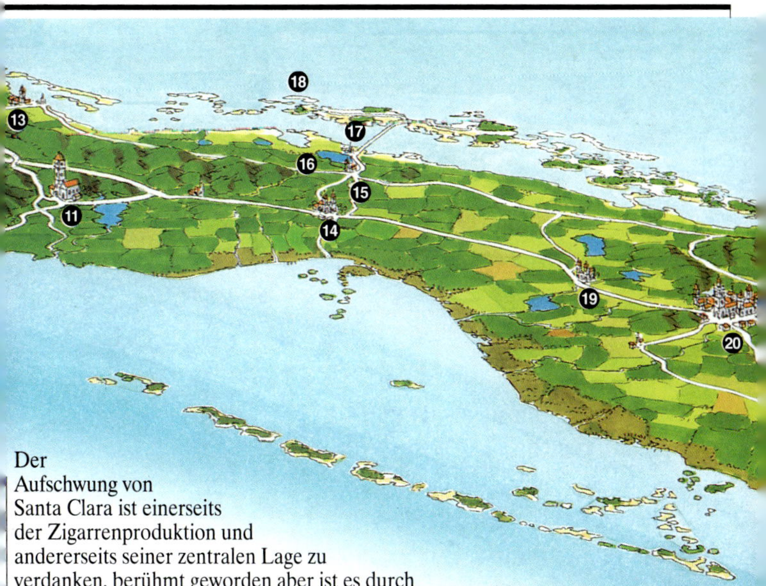

Der Aufschwung von Santa Clara ist einerseits der Zigarrenproduktion und andererseits seiner zentralen Lage zu verdanken, berühmt geworden aber ist es durch Che Guevara (▲ *192).* Remedios, Sancti Spíritus und vor allem Trinidad zeugen von einer großen kolonialen Vergangenheit. Cienfuegos schließlich hat trotz seiner Modernität den Charme von einst bewahrt. Die Stadt verdankt einen Teil ihrer Betriebsamkeit den benachbarten südlichen Zuckerrohranpflanzungen und zählt zu den wichtigsten Häfen der Insel. Im Hinterland befinden sich die Sierra de Guamuhaya, auch Sierra del Escambray genannt, mit dem 1140 m hohen Pic San Juan. Auf seiner Nordseite werden die kahlen Hänge für die Viehzucht genutzt. An den steileren Hängen im Süden wird Kaffee angepflanzt, in den kleineren Tälern im Innern andere Kulturpflanzen.

Die Ebene von Camagüey. Nur die kleine Sierra de Cubitas unterbricht die Monotonie dieses fruchtbaren flachen Landes, einer schwach besiedelten Zuckerregion, mit Ausnahme der Trocha-Ebene in der Provinz Ciego de Ávila, wo Ananas, Zitrusfrüchte und Zuckerrohr wachsen. Im Herzen dieses Gebietes findet man die dürre Savanne mit Viehzucht, der Haupteinnahmequelle Camagüeys, das an erster Stelle in der Milch- und Rindfleischproduktion Cubas steht. Ein weiterer Trumpf der Provinz sind die kleinen Inseln und Strände seiner nördlichen Küste.

Die Strände der Nordküste
Santa Lucía (oben), 112 km nordöstlich von Camagüey, bietet eindrucksvolle Tauchplätze. In den Gewässern gibt es mehr als 50 verschiedene Korallenstöcke. Man sollte auch die Inselgruppe von Camagüey in der Nähe des zweitgrößten Korallenriffs der Welt erkunden. Besonders reizvoll ist Cayo Coco, eine der größten Inseln Cubas (370 km^2) mit einem 22 km langen Strand.

Die Zapata-Halbinsel verdankt ihren Namen nicht ihrer Form (*zapato* heißt Schuh), sondern einem gewissen Francisco Zapata, dem sie 1636 übereignet wurde. Ein Viertel ihres Gebietes ist von Wald bedeckt, der Rest besteht aus einem riesigen Sumpfgebiet mit Lagunen und wird von Kanälen durchzogen. Die wenigen Bewohner dieser Region lebten lange allein von Torf, der Herstellung von Holzkohle und der Bewirtschaftung der spärlichen Böden der Dolinen. Der cubanische Staat schützte den natürlichen Reichtum der Halbinsel erst mit der Eröffnung des Parque Nacional de la Ciénaga de Zapata an der Laguna del Tesoro. Die Halbinsel ist ein Refugium für Nagetiere, Vögel, Schildkröten, Alligatoren und Seekühe und eines der größten Schutzgebiete des Landes.

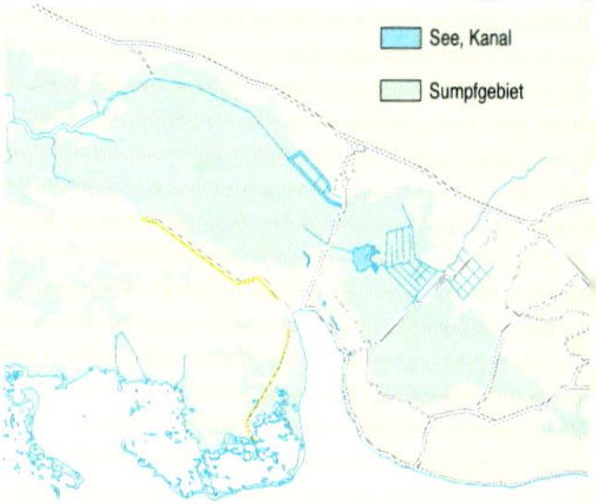

Der Criadero de los Cocodrilos
Die Alligatorenfarm von La Boca ist trotz ihres sehr unangenehmen Geruchs eine der Hauptattraktionen des Parks. Die 1960 zum Schutz des bedrohten Tieres eröffnete Farm bietet ein beeindruckendes Schauspiel. Eine Vielzahl von Echsen der endemischen Alligatorart *Crocodylus rhombifer* und südamerikanische Kaimane machen es sich in den ausgedehnten Seen bequem, wo sie sich je nach Alter und Größe zusammenfinden. Man kann sie aus sicherer Entfernung von Hochsitzen aus oder geschützt durch die Zäune ihres Geheges beobachten.

Cubanischer Sperlingkauz
Dieser winzige Nachtraubvogel ist kaum größer als ein Tennisball. Seine Eier legt er in einen hohlen Baum.

Zapata-Ralle
Dieser seltene und geheimnisvolle Vogel lebt nur in den Sümpfen, wo er ganz selten beobachtet werden kann.

Zunzuncito (Bienenelfe)
Das Männchen gilt als kleinster Vogel der Welt. Das Weibchen legt Eier von der Größe einer Erbse.

Die 13 Inselchen der Laguna del Tesoro sind durch Hängebrücken verbunden. Die auf Pfählen errichteten Strohhütten bilden den Hotelkomplex von Guamá. Sie sind der alten Taino-Siedlung nachempfunden, deren Überreste in einem Museum gezeigt werden.

BAHÍA DE COCHINOS

»Playa Girón: erste Niederlage des Imperialismus in Lateinamerika«. Diese Tafel, die eine aufgepflanzte Maschinenpistole zeigt, versetzt den Besucher unvermittelt in das historische Ereignis der Schweinebucht, in Cuba unter dem Namen einer der beiden Strände bekannt, an denen die konterrevolutionären Kräfte 1961 landeten (oben eine amerikanische Touristengruppe in Playa Girón Ende April 1961). Die lange, schmale Bucht, wie eingerammt in die Halbinsel Zapata (▲ *174*), hat aber auch schöne Strände.

Die Invasion. Am 14. April 1961 verlässt im Einverständnis des Präsidenten J. F. Kennedy eine von der CIA in Guatemala ausgebildete Brigade von 1400 Exilcubanern mit sechs Schiffen Nicaragua in Richtung Cuba. Am 15. bombardieren sechs amerikanische B-26, durch die Farben Cubas getarnt, die drei Luftstützpunkte der Insel, um die cubanische Luftwaffe zu vernichten. Die Bilanz sind sieben Tote und 53 Verwundete. Am 16. landet die Invasionsflotille an der Playa Girón und Playa Larga. Fidel Castro führt die revolutionären Kräfte zum Gegenangriff. Am 20. kapituliert die Exilbrigade vor der zahlenmäßigen und materiellen Übermacht ihres Gegners.

Analyse einer Niederlage. Die Eindringlinge hatten auf einen leichten Sieg gesetzt, denn sie hatten den Zusammenhalt der Revolutionäre und ihr Verteidigungspotential, das durch sowjetisches Material verstärkt wurde, unterschätzt. Andererseits war Castro durch seinen Nachrichtendienst über die Vorbereitungen der Operation informiert worden. Zudem war der Ort der Landung schlecht gewählt: Die Korallenriffe in der Schweinebucht erschwerten jedes Anlegen. Schließlich zog Präsident Kennedy im letzten Moment seine Unterstützung der Invasionskräfte in der Luft zurück, da er befürchtete, die amerikanische Beteiligung könne einen internationalen Protest herausfordern. Dieser entscheidende Faktor ermöglichte es Cuba, alle feindlichen Bomber abzuschießen und die Versorgungsschiffe der Castro-Gegner zu versenken.

Museo Girón. Auf dem Platz von Playa Girón steht am Eingang dieses kleinen Museums, welches dem Ereignis in der Schweinebucht gewidmet ist, das von Castros Armee genutzte britische Jagdflugzeug Sea Fur. Im ersten Raum wird die Umstrukturierung der Halbinsel Zapata seit der Revolution umfassend dokumentiert, die ursprünglich eines der am meisten benachteiligten Gebiete des Landes war. Es gibt zahlreiche Fotos zur Alphabetisierungskampagne (● *45*). Natürlich sind auch die Landung in der Schweinebucht und die Vorbereitungen des Kampfes detailliert dargestellt.

Caleta Buena. Ein Küstenweg führt nach 8 km zu dieser reizvollen kleinen Bucht, wo man unter ausgezeichneten Bedingungen tauchen kann.

Playa Larga
Der schönste Strand der Bahía de Cochinos wird vor allem von Cubanern besucht. Prächtige Korallenriffe bieten großartige Tauchsportmöglichkeiten.

Die Cueva de los Peces ♥
Auf halbem Wege zwischen Playa Larga und Playa Girón entdeckt man die Fischgrotte gleich hinter der Straße, die von Mahnmalen zu Ehren der während der Invasion gefallenen Soldaten gesäumt wird. Diese Grotte verdankt ihren Namen den Myriaden von Fischen in ihrem 70 m tiefen natürlichen Becken, ein beliebter Platz zum Tauchen. Anderer Bewohner des Ortes: eine während der Invasion abgeworfene Bombe …

CIENFUEGOS ♥

Die Hauptstadt der Provinz gleichen Namens beherrscht die herrliche Bucht von Jagua, wo Kolumbus 1494 landete. Die Stadt ist Flottenbasis und einer der großen industriellen Drehpunkte des Landes. Hier gibt es die größte Zementfabrik der Insel, eine Erdölraffinerie, sie ist Zuckerumschlagplatz, hat eine Schiffswerft und das einzige Atomkraftwerk Cubas: Sein Bau, in den 1980er Jahren durch Moskau finanziert, wurde nach dem Zusammenbruch des Ostblocks eingestellt (● *45*). Wegen der Schönheit seines historischen Zentrums bleibt Cienfuegos die ›Perle des Südens‹.

Eine Kolonie von Bordeaux. 1819 gründete der Franzose Louis de Clouet mit 50 Kolonisten aus Bordeaux und aus New Orleans den Ort Fernandina de Jagua. 1829 nahm die Kolonie zu Ehren des damaligen Generalgouverneurs von Cuba, José Cienfuegos, den Namen Cienfuegos an. Um die starke Präsenz schwarzer Sklaven auszugleichen, hatte er den 1803 aus Louisiana gekommenen Franzosen Land angeboten.

Ein Zuckerhafen. Ihren Aufschwung nahm die Stadt, als die Geschäftsleute sich von Trinidad (▲ *180*) abwandten, um in die örtlichen Zuckerraffinerien zu investieren. Der Rückgang begann Anfang des 20. Jh. Nach 1959 profitierte Cienfuegos von der industriellen Wiederbelebung und blieb trotz der Auswirkungen der Spezialperiode (● *46*) einer der bedeutendsten Zuckerhäfen in der ganzen Welt.

Oben: das schicke alte Stadtviertel Punta Gorda; unten: der Paseo del Prado, die wichtigste Geschäftsstraße der Stadt.

Perle des Südens ★
Veranschlagen Sie einen Nachmittag für den Parque Martí. Achtung! Das beachtenswerte Teatro Terry schließt um 16 Uhr. Besuchen Sie zuerst den Paseo del Prado zu Fuß oder mit der Droschke und dann die Halbinsel Punta Gorda mit einigen der schönsten Villen Cubas.

PARQUE JOSÉ MARTÍ ♥

Der Parque Martí, der von einer durch zwei Marmorlöwen bewachten Statue José Martís (● *40*) dominiert wird, bietet einen angenehmen Aufenthalt im Schatten seiner Bäume. Der weite, zentrale Platz vereint die schönste Architektur vor Ort aus dem 19. und vom Anfang des 20. Jh.

Catedral de la Purísima Concepción. Die Kathedrale der Unbefleckten Empfängnis (1833-69) mit der schönen klassizistischen Fassade verdankt ihren Ruf den Fenstern französischer Herkunft, in denen die Apostel dargestellt werden.

Teatro Tomás Terry ♥ (● *86*). Eine Pariser Jury vertraute L. Sánchez Marmol die Errichtung dieses eleganten Gebäudes auf der Nordseite des Platzes an. Dieses wichtigste Bauwerk in Cienfuegos ist neben denen in Matanzas (▲ *166*) und Pinar del Río (▲ *158*) eines der drei klassizistischen Theater der Provinz. 1887-89 entstanden, verdankt es den Namen seinem Initiator, einem 1820 aus Venezuela gekommenen Angehörigen der Zuckeroligarchie. Seine Statue schmückt die Eingangshalle. Der Zuschauerraum nach italienischem Vorbild mit seinen mit schmiedeeisernen Gittern dekorierten Rängen kann 850 Personen aufnehmen. Werden der Boden erhöht und die hölzernen Sitzreihen (aus Frankreich importiert) weggeräumt, verwandelt sich das Theater in einen Tanzsaal. Enrico Caruso und Sarah Bernhardt, die hier aufgetreten sind, konnten das köstliche und schelmische Fresko an der Decke betrachten: Inmitten von sieben Musen und Porträts cubanischer Künstler – darunter die Dichter Gertrudes Gómez de Avellaneda (▲ *170*) und Gaspar Villate – hält ein Engel eine Uhr, die genau den Moment des Tages – 4 Uhr nachmittags – anzeigt, an dem dieses Werk beendet wurde.

Palacio Ferrer. Anfang des 20. Jh. durch einen Zuckermagnaten errichtet, wirkt dieses Bauwerk im Osten des Parks wie ein verzaubertes Schloss, das im Kontrast zur Nüchternheit der benachbarten Gebäude steht. Barocke und

Der Parque Martí (1839) erinnert mit einer Rosette an die Gründung der Stadt und mit einem Triumphbogen an die der Republik (● *42*).

Der Aussichtsturm des Palacio Ferrer ♥
Nachdem man über die von außen sichtbare schöne Wendeltreppe zum Aussichtsturm hinaufgestiegen ist, genießt man das großartige Panorama der Ziegeldächer der Stadt und der Bucht von Jagua.

»ICH SITZE AN DER BUCHT VON CIENFUEGOS. [...] KURZ BEVOR DIE SONNE VERSCHWINDET, IST DAS LICHT HIER WUNDERBAR: ES IST EIN EINZIGES GOLDENES GLITZERN.«

GRAHAM GREENE, »UNSER MANN IN HAVANNA«

klassizistische Elemente vermischend, bilden Balkons und Aussichtsturm ein reizvoll altmodisches Ensemble in einem in der Sonne verblassenden Blau. Der Besuch dieses labyrinthartigen Hauses, in dem die Casa de Cultura Benjamin Duarte untergebracht ist, besteht in einer wahren Kletterpartie, die auf dem Aussichtsturm endet.

Palacio de Valle ♥ Das erstaunlichste Gebäude von Punta Gorda ist der Palacio de Valle gegenüber dem Hotel Jagua. Zwischen 1912 und 1917 von dem reichen Geschäftsmann Aciclio Valle erbaut, mischen sich in diesem Meisterwerk des Eklektizismus (● *90)* unbekümmert romanischer, gotischer, venezianischer und maurischer Stil, wobei letzterer vorherrscht. Es ist zu einem Restaurant umgebaut worden, und seine Bar auf der Dachterrasse bietet besonders bei Sonnenuntergang einen herrlichen Ausblick auf die Bucht.

Museo Provincial. Vor dem eindrucksvollen Palacio del Gobierno, dem Sitz der Poder Popular Provincial, veranschaulicht dieses Museum durch eine Sammlung von Möbeln und Gegenständen den Luxus und die verfeinerte Lebensart der angesehenen Bürger der Stadt im 19. Jh.

PUNTA GORDA ♥

Von diesem alten aristokratischen Viertel aus hat man einen großartigen Blick auf die Bucht. Ein Abendspaziergang vom Hotel Jagua zum Park am Ende der Halbinsel bietet Gelegenheit, erstaunlich gut erhaltene Villen zu bewundern. Die meisten aus Holz, in kräftigen Farben angestrichen (unten links), wurden zu Beginn des 20. Jh. in den USA vorgefertigt.

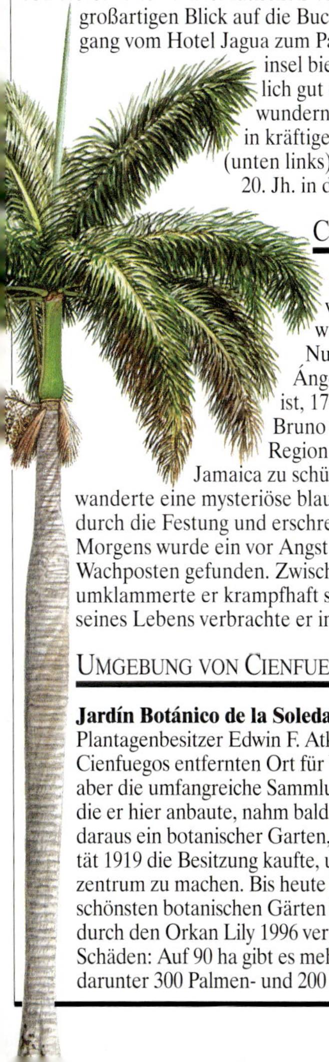

CASTILLO DE JAGUA

Am Eingang der Bucht von Cienfuegos gelegen, wurde diese Festung, die Nuestra Señora de los Ángeles de Jagua gewidmet ist, 1745 nach den Plänen von Bruno Caballero gebaut, um die Region vor den Piraten aus Jamaica zu schützen. Der Legende nach wanderte eine mysteriöse blaue Dame jede Nacht durch die Festung und erschreckte die Soldaten. Eines Morgens wurde ein vor Angst ohnmächtig gewordener Wachposten gefunden. Zwischen blauen Stofffetzen umklammerte er krampfhaft seinen Degen. Den Rest seines Lebens verbrachte er in einem Irrenhaus.

UMGEBUNG VON CIENFUEGOS

Jardín Botánico de la Soledad ♥. 1912 wählte der Plantagenbesitzer Edwin F. Atkins diesen 15 km von Cienfuegos entfernten Ort für Versuche mit Zuckerrohr, aber die umfangreiche Sammlung tropischer Pflanzen, die er hier anbaute, nahm bald überhand. Offiziell wurde daraus ein botanischer Garten, als die Harvard-Universität 1919 die Besitzung kaufte, um daraus ein Forschungszentrum zu machen. Bis heute bleibt Soledad einer der schönsten botanischen Gärten Lateinamerikas, trotz der durch den Orkan Lily 1996 verursachten schweren Schäden: Auf 90 ha gibt es mehr als 2000 Gewächse, darunter 300 Palmen- und 200 Kakteenarten.

Die Königspalme Diese Art (links) ist in Cuba, wo sie ihren Ursprung hat, allgegenwärtig. Königlich ist diese Palme durch ihren Wuchs, denn sie misst gewöhnlich 20 m und kann sogar 30 m erreichen. Ihr schlankes Aussehen und die Form des in der Mitte dickeren, hellgrauen Stammes machen sie leicht erkennbar. Jeder Palmwedel misst 5 m. Die ovalen Früchte sind zur Reifezeit purpurfarben.

Die Abreise von Hernán Cortés
1518 startete Hernán Cortés von den Ufern des Flusses Guaurabo aus nach Mexiko (● *33*). In seiner »Historia de Trinidad« erzählt Marín Villafuerte: »Hernán Cortés begab sich von Santiago nach Trinidad und kaufte ein Schiff von Alonso Guillén, ebenso drei Pferde und fünfhundert Ladungen Korn. Dort erfuhr er, dass sich Juan Nuñez Sedeno mit einem mit Lebensmitteln beladenen Schiff in der Gegend aufhielt. Er befahl Diego de Ordeas, das Schiff anzugreifen und es nach San António zu bringen. Sedeno begab sich nach Trinidad, um das Verzeichnis seiner Ladung zu überreichen: viertausend Arrobas Brot, tausendfünfhundert Schinken und eine Menge Geflügel. Cortés gab ihm einigen Plunder, Goldstücke und eine offizielle Anerkennung für die Teilnahme an der Eroberung.« (oben: Diego Velázquez übergibt Hernán Cortés die Befehlsgewalt über die Armee, Ende 18. Jh.).

Die in allen Nuancen von Ocker, Blau, Grün und Rosa bemalten Steine von Trinidad heben sich von dem grünlichen Hintergrund der Sierra del Escambray ab. Reich geworden durch den Aufschwung der Zuckerindustrie im 19. Jh., dann schwer von der Konkurrenz der Zuckerrübe getroffen, ist diese Stadt schönstes Zeugnis für einen Rückblick in vergangene Zeiten geblieben. Die Paläste und Herrenhäuser, während eines Niedergangs von mehr als einem Jahrhundert bewahrt, zeugen von vergangener Größe und stehen seit 1988 auf der Liste des Weltkulturerbes der Unesco.

GESCHICHTE EINER MUSEUMSSTADT

Gründung. Am 4. Januar 1514 gründete Diego Velázquez (● *32*) die Stadt der Santísima Trinidad am Ausgang des Tales von San Luis (▲ *190*). Die dritte Stadt der Kolonie sollte eigentlich weiter im Osten in der Bucht von Jaguas (▲ *177*) entstehen, aber wegen der an der Mündung des Flusses Guaurabo wohnhaften Indígenas und vor allem wegen der Goldvorkommen in den benachbarten Bergen entschied man sich für diesen neuen Standort.

Eroberung Mexikos. 1518 waren die Goldvorkommen erschöpft. Von den Flussufern des Guaurabo aus startete Hernán Cortés nach Mexiko (● *33*); Trinidad entvölkerte sich. Die wenigen Bewohner betrieben Viehzucht und Tabakanbau.

Piraterie, Kaperei und Schmuggel. Angesichts des spanischen Monopols entwickelte sich ein auf die Häfen La Boca und Casilda konzentrierter Schmuggelhandel. Eine Epoche der Kaperei und Piraterie hatte begonnen. Trinidad verteidigte sich, wurde 1675 allerdings von dem Engländer John Springer geplündert und 1702 stahl sein Landsmann Carlos Gant sogar Altargeräte aus der Pfarrkirche.

Der Zuckerboom. Von 1851 an begann die Ausbeutung des ›weißen Goldes‹: des Zuckerrohrs. Der Ruin der Zuckerproduktion auf Haiti (● *38*) brachte den Kleinbauern Gewinn.

Die Stadt Trinidad im 19 Jh.

Das Andenken Trinidads
Die Straßen des historischen Zentrums sind mit Kieselsteinen gepflastert und in der Mitte mit einer Rinne aus größeren Steinen versehen. Diese sonderbare Verbindung von Granit, Gips, Koralle und Travertin (18.-19. Jh.) sollte die Erosion des Bodens durch die heftigen Regenfälle verhindern, die regelmäßig auf die Stadt niedergehen. In den 1960er Jahren wäre dieses Pflaster unter Asphalt verschwunden, wenn Eduardo López Bastida, ein Anwalt aus Trinidad, sich nicht für seine Erhaltung eingesetzt hätte. Ihm ist es zu verdanken, dass Spaziergänger heute noch ihre Sohlen darauf abnutzen können.

Cuba widerstand der Emanzipationsbewegung der Sklaven, die von Haiti ausging. Ein Gesetz erlaubte den Plantagenbesitzern sogar, sich diejenigen Sklaven anzueignen, die von der Insel kamen. Das nahe Tal San Luis (▲ *190)* füllte sich mit *ingenios* (Zuckerfabriken) (● *50)*, und der Hafen von Casilda wurde 1818 für den internationalen Handel ausgebaut. 1846 war Trinidad der viertgrößte Handelsplatz Cubas.

Kulturelles Aufleben. 1801 besuchten Alexander von Humboldt und – wie aus einer Volkszählung 1827 hervorgeht – zahlreiche andere Ausländer Trinidad. Bis 1868, zu Beginn des Zehnjährigen Krieges (● *39)*, veränderte der kosmopolitische Geist der Stadt das Gesicht der Straßen: Die Herren des Zuckers investierten ihre Vermögen in die Stadt und machten aus Trinidad die reichste Stadt Lateinamerikas.

Ende des goldenen Zeitalters. 1830 gab es die ersten Sklavenaufstände. Um 1840 bedrohte der Beginn der Zuckerrübenindustrie in Frankreich und Deutschland das Zuckerrohrmonopol. Ende des 19. Jh. stürzten die Kurse für Zucker, und angesichts der Konkurrenz von Cienfuegos (▲ *177)* sank Trinidad in tiefe Lethargie.

Konterrevolutionäres Trinidad.
Zwischen Meer und Gebirge eingekeilt, war die Stadt noch in der ersten Hälfte des 20. Jh. abgeschnitten vom Rest der Insel. Erst 1952 bekam sie durch eine asphaltierte Straße wieder eine Außenanbindung. Ab 1959 verstärkte sich die Isolation wieder – diesmal wegen des Verdachts, die Stadt wehre sich gegen neue Ideen. Zwischen 1960 und 1965 wurde dieser Verdacht der Regierung durch die Konterrevolution in der Sierra del Escambray bestätigt.

▲ Palacio Brunet und Museo Romántico

Der Palacio Brunet entstand in der Blütezeit Trinidads. Die ockerfarbene Fassade sowie die von Patios und Innengalerien ausgestrahlte Ruhe vertuschen die Feindseligkeit der drei großen, ihren Reichtum zur Schau stellenden Familien: der Borrels, der Iznagas und der Bécquers. Aus diesem Wettstreit ging Mariano Borrel ohne Zweifel als Sieger hervor. Er überzeugt mit dem Palast, der zwischen 1740 und 1808 erbaut wurde und dessen ursprüngliche Architektur noch erhalten ist. Hier befindet sich seit 1974 das Museo Romántico, dessen luxuriöses Dekor der Vorliebe entspricht, die die Aristokratie für alles aus Europa oder den USA Stammende hegte.

Der Patio

1807 wurde das fast 7 m hohe Palasterdgeschoss um ein weiteres Stockwerk erhöht. Nur zwei Seiten der Galerien des Patios, um die sich die Museumssäle gruppieren, weisen Arkaden auf, die anderen beiden Seiten sind mit einem Vordach ausgestattet. Diese architektonische List ermöglicht eine Vergrößerung des Patios, der durch die hölzerne Balustrade, die die obere Galerie umläuft, wiederum optisch verkleinert wird.

Die Küche
Sie ist vollständig erhalten. Zu bewundern sind noch die schönen Azulejos, die für maximale Hygiene in der Küche sorgten.

Der Salon
Seine Größe und die aufwendige Dekoration dokumentieren den Reichtum der Besitzer: der Fußboden aus Carrara-Marmor, die Deckenfächer aus Zedernholz, klassizistische Malereien und Stuckarbeiten, Sèvres-Vasen und Kristallüster aus Böhmen. Die Edelholzmöbel wurden aus Europa importiert und bald von örtlichen Kunsttischlern kopiert. Die englischen Spucknäpfe gehören zu einem im 19. Jh. üblichen Ritual: dem Rauchen von Zigarren.

Der Speisesaal
Die Medios puntos aus durchbrochenem Holz (● *84,* unten und oben) und die Läden, mit denen die Arkaden zum Patio hin verschlossen werden, sorgen für Lichteinfall und Zimmerdurchlüftung.

Dekadenz und Verfall
Die Heirat von Mariano Borrels Tochter und dem Grafen Nicolas de la Cruz y Brunet, dem Namenspatron des Palastes, markiert den Beginn des Niedergangs der Familie. Aus Liebe zu einer Schauspielerin stürzte sich der Graf in einen kostspieligen Theaterbau. Die Eheleute ließen sich bald scheiden, und der eine ging nach Madrid, die andere nach Cádiz. Der verwaiste Palast wurde Anfang des 20. Jh. ausgeplündert. Es dauerte Jahre, bis die Originalschätze wieder zusammengestellt waren.

Oben: Sekretär aus Österreich (18. Jh.) mit in Email gearbeiteten mythologischen Szenen.

Das Zimmer der Gräfin
Doña Antonio María Domínguez de Guevara Borrel, Mariano Borrels Nichte und Gräfin von San Antonio, heiratete den General Francisco Serrano. Der Duque de la Torre wurde Generalkapitän von Cuba, und als Isabella II. durch die Erhebung im September 1868 vertrieben wurde, avancierte er zum Regenten der spanischen Krone.

Ausflug im Quitrín
Der *calesero* (Kutscher), ein privilegierter Sklave, lenkte den *quitrín*, einen von Pferden gezogenen Wagen, der von den reichen Familien in Trinidad benutzt wurde (oben, Anfang des 20. Jh.). Das im *zaguán* (Vestibül, ● *84)* des Palacio Cantero ausgestellte Gefährt scheint für eine Ausfahrt durch die Stadt bereitzustehen.

Auf dem ausgetretenen Vorhof von Nuestra Señora de la Candelaria hat der französische Maler Edouard Laplante einen berühmten Stich geschaffen, von dem sich ein Druck im Museo de Arquitectura Colonial befindet (▲ *183*).

Die Umgebung der Plaza Mayor

Von dem Palacio Brunet (▲ *184)* aus geht es die Calle Bolívar hinunter, an der die Casa Padrón und Casa de Aldemán Ortíz liegen.

Palacio Cantero ♥. Neben dem Palacio Brunet ist er das bedeutendste Zeugnis der architektonischen Pracht von Trinidad. Zwischen 1810 und 1812 wurde er von J. M. Borrel y Padrón konstruiert, einer der vier großen Gestalten der örtlichen Zuckeraristokratie (Cantero, Brunet, Borrel und Bécquer), und trägt den Namen des mächtigen Ausbeuters des Valle de los Ingenios (▲ *190)*, J. G. Cantero. Dieser kaufte es 1841 und schuf einen der prunkvollsten Wohnsitze seiner Epoche im klassizistischen Stil. Das 1996 restaurierte Palais beherbergt seit 1980 das Museo Municipal de Historia. Der Museumsbesuch beginnt in einem Raum gewaltigen Ausmaßes mit Wandfresken in schillernden Farben und einem mit italienischem Marmor gefliestem Boden. Der Speisesaal führt auf einen geräumigen Hof, der durch offene, (ursprünglich geschlossene), Säulengänge gegliedert wird. Auf der anderen Seite des Hofes, im hinteren Teil des Palais und in der Nähe der erhaltenen Küche, waren etwa dreißig Sklaven untergebracht. Das Museum zeichnet die Geschichte Trinidads in mehreren Themen nach: Familie Cantero, Piratenwesen, Sklavenhandel, die großen Plantagen im Valle de los Ingenios (▲ *190)* und die Unabhängigkeitskriege.

Palacio Iznaga. Auf der anderen Seite der Calle Bolívar, an der Ecke der Calle Muñoz und der Calle Izquierdo, erhebt sich der Wohnsitz von Pedro Iznaga y Borrel, Cousin und Rivale von Don Borrel y Padrón und Besitzer von fünf Zuckerraffinerien. Die Deckenhöhe im Erdgeschoss ist für Cuba außergewöhnlich:

»Hier geniesst man, wie von fast allen Strassen aus, einen grossartigen Blick auf den Ozean, die beiden Häfen, auf einen Palmenwald und die hohen Berge von San Juan.«

Alexander von Humboldt über die Popa

sie beträgt 7 m. Der Turm und die Fassade, eingefasst von einem schmiedeeisernen Balkon, geben dem Wohnsitz ein herrschaftliches Aussehen. Anfang der 1990er Jahre war er noch durch Leopoldina Iznaga in Familienbesitz. Mit der Restaurierung soll ein Luxushotel der Rumbos-Kette entstehen. (Wenn man herauskommt, geht man die Calle Izquierdo hinauf und biegt nach rechts in die Calle Piro Guinart ein.)

Plaza del Jigüe. Hier zelebrierte Pater Bartolomé de Las Casas (● *32)* 1514 die erste Messe in Trinidad. Die zu diesem Anlass gepflanzte Akazie (*jigüe*) gab dem Platz seinen Namen. Im Schatten ihrer Blätter erlebt man sonntagmorgens Wetten über den Vogelgesang. Die Spieler setzen jeweils auf einen Vogel. Den Gewinn kassiert, wer auf den ausdauerndsten Sänger gesetzt hat.

Convento San Francisco de Asís. An der Ecke der Straßen Piro Guinart und Echerri taucht der 1813 vollendete, feingliedrige und mächtige Glockenturm ♥ des Klosters Heiliger Franz von Assisi auf. Er birgt eine beachtliche Glocke von 1200 kg, die 1853 von José Giroux, einem aus dem französischen Jura stammenden Gießer, auf Bestellung angefertigt wurde. Im ehemaligen Kloster ist das Museo de la Lucha contra Bandidos untergebracht, das den Kampf gegen die Konterrevolutionäre in der Sierra del Escambray ab 1960 zum Thema hat. Der Hof, in dem Panzerwagen und ein Geschütz an die Stelle der Heiligenbilder getreten sind, zeugt von der Verwandlung des Ortes. (Auf die Plaza Mayor zurückkehren und wieder die Calle Bolívar hinaufgehen.)

Ermita de Nuestra Señora de la Candelaria ♥. Diese Eremitage aus dem 18. Jh. mit dem Spitznamen La Popa steht auf einem Hügel. Ein kleiner Weg verbindet sie mit der Plaza Mayor. Weniger besucht als die Pfarrkirche und wegen ihres schlechten Zustandes ein bisschen in Vergessenheit geraten, zieht ihr Hochaltar doch Gläubige an, die sich für Ursprüngliches begeistern. Sie war Bühne für die Romerías gewesen, die dem religiösen Leben in Cuba einen Rhythmus gaben. Die Eremitage gehört zum historischen Zentrum und ist Teil des Restaurierungsprogramms der Unesco. (Die Calle Bolívar wieder hinuntergehen und links in die Calle Mendoza einbiegen).

Plaza de Santa Ana. Die den Platz beherrschende, ebenfalls verfallende Kirche Santa Ana wurde 1800 umgestaltet. Turm und Glockenturm sind 1812 hinzugefügt worden. Das eindrucksvolle Gebäude rechts daneben war einstmals das königliche Gefängnis. Auf Befehl des Gouverneurs Don Pedro de la Pena erbaut, wurde es 1844 eingeweiht. Obwohl es heute eine Galerie mit Kunsthandlungen und Restaurants ist, hat es seine ursprüngliche Gestalt bewahrt. Das Zuchthaus ist so zu einem Ort geselligen Lebens geworden.

Handwerk in Trinidad
Gegenüber der Casa de la Trova auf der Plaza Segarte gibt es einen örtlichen Handwerkermarkt: angeboten werden Kleidung, Musikinstrumente, Spitzentischdecken und Korbwaren aus Yarey, einer Pflanzenfaser, aus der dekorative Gegenstände wie Krokodile, Hähne oder Musikerfiguren gemacht werden.

Der Palacio Cantero
(Oben) Der Palast ist typisch für die Architektur von Trinidad. Die Empfangsräume sind durch Arkaden begrenzt und nicht durch geschlossene Wände wie bei vergleichbaren Gebäuden in La Habana.

Blick auf Trinidad ♥
Der Turm des Palacio Cantero, die Ermita de Nuestra Señora de la Candelaria und der Glockenturm des Convento San Francisco de Asís (oben) bieten die schönsten Ausblicke über Trinidads Dächer.

Haus N° 518 in der Calle Bolívar
Der Salon dieses Wohnsitzes, Casa del Dominicano oder Krokodilhaus wegen seines Tierschmucks genannt, stammt aus der ersten Hälfte des 18. Jh. Der Raum erinnert an den prunkvollen und gepflegten Lebensstil der Großeltern der heutigen Besitzerin Lidia Zerquera y Mauri. Antonio Mauri Seballs erlangte sein Vermögen mit der Zigarettenfabrik La Nueva Era.

ARCHITEKTUR-SPAZIERGANG

Das Programm der Unesco betrifft auch Häuser, die mehr oder weniger an vergangenen Reichtum zu erinnern vermögen. In einigen der von Nachkommen der ersten Besitzergeneration bewohnten Gebäuden werden Besucher gerne empfangen. Die meisten Wohnsitze im historischen Zentrum sind Ende des 19. Jh. renoviert worden und haben identische Fassaden. Die Eingangstür ist meist aus geschnitztem Holz im Schachbrettmuster oder aus vertikalen Latten gefertigt. Sie führt zum Salon mit Schaukelstühlen, in den sich die Bewohner in den heißen Stunden des Tages zurückziehen. An jeder Seite dieses Raumes liegen die Schlafzimmer, im allgemeinen vier. Sie werden durch Türen aus Holz oder mit Milchglasverzierungen (*mamparas*, ● *88*) verschlossen. Zu beiden Seiten der Eingangstür sind auf halber Höhe ›Beobachtungsposten‹ für die Bewohner angebracht: zwei oder drei durch Holz- oder Eisengitter geschützte Öffnungen, die im Inneren mit Holzläden verschließbar sind.

Haus N° 111 in der Calle Izquierdo. Sein Besitzer ist der Anwalt Manuel Meyer Cantero, ein Nachkomme von Justo Cantero (▲ *186*). Mobiliar, Lampen und Malereien stammen teils noch aus dem 19. Jh. (Besuch auf Anfrage.)

Haus N° 105 in der Calle Izqierdo. Dieses Haus gehört der Familie Echemendia Font y Herr mit katalanischer und deutscher Abstammung. Anfang des 20. Jh. war der Anwalt José Antonio Font y Herr offizieller Stadtfotograf. Es sind Mobiliar, Lampen und andere schmückende Gegenstände aus dem 19. Jh. zu besichtigen. (Besuch auf Anfrage.)

Haus N° 48 in der Calle Márquez. Hier wurde 1889 der berühmte Pianist María Encarnación Ruiz de Porra y Suárez del Villar geboren, in Trinidad bekannter unter dem Spitznamen Néné. Sein Haus aus dem 18. Jh. besitzt einen sehr schönen Innengarten. (Besuch auf Anfrage.)

Haus N° 31 in der Calle Echerri. Hier lebt Isabel Bécquer, genannt La Profunda. Diese Nachfahrin eines Potentats der Region ist Musikerin wie zahlreiche andere Mitglieder ihrer Familie auch. Das Gebäude gleicht dem Nachbarhaus Casa de la Trova (▲ *187*). Es hat trotz seiner für Trinidad traditionellen Architektur den Esprit eines Hauses der Boheme. (Besuch auf Anfrage.)

Haus N° 411 in der Calle Bolívar. Dieser Wohnsitz aus dem 18. Jh. befindet sich in herrschaftlicher Gesellschaft: Er grenzt an den Palacio Cantero (▲ *186*) an und liegt gegenüber von dem Palacio Iznaga (▲ *186*). Seine Besitzerin Teresa Paulette Cajigas, genannt Tété, ist eine Art Symbolfigur für Trinidad. Die frommen Bilder in jedem Zimmer ihres Hauses erinnern an ihre einzige Leidenschaft: Christus. Die fast hundertjährige Frau vermag den Touristen eine Vorstellung von dem religiösen Kulturerbe von Trinidad zu vermitteln. (Besuch auf Anfrage.)

Casilda und die Halbinsel D'Ancon.
Der Hafen von Casilda, 6 km südlich der Stadt Trinidad gelegen, war während der Blütezeit der Zuckerindustrie die ökonomische Lunge der Region. Heute ermöglicht er ein paar Fischern ein sehr bescheidenes Leben. Wer Sonnenanbeter oder Tauchsportler ist, findet am Südkap zwei sehr schöne Strände: die Playa Maria Aguílar und die Playa Ancón ♥.

Architektonische Besonderheiten von Trinidad

Wenn auch Trinidads Ruf in erster Linie auf die schmucken Paläste zurückzuführen ist, besteht sein Reiz doch vor allem in den zahllosen niedrigen Häusern (oben), die aneinander zu kleben scheinen und charakteristisch sind für den Stil des 17. und 18. Jh. Sie haben in

der Regel ein Ziegeldach und sind sehr schlicht. Der einzige Schmuck sind ihre vergitterten Fenster. Im 18. Jh. waren die Öffnungen durch *barrotes,* Stäbe aus gedrechseltem Holz, geschützt, die seit Anfang des 19. Jh. durch elegante schmiedeeiserne Gitter ersetzt wurden. Die Fenster liegen 40 bis 50 cm über dem Straßenpflaster, so dass die Bewohner die vorbeikommenden Passanten beobachten können.

Der Turm von Manaca Iznaga
Als Symbol der Macht der Iznagas über die ganze Region provoziert dieser Turm mit sieben Etagen (45 m) ebenso viele Fragen wie Legenden. Die glaubhafteste betrifft die Rivalität der beiden Brüder Iznaga: Alejo hätte ihn in der ersten Hälfte des 19. Jh. als Reaktion auf den ungeheuren Brunnen gebaut, den Pedro gegraben hatte. Wahrscheinlicher ist aber, dass der Turm eine Überwachung der Sklaven auf den Zuckerplantagen ermöglichen sollte. Und die Glocke auf seiner Spitze gab die Arbeitszeiten auf den Pflanzungen an.

VALLE DE LOS INGENIOS ♥

Das aus den drei kleinen Tälern Santa Rosa, San Luís und Meyer bestehende Valle de los Ingenios erstreckt sich über 30 km zwischen Trinidad und Sancti Spíritus. Seinen Namen verdankt es den vielen *ingenios* (Zuckerfabriken, ● *50)*, die hier im 19. Jh. gegründet wurden, zu einer Zeit, da sich die Zuckerindustrie um Trinidad herum enorm ausweitete. Der Ertrag wurde begünstigt durch die nahen Wälder, deren Holz als Brennmaterial bei der Verarbeitung des Zuckerrohrs genutzt wurde. Wie Trinidad durch die Unesco als Weltkulturerbe anerkannt, bleibt dieses museumsartige Tal auf Cuba ein Symbol der Sklaverei: Mehr als 11 000 Afrikaner aller Völkerschaften haben hier gearbeitet.

Besuch des Tals. Ein kleiner Dampfzug ♥, der morgens und abends von Trinidad zu den wichtigsten Stätten des Tals fährt, ermöglicht es, großartige Landschaften zu bewundern. Ungefähr fünfzehn Haciendas zeigen den ungeheuren Reichtum der Ausbeuterfamilien: die von Manaca Iznaga (● *88)* (zu einer Restaurantbar umgebaut) und von Jesus de Nazareno de Buenavista (● *88)* (Besitz der Cantero, ▲ *186)* in rein italienischer Architektur, aber auch die *casonas* (Tropenschlösser) von Delicias, Genia de Soto, Sabanilla und Guachinango. In der Casa del Ingenio Guaimaro (in Restaurierung) sieht man Wandmalereien aus dem 19. Jh. von dem italienischen Maler Daniel D. Laglio. Neben diesen herrschaftlichen Wohnsitzen gibt es noch immer die *casas* oder *barracones* (● *88)* der Sklaven.

SANCTI SPÍRITUS

Als vierte der sieben ursprünglichen Kolonien (● *32)* wurde Sancti Spíritus 1514 von Diego Velázquez an den Ufern des Flusses Tuinicú gegründet, dann 1522 an die des Flusses Yayabo, seinen jetzigen Standort, verlegt. Wie das 70 km entfernte Trinidad wurde es dank des Zucker- und Sklavenhandels schnell reich und zweimal von Piraten geplündert. Wenn seine Architektur auch weniger beeindruckend und weniger gut erhalten ist als die der berühmten Nachbarstadt, hat die Provinzhauptstadt doch ein gewisses koloniales Gepräge bewahrt (unten: eine der Straßen der Stadt).

Parque Serafín Sánchez. Dieser weitläufige Platz trägt den Namen des heldenhaften lokalen Freiheitskämpfers, der 1896 im Kampf fiel. Hier stehen schöne Gebäude im klassizistischen Stil, darunter das beeindruckende Hotel Perla. Abends treffen sich die Bewohner auf den Bänken und plaudern bis spät in die Nacht.

Das andere Hotel auf dem Platz, das Plaza, gibt einen ausgezeichneten Beobachtungsposten ab, wenn man das brausende Leben im Herzen der Stadt genießen möchte. (Die Calle Máximo Gómez zum Fluss Yayabo hinuntergehen.)

Iglesia Parroquial Mayor del Espíritu Santo ♥. Diese Kirche (rechts), vor mehr als 400 Jahren (1522) gegründet, war ursprünglich aus Holz. Von Piraten zerstört, wurde sie 1680 wieder aufgebaut. Ihr 30 m hoher Turm wurde im 18. Jh. und ihre Kuppel im 19. Jh. hinzugefügt. Innen ist die Holzdecke des Schiffs sehenswert.

Palacio de Valle Iznaga. An der Ecke der Calle Gómez/Calle Plácido erhebt sich auf zwei Etagen das herrlichste Haus der Stadt. Die reiche Familie Valle Iznaga, die ihr Vermögen dem Zucker verdankt, ließ es im 18. Jh. bauen. Es bildet den perfekten Rahmen für das Museo de Arte Colonial, das hier eingerichtet ist und den eleganten Lebensstil der Aristokratie jener Epoche zeigt: prunkvolle Kolonialmöbel, Porzellan, Bilder und farbige Fenster aus dem 18. und 19. Jh.

Im Herzen des historischen Zentrums von Sancti Spíritus ♥
Die jetzt restaurierten Straßen zwischen der Calle Panchito Jiménez und dem Fluss Yayabo laden zum Spaziergang ein: Das alte Kolonialviertel von Sancti Spíritus hat die niedrigen kleinen Häuser in ihren Pastellfarben und mit den schönen Balkons wieder aufleben sehen. Nicht weit davon steht der Anfang des 19. Jh. von den Spaniern erbaute Puente Yayabo (oben), die einzige Brücke mit Ziegelbogen in Cuba.

Sancti Spíritus, Schlüssel des Zentrums
Vor dem Autobahnbau verdiente Sancti Spíritus zu Recht den Schlüssel in seinem Wappen, der seine strategische Position symbolisiert: Reisende, die Cuba von Osten nach Westen durchquerten, mussten die Carretera Central benutzen und kamen zwangsläufig durch diese Stadt.

Santa Clara

Die Stadt wurde am 15. Juli 1689 im Landesinneren von Bewohnern aus San Juan de los Remedios gegründet, weil sie den Angriffen der Piraten entkommen wollten. Ihr koloniales Erbe ist von geringerer Bedeutung als das von Trinidad oder Camagüey, aber die Nähe einer der größten Universitäten des Landes, der Universidad Central de la Villa (8 km ostwärts), macht sie zu einer lebendigen Stadt. Santa Clara nimmt einen wichtigen Platz in der kollektiven Erinnerung der Cubaner ein, denn hier fand die letzte große Schlacht der revolutionären Guerilla unter der Führung von Che Guevara (▲ *192*) statt.

Parque Leoncio Vidal. Bis 1894 war dieser von Bäumen umgebene angenehme Platz einer strengen Rassentrennung unterworfen: Ein Zaun trennte die für die Schwarzen bestimmten Alleen von denen, die den Weißen vorbehalten blieben. Nur letztere hatten Zutritt zum zentralen Platz und konnten die Konzerte im Musikpavillon besuchen.

Teatro de la Caridad ♥. An der Ecke im Nordwesten des Gartens gelegen, trägt dieses Theater (1885-86) seinen Namen der Barmherzigkeit zu Recht, denn von Martha Abreu de Estévez wurde es »für die Armen von Santa Clara« gebaut. Diese Aristokratin verbesserte das Schicksal der Frauen, die in den Wäschereien arbeiteten, gründete die erste kostenlose Klinik und die erste öffentliche Schule von Santa Clara.

Museo de Artes Decorativas. Dieses dem Teatro de la Caridad benachbarte Museum wurde im schönsten Kolonialgebäude von Santa Clara eingerichtet: ein im 18. Jh. von einer hier ansässigen berühmten Familie errichtetes Palais. Die Sammlungen – Möbel, Bilder, Porzellan und andere dekorative Gegenstände – sind in den zum Hof führenden Sälen nach Epochen vom 18. bis 20. Jh. gegliedert.

Ernesto Guevara (1928-67) fand in Santa Clara seine letzte Ruhestätte. Hier entstand auch die Legende vom ›Che‹, ein Spitzname, den ihm seine Compañeros gaben, weil er diese typisch argentinische Interjektion gebrauchte. Am 31. August 1958 verlässt Guevara an der Spitze von 144 Mann der Kolonne 8 die Sierra Maestra in Richtung La Habana. Sie müssen 47 Tage marschieren, dem Hunger und den Truppen Batistas trotzen, um die Provinz Las Villas zu erreichen. Am 15. Oktober gelingt ihm die Vereinigung mit der zweiten Front von Escambray. Mitte Dezember startet er eine Blitzoffensive und befreit Städte und Dörfer im Zentrum der Insel. Santa Clara, von 3000 Soldaten verteidigt, ist der letzte Riegel auf der Straße zur Hauptstadt. Hier tobt die Schlacht vom 28. bis zum 31. Dezember und besiegelt schließlich den Sieg der *barbudos* (Bärtigen).

Ernesto Che Guevara (1928-67)
Ernesto Guevara wurde in Rosario, Argentinien, in einer bürgerlichen Familie mit fortschrittlichen Ideen geboren. Als Medizinstudent bereiste er Lateinamerika mit dem Motorrad. Diese Entdeckung des Subkontinents schärft seine politische Sicht. 1955 begegnet er Fidel Castro, dem Führer der Bewegung des 26. Juli, in Mexiko. Im November 1956 starten sie gemeinsam mit der Jacht Granma (● *44*). Ihr Ziel: die Revolution nach Cuba bringen. Nach dem Sieg ist Che u. a. Präsident der Nationalbank (1959) und Industrieminister (1961).

Che mit gebrochenem Arm
Zum 20. Jahrestag seines Todes, 1987, wurde eine riesige Statue Ches von José Delarra auf der Plaza de la Revolución aufgestellt. Die Bronze ist von den Menschen der Provinz Villa Clara bezahlt worden. Der Comandante ist mit dem Arm in der Binde dargestellt, denn er hatte ihn sich während der Schlacht von Santa Clara gebrochen. Auf dem gewaltigen Sockel wurde sein Wahlspruch eingraviert: *Hasta la victoria, siempre* (Immer bis zum Sieg). Seine Kämpfe und der Text seines letzten Briefes an Castro sind auf einem Flachrelief (unten) wiedergegeben. Unter seiner Statue ist das Mausoleum des Guerilleros angelegt worden.

Das Denkmal zu Ehren des Angriffs auf den Panzerzug
Am 29. Dezember greifen Guevara und 18 Guerilleros den Panzerzug an, den Batista geschickt hat, um den Vormarsch der revolutionären Kolonnen aufzuhalten. Der Zug entgleist, etwa 400 Soldaten ergeben sich: Die Konfrontation soll nur eineinhalb Stunden gedauert haben. Nur vier Wagen existieren noch von diesem sagenhaften Zug: Sie sind im Westen des Parque Vidal ausgestellt. Einer von ihnen ist heute ein Museum.

Ches Rückkehr
1997, 30 Jahre nach Guevaras Tod (● *45*), sind seine Überreste in Bolivien gefunden worden. Unter begeisterter Anteilnahme des Volkes wurden sie nach Cuba gebracht und am 12. Juli in La Habana aufgebahrt. Sie ruhen neben den Überresten von sechs Kampfgefährten in dem marmornen Mausoleum, in dem eine ewige Flamme brennt.

Auf den Spuren von Che ★
Widmen Sie einen Nachmittag dem Besuch von Ches 30 Jahre alten Gedenkstätten: Sie befinden sich alle an der Plaza de la Revolución, 2 km westlich des Parque Vidal, der zentralen Grünanlage. Weniger ergreifend ist das Denkmal zur Erinnerung an den Angriff auf den Panzerzug, das sich am anderen Ende der Stadt befindet.

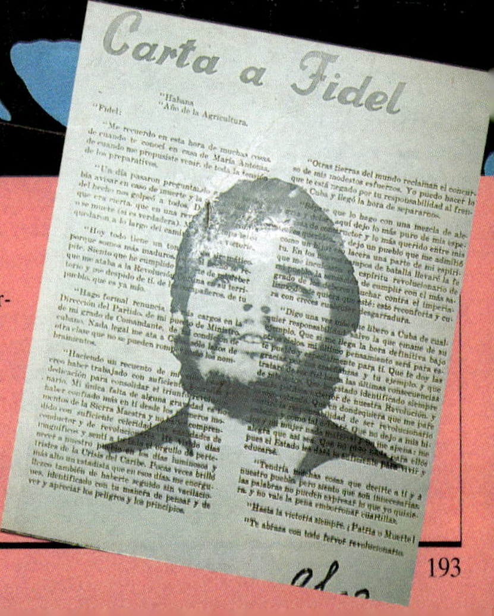

Der Brief an Fidel

Am 1. April 1965 schrieb Che vor seiner Abreise nach Bolivien eine Nachricht an Fidel Castro: »Andere Gegenden der Erde fordern die Teilnahme meiner bescheidenen Kräfte […]. Die Stunde unserer Trennung ist gekommen […]. Ich verzichte formell auf meine Ämter in der Parteileitung, auf meinen Ministerposten, auf meinen Grad als Kommandant, auf meinen Status als Cubaner […]. Ich trage den Glauben, den du mir gegeben hast, auf neue Schlachtfelder.«

REMEDIOS

1514 gegründet, war San Juan de los Remedios so lange die Hauptkolonie der Region, bis 1689 Santa Clara (▲ *191, 192)* entstand, dessen Lage die Bevölkerung besser vor Piratenangriffen zu schützen vermochte. Im 20. Jh. erlebte Remedios keine auffällige Entwicklung mehr. Die Ruhe wird alljährlich nur durch die Parrandas Remedianas unterbrochen, die für die Stadt das sind, was der Karneval für Santiago ist. Der Parque José Martí vereint die lokalen Sehenswürdigkeiten.

Iglesia de San Juan Bautista ♥. Dieses beeindruckende Bauwerk wurde 1692 erbaut. Im Innenraum stockt einem der Atem: Die mit stilisierten Blumen geschmückte Kassettendecke aus Mahagoniholz wurde bei der von dem Architekten Aquiles Maza und dem Bildhauer Rogelio Atá geleiteten Restaurierung 1940 entdeckt. Der Altar aus geschnitztem Zedernholz ist mit 24karätigem Blattgold verziert.

Museo de las Parrandas Remedianas. Das Museum nahe des Parque Martí zeichnet die Geschichte des musikalischen Spektakels am Samstag vor dem 25. Dezember nach. Es geht auf Weihnachten 1835 zurück: Die Franziskaner schickten Kinder auf die Straße, die beauftragt waren, die Gemeindemitglieder mittels Trommeln zur Mitternachtsmesse einzuladen. Diese Praxis hat sich in ein musikalisches Duell zwischen den Musikern der Viertel Carmen und San Salvador verwandelt: Gewonnen hat, wer die schönsten Wagen vorführt und den meisten Krach mit Knallkörpern und Feuerwerk macht.

Alejandro García Caturla (1906-40)
Der Komponist ist dafür bekannt, dass er als erster afrikanische Rhythmen in der klassischen Musik (● *52)* verwendete. Das ihm gewidmete Museum befindet sich im Hause seiner Großeltern, wo er selbst gelebt hatte. Er schockierte die Bourgeoisie durch seine Heirat mit einer schwarzen Frau und Besuche bei den Bedürftigen der Stadt. Mit 34 Jahren wurde er festgenommen, da er Schmiergeldzahlungen an die lokale Polizei ablehnte.

VON MORÓN NACH CAYO GUILLERMO

Morón. 40 km vor Ciego de Ávila liegt Morón, eine Küstenetappe auf der Ruta de los Cayos. Während des Unabhängigkeitskrieges 1896 (● *39)* gelang es den Mambises, die spanische Verteidigungslinie Morón-Júcaro zu überschreiten und den Vormarsch der Rebellen nach Westen aufzuhalten.

Laguna de Leche ♥. 3 km nördlich verbinden eine Straße und ein Kanal Morón mit der größten Salzwasserfläche (67 km^2) Cubas. Diese fischreiche Lagune (oben) mit zahlreichen Wasservögeln verdankt ihre milchige Farbe den Gewittern, die kreidehaltige Ablagerungen aufwühlen.

Cayo Coco ♥. Von Cuba durch die Bahía de Perros getrennt, ist Cayo Coco (370 km^2) nicht nur ein Paradies für Taucher und Ornithologen, sondern auch das Hauptziel geführter Ausflüge. Mehr als drei Viertel dieser Sandinsel (■ *28)* sind als Naturschutzgebiet eingestuft. Auf 22 km säumt ein heller, durch ein Korallenriff geschützter Sandstrand die bei den Touristen beliebte Nordküste.

Cayo Guillermo. Diese kleine Insel im Westen von Cayo Coco ist über die Straße erreichbar. Ihr Strand (oben) und die Fischgründe machen ihren Ruf aus. Hemingway (▲ *148)* hat hier gefischt: »Schauen Sie sich dieses große Korallenriff bei Steuerbord an. [...] Im Innern, meine Herren, ist Guillermo. Sehen Sie, wie grün und verlockend es ist?« (»Inseln im Wind«).

Rosa Flamingos (■ *26)*
An der Nordküste von Cayo Coco, an der Punta del Perro, befindet sich mit über 2000 Tieren die wichtigste Flamingokolonie Cubas (rechts). Die Vögel ziehen erst zu Beginn der Feuchtperiode im April – nachdem sie sich fortgepflanzt haben – weiter. Während der Trockenperiode (November - März) leben sie an der Südküste, hauptsächlich auf den Salinen der Halbinsel von Zapata (▲ *174)*.

Cayo Coco: eine der schönsten Inseln Cubas ★
Ein traumhaftes Gebiet mit 22 km Strand, Fischgründen und königlichem Zugang: dem Pedraplén. Der beinahe irreale Landstrich zwischen Cayo Coco, Cayo Guillermo und der cubanischen Küste bietet bei der Durchfahrt einen verblüffenden Anblick und eine wahre Augenweide.

Camagüey

Camagüey umfasst als größte Provinz die zentralen Ebenen der Insel. Sein wichtigster Erwerbszweig ist seit dem 18. Jh. die Rinderzucht. Die Stadt Camagüey ist mit 300 000 Einwohnern die drittgrößte des Landes. In der Calle Príncipe wurde 1902 Nicolás Guillén (● *102)* geboren, »eine Symbiose der Poesie und des Kampfes« (Claude Couffon).

Ein Stadtlabyrinth. 1514 von Diego Velázquez (● *32)* in der Bahía de Nuevitas gegründet, wurde Santa María del Puerto Príncipe 1516 am Fluss Caonao stromaufwärts und 1528 an seinen jetzigen Platz verlegt, wo sie den Namen Camagüey bekam. Die ungewöhnliche Regellosigkeit ihres Stadtplans mit zahlreichen Sackgassen und krummen Gässchen unterscheidet sie von anderen Kolonialstädten. Das Ziel der Erbauer war es, Piratenangriffen entgegenzuwirken. Trotzdem wurde die Stadt 1668 erst von Henry Morgan (● *33),* dann 1679 von dem Franzosen François Granmont geplündert. Ende des 18. Jh. war sie mit Schmuggelhandel und 30 000 Einwohnern zur zweitgrößten Stadt der Insel geworden.

Aus Tradition unbeugsam. Im 19. Jh. nahmen viele Camagüeyanos an den Unabhängigkeitskriegen teil. Am berühmtesten wurde Ignacio Agramonte (1841-73) als Oberbefehlshaber der rebellischen Truppen.

Stadt der Kirchen
Von den Dächern des Hospitals San Juan de Dios (▲ *196)* aus gesehen, erscheint Camagüey als eine Stadt der Kirchen, gestiftet von den durch Viehhandel reich gewordenen Bürgern. Zum Parque Agramonte hin sieht man die Kathedrale Nuestra Señora de la Candelaria aus der zweiten Hälfte des 19. Jh. und die Kirchen Nuestra Señora de la Merced und Nuestra Señora de la Soledad, beide Mitte des 18. Jh. erbaut. Die erstere mußte im folgenden Jahrhundert neu errichtet werden. Oben die Iglesia de la Caridad.

Oben: das Restaurant La Campaña de Toledo auf der Plaza San Juan de Dios.

Parque Ignacio Agramonte. Im Laufe der Unabhängigkeitskriege war die alte Plaza de Armas von Camagüey Schauplatz zahlreicher Hinrichtungen. Eine Reiterstatue von Ignacio Agramonte steht in der Mitte des Platzes, und daneben wurden Palmen zu Ehren der unter seiner Führung im Kampf gefallenen Soldaten gepflanzt.

Casa Natal de Ignacio Agramonte ♥. Das an der Ecke der Calle Cisneros und der Calle Agramonte gelegene Geburtshaus des Patrioten ist eines der eindrucksvollsten Museen Cubas geworden. Als der Revolutionär zu den Waffen griff, wurde es beschlagnahmt und dem Verfall überlassen, bis es ab 1951 restauriert wurde. Mit einer Sammlung verschiedenster Dinge zeichnet das Museum Agramontes kurzes, aber bewegtes Leben nach: Dieser Aristokrat, Führer der örtlichen Rebellion gegen die Spanier, bombardierte 1869 Camagüey und starb 1873 im Kampf. Der Zauber des Ortes ist vor allem seinem Ambiente zu verdanken. Er ist ein reizender Wohnsitz des 18. Jh. mit Mobiliar und Ausstattungen dieser Epoche.

Plaza San Juan de Dios. Der im Süden des Parque Agramonte gelegene Platz ist unbestreitbar das schönste Kolonialensemble der Stadt und dabei auch das einzige, das vollständig restauriert wurde. Die meisten Gebäude mit ihren farbenfrohen Fassaden (oben) sind charakteristisch für die Bauweise des 18. Jh., wie man an der Schlichtheit ihrer Ornamentik und dem Fehlen eines Obergeschosses sehen kann. Zwei der Häuser werden als Restaurants genutzt.

Hospital San Juan de Dios. Von den Gebäuden, die eine Ecke der Plaza San Juan de Dios einnehmen, ist nur das ehemalige Hospital und sein Kloster von 1728 ♥ zu besichtigen (rechts). In ihm war bis 1972 eine Kinderstation untergebracht, dann eine Schule für Krankenschwestern, bis 1991 das Centro Provincial de Patrimonio eingerichtet wurde, dessen Aufgabe die Restaurierung städtischer Denkmäler ist. Im zweiten Kloster, das aus dem 19. Jh. stammt, entsteht ein Luxushotel.

Die Stadt der Tinajones ★
Töpfer entwickelten diese Tonkrüge während der Kolonialzeit, um das Trinkwasserproblem lösen. Nach den Modellen der aus Spanien importierten großen Krüge für Öl und Wein gefertigt, wurden diese 1,50 m hohen Gefäße, die oft einen Durchmesser von 3 m haben, bis zur Hälfte vergraben, damit das Wasser kühl blieb. Zu sehen sind Tinajones in den Patios des Restaurants La Campaña de Toledo und der Casa Natal von Ignacio Agramonte sowie im Kreuzgang des Krankenhauses San Juan de Dios.

Oriente

François Missen

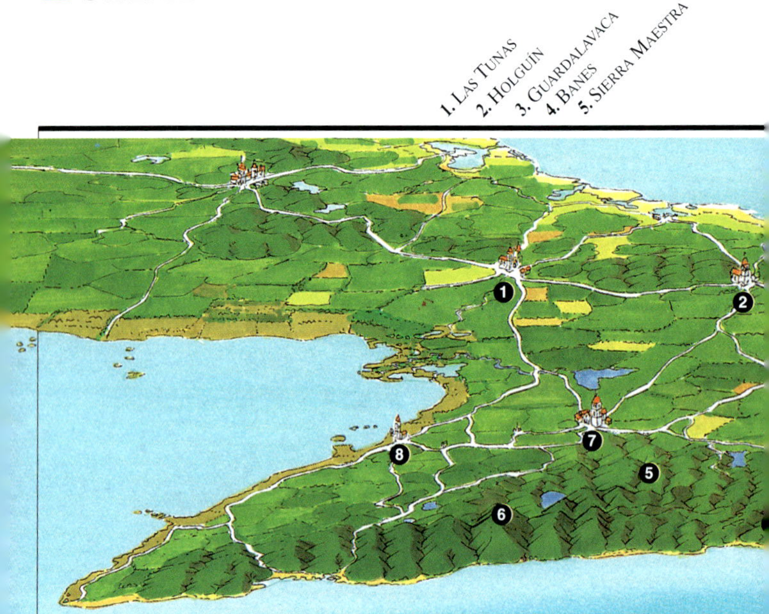

Dreihundert Kilometer trennen Cabo Cruz im Süden von Guardalavaca im Norden. So breit ist der Kopf der ›grünen Eidechse‹, wie Nicolás Guillén (● *102)* Cuba einst taufte. Im Osten der Insel ist dies auch die größte Distanz zwischen den beiden Meeren, in denen sich dieser tropische Saurier zu aalen scheint. Weiter westlich verläuft die Grenze der Region Oriente mit dem Rest des Landes. Dieser Teil der Insel ist in fünf Provinzen unterteilt: Las Tunas, Holguín, Granma, Guantánamo und Santiago. Während Las Tunas allein für seine enorme *zafra* (Zuckerrohrernte, ● *49)* bekannt ist und Holguín allein für die wachsenden Tourismuszahlen, schätzen die Cubaner vor allem die drei letztgenannten Provinzen. In ihren Bergen hat sich das cubanische Volk seine Unabhängigkeit erkämpft: In der Sierra Maestra (▲ *202)* im Südwesten gab es fünf Jahrhunderte der Rebellion, der Grausamkeit und der Freiheitsliebe. Vom Pico Turquino, der höchsten Erhebung, bis zur Küstenstraße, die Mareo del Portillo mit Santiago de Cuba verbindet, hat die üppige Vegetation stets jedwede Untergrundtätigkeit begünstigt.

Unten: Landschaft in der Gegend um Holguín.

Walter Betancourt
1959 lehnte dieser junge Architekt (geb. in New York 1932, gest. in Santiago 1978) das Angebot von Frank Lloyd Wright ab, ein Mitarbeiter in seinem Stab zu werden. Stattdessen ging er lieber nach Cuba, um die Revolution zu unterstützen. Vor allem im Oriente schuf er 15 größere Bauwerke (▲ *201)*.

IM HERZEN DER CUBANISCHEN GESCHICHTE

Die vor den Toren Santiagos gelegene Sierra Maestra und die Nordküste von Oriente spielen in allen Geschichtsbüchern eine Rolle. Ein kurzer Rückblick muss zwei wichtige Daten und Orte für die Geschicke dieses Landes nennen: 1492 setzte Kolumbus in der Bucht von Bariay (▲ *201)* zum ersten Mal Fuß auf cubanischen Boden; 1953 griff Fidel Castro die Moncada-Kaserne von Santiago de Cuba an (● *44)*. Zwischen diesen

6. Pico Turquino
7. Bayamo
8. Manzanillo
9. Santiago de Cuba
10. El Cobre
11. Parque Baconao
12. Guantánamo
13. La Farola
14. Baracoa
15. Boca de Yumurí
16. Playa Maguana
17. Moa

ca. 480 km

beiden Jahreszahlen fanden der Völkermord an den Indígenas, die Versklavung afrikanischer Arbeitskräfte auf cubanischen Plantagen, die Einwanderung von Franzosen als Folge der Revolution auf Haiti (● *38)* sowie zwei Unabhängigkeitskriege (● *39)* statt. Der erste, der sog. Zehnjährige Krieg, mündete in einen Friedensvertrag mit Spanien, wobei allerdings die Aufständischen keine Einigung über den Status der Insel erreichen konnten. Doch diese zehn Jahre brachten die großen Anführer des Oriente hervor, die Generäle Antonio Maceo und Máximo Gómez. Und sie schärften den Freiheitswillen der *mambises,* der Bevölkerung also, die jederzeit bereit war, sich dem Widerstand anzuschließen. Den zweiten Krieg organisierte der Dichter und Volkstribun José Martí (● *40)*, der in den USA im Exil gelebt hatte, aber mit den Anführern des ersten in Verbindung stand. 1895 schloss sich fast die gesamte Bevölkerung diesem Aufstand an. Nach zwei Jahren des ununterbrochenen Kleinkriegs gelang es den Mambises schließlich, die spanische Armee zu schlagen. Unter dem Vorwand, zwischen Spanien und den Aufständischen zu vermitteln, griffen die USA militärisch ein und erklärten der spanischen Krone den Krieg. Die spanische Flotte wurde in der Bucht von Santiago de Cuba festgesetzt, die Truppen bald darauf besiegt. Vier Monate später, am 10. Dezember 1898, wurde im Vertrag von Paris die Besetzung der Insel durch die USA bestätigt. 1902 wurde die Unabhängigkeit Cubas offiziell verkündet.

Unten: die große historische Persönlichkeit des Oriente, Carlos Manuel de Céspedes (● *39)*. 1868 entfesselte er den ersten Unabhängigkeitskrieg.

Jagd auf Cimarrones
Im Februar 1815 wird angesichts der hohen Zahl von Sklaven, die der Arbeit auf den Kaffeeplantagen entfliehen (● *37*), die Warnung veröffentlicht, dass »die *cimarrones* begonnen haben, in andere Gebiete einzufallen. Sie misshandeln die Besitzer […] und plündern dann die Haciendas. Nehmt sie fest, hängt sie auf…«

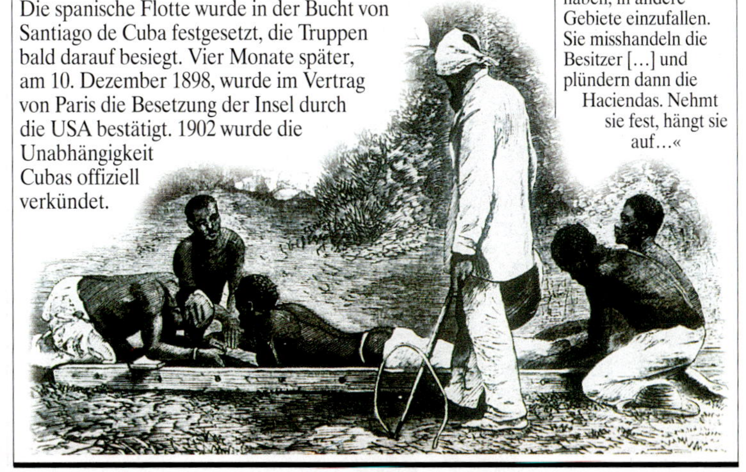

HOLGUÍN

Calixto García (1832-98)
Auf dem Platz in Holguín, der nach Calixto García benannt ist, steht auch seine Reiterstatue. Hier wird der General gewürdigt, der 1872 seine Heimatstadt von den Spaniern befreite und 1898, am Ende des Unabhängigkeitskrieges, dorthin zurückkehrte, nachdem er eine wichtige Rolle in der Schlacht von Santiago de Cuba (▲ *207*) gespielt hatte. Sein Geburtshaus an der Ostseite des Parque Calixto García kann besichtigt werden.

In der Provinz Holguín kommt der Zafra (● *49*) eine besondere Rolle zu. Die Region ist von entscheidender Bedeutung für die Nationalwirtschaft und hat in der cubanischen Zuckerrohrindustrie einen enormen Stellenwert. Auch ist es kein Zufall, wenn Holguín die einzige Stadt des Landes ist, in der es eine Schwerindustrie gibt: Nur hier werden die Maschinen für die Zuckerrohrernte hergestellt, beeindruckende Modelle, die der alten UdSSR alle Ehre machen würden. Im Osten von Holguín wird die industrielle Bedeutung der Region besonders deutlich: Die Nickelminen von Moa und Nicaro erwirtschaften 15 % der Deviseneinnahmen des Staates. Holguín trägt den Beinamen Stadt der Plätze. Sie ehrte ihren größten Helden, indem sie den zentralen Platz in Parque Calixto García umbenannte.

Parque Calixto García. Vor der Revolution war es üblich, um den Platz herum zu flanieren. Die Männer in die eine Richtung und die Frauen in die andere. Doch wie sagt der alte Schuhputzer verschmitzt, der vor seinem Stuhl auf Kundschaft wartet: »Das Leben im Widerstand war schon hart…, aber es hat viele Dinge verändert.«

Museo de Historia Provincial. Bevor es zum Stadtmuseum wurde, beherbergte das 1860 fertiggestellte Gebäude ein Kasino. Das Großbürgertum spielte hier um hohe Einsätze und stellte sich zum Tanz ein. Dann wurde der Bau in eine Kaserne verwandelt und 1868 von den ersten Patrioten, die dem Aufruf von Carlos Manuel de Céspedes (● *39*) folgten, belagert. Mehrere Tage saßen die spanischen Soldaten fest, bis Verstärkung kam und die Stadt von den Aufständischen befreite. Ihre bunten Uniformen gaben dem Gebäude den Beinamen La Periquera (›Papageienkäfig‹). Das wichtigste Ausstellungsobjekt des Museums ist eine Steinaxt aus prähispanischer Zeit, die zum Symbol der Stadt wurde.

Die Macheteros
Die hart arbeitenden Zuckerrohrschneider verdanken den Namen ihrem wichtigsten Arbeitsgerät, der Machete (● *49*). Seit der Mechanisierung der Ernte vollenden sie die Arbeit der Maschinen, die sodann, Stahlgiraffen ähnlich, die Zuckerrohrbündel am Plantagenrand auflesen.

Casa de la Trova ♥. Sie liegt in der Calle Maceo, die auf den Parque García zuläuft. Im Patio dieses Hauses treffen sich die großen Spezialisten der *música campesina.* Hin und wieder, wenn er sich nach seinen zahlreichen Eskapaden wieder in seiner Geburtsstadt aufhält, tritt hier auch El Guayabero (geb. 1911) auf, den die Franzosen den cubanischen Brassens nennen.

Parque de las Flores. Dieser zwei Häuserblocks südlich des Parque Calixto García gelegene Platz wird von der Kathedrale San Isidro

(1720) beherrscht, die dem Schutzheiligen der Stadt geweiht ist. Am 4. April legen die Gläubigen ihm zu Ehren Palmwedel am Fuß des Altares nieder.

Plaza de la Revolución. Dieser Platz liegt 3 km östlich des historischen Zentrums und ehrt das Andenken an die aus Holguín stammenden Generäle der Unabhängigkeitskriege. Hier ruht Calixto García in einem Mausoleum, das 1980 errichtet wurde.

In der Umgebung von Holguín. Ein besonderes Monument der modernen Architektur ist das einzigartige Kulturzentrum ♥ in Velasco, 25 km nordwestlich von Holguín. Der Bau wurde 1964 von dem amerikanischen Architekten cubanischer Herkunft W. Betancourt (▲ *198*) begonnen und 1991 von G. Seguí vollendet.

Eine Familie aus Holguín im Jahre 1888.

Von Guardalavaca nach Banes

Guardalavaca. 55 km von Holguín entfernt ist dieser Mitte der 1980er Jahre geschaffene Ferienort heute neben Varadero (▲ *168)* das wichtigste Touristenzentrum Cubas. Anfangs war es bei sowjetischen Funktionären sehr beliebt, während es heute von allen ausländischen Touristen besucht wird. An dem 50 km langen, türkisblauen Küstenstreifen liegen auch die schönen Strände Don Lino und Estero Ciego.

Chorro de Maita. 6 km östlich des Ferienzentrums liegt auf einem kleinen Hügel die wichtigste Totenstätte der cubanischen Ureinwohner: der Chorro de Maita. Neben rund 100 Skeletten, die 1930 exhumiert wurden, fanden die Archäologen vermutlich die sterblichen Überreste eines Europäers, der nackt begraben wurde, während die dort bestatteten Ureinwohner Kleidung und Schmuck trugen.

Banes ♥. Diese kleine, gut erhaltene Stadt verdankt ihren Ruhm dem Museo Indocubano Bani. Dieses Museum beherbergt die größte Objektesammlung (Werkzeuge, Keramiken, Schmuckstücke), die auf die Taino-Kultur (● *34)* zurückgeht. Sehr berühmt ist in Cuba den »Ídolo de los Tainos«, eine kleine Statue aus massivem Gold, die aus dem 13. Jh. stammt. Banes' Stadtbild wird von amerikanischen Oldtimern geprägt, eine Hinterlassenschaft der US-Amerikaner.

»Nie hatte er ein so schönes Land gesehen«
Vermutlich ist die Bucht von Bariay, rund 25 km westlich von Guardalavaca, der Ort, an dem Kolumbus am 28. Oktober 1492 landete. »Der Admiral sagte, dass er nie ein so schönes Land gesehen hatte. In der Nähe des Flusses standen nur schöne, grüne Bäume, die alle Blüten und Früchte ihrer Art trugen. Viele unterschiedliche Vögel stimmten ihren lieblichen Gesang an. Es gab viele Palmen, aber andere Sorten als bei uns.« Eine seltsame Skulpturen- und Säulengruppe erinnert hier an die Landung von Kolumbus.

▲ Sierra Maestra

Die Sierra Maestra, 250 km lang und 30 km breit, erstreckt sich über die Provinzen Granma und Santiago de Cuba und ist der wichtigste Gebirgszug der Insel. Der Pico Turquino (1972 m), die höchste Erhebung des Landes, verschwindet oft in dichtem Nebel. Er war Schauplatz von Fidel Castros revolutionärem Kampf. Seine Rebellen fanden hier vom Dezember 1956 bis August 1958 eine ideales Rückzugsgebiet. Heute wird der Zugang vom Hotel Villa Santo Domingo aus, dem Ausgangspunkt von Wanderungen, streng kontrolliert. Gut angelegte Pfade (mit Treppen und Geländer) ermöglichen die Überquerung dieses Gebirgsmassivs mit seinen atemberaubenden Landschaften.

»ALLE GEWEHRE, ALLE KUGELN, ALLE RESSOURCEN FÜR DIE SIERRA!«

FIDEL CASTRO

Wanderungen ab dem Belvedere von Alto del Naranjo

Besuch der Comandancia de la Plata im Westen: Man muss eine Stunde einplanen, um zu Fuß das alte Hauptquartier der *barbudos* (● *44*), zu erreichen, das 3 km von Alto del Naranjo entfernt liegt. Fidel Castros Lager, das in ein Museum umgewandelt wurde, umfasste auch ein Hospital und die Station von Radio Rebelde.

Im Parque Nacional de la Sierra Maestra: 13 km trennen Alto del Naranjo vom Pico Turquino. Die Wanderung, die zwei Gebirgskämmen folgt, die in west-östlicher und nord-südlicher Richtung verlaufen, kann man in zwei Tagen mit Übernachtung in einer 1500 m hoch gelegenen Hütte bewältigen. Die wichtigsten Etappen:

1. La Platica: das erste Dorf
2. Palma Mocha
3. Loma del León: schöner Ausblick auf den Pico Turquino und den Pico Cuba (1872 m)
4. Hütte von Aguada del Joaquín
5. Pico Joaquín
6. Paso de los Monos
7. Pico Turquino

Der Abstieg nach Las Cuevas am Meer ist verboten.

Flora und Fauna der Sierra Maestra

Die Sierra Maestra ist von tropischem Regenwald (■ *20*), bedeckt. Bemerkenswert sind die hier heimischen Orchideen. Auch Vogelliebhaber kommen auf ihre Kosten: Es gibt *tocororos* (eine Sperlingsart, ■ *20*), *zunzuncitos* (Bienenelfen, ▲ *174*), verschiedene *carpinteros* (Schwarzspechte) und *palomas* (Tauben).

BAYAMO

Bayamo, das zwischen Zuckerrohrfeldern an der Südküste und der Sierra Maestra (▲ *202)* im Osten eingekeilte Nadelöhr, ist eine wichtige Etappe für jeden, der eine Reise zu den Hauptstätten der cubanischen Geschichte unternimmt. Über die zweite Stadt, die Diego Velázquez 1513 gründete, schrieb der Historiker Rafael Rodríguez Ramos: »Die Kolonialherren konnten nicht ahnen, dass diese spanische Stadt, die sie gerade erbauten, zu einem mythischen Provinzzentrum der cubanischen Identität werden sollte. Noch ferner lag ihnen der Gedanke, dass der Vater des Vaterlandes in jenem großen Haus leben würde, das von dem in der ersten Hälfte des 17. Jh. auf die Insel verschlagenen Gründervater der Familie Céspedes erbaut werden sollte.« In Bayamo erblickte Carlos Manuel de Céspedes (● *39)* das Licht der Welt. Am 20. Oktober 1868, zehn Tage nachdem er auf seinem Landgut La Demajagua die Unabhängigkeit ausgerufen hatte, nahm er Bayamo ein. Das erste Parlament der aufständischen Republik trat zusammen, und zum ersten Mal sang man *La Bayamesa,* die cubanische Nationalhymne. Am 12. Januar 1869 zündeten die Unabhängigkeitskämpfer aus Bayamo lieber ihre Stadt an, als sie wieder den Spaniern zu überlassen.

Plaza de la Revolución. Mitten im Stadtzentrum stehen sich zwei von den Einwohnern hochgeachtete Persönlichkeiten gegenüber: Carlos Manuel de Céspedes, feierlich und im bronzenen Frack, und Perucho Figueredo, der Autor der Nationalhymne. In den Sockel seiner Büste hat man den Text der Bayamesa eingemeißelt. An der Fassade des Ayuntamiento (Rathaus) erinnert eine Tafel an das Jahr 1868, in dem erstmalig die Abschaffung der Sklaverei verkündet wurde. Im Stadtzentrum steht das von Walter Betancourt erbaute Teatro José Joaquín Palma.

Casa Natal de Carlos Manuel de Céspedes. An der Nordseite der Plaza de la Revolución erhebt sich das Geburtshaus des ›Vaters des Vaterlandes‹, in dem heute ein Museum untergebracht ist. In diesem schönen Gebäude zeichnet eine Dokumentensammlung den Kampf des Mannes nach, der zugleich Pflanzer und Ideologe, Volksvertreter und Journalist war. Unter anderem gab er den ›Cubano Libre‹, die erste Zeitung des unabhängigen Cuba, heraus. Die Druckerpresse, die er benutzte, ist vor Ort noch heute zu sehen.

Plaza del Himno Nacional. Dieser älteste und zugleich wichtigste Platz in Bayamo wurde ursprünglich Plaza de la Iglesia Mayor genannt, was auf die Iglesia Mayor de San Salvador (1613) zurückging, die jedoch bei dem Brand von 1869 fast vollständig zerstört wurde. Allein die Capilla de la Dolorosa ♥ (● *80)* links des Hochaltars wurde verschont. Deren reiche Verzierung dient einem der schönsten

La Bayamesa
Musik und Text der cubanischen Nationalhymne sind das Werk von Pedro Figueredo (1819-70). Manuel Muñoz Cedeño führte sie am 11. Juni 1868 anlässlich des Fronleichnamsfestes auf:
»Auf in den Kampf, Bayameses./
Auf dass das stolze Vaterland Euch ehrt./
Fürchtet nicht den ruhmreichen Tod,/
Denn fürs Vaterland sterben, heißt leben./

Fürchtet nicht die wilden Iberer,/
die sind feige wie alle Tyrannen,/
sie leisten keinen Widerstand dem mutigen Cubaner./
Ihr Reich ist für immer tot./

Cuba ist frei.
Spanien ist tot./
Wo sind ihre Macht und ihr Stolz?
Hört das Signal der Trompete/
Auf zu den Waffen, Ihr Tapferen!«

Barockretabeln des Landes als Schmuckkästchen. Auf dem Platz vor der Kirche stimmten die Bürger am 8. November 1868 zum ersten Mal die Nationalhymne an, nachdem ein Priester die von Carlos M. de Céspedes gehisste Fahne gesegnet hatte (Fresko, unten links).

Manzanillo

Bei Manzanillo (unten) klart der Himmel auf, über dem karibischen Meer weht ein leichter, heiterer Wind. Doch die Fahrt durch Yara, 37 km von Bayamo entfernt, erinnert an das erste Drama der Insel: Hier wurde der Kazike Hatuey von den spanischen Eroberern verbrannt (● *32*, ▲ *221*).

Die Wiege des Son (● *55*). Dieser Beiname gilt noch heute. Bekannte Gruppen stammen aus der Stadt, vor allem *Original de Manzanillo,* eine der ersten Gruppen, die im Ausland bekannt wurden. Manzanillo ist auch die Heimatstadt von Carlos Puebla, der zu Ehren von Che Guevara (● *44*, ▲ *192*) das unsterbliche »Hasta siempre« komponierte. Man sollte Manzanillo nicht verlassen, ohne den Rum aus dem Hause Pinilla probiert zu haben, einen der besten der Insel.

Museo Histórico La Demajagua. An der 12 km langen Straße von Manzanillo nach La Demajagua zeigt ein riesiges Plakat Carlos Manuel de Céspedes, der hier scheinbar für die Ewigkeit posiert. Auf dieser Hacienda, wo heute ein Museum eingerichtet ist, läutete Carlos Manuel de Céspedes am 10. Oktober 1868 die noch heute vorhandene Glocke – nicht etwa, um seine Sklaven zum Arbeitsappell antreten zu lassen, sondern um ihnen mitzuteilen, dass er ihnen die Freiheit schenke. Weitere Spuren der Vergangenheit: ein gezacktes Mühlrad, das aus der alten Zuckerfabrik stammt.

Die Orgeln von Manzanillo
Lino Borbolla ist Orgelbauer in alter Familientradition. Francisco, Linos Onkel, und Santiago Fornaris hatten Orgeln gekauft, die die aus Haiti geflohenen Franzosen (● *38*) in die Gegend von Cienfuegos mitgebracht hatten. Francisco schickte seinen Sohn nach Frankreich, damit er das Handwerk des Orgelbauers lernen konnte. Dann gründete er in Manzanillo die erste Orgelwerkstatt. Lange Zeit waren Manzanillo und Holguín die einzigen Städte, die Orgeln nach Lateinamerika lieferten. Drei Exemplare, darunter eine prächtige Orgel aus dem Hause Pollereau, die in Nancy angefertigt wurde, funktionieren noch immer und beleben die Volksfeste der Region.

Unten: die Fahne der Bewegung des 26. Juli (● 44). Daneben von links nach rechts: José Martí, Máximo Gómez und Antonio Maceo; Fidel Castro im befreiten Santiago; die Errungenschaften der Revolution.

Wie soll man das Fieber und die stickige Hitze einer Stadt beschreiben, die zwischen Sierra Maestra (▲ 202) und einer riesigen Bucht eingeschlossen liegt? Santiago ist mit 420 000 Einwohnern und seinen unzähligen Gassen und Vierteln rund um den zentralen Parque Céspedes das zweitgrößte Ballungszentrum Cubas. Santiago ist nicht nur eine karibische Stadt, sondern auch Teil Afrikas. Federico García Lorca schrieb in seinem »Son de Negros en Cuba«: »O Cuba! O Rhythmus trockener Samen!/ Geh ich nach Santiago./ O heißer Gürtel und Tropfen von Holz!/ Geh ich nach Santiago./ Lebendiger Stämme Harfe, Tabakblüte, Kaiman!/ Geh ich nach Santiago./ Ich sagte immer, ich geh nach Santiago/ in einer Kutsche aus schwarzem Wasser./ Geh ich nach Santiago./ Ein Lüftchen und Schnaps in den Rädern./ Geh ich nach Santiago./ Im Finsteren meiner Koralle./ Geh ich nach Santiago./ Das Meer im Sande ertrunken./ Geh ich nach Santiago./ Weiße Hitze. Tote Frucht./ Geh ich nach Santiago.«

Schutz vor Piraten und Seeräubern
Im 16. Jh. erlebte Santiago de Cuba, die für den Handel zwischen Spanien und seinen Kolonien so wichtige Hafenstadt, immer wieder Angriffe von Seeräubern und Piraten. 1554 plünderte Jacques de Sores (● 33) die Stadt. Die spanische Krone ahnte turbulente Zeiten und ließ Santiago 1639 befestigen: Das Castillo de San Pedro de la Roca, El Morro (▲ 216) genannt, bewachte fortan die Bucht. Dieses hielt die Engländer und den Seeräuber Henry Morgan (● 33) aber nicht davon ab, es zu zerstören und die Stadt 1662 in Brand zu setzen. Unten: El Morro im 18. Jh.

GESCHICHTE

Gründung und Kolonialisierung. Santiago de Cuba wurde 1514 von Diego Velázquez (● 32) gegründet. Erst 1522 erhielt die Stadt ihre heutige Lage, gegründet wurde sie auf der anderen Seite der Bucht. Die großen Männer der spanischen Kolonialisierung waren hier tätig: Panfilo de Narvaez, Vasco Porcallo de Figueroa, Bernal Díaz del Castillo und Hernán Cortés (● 33, ▲ 180), der auch der erste Bürgermeister der Stadt war. 1515 wurde Santiago zur Hauptstadt der Isla Ferdinanda, so Cubas erster Name. La Habana fiel dieser Rang erst 1553 (● 33) zu. Auch nach Cortés brachen noch viele Expeditionen von Santiago zum amerikanischen Festland auf. Nachdem die indigenen Ureinwohner ausgerottet worden waren, sah man in der Versklavung von Arbeitskräften aus Haiti und Afrika die einzige Möglichkeit, die Gold- und Kupferminen auszubeuten sowie Zuckerrohranbau zu betreiben.

Die französischen Einwanderer. 1791 trieb der Sklavenaufstand auf Haiti viele französische Kolonialherren zur Flucht von der Insel. Die meisten ließen sich in der Umgebung von Santiago nieder; viele kamen mit Sklaven, die ihnen die Treue gehalten hatten. Diese letzte Kolonialisierung Cubas war ein Glücksfall für den Oriente, der bisher ausschließlich spanisch geprägt war. Sie kamen rasch zu Reichtum – der Anbau von Kaffeepflanzen aus Haiti wurde ein Riesenerfolg – und sie ließen sich hauptsächlich in einem Stadtviertel Santiagos nieder, das fortan den Namen ›Petite France‹ tragen sollte. Heute heißt es Tivoli.

»Gestern aufständisch, heute gastfreundlich und immer heldenhaft«. Den ersten Teil dieser Devise verdankt Santiago den Ereignissen, die sich dort in der zweiten Hälfte des 19. Jh. abspielten. Damals fielen die Ideale der Französischen Revolution auf den Kaffee- und Zuckerrohrplantagen auf fruchtbaren Boden und begeisterten die Sklaven. Die Cimarrones (● *37*, ▲ *199)* destabilisierten die Region. Zudem gründeten zahlreiche Einwanderer aus Katalonien, die schon in Spanien für Autonomie und Unabhängigkeit gekämpft hatten, Freimaurerlogen. 1868 wurde der Aufruf von Carlos Manuel de Céspedes in der Stadt voller Begeisterung aufgenommen. Viele Einwohner Santiagos schlossen sich den Rebellen an, als am 25. August 1879 in der Stadt die *Guerra Chiquita* (›Kleiner Krieg‹) ausbrach. Dieser kurze, 1880 beendete Krieg war ein letzter Versuch, nach der Kapitulation von Zanjón (● *39)* einen neuen Aufstand zu beginnen. Am 25. April 1898, am Ende des Unabhängigkeitskrieges, erklärten die USA Spanien den Krieg, und am 3. Juli wurde die Flotte des Admirals Pascual Cervera, die sich in die Bucht von Santiago zurückgezogen hatte, von einem amerikanischen Geschwader besiegt. Der Sieg wurde den Mambises (● *39)* im letzten Augenblick von den Amerikanern entrissen, die ihnen den Einmarsch in die Stadt verwehrten. Die amerikanische Besatzung sollte bis zum 20. Mai 1902 dauern. Für die aufständische Hauptstadt von Oriente begannen bleierne Jahre. In Santiago wurde später der Kampf gegen Gerardo Machado (● *42)* organisiert, bis er 1933 gestürzt wurde. Und am 26. Juli 1953 versuchten Castro und eine Gruppe von Verschwörern die Moncada-Kaserne in Santiago einzunehmen. Als die Barbudos (● *44)* die Insel endgültig befreit hatten, legte Castro Wert darauf, zunächst ins befreite Santiago und erst dann in La Habana einzumarschieren. Santiago hatte sich den Titel ›heldenhafte Stadt‹ erworben.

Es war einmal in Santiago…
In Santiagos Osten, zwischen Bahnhof und Hafen, erzählt ein 200 m langes Fresko aus 30 Bildern die Geschichte Cubas. Man erfährt dort alles über den langen Marsch in die Unabhängigkeit, den die Hauptakteure des turbulenten Ostens – 26 Generäle stammen aus Santiago – zurücklegten.

Das festliche, vielfältige Santiago
»Die rassische Vielfalt ist weit mehr als eine Vermischung der Hautfarben. Sie betrifft auch die Ideen, Gefühle, Künste und Bräuche« (Fernando Ortiz). Die ethnische Vielfalt hat in Santiago eine reiche Kultur hervorgebracht. Man denke nur an den Karneval, der durch Chan, den Direktor der Comparsa de los Hoyos, repräsentiert wird (● *63)* oder an das 1961 gegründete Ballet Folklórico Cutumba, das traditionelle afrocubanische Tänze aufführt.

SPASS AM FEIERN ★
Am Wochenende ist die Stadt in Hochform. Nach der Siesta bringt man sich am Museo del Carneval mit den Rhythmen der jungen Folkloregruppen in Schwung, trinkt einen Mojito im Hotel Casa Granda am Parque Céspedes und singt in der stimmungsvollen Casa de la Trova die großen Klassiker der cubanischen Musik mit.

Das Rathaus von Santiago

PARQUE CÉSPEDES

»Friede den Menschen guten Willens!« Lange Zeit begrüßte ein riesiges, zwischen zwei Balkone gespanntes Transparent alle, die auf der Suche nach Frische auf diesen zentralen Platz strömten. Es gab den Geist der Stadt wieder: Widerstand und Ansehen, Glaube und Geschichte. Die ehemalige Plaza de Armas wurde zu Ehren des ›Vaters des Vaterlandes‹ in Parque Céspedes umgetauft: Seine Statue wacht über die Gebäude des Platzes, die Zeugen der reichen Stadtgeschichte sind. **Hotel Casa Granda.** Von der Terrasse dieses wunderschönen Hotels, das abends beleuchtet ist, überblickt man den gesamten Platz. Es ist ein idealer Ort, um das Hin und Her der Santiagueros zu beobachten, die gern zum Eisverkäufer unter den Arkaden der Kathedrale schlendern. Die Casa Granda der 1950er Jahre, »ein Hotel, das von echten Spionen, Polizeispitzeln und Agenten der Rebellen frequentiert wurde«, beschrieb Graham Greene in seinem Roman »Unser Mann in Havanna« (● *108*).
Casa Diego Velázquez ♥ (▲ *210*). Dieser ansehnliche Wohnsitz gegenüber der Casa Granda trägt den Namen seines ersten Bewohners und des ersten Gouverneurs von Cuba. Es handelt sich um eines der ältesten Häuser Lateinamerikas (1516).

»Eine Mulattin beginnt zwei Schritte vor einem Tänzer ihren Hintern zu bewegen, und alle Umstehenden begleiten die rhythmischen Bewegungen mit ihren Händen, trommeln auf eine Kiste, eine Tür, eine Wand.« Alejo Carpentier

Kathedrale Nuestra Señora de la Asunción. Die 1522 errichtete Kathedrale stand gegenüber der Bucht. Sie wurde durch mehrere Erdbeben beschädigt und immer wieder aufgebaut. Ihre heutige Gestalt erhielt sie 1922 (links): Die überhöhte, neoklassizistische Fassade wird von zwei Glockentürmen flankiert, zwischen denen sich der Engel der Verkündigung erhebt. Im Inneren sind die schöne Kassettendecke und das in Holz geschnitzte Chorgestühl bemerkenswert. Als Papst Johannes-Paul II. (● *46*) im Februar 1998 Santiago besuchte, zelebrierte er hier die ›Versöhnungsmesse‹.

Calle Heredia ♥

Diese Straße rechts der Kathedrale ist eine der belebtesten der Stadt. Die Messen, die hier gefeiert werden, bestehen aus Noten: Musik über Musik! Sie ertönt unter jedem Portal, auf der Straße, an jeder Kreuzung. Samstag abend, bevor sich die Cubaner ihren beliebten Telenovelas (Fernsehserien) hingeben, strömen sie hierher, wo der Son und die Trova (● *55*) regieren.

Casa de los Estudiantes (N° 204). Samstag abend verwandelt sich diese Disco in ein Konservatorium der afrocubanischen Tänze und Musik. Hier lassen die Meister der Bata-Trommel atemberaubende Jungfrauen bis zum Delirium in den Hüften wiegen!

Casa de la Trova (N° 208). Sie ist in Santiago eine Institution und hatte schon immer einen Bezug zur Musik. Der Komponist Rafael Pascual Salcedo (geb. 1844) empfing hier lange Zeit befreundete Musiker. 1950 machte Virgilio Palais aus dem Haus einen Treffpunkt für Liebhaber der Trova. Erst 1968 wird das Cafetín de Virgilio offiziell zur Casa de la Trova. Dieser Wohnsitz aus dem 19. Jh. hat ein wenig von seinem Reiz verloren, als man 1995 sein berühmtes Dekor aus Holz und vergilbten Fotos (rechts) renovierte. Die Porträts der alten Sänger, die den Ruhm des Hauses begründeten, sind noch immer da, aber die Könige des Son, die Vetter von El Guayabero (▲ *200*, rechts) und Compay Segundo, treten hier nicht mehr auf.

Sitz der UNEAC (N° 266). Im Patio des Hauses, wo die Union der Schriftsteller und Künstler Cubas ihren Sitz hat, hört man den besten Son der Insel.

Compay Segundo
Der Patriarch des Son heißt mit richtigem Namen Francisco Repilado Muñoz. Er wurde 1907 in der Nähe von Santiago geboren. Mit 14 Jahren nahm er Gesangs- und Klarinettenunterricht und trat ins Blasorchester von Santiago ein. Damals baute er sein *armónico,* ein Zwischending aus Tres (● *54*) und Gitarre. 1934 ließ er sich in La Habana nieder und spielte im Quintett von Nico Saquito, wurde Gitarrist des Cuarteto Hatuey, trat als Klarinettist dem Conjunto Matamoros bei und gründete zusammen mit L. Hierrezuelo das Duo Los Compadres. Um 1955 gründete er die Musikergruppe Compay Segundo y sus Muchachos. Die CD Buena Vista Social Club, auf der er Chan Chan singt, wurde mit einem Grammy ausgezeichnet.

▲ Casa de Diego Velázquez und Museo de Ambiente Histórico Cubano

Die Casa de Diego Velázquez gilt als das älteste Wohnhaus Cubas (1516-30). Der Eroberer und erste Repräsentant der spanischen Krone gab den Bau in Auftrag, um im Erdgeschoss das Oberkommando der spanischen Kolonie sowie eine Goldschmelzhütte und im Obergeschoss seine Privatgemächer einzurichten. Das heutige Museo de Ambiente, das die Entwicklung des Mobiliars vom 16. bis 19. Jh. nachzeichnet, erstreckt sich über die Casa de Velázquez und das angrenzende Wohnhaus aus dem 19. Jh. Das Gebäude wurde 1965 restauriert und steht unter Denkmalschutz.

Der Patio
Hinter der Fassade aus Quadersteinen fühlt sich der Besucher durch den riesigen Hof im Mudéjarstil sofort nach Sevilla oder Córdoba versetzt. Restaurierte Gitterfenster schützen die Galerien des Obergeschosses vor Blicken. Der in maurischer Tradition in der Mitte des Hofes gelegene Brunnen sowie der tönerne Krug oder *tinajón* ähneln denen in Camagüey (▲ *196*).

Das Obergeschoss
Es zeigt Möbelstücke des 16. und 17. Jh. Zu Beginn der Kolonialzeit wurden nur wenige Möbel nach Cuba importiert. Das Land war reich an allen Holzarten, so dass man alles, was gebraucht wurde, im Land produzierte. Der *estrado* war der zentrale Ort, um den das Familienleben organisiert wurde: ein Sockel aus Holz, der nachts als Bett und tagsüber als Arbeitstisch diente. Der maurische Stil kommt durch einen Priestersessel und eine verzierte Holztruhe zum Ausdruck. Allein der Wandteppich mit dem Familienwappen erinnert noch an die Familie Velázquez.

Das Haus aus dem 19. Jh.
Es verfügt über französisch beeinflusstes Mobiliar (▲ *213*), das von einer Vorliebe für Komfort zeugt. Zu erwähnen sind die Schaukelstühle, die Konsole und der Spiegel im Charles X.-Stil.

Oben: Detail der Zimmerdecke aus Zedernholz im Mudéjarstil aus dem 16. Jh.

Rechts: Großer Saal aus dem 17. Jh. mit Möbeln im kreolischen Stil. Der Innenraum wird durch zwei halbhohe Trennwände unterteilt. Diese typische Einrichtung kommt der natürlichen Durchlüftung zugute.

Oben: Speisesaal des 19. Jh.

Rechts: Speisesaal des 18. Jh.

Das Erdgeschoss

Es zeigt einige Möbel aus dem 18. Jh., die zum ersten Mal einen eigenen Stil aufweisen, der ›Luis Las Casas‹ genannt wird. Der wirtschaftliche Reichtum der Insel ermöglichte die Entstehung dieses Stils, der englische Einflüsse mit dem französischen Rokoko vermischt: überladenes Dekor, massive, hervorspringende, klauenförmige Füsse zieren dieses überproportionale Mobiliar.

Der Balcón de Velázquez
Dieser Aussichtspunkt an der Calle Mariano Corona, Ecke Calle Bartolomé Masó, bietet einen herrlichen Blick auf das malerische Stadtviertel Tivoli. Die Treppen der Calle Padre Pico (unten, Anfang des 20. Jh.) wurden von Emilio Bacardí in Auftrag gegeben.

Der gerechte Emilio Bacardí
Der Gründer der berühmten Brennerei Bacardí (● *50)*, Emilio Bacardí, kämpfte für die Unabhängigkeit und kam sogar ins Straflager. Als es am Ende des Spanisch-Amerikanischen Krieges (● *39)* zu einer Gelbfieber-Epidemie kam, drohten die Behörden jedem, der Todesfälle nicht sofort meldete, 30 Tage Haft an. Emilio schrieb an den Bürgermeister: »30 Tage Zwangsarbeit für Märtyrer, für Mütter, Schwestern, Freunde, die uns ein Vaterland gegeben haben. Als Mensch und Cubaner erlaube ich mir, Ihnen mitzuteilen, dass es die Aufgabe der Behörden ist, den Leidtragenden beizustehen.« Er wurde der erste Bürgermeister von Santiago nach der Unabhängigkeit.

Casa Natal de José María de Heredia. In diesem Wohnsitz aus dem 18. Jh. wurde der Dichter José María de Heredia (1803-39) geboren. Das heutige Museum zeichnet das Leben des Künstlers und Dichters nach, der durch sein Engagement für die Unabhängigkeit bekannt wurde. Sein gleichnamiger Cousin, der 1842 in der Nähe von Santiago geboren wurde und in frühen Jahren die Heimat verließ, wurde in Frankreich ein sehr berühmter Autor.
Museo del Carnaval (N° 303). Dieses große Museum, das in einem schönen Kolonialbau aus dem 18. Jh. eingerichtet wurde, erzählt die Geschichte des berühmten Karnevals von Santiago (● *62)*, von seinen religiösen Ursprüngen bis hin zu seiner revolutionären Färbung seit 1959. In der Zeit der Republik verwandelten sich die Wagen in Werbeflächen für Pilón, Bacardí ... In den folgenden Räumen werden Kostüme, *cabezones* (große Köpfe), Banner, Wagen und zahlreiche Musikinstrumente gezeigt. Im Patio treten oft Folkloregruppen auf.
Museo Emilio Bacardí-Moreau. Der in der Calle Aguilera, Ecke Calle Pío Rosado gelegene Bau, ein Tempel der cubanischen Geschichte, überrascht wegen seiner breiten neoklassizistischen Säulen-Fassade. Dieses älteste Museum Cubas wurde 1899 von Emilio Bacardí (● 50) gegründet. Im Erdgeschoss versammelt es viele Kleidungsstücke, die den drei Helden der Unabhängigkeitskriege (● *39)* gehörten, José Martí, Carlos Manuel de Céspedes und Antonio Maceo (man beachte dessen Beinschienen). Im Untergeschoss befinden sich Objekte aus der Sammlung Bacardí, darunter eine ägyptische Mumie und einige Kunstwerke aus prähispanischer Zeit. Der erste Stock ist der europäischen und cubanischen Malerei gewidmet und beherbergt einige Werke von Wilfredo Lam (● *99)* und René Portocarrero (● *99)*.
In Richtung Parque Dolores. In Richtung Osten erreicht man die Calle José A. Saco, die hinauf zum Parque Dolores führt, vorbei an einer Reihe von Boutiquen, deren erloschene Neonreklameschilder noch von der einstigen Pracht zeugen. Diese Straße hatte den aus Haiti geflohenen französischen Kolonialisten viel zu verdanken. Nachdem sie zu Reichtum

gekommen waren, bezogen sie Kleidungsstücke, Glaswaren, seltene Keramikwaren und signierte Möbelstücke aus Europa. Der Parque Dolores ist ein idealer Ort, um eine Pause einzulegen, etwa im La Isabelica, das für seinen Kaffee berühmt ist.

TIVOLI, DIE FRANZÖSISCHE ENKLAVE ♥

Tivoli, im Südwesten des Parque Céspedes gelegen, ist zweifellos das populärste Viertel Santiagos und zugleich Symbol des cubanischen Synkretismus: Hier trafen Spanier bescheidener Herkunft auf Kreolen, Jamaikaner, Dominikaner, Puertorikaner, Araber, Chinesen und schließlich auf Franzosen aus Haiti und deren Sklaven (● *38*). Man ist stolz darauf, dass hier zum ersten Mal der Karneval von Santiago gefeiert wurde. Der Name des Viertels geht auf ein Kaffee- und Konzerthaus zurück, dessen labyrinthartiger Zugang zur Bar den Bezug zum italienischen Tivoli erklärt. Die französischen Einwanderer verwandelten diesen Hügel über dem Hafen in das beliebteste Viertel der Santiagueros. Hier gab es alles: Geschäfte, Musikschulen, Modeboutiquen, Werkstätten, Theater… Das einstige Treiben hat heute beträchtlich abgenommen. Nur die in der Calle Rabí gelegene Casa de Tradición, ein Musikertreffpunkt, ist nachts hell erleuchtet.

Museo de la Lucha Clandestina ♥. Dieses schöne Haus in der Calle Rabí wurde 1956 niedergebrannt und 1976 von dem Architekten Walter Betancourt völlig neu erbaut. Das Museum zeichnet den Kampf gegen Batista nach und beschwört die Ereignisse vom 30. November 1956: den von Frank País geleiteten Angriff, der Castro und seinen Männern die Landung im Oriente ermöglichen sollte. Früher wohnte Castro übrigens in der Calle Rabí.

Verkauf von Bacardí-Rum, 1955

Tumba-Francesa - Gemeinschaften
Die ›schwarzen Franzosen‹ (▲ *209*) organisierten ihre Feste zunächst auf den Kaffeeplantagen, dann in den Städten. Es gibt noch zwei Gemeinschaften, eine in Santiago und eine in Guantánamo. Ihre Choreographien sind eine Adaption der Salontänze, die die französischen Kolonialherren im 18. Jh. pflegten (Menuett, Rigaudon…). Man singt in kreolischer Sprache zur Begleitung von Trommeln und *chachás,* mit Bändern verzierten Metallglocken. Zwei Tänze gibt es heute noch: den Masón und den Yubá.

Im Hafen von Santiago ist das emsige Treiben, das zur Zeit der Russen auf der Kaimauer zu beobachten war, einer bleiernen Lethargie gewichen.

FRIEDHOF SANTA IFIGENIA ♥

Dieser Friedhof ist allemal einen Besuch wert, zumal man in einer der Kutschen dorthin gelangen kann, die vom Parque Alameda, südlich des Bahnhofs, abfahren. Dem Bahnhof gegenüber befindet sich das ehemalige Lagerhaus der Firma Bacardí (oben rechts, die Arbeiter vor den Fässern, um 1920-30), wo heute der Rum der Marke Caney hergestellt wird.

Die Nekropole der Helden. Der Friedhof von Santiago ist fast so interessant wie der Friedhof Cristóbal Colón in La Habana (▲ *145*). Hier ruhen einige der Helden der Unabhängigkeitskriege: José Martí (● *40*) und Carlos Manuel de Céspedes (● *39*, ▲ *204*). Martí war zunächst in Dos Ríos bestattet, wo er starb. Seine sterblichen Überreste wurden dann in der Hauptstadt von Oriente in ein Mausoleum (1951) überführt. Die Grabstätte von Manuel de Céspedes, des ›Vater des Vaterlandes‹, erkennt man an der Säule, die von einer ewigen Flamme gekrönt wird. Nebenan befindet sich u. a. das Grab von Antonio Maceos Mutter (Mariana Grajales, die ›Mutter des Vaterlandes‹) sowie das Monument, das den 26 aus Santiago stammenden und im Kampf gefallenen Generälen gewidmet ist. Die Gräber der ›Märtyrer der Revolution‹, etwa Frank País und sein Bruder Josué, sind mit einer rotschwarzen Fahne bedeckt, den Farben der Bewegung des 26. Juli (● *44*, ▲ *206*). Zu sehen ist auch das pyramidenförmige Grabmal Emilio Bacardís.

VON DER PLAZA DE MARTE ZUR PLAZA DE LA REVOLUCION

Plaza de Marte. Östlich des Parque Dolores gelegen, stellt sie die Verbindung her zwischen dem Stadtzentrum und dem zweiten historischen Viertel der Stadt. Der Platz aus dem 19. Jh. spielte in der Geschichte der cubanischen Aufstandsbewegung eine traurige Rolle. Hier stand in der Kolonialzeit der Galgen, auch während der Diktatur von Gerardo Machado (● *42*).

Napoleons Arzt
Auf dem Friedhof Santa Ifigenia ruht ein auf Korsika geborener Franzose, der durch eine andere Persönlichkeit berühmt wurde: Francesco Antommarchi (1780-1838), der letzte Arzt Napoleons auf Sankt-Helena. Als dieser 1821 starb, präsentierte Antommarchi eine Totenmaske, die er angeblich vom Gesicht des Kaisers genommen hatte. Als Betrüger entlarvt, ging er nach Cuba und ließ sich in Santiago, der Zufluchtsstätte vieler bonapartistischer Franzosen, nieder: Viele Soldaten, die unter dem Kaiser gedient hatten, waren hier zu Kaffeepflanzern geworden. Aufgrund seiner Selbstlosigkeit gewann ›El Doctor‹ die Sympathien der *Santiagueros*. Noch einen Monat vor seinem Tod bat er den Bürgermeister von Santiago um Betten und ausgebildetes Personal, um Bedürftige pflegen zu können.

Die Moncada-Kaserne (● *44*). Dieses Gebäude in der Calle General Portuondo, Ecke Avenida Moncada, stammt zwar aus dem 19. Jh., wurde aber in den 1930er Jahren erweitert. Der Angriff, den Fidel Castro mitten im Karneval, am 26. Juli 1953, gegen die damals zweitgrößte Garnison Cubas anführte, sollte auf der Insel einen breiten Volksaufstand auslösen. Um von der eigentlichen Operation abzulenken, wurde unter der Führung von Abel Santamaría und Raúl Castro, das Hospital Saturnino Lora und der Justizpalast in unmittelbarer Nähe der Kaserne angegriffen. Die rund 100 Männer Castros waren den Soldaten Batistas zahlenmäßig weit unterlegen, so dass der Angriff mit einem Fiasko endete: Acht Männer wurden getötet, 55 gefangen genommen, gefoltert und dann hingerichtet. Castro, dem die Flucht gelang, wurde eine Woche später festgenommen und am 16. Oktober 1953 (● *44*) in einem Saal des Hospitals Saturnino Lora abgeurteilt. Nach 1959 wurde das Gebäude, auf dessen Fassade noch die Einschusslöcher zu sehen sind, in eine Schule umgewandelt. Seit 1967 beherbergt es auch das Museo Histórico del 26 de Julio ♥. Ein Modell erklärt den Verlauf des Angriffs von 1953. Auch eine Folterkammer wurde hier nachgebildet. Historische Aufnahmen, Zeitungsartikel, blutverschmierte Uniformen und Waffen untermauern die Darstellungen. Eine große Tafel zeigt die Porträts all derjenigen, die im Verlauf des Angriffs ums Leben kamen.

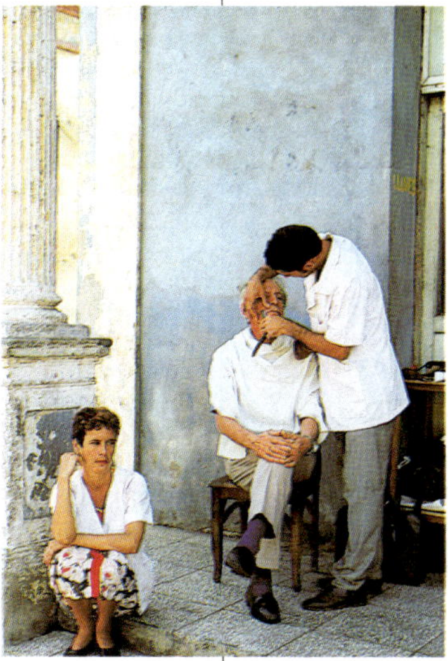

Malerische Szenen erwarten den Besucher in den Straßen von Santiago. Ein Barbier, der unter freiem Himmel seiner Tätigkeit nachgeht.

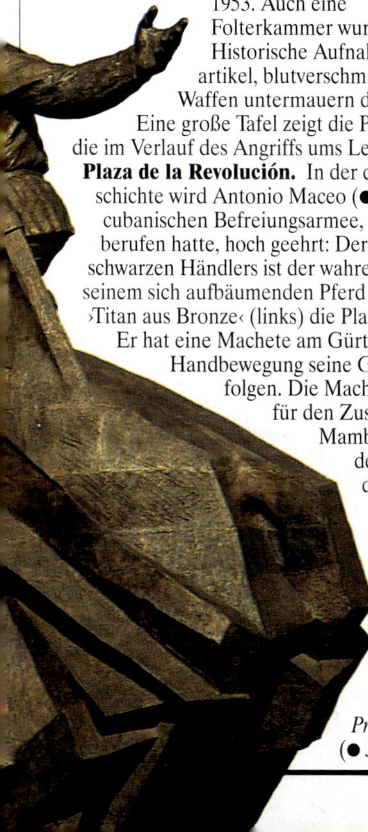

Plaza de la Revolución. In der cubanischen Geschichte wird Antonio Maceo (● *39*), der General der cubanischen Befreiungsarmee, auf den sich Castro berufen hatte, hoch geehrt: Der Sohn eines schwarzen Händlers ist der wahre Pate Santiagos. Auf seinem sich aufbäumenden Pferd beherrscht dieser ›Titan aus Bronze‹ (links) die Plaza de la Revolución. Er hat eine Machete am Gürtel und lädt mit einer Handbewegung seine Genossen ein ihm zu folgen. Die Machete steht als Symbol für den Zusammenhalt der Mambises (● *39*) und deren Treue zu Maceo, der ausrief: »Nach Freiheit fragt man nicht, man erobert sie mit der Machete.« Die 23 Stahlsäulen, von denen die mittlere 8 m misst, spielt an auf den 23. März 1878, das Datum der *Protesta de Baraguá* (● *39*).

Casa Natal de Antonio Maceo
Das Geburtshaus des Mulattengenerals (Calle Los Maceos, N° 207) wirkt trotz der Umwandlung in ein Museum äußerst bescheiden. Maceo wurde am 14. Juni 1845 geboren und fiel am 7. Dezember 1896 in der Schlacht von Punta Brava. In der cubanischen Geschichte steht er für die Ablehnung von Kompromissen im bewaffneten Kampf um die Unabhängigkeit. Das Museum zeigt Fotografien der Familie Maceo: José, der Bruder von Antonio und ebenfalls General, der auch ›Löwe des Oriente‹ genannt wurde, sowie Marina Grajales, seine Mutter. Die Mangobäume im Innenhof stammen aus Baraguá und Magos de la Roque, zwei wichtigen Orten im Leben Maceos.

Eine architektonische Meisterleistung
(● *78*)
Das Castillo del Morro (1637) ist ein beeindruckendes Beispiel aus der Gruppe hispano-amerikanischer Militärbauten. Dieses klassische, von dem Italiener Juan Bautista Antonelli entworfene Festungsbauwerk folgt den Prinzipien der Renaissance-Theoretiker: geometrische Formen, Symmetrie und ausgewogene Proportionen.

VISTA ALEGRE

Dieses Wohnviertel von Santiago im Osten der Stadt erreicht man von der Plaza de Marte aus über die Avenida Victoriano Garzón. Die Avenida Manduley, die mitten in dieses Schachbrettmuster von Straßen führt, weist herrliche Bauten aus den 1920er und 1930er Jahren auf (rechts), die nach 1959 von den reichen Familien Santiagos verlassen wurden. Viele dieser Wohnhäuser wurden in Kulturzentren – die Alliance Française z. B. befindet sich in der Calle 6, N° 253 –, Schulen, Museen, Kliniken verwandelt. Manche beherbergen auch ausländische Konsulate.

Palacio de los Pioneros. Im Garten eine MiG und Kinder als Kampfpiloten? Die MiG ist zwar echt, hat aber keinen Antrieb und keinen Raketenwerfer. Die *pioneros* (›Pioniere‹) dieser Schule spielen nur mit dem alten Kampfflugzeug ... Dieses schlossähnliche Gebäude an der Avenida Manduley, Ecke Calle 11, kann nicht besichtigt werden.

Casa del Caribe. Das Karibikhaus befindet sich in der Calle 13, nahe der Avenida Manduley. Vor 15 Jahren gegründet, widmet sich dieses Institut den Bräuchen, Erinnerungen und Zeugnissen jener Mischkulturen, die lange Zeit vernachlässigt worden waren. Der Forscher José Millet hat sich besonders hervorgetan, vor allem mit seinen Forschungen zu den aus Afrika stammenden Kulten (*santería* ● *58* und Voodoo). Eine weitere afrikanische Enklave in der Nähe der Casa del Caribe ist das Centro Cultural Africano Fernando Ortiz (Avenida Manduley N° 106), das eine Sammlung von ethnologischen Objekten (Masken, Musikinstrumente...) zeigt.

Colline de San Juan. Nicht ohne Bedauern verlässt man Vista Alegre, diese oberhalb der Straße nach Osten gelegene Enklave der Heiterkeit. Die Autos, die sich den kleinen Hang der Avenida Raúl Pujol hinaufquälen, sorgen mit ihren Abgasen fast immer für Smog, der sich über den Hügel San Juan im Süden legt. Auf diesem Eselsrücken mit dem gepflegten Rasen fand am 1. Juli 1898 die Schlacht von San Juan

Die Cubaner fahren amerikanische Oldtimer aus Not – wenn sie nicht die Möglichkeit haben, einen Lada zu fahren, die nicht so alt und weitaus vertrauenswürdiger sind.

statt, die der Blockade der spanischen Flotte in der Bucht von Santiago folgte. Einer der 6000 amerikanischen Infanteristen, die den Hügel einnahmen, sollte berühmt werden: Theodore Roosevelt, der spätere Präsident der USA. Die Gedenkstätte mit den Kanonen und Marmortafeln dient zugleich als Garten des Hotels San Juan.

Das Castillo del Morro (● *78*)

Wohnhäuser im neoklassizistischen oder eklektischen Stil im Stadtviertel Vista Alegre in Santiago. Viele dieser Bauten wurden nach Plänen nordamerikanischer Architekten erbaut.

Majestätisch thront die Befestigungsanlage Castillo del Morro über der Bucht und bewacht den natürlichen Ankerplatz. Sie liegt 10 km vom Stadtzentrum Santiagos entfernt, am Ende der Straße, die zum Flughafen führt. Man erreicht die Festung auch über die Carretera Turística, die unzählige Aussichtspunkte auf die Bucht bietet. Mitte des 16. Jh. stellten die Piraten eine echte Gefahr für die Stadt dar (▲ *206*). 1637, ein Jahr nach dem Besuch des Militärarchitekten Juan Bautista Antonelli (● *146*), nahm der Gouverneur von Santiago, Pedro de la Roca y Borja, den Bau des Castillo San Pedro de la Roca in Angriff. Antonelli band das Fort ein in die Befestigungsbauten, die auf dem *morro* (Felsen) zwischen 1590 und 1610 erbaut wurden. Der Bau wurde 1662 (▲ *206*) von den Engländern zerstört und bis 1669 wiederaufgebaut und erweitert. Die heutige Festung – in den 1960er Jahren von Francisco Prat Puig restauriert – ist das Ergebnis von Verstärkungsarbeiten, die bis Ende des 19. Jh. durchgeführt wurden. Ab 1775 war hier ein Gefängnis untergebracht, und während der Unabhängigkeitskriege wurden hier Mambises interniert. 1898, nach der spanischen Niederlage, richteten sich hier bis zur Unabhängigkeit Cubas die Amerikaner ein. Die Festung beherbergt das Museo de la Piratería, das die Freibeuterei des 16. und 17. Jh. lebendig werden lässt.

Cayo Granma
Man erreicht diese kleine Insel in der Bucht von Santiago (links) mit einer Fähre, die in Marina Punta Gorda, 8 km vom Zentrum Santiagos am Ende der Carretera Turística ablegt. Auf Cayo Granma gibt es ein reizendes kleines Fischerdorf aus Hütten und bunten Pfahlbauten. Dieses ideale Ausflugsziel bietet dem Besucher Erholung, nachdem er das Stadtzentrum oder das nahe gelegene Castillo del Morro erkundet hat. Ein Restaurant erwartet die Inselbesucher.

Das Wunder von El Cobre
Die Dürre war in jenem Jahr so schlimm, dass der Fluss und der Brunnen austrockneten. So beschlossen die Dorfbewohner, die Jungfrau anzuflehen. Sie trugen ihre Statue aufs Feld und hatten noch keine

zwei Meilen zurückgelegt, als starker Wind einsetzte. Es begann so stark zu regnen, dass sie nur mit Mühe und Not die Statue in die Kirche zurückbringen konnten … (Nach Sanchez Moya, »Zeugnisse über die Wunder der Barmherzigen Jungfrau«)

NUESTRA SEÑORA DEL COBRE ♥

Die Basilika Nuestra Señora de la Caridad del Cobre (oben) liegt 20 km nordwestlich von Santiago. Sie ist das wichtigste Pilgerzentrum der Insel. In Cuba nennt man sie einfach ›El Cobre‹ (das Kupfer), zwei den Cubanern heilige Wörter: Seit dem 10. Mai 1916 ist die Barmherzige Jungfrau von El Cobre die Schutzpatronin des Landes.

Das Bergwerksdorf El Cobre. 1534 erhielt der Maurer Luis Espinosa von den Behörden die Erlaubnis, eine kleine Kupfermine am Fuß des Cardenillo-Hügels auszubeuten. Er gab seine Baustelle auf und überließ sie seinen Sklaven. Diese gründeten zusammen mit einer Gruppe von Spaniern aus Santiago das Dorf El Cobre. Ende des 17. Jh. folgten die Sklaven dem Beispiel der Cimarrones (● *37)* und probten den Aufstand. Nach mehreren Anläufen zur Beilegung des Konflikts mit ihren Herren erhielten die Cobreros das Recht, auf dem von ihnen bearbeiteten Land zu bleiben. 1807, rund 75 Jahre vor Abschaffung der Sklaverei, wurde ihnen die Freiheit zugestanden.

Die Barmherzige Jungfrau von El Cobre. 1605 fanden drei junge Fischer (● *33)* in der Bucht von Nipe eine Marienstatue mit Jesuskind. Einer von ihnen, Juan Moreno, erzählte, die geschnitzte Holzstatue habe folgende Inschrift getragen: »Ich bin die Jungfrau der Barmherzigkeit«. Die Reliquie wurde nach El Cobre gebracht, wo sie fortan von den Dorfbe-

wohnern verehrt wurde. Sie widmeten ihr 1608 eine Einsiedelei. Bald kamen Pilger aus ganz Oriente, vor allem aus Bayamo, zu dem Wallfahrtsort. Man begann sich Geschichten über die Wunder, die dort stattfanden, zu erzählen. Nachdem die Basilika durch ein Erdbeben beschädigt worden war, baute man sie wieder auf. 1927 wurde sie restauriert. Mit der Zeit erlangte die Virgen de la Caridad del Cobre eine so große Bedeutung, dass sie heute, über die religiöse Welt hinaus, einen zentralen Platz in der cubanischen Vorstellungswelt einnimmt.

Eine Hochburg der Santería (● *58*). Dieser Kult um die Barmherzige Jungfrau von El Cobre erlangte noch größere Bedeutung, da er sogleich mit dem Ochún-Kult in Verbindung gebracht wurde. Ochún ist in der Santería die Göttin des Süßwassers, der Weiblichkeit und der Liebe. Die Jungfrau trägt übrigens ein gelbes Kleid, und gelb ist die Farbe von Ochún (unten links, Statue der Jungfrau und eine Puppe, die Ochún darstellt, während der Pilgerfahrt).

Die Pilgerfahrt. Jedes Jahr am 8. September nehmen viele Cubaner an der Pilgerfahrt nach El Cobre teil. Dort legen sie Medaillen, Krücken, Haarsträhnen, Kleider, Fotos und andere Votivgaben nieder, wie einst auch die Barbudos (● *44*), die hier ihre Weihgeschenke darbrachten. Zu sehen ist auch die Medaille, die Hemingway (▲ *149*) bei der Nobelpreisverleihung erhalten hatte. Er selbst legte sie in die Vitrine, in der die Bewunderer der Virgen de la Caridad del Cobre ihre Gaben hinterlassen.

Parque Baconao

Östlich von Santiago beginnt der Parque Baconao, ein 80 000 ha großes Gebiet, das von der Unesco zum Schutzgebiet der Biosphäre erklärt wurde. Viele historische und künstlerische Sehenswürdigkeiten erwarten den Besucher hier.

Prado de las Esculturas. 16 km von Santiago, in Richtung Gran Piedra, erheben sich seit Ende der 1980er Jahre 20 monumentale Kunstwerke cubanischer und ausländischer Künstler. Man kann diese Galerie mit dem Auto besichtigen.

Granjita de Siboney. An der Straße, die Santiago mit dem ›Gehöftchen‹ Siboney verbindet, stehen 26 weiße Säulen zum Andenken an die beim Angriff auf die Moncada-Kaserne (▲ *215*) am 26. Juli 1953 gefallenen Helden. In dem Gehöft, wo der Angriff vorbereitet wurde, ist heute ein Museum eingerichtet, in dem auch einige Waffen ausgestellt sind.

Playa Siboney und Playa Daiquirí ♥. Die Santiagueros kommen in Scharen an ihren Lieblingsstrand, die Playa Siboney. Die Playa Daiquirí, eine kleine, versteckte Bucht, deren Namen den bekannten Cocktail (● *66*, ▲ *150*) in Erinnerung bringt, ist der verlockendste Strand in Oriente. Hier landeten allerdings auch 1898 die amerikanischen Truppen (● *39*), bevor sie Richtung Santiago marschierten.

Die Gran Piedra

Hier, an einem der schönsten Aussichtspunkte Cubas, kann man bei schönem Wetter in der Ferne Jamaika und Haiti erahnen. Von Santiago aus sollte man diese Gelegenheit nutzen: Kurz vor Siboney, an einer unscheinbaren und unbeschilderten Kreuzung, führt eine kleine Straße mehr als 1000 m in die Höhe. Die einfache Straße bringt den Besucher an den Fuß eines Berges, zu einer 12 km langen, kurvenreichen Straße, die zum Gipfel der Gran Piedra führt und die einer alpinen Etappe der Tour de France würdig wäre. Dieser riesige Fels ist 1234 m hoch und somit die höchste Erhebung der Cordillera de la Gran Piedra. Hier bauten die französischen Siedler aus Haiti die ersten Kaffeesträucher Cubas an. In der Nähe liegt La Isabelica ♥, eine ehemalige Kaffeeplantage, die Anfang des 19. Jh. angelegt wurde, und wo heute ein einfaches Museum untergebracht ist, das sich dem Kaffeeanbau widmet. Die Kaffeebohnen wurden auf den drei Terrassen oberhalb der Wassergräben des Gutes getrocknet.

Die Balseros-Krise
Im August 1994 versuchten rund 35 000 Cubaner auf abenteuerlichen Flößen *(balsas)* Florida zu erreichen (● *46*). Sie wurden auf die Marinebasis von Guantánamo gebracht, wo sie fast ein Jahr lang, bis Mai 1995, ausharren mussten. 22 000 von ihnen wurde die Ausreise in die USA gestattet.

GUANTÁNAMO

»Yo soy un hombre sincero (...) Guantanamera.« Es stimmt schon, dass der Ruf von Guantánamo, diesem kleinen Hauptort einer landwirtschaftlich geprägten Provinz, der Ballade von Joseíto Fernández (rechts) viel zu verdanken hat. Der Komponist ist weitaus weniger bekannt als der den »Versos simples« von José Martí (● *44*) entlehnte Refrain. Der Held der Unabhängigkeit sagte: »Ich bin ein aufrichtiger Mann aus dem Land, wo die Palmen wachsen« – und die Kakteen, könnte man heute hinzufügen. In Guantánamo wird diese Pflanze auf zwei verschiedene Arten genutzt: Auf dem Hausdach dient sie dazu, den bösen Fluch abzuwenden. Überlebt die Pflanze, wird das Jahr gut, wenn nicht, dann können die schlimmsten Dinge geschehen. Sie dient aber auch dazu, die amerikanische Marinebasis mit einer für die nicht offiziellen Ausreisewilligen unüberwindbaren Hecke zu umgeben. Diese wird auch ›Kakteenvorhang‹ genannt.
Die amerikanische Marinebasis. Die Plaza de la Revolución und der Parque Martí an sich sind nicht erwähnenswert. Guantánamo verdankt seinen Ruf vor allem einem Gebiet, das seit einem Jahrhundert zwischen Cuba und den USA umstritten ist: der Marinebasis (● *46*). Diese 116 km^2 große Fläche wurde im Rahmen des Platt-Amendment (● *39*) 1903 den Amerikanern zugestanden. Cubanern ist es untersagt, dieses Gebiet zu betreten, außer rund 30 Personen, die den Arbeitsplatz vor 1959 von ihren Eltern übernahmen. Die Castro-Regierung beschloss 1959, fortan die Jahrespacht von 4085 Dollars zurückzuweisen, womit sie die Legitimität der amerikanischen Enklave in Frage stellte. Guantánamo zählt 200 000 Einwohner. Auf der Marinebasis mit ihren zwei Flugplätzen leben rund 7000 Menschen, die über Sport- und Freizeitanlagen, Schulen, Supermärkte und Gotteshäuser verfügen.

AN DER KÜSTE ENTLANG NACH BARACOA

Die herrliche Küstenstraße zwischen Guantánamo und dem Dorf Cajobabo verläuft durch eine der trockensten Gegenden der Insel, wo unzählige Kakteen stehen.
La Farola ♥. Ab Cajobabo schlängelt sich diese 49 km lange kurvenreiche Straße durch eine üppige Vegetation bis Baracoa. Diese Straße, die sich in die Berghänge der Sierra Plurial gräbt, wurde in den 1960er Jahren gebaut und stellte damals eine technische Meisterleistung dar. Mit ihr war Baracoa endlich auch auf dem Landweg erreichbar.

Der Changüi
Bei dieser musikalischen Gattung, eine Besonderheit der Provinz Guantánamo, handelt es sich um eine Variante des Son (● *54*). Sie stammt aus den Bergen um die Kaffeeplantagen von Yateritas. Mehrere Gruppen versuchen heute, diese traditionelle Gattung am Leben zu erhalten. Die Besonderheit besteht darin, dass weder Gitarre noch Claves benutzt werden. Das wichtigste Instrument ist der Tres. Von links nach rechts: der Bongó, der Tres, die Marímbula und die Maracas.

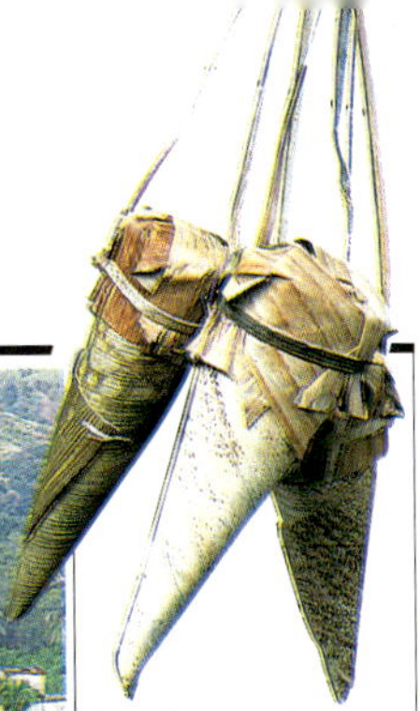

Der Cucurucho
Diese Süssigkeit wird aus Kokosnüssen, Guayaven, Apfelsinen und Papayas hergestellt und in Palmblätter eingewickelt. Cucurucho wird in jedem Haushalt Baracoas hergestellt.

Hatueys Martyrium
Bartolomé de Las Casas (● *32)* berichtet: »Man band ihn an einen Pfahl. Ein Mönch der Franziskaner, der gerade in der Gegend war, erzählte ihm von Gott und unserem Glauben. […] Hatuey dachte kurz nach und fragte den Franziskaner, ob die Christen in den Himmel kämen. […] Der antwortete, bei den Guten wäre dies der Fall. Da erwiderte der Kazike ohne zu zögern, er wolle nicht ins Paradies, sondern lieber in die Hölle, um nicht mit so grausamen Menschen zusammen zu sein.«

Museo Municipal de Baracoa ★
Es ist eines der interessantesten der Insel. Zwischen anderen Dingen sind die Reiseandenken einiger französischer Familien ausgestellt, die von Haiti fliehen mussten. Manche hatten ihr Vermögen mit dem Zucker gemacht.

BARACOA ♥

Die erste der sieben Kolonialstädte. ›Vergessene Stadt‹, ›Authentisches Cuba‹ – an Beinamen mangelt es Baracoa nicht. In dieser ersten, 1511 von Diego de Velázquez gegründeten Stadt fühlt man sich in die ersten Jahre der Kolonialzeit zurückversetzt. Denn mehr als 400 Jahre lang war Baracoa vom Rest der Insel abgeschnitten. Zunächst gab es keine Verteidigungsanlagen, doch im 18. Jh. wurden die drei Festungen erbaut, die noch heute das Bild der Stadt prägen.
Eine außergewöhnliche Lage. Die altersschwachen Fassaden und die verrosteten Blechdächer der kleinen Stadt mit den vielen Kokospalmen (oben) zeugen von dem rauhen Klima am Ostende der Insel. Der Ort kauert sich an das Ufer einer großen Bucht und wird im Westen von einem riesigen, mit dichtem tropischen Wald bewachsenen Berg beschützt. Der flache Gipfel bildet eine natürliche Zitadelle, die El Yunque (›Amboss‹) genannt wird und schon für Kolumbus einen Orientierungspunkt darstellte, wie er in seinem Bordbuch berichtet. Vielleicht war El Yunque auch eine geweihte Stätte der Taino (● *32)*.
Die ›indigenste‹ Stadt Cubas. Baracoa – der Name stammt von den Taino und bedeutet ›Gegenwart des Meeres‹ – wurde von dieser Kultur besonders geprägt. Noch leben einige Nachfahren der Taino in den zahlreichen traditionellen Bohíos. Der Kazike Hatuey (● *32*, ▲ *205)*, der den spanischen Eroberern Widerstand leistete, wird hier besonders verehrt. Seine Büste steht auf einer Säule gegenüber der Kathedrale.

Russin aus Baracoa
Sie hieß Magdalena Rowenskaja. Nach der Oktoberrevolution ging die ehemalige Prinzessin in die Türkei und dann nach Cuba, wo sie sich zusammen mit ihrem Mann, Albert Manacer, dem Bananenhandel in Oriente widmete. In den 1930er Jahren ließen sie sich in Baracoa nieder. Magdalena gab Gesangsunterricht. Wenn sie das Haus verließ, kleidete sie sich, als ginge sie an den Zarenhof. 1953 eröffnete sie am Malecón ein Restaurant, das Miramar, an dessen orangefarbener Fassade heute das Hinweisschild La Rusa hängt (unten). Ihr Adoptivsohn, José René, ist ein Vertreter der naiven Malerei. Seine Werke stellt er in ihrem Haus aus, das dem Hotel gegenüber steht.

Malecón. Wie viele cubanische Küstenstädte hat auch Baracoa einen vom Ozean verwaschenen Malecón (Uferstraße). Über ihn gelangt man in die Stadt, und er verbindet das in ein Restaurant umgewandelte Fuerte de la Punta im Nordwesten mit dem Fuerte Matachín im Südosten.
Fuerte Matachín. Hier befindet sich das Museo Municipal ♥, das von dem Stadthistoriker Alejandro Hartman geleitet wird. Er verfügt über einen unerschöpflichen Fundus von Anekdoten aus der Kolonialzeit. Ein Großteil des Museums widmet sich der Flora und Fauna der Region. Deren Vielfalt ist einzigartig in Cuba. So gibt es mehr als 100 Gehölzarten.
Kathedrale Nuestra Señora de la Asunción. Sie wurde 1512 geweiht und ist der älteste Sakralbau Cubas. 1652 wurde sie von Piraten geplündert, Ende des 19. Jh. restauriert. Hier wird die wertvollste Reliquie des Landes aufbewahrt: die Cruz de la Parra (15. Jh.). Angeblich stammt das Kreuz von Kolumbus.

Fuerte de Seboruco. In dieser Festung befindet sich, hoch über der Stadt, das Hotel El Castillo. Es ist der beste Aussichtspunkt, um den Yunke zu erkunden. Am Fuß des Berges, am Ufer des Río Duaba, befinden sich die Kakaoplantagen, die die Schokoladenfabrik und die Casa del Chocolate in der Calle Maceo beliefern.

DIE UMGEBUNG VON BARACOA

Baracoa liegt an den beiden Flüssen Toa und Yumurí. Besonders den Yumurí haben die Bürger in ihr Herz geschlossen.
Boca de Yumurí ♥. Dieses kleine Dorf besteht aus Bohíos (oben) und liegt 25 km östlich von Baracoa. Es liegt an einer Lagune, in die der Río Yumurí mündet. Die Einwohner leben vom Fischfang. Wenn man mit der kleinen Fähre den Fluss überquert, kommt man an einen Strand, wo die Kinder, zumeist Nachfahren der Taino, den Besuchern *polimitas*, bunte Schnecken (oben), anbieten.
Playa Maguana. In diesem kleinen Dorf, 20 km westlich von Baracoa, waschen die Frauen noch in Becken, ganz wie ihre indigenen Vorfahren. Die Männer fischen für den Eigenbedarf und für die unter Kokospalmen gelegene Pension Villa Maguana. Der nahe gelegene Strand ♥ ist eines der touristischen Juwelen Baracoas.

Archipiélago de los Canarreos

Monique Peainchau

Die Präsenz der Amerikaner
1955 erklärte der Diktator Batista die 11 000 Einwohner zählende Isla de la Juventud (›Insel der Jugend‹) zur Freihandelszone (*zona franca).* Daraufhin bauten die Amerikaner sogleich Hotels, Feriendörfer und einen Privatflugplatz, der kurz vor dem *Triunfo de la Revolución,* dem ›Sieg der Revolution‹, eingeweiht wurde. Diese amerikanische Niederlassung hat Spuren hinterlassen: Holzhäuser mit Veranden und einen amerikanischen Friedhof.

Der Archipiélago de los Canarreos, südlich der Provinz La Habana, ist die bedeutendste Inselgruppe Cubas. Dieser immense Inselteppich im Karibischen Meer war zwar schon lange vor Ankunft der Conquistadoren (● *32)* besiedelt worden, blieb jedoch von den spanischen Eroberern weitgehend unbeachtet. »Heute gibt es nichts, was der Einsamkeit dieser Gegend gleichkäme, in der zu Kolumbus Zeiten die Eingeborenen lebten«, schrieb Alexander von Humboldt. Die Mehrzahl der 350 Cayos (■ *28)* ist heute unbewohnt, mit Ausnahme der Isla de la Juventud und der zu Großbritannien gehörenden Cayman Islands. Dank seiner reichen Meeresgründe ist der Archipel zu einem der touristischen Anziehungspunkte Cubas geworden.

DIE GESCHICHTE DER ISLA DE LA JUVENTUD

Die mit 2200 km^2 größte Insel des Archipels liegt 105 km von der Küste entfernt im Golfo de Batabanó. Sie zählt ungefähr 80 000 Einwohner und wird von der Regierung verwaltet, weshalb sie den Status eines *municipio especial* innehat. Im Norden ragen die Sierra de Caballo und die Sierra de Casas mit der Loma de Cañada (310 m) als höchster Erhebung aus der Ebene heraus. Im Süden der Ciénaga de Lanier (*ciénaga,* ›Sumpf‹) besteht die südliche Karstebene aus unberührten Landschaften und Tropenwäldern mit üppiger Vegetation.
Die Insel mit den 1000 Namen. Die Insel kann auf eine lange Namensgeschichte zurückblicken. Von den Ureinwohnern wurde sie Camargo, Guanaja, Siguanea, Ahao und schließlich Reylla genannt. Christoph Kolumbus taufte sie auf Evangelista (1494), während Diego Velázquez (● *32)* sie später in Santiago umbenannte. Zunächst hieß sie nach ihren Sittichen Isla de las Cotorras und anschließend nach ihren Pinien Isla de Pinos. Fidel Castro gab ihr den heutigen Namen, mit dem er der cubanischen Jugend seine Anerkennung zollte.

1. Nueva Gerona 2. Finca del Abra 3. Presidio Modelo 4. Cueva de Punta del Este 5. Cocodrilo 6. Hotel Colony 7. Costa de los Piratas 8. Cayo Largo 9. Cayo Rico 10. Cayo Cantiles 11. Cayo Rosario

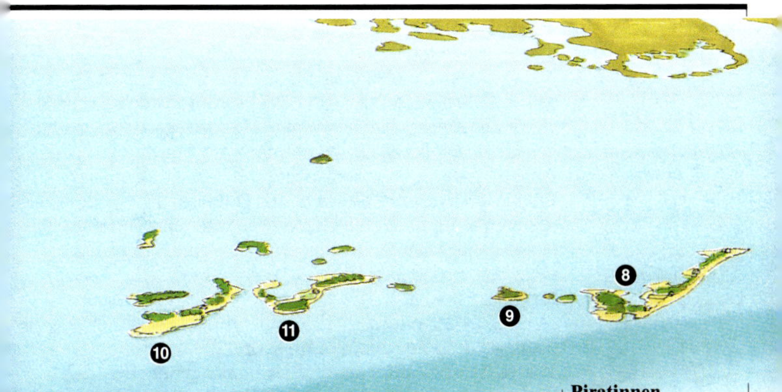

Zufluchtsort von Piraten und Korsaren. Im 16. und 17. Jh. richteten Piraten, Korsaren und Bukanier ihren Schlupfwinkel auf der Insel ein, die mit ihren kleinen Felsbuchten, ihren Wäldern sowie ihren reichen Wasser- und Nahrungsressourcen einen strategisch günstigen Flecken bot. Unter den vielen Korsaren und Piraten, die sich in diesen Gefilden herumtrieben, befanden sich die Briten Francis Drake, Thomas Baskerville und Henry Morgan (▲ *206*), die Holländer Pieter Pieterzon und Oliver Esquemeling, ein Pirat und Wundarzt, der Schriften über die Bukanier hinterlassen hat, die Franzosen Jacques de Sores (● *33*, ▲ *120, 206*), L'Olonnais und Latrobe. Letzterer hatte nahe der Bucht Ensenada de la Siguanea einen sagenhaften Schatz, der aus zwei spanischen Galeonen stammte, vergraben. Man hat ihn nie gefunden.

Ein Ort der Verbannung, später der Hoffnung.

Am 17. Dezember 1830 wurde die von den Spaniern eroberte Insel zur Colonia Reina Amalia. Nun diente sie als Verbannungsort für cubanische Patrioten, unter denen José Martí (● *40*) wohl der bekannteste war. 1898 erlangte Cuba mit dem Pariser Vertrag seine Unabhängigkeit von Spanien. Doch die USA schlossen die Isla de Pinos im Rahmen des Platt Amendment (● *39*) aus dem nationalen Territorium aus. Erst am 13. März 1925 erhielten die Cubaner sie nach langem Kampf durch den Vertrag von Hay-Quesada zurück. 1926 wurde sie unter dem Diktator Machado (● *42*) wieder als Gefängnisinsel genutzt. Fidel Castro und seine Gefährten waren hier 1953-55 interniert. Nach dem *Triunfo de la Revolución,* Fidel Castros ›Sieg der Revolution‹, versuchte man den wirtschaftlichen Rückstand der Insel wieder aufzuholen, was in den 1960er und 1970er Jahren unter Mithilfe Tausender junger Cubaner und Ausländer erfolgte. Wenn dieses Experiment auch heute überholt erscheinen mag, nimmt die ›Jugendinsel‹ immer noch zahlreiche Studenten aus der Dritten Welt, vor allem Afrika, auf.

Piratinnen
Gefährliche Piratinnen, die als Männer verkleidet Karriere machten, suchten auf der Isla de la Juventud Zuflucht. Hiervon zeugt die heikle Geschichte von Mary Read und Anne Bonny. Letztere war die Geliebte des Piraten Rackham. Die schwangere Anne landete an der Bahía de Jagua (▲ *177*), gebar ihr Kind, das sie wahrscheinlich dort zurückließ und ging wieder an Bord zu ihrem Geliebten. Später erlag sie dem Charme eines Piraten, der sich während eines Duells als eine verkleidete Frau, Mary Read, entpuppte.

Im Reich der Legenden
Es kursieren zahlreiche Erzählungen über angeblich versteckte Piratenschätze. Die Bewohner der *Ensenada de la Siguanea* erzittern vor Angst, wenn sie nachts an den Stränden des Rincón del Guanal, wo die ruhelose Seele des Piraten L'Olonnais umherstreift, ein Licht aufflackern sehen.

Nueva Gerona

Nueva Gerona, die Hauptstadt des Municipio Especial, wurde 1830 am Ufer des Río Las Casas im Norden der Insel gegründet. Dieser ländlich-ruhige Marktflecken wird von Hügeln überragt, deren Grund polychromen Marmor birgt. Sein Abbau bildet hier eine der wichtigsten Einnahmequellen.

Iglesia de Nuestra Señora de los Dolores. Im Nordwesten des Parque Central, dem Herzen der Stadt und Treffpunkt der ausländischen Studenten, erhebt sich diese der Madre Dolorosa, der Schmerzensmutter, geweihte Kirche. Das ursprünglich neoklassizistische Bauwerk (1853) fiel nahezu gänzlich dem Zyklon von 1926 zum Opfer. Das heutige Gebäude (unten) im Kolonialstil ist von 1929.

Museo Municipal. Dieses Museum wurde im ehemaligen Rathaus eingerichtet. Neben einer Sammlung ausgestopfter Vögel finden sich Ausstellungsstücke und historische Urkunden, die vom Zeitalter der Piraten und Korsaren und auch von der Revolution Zeugnis ablegen. Der Kampf gegen die Diktatur Fulgencio Batistas (● *44*) ist das Thema des Museo de la Lucha Clandestina an der Ecke Calle 24/Calle 45.

Museo de Historia Natural. In der Calle 41 im Südwesten der Stadt vermittelt das Museum naturkundliche und archäologische Kenntnisse über die Gegend. Wer nicht die Zeit hat, in den Süden der Insel zu fahren, kann die prähistorischen Höhlenmalereien von Punta del Este dank einer Nachbildung bereits hier sehen. Im Saal des Planetariums erfährt man, dass die Isla de la Juventud zu den wenigen Orten gehört, wo man gleichzeitig den Polarstern an der nördlichen und das Kreuz des Südens an der südlichen Himmelshalbkugel sehen kann.

Die Umgebung von Nueva Gerona

Finca del Abra. Dieses Landgut liegt südwestlich von Nueva Gerona. 1870 wurde hier der damals 17jährige José Martí vor seiner Deportation nach Spanien für neun Wochen festgehalten. Aus dem Besitz eines wohlhabenden Katalanen ist heute ein Museum geworden.

Presidio Modelo ♥. Das ›Musterzuchthaus‹, ein Nachbau des berühmten amerikanischen Gefängnisses von Joliet (Illinois), war eines der ersten Hochsicherheitsgefängnisse in Lateinamerika. Zwischen 1926 und 1931 zur Regierungszeit Machados 4 km von Nueva Gerona entfernt gebaut, ging es dank der hier in den 1950er Jahren inhaftierten Revolutionäre in die Geschichte ein. In den vier mehrstöckigen Rundtürmen konnten rund 5000 Gefangene untergebracht werden. Jeder der Türme hatte ein Türmchen in seiner Mitte, das man – um jeglichen Kontakt mit den Gefangenen zu vermeiden – über einen unterirdischen Gang erreichte. Es diente den Wärtern als Wachturm. Die berühmtesten ›Gäste‹ des Presidio Modelo waren Fidel Castro und seine Gefährten, die nach dem Angriff auf den *Cuartel Moncada* (● *44*, ▲ *215*) von Oktober 1953 bis Mai 1955 im Krankenflügel inhaftiert waren. 1967 wurde das Gebäude in ein Museum umgewandelt. Man kann hier die Zelle des Gefangenen Castro (N° 3859) am Eingang zum Pavillon N° 1 (oben) besichtigen.

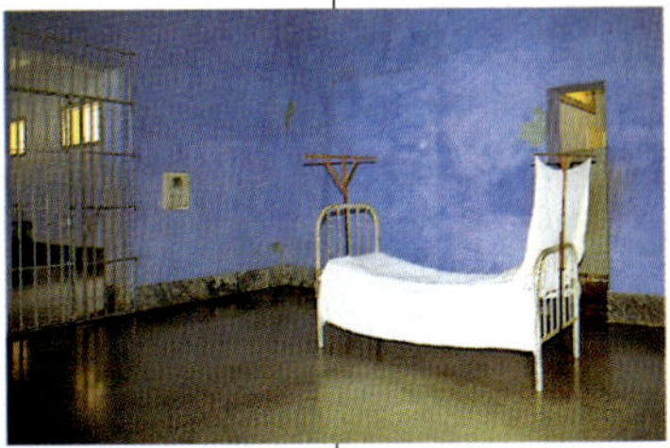

Von Punta del Este zum Hotel Colony

Cueva de Punta del Este ♥. 59 km südöstlich von Nueva Gerona befindet sich dieser wohl malerischste Flecken der Südküste. Seine sieben Höhlen öffnen sich auf einen herrlichen naturbelassenen Strand mit weißem Sand. Ihre Bildzeichen und Felsmalereien wurden 1910 von einem Franzosen entdeckt, der sich nach einem Schiffbruch hierher gerettet hatte. Sie sind lange vor 1492 von den Cyboneyes-Indianern (● *32*) geschaffen worden. Die Haupthöhle wurde wegen ihrer insgesamt 235 Zeichnungen an den Wänden und Decken von Fernando Ortiz (● *42*) ›Sixtinische Kapelle der Karibik‹ genannt. Dieser Ethnologe hatte sie 1925 erforscht: Eine der größten Zeichnungen soll einen Sonnenkalender darstellen. Ihre Bedeutung bleibt jedoch ein Geheimnis. Die zum historischen Denkmal erklärte Höhle wurde von unachtsamen Besuchern und einem Köhler, der hier ungefähr 30 Jahre lang lebte, übel zugerichtet.

Hotel Colony ♥. Im Südwesten der Isla de la Juventud erstreckt sich in der Bucht de Siguanea ein langer Strand mit Kokospalmen, die Playa Roja. Hier liegt das hervorragend ausgestattete Internationale Tauchzentrum vom Hotel Colony. Nach zweistündiger Schifffahrt erreicht man zwischen Cabo Francés und Punta de Pedernales die 56 Tauchplätze der Costa de los Piratas, eine Welt der Schönheit und Stille, bevölkert von einer üppigen Meeresfauna und über 40 Korallenarten. Ein besonderes Juwel ist die ›Schwarze Korallenmauer‹ in 30 m Tiefe. Nordwestlich von Cabo Francés kann man noch von Piraten versenkte Schiffe sehen.

Castro im Gefängnis
Bei ihrer Ankunft im Presidio Modelo organisieren sich Fidel Castro und seine Freunde. Sie gründen eine Bibliothek und ziehen die Lehren aus ihrem gescheiterten Unternehmen. Hier verfasst Castro sein »Die Geschichte wird mich freisprechen« (● *44*). Es formiert sich eine Bewegung, die eine Amnestie fordert und Anfang 1955 startet das ›Komitee der Mütter der Gefangenen‹ mit Unterstützung der Presse eine Kampagne. Im April kommt es zu Demonstrationen. Im Mai amnestiert Batista die Angreifer des Cuartel Moncada.

Die Pirateninsel ★
Wer von Piraten spricht, meint Schätze: Hier liegt ein tierischer Schatz im Meer neben dem Hotel Colony. Die Namen für diesen Taucherort sind vielsagend: Tal der Papageien, Rochenparadies, Tarponhöhle. Man kann gut Unterwasserfotos machen, denn die Fische sind Taucher mit Futter gewöhnt.

Cocodrilo
Das einst Jacksonville genannte Fischerdorf wurde im 20. Jh. von Bewohnern der englischen Cayman Islands besiedelt. Es hat seine Traditionen bewahrt und ist mit dem Boot vom Hotel Colony aus erreichbar.

Fauna und Flora
Cayo Largo wird von zahllosen Vögeln aufgesucht: u. a. von Königs- und Raubseeschwalben, Braunpelikanen und Aztekenmöwen (■ *29*). Fregattvögel und Reiher haben eine Vorliebe für Mangroven. Aratingas (kleine Papageienvögel), Kolibris, Tyrannen und Spottdrosseln findet man eher auf dem Festland. Die karge Pflanzenwelt des Inselchens umfasst Palmen, Kokospalmen und Mangroven.

Cayo Largo ♥

Längs der Nordostküste der Isla de la Juventud ist das Karibische Meer bis zum Süden der Península de Zapata (▲ *174*) mit *cayos* übersät (vom amerikanischen *key*, ›Inselchen‹). Diese lange Kette aus unberührten Inseln, die dem Wind, der Sonne und der Stille ausgesetzt sind, wird im Osten von Cayo Largo abgeschlossen.

Ein langer Korallenstreifen. Mit einer Länge von 25 km und einer Fläche von 35 km^2 liegt Cayo Largo 114 km von der Isla de la Juventud entfernt. Er ist der bekannteste Cayo des Archipels, wird von Wassersportfans sehr geschätzt und ist dem Tourismus vorbehalten. Er ist der einzige Cayo mit regelmäßigen Flugverbindungen nach La Habana und Varadero. Cayo Largo besitzt sieben idyllische Strände mit glasklarem, 26° C warmem Wasser. Im Westen bietet der schönste unter ihnen, die Playa Sirena (links oben), geschützt vor Wind und Wellen 2 km extrem feinen weißen Sand. Weiter östlich erstrecken sich an der Südküste die beiden längsten Strände der Insel, Playa Lindamar und Playa Blanca, an denen seit Beginn der 1980er Jahre die meisten Hotelkomplexe angesiedelt wurden. An der Playa de Cocos, nach ihren zahlreichen Kokospalmen benannt, ist der Meeresgrund seicht und sandig und mit seinen Korallenfelsen ein wahres Taucherparadies. Ein vor mehr als einem halben Jahrhundert gesunkenes Schiff ist hier ebenfalls zu bestaunen. Die Playa Tortugas, der ›Schildkrötenstrand‹, ist das Refugium der Schildkröten, die hier ihre Eier im warmen Sand ablegen.

Die kleinen Cayos. Die unbewohnten Inselchen sind von Cayo Largo aus mit dem Schiff erreichbar. Cayo Avalos ist mit seinem weißen, von Kokospalmen gesäumten Sandstrand sicherlich die schönste Insel des Archipiélago de los Canarreos. Der Forschungsreisende Cyrus Wicker ist hier auf eine Kanone gestoßen, die noch aus der Zeit stammt, in der die Piraten den Archipel beherrschten. Cayo Rico, dessen extrem grünes Wasser seine Farbe den von ihm überdeckten Molluskenbänken und Langustenkolonien verdankt, ist mit Leguanen, Schildkröten und Pelikanen bevölkert. Auf Cayo Iguana können die Leguane über 1 m lang werden. Cayo Cantiles beherbergt Affen und alle möglichen Vogelarten, während sehr schöne Seevögel in den Felsen von Cayo Pájaro nisten und sich vermehren. Schließlich erfreut Cayo Rosario die Taucher mit einer spektakulären Vielfalt an Fischen.

Granja de Tortuga
Diese Schildkrötenfarm in Combinado, am äußersten Nordwestzipfel von Cayo Largo, ist für Besucher geöffnet.

AUSKÜNFTE

→ CUBANISCHE BOTSCHAFTEN

DEUTSCHLAND
Kennedyallee 22-24,
53175 Bonn,
Tel. 0228/30 97

ÖSTERREICH
Himmelhofsgasse 40a-c,
1130 Wien,
Tel. 08/8 77 21 59

SCHWEIZ
Gesellschaftsstr. 8
3012 Bern
Tel. 013/30 22 115
Fax 013/30 22 111

→ CUBANISCHES FREMDENVERKEHRSBÜRO
Cubatour,
An der Hauptwache 7,
60313 Frankfurt a.M.,
Tel. 069/28 83 22;
28 83 23,
Fax 069/29 66 64

→ INTERNET
www.cubaweb.cu.

FORMALITÄTEN

→ TOURISTENKARTE
Für alle, einschließlich der Kinder, ist sie obligatorisch. Sie ersetzt das Visum, ist bei Reiseagenturen erhältlich und für einen Monat gültig. Um eine Arbeitserlaubnis zu bekommen, ist ein vom Konsulat ausgestelltes Visum erforderlich.

→ EINREISEBESTIMMUNGEN
Am Zoll wird man von Ihnen das Hotel wissen wollen, in dem Sie die ersten zwei Nächte verbringen werden. Wenn Sie nicht darauf vorbereitet sind, wird das cubanische Tourismusbüro eines für Sie bestimmen.

→ PASS
Der Reisepass muss mindestens eine Gültigkeit von 6 Monaten haben.

→ FLUGHAFENTAXI
Die Fahrt vom Flughafen La Habana in die Altstadt kostet ca. 20 $.

LUFTHANSA
Information
Tel. 069/25 52 55

FLUGGESELLSCHAFTEN

CUBANA DE AVIACIÓN
Fliegt wöchentlich von Berlin-Schönefeld und Frankfurt nach La Habana, seltener nach Santiago de Cuba. Ihre Maschinen gehören der AOM, einer Tochtergesellschaft der Air France.

LTU
Von Düsseldorf und München nach Varadero und von Düsseldorf, München, Hamburg, Stuttgart und Berlin-Tegel nach La Habana.

MARTINAIR
Von Amsterdam aus nach Holguín und Varadero.

IBERIA
Flüge ab Frankfurt, München, Hamburg, Düsseldorf, Stuttgart und Berlin-Tegel mit Umsteigen in Madrid. Zentralreservierung internationaler Flüge: Tel. 069/7 16 61 11

■ TARIFE
Flugticket:
Je nach Saison von 600 DM (bei sehr viel Glück) bis 1800 DM.

■ BESTÄTIGUNG
Zwei oder drei Tage vor der Rückreise muss der Flug bestätigt werden.

■ DURCHSCHNITTLICHE TEMPERATUREN IN °C

	Meer	Luft
Jan.	24	22
Feb.	24	22
März	25	24
April	26	25
Mai	28	26
Juni	30	27
Juli	30	27
Aug.	30	27
Sept.	27	27
Okt.	25	26
Nov.	24	25
Dez.	24	23

REISEZEIT
Hauptreisezeiten sind Juli, August, Weihnachten und Ostern.

→ JULI-AUGUST
Die Hochsaison bei sehr hohen Temperaturen und Preisen. Zeit des Karnevals, der in La Habana und Santiago de Cuba bestaunt werden kann.

→ DEZEMBER-FEBRUAR
Cubanischer Winter: Weniger große Hitze, frischer Wind, weniger Touristen und mitunter regnerisch.

→ MÄRZ-JUNI UND SEPTEMBER
Sehr angenehmer Zeitraum mit weniger Touristen aber kurzen und heftigen Platzregenfällen.

→ OKTOBER-NOVEMBER
Zeit der Wirbelstürme, die aber nicht jedes Jahr zu erwarten sind.

KLIMA
→ SUBTROPISCHES KLIMA
■ **SONNENTAGE**
Ca. 330 pro Jahr.
■ **SONNENUNTERGANG**
Winter 18 Uhr, Sommer 20 Uhr.
■ **LUFTFEUCHTIGKEIT**
Bis zu 80 %.
Nov.-Mai: Trockenperiode;
Juni-Okt.: Regenperiode.

ZEITVERSCHIEBUNG
6 Stunden Zeitverschiebung: Wenn es in Berlin 12 Uhr ist, ist es in Cuba 6 Uhr.

RUNDREISEN
→ EINE WOCHE
Sehr knapp, reicht aber gerade für eine schnelle Tour von La Habana über das Valle de Viñales, Varadero bis nach Trinidad.

→ ZWEI WOCHEN
Reicht gerade für Cienfuegos, Santa Clara und die Península de Zapata. Am besten noch eine Woche dranhängen!

→ DREI WOCHEN UND MEHR
Ideal, um zusätzlich zu dem empfohlenen Zwei-Wochen-Programm noch den Oriente zu erkunden: Camagüey, Holguín, Santiago de Cuba und Baracoa.

REISEANBIETER AUF CUBA
SOL Y SON LOS VIAJES
Calle 23, esq. P, Vedado,
Tel. 07/33 51 59, 33 31 62,
Fax: 07/33 51 50
VIAJES FANTÁSTICO
Calle 16, esq. Calle 11, Playa,
Tel. 07/33 60 41 (-45),
Fax 07/33 66 33
GAVIOTOURS
Calle 16, n°511 e/. Quinta Ave. y Séptima, Playa,
Tel. 07/29 45 28, 29 58 98,
Fax 07/33 27 80
HAVANATOUR
Calle n° 17 e/. 1ra y 3ra, Miramar, Playa,
Tel. 07/24 21 61, 07/24 22 48
VIAJES HORIZONTALES
Calle 23 n° 156 e/. N y O, Vedado,
Tel. 07/66 21 61
Fax 07/33 45 85

→ INDIVIDUALREISEN
BÜRO FÜR INDIVIDUALTOURISMUS
Calle L, esq. Calle 23 (Rampa), Vedado,
Tel. 07/33 40 11,
Fax 07/33 31 41
Hier können Hotelübernachtungen und Inlandflüge gebucht werden.

GELD
→ DREI WÄHRUNGEN
■ **CUBANISCHER PESO**
Nationale Währung:
1 Peso= 100 Centavos
1 US-$= 20 Pesos (Jan. 2000)
■ **US-DOLLAR**
Alle touristischen Angebote werden mit US-$ bezahlt. Bei Pauschalreisen ist daher der Umtausch in Pesos sinnlos.
■ **PESOS CONVERTIBLES**
Spezialwährung für Touristen, paritätisch zum Dollarkurs.

PREISKATEGORIEN
■ **GÜNSTIG**
Privat vermietete Unterkunft: 10-30 $
Hotel: 20-40 $
Paladar: 6-8 $
■ **MODERAT**
Hotel: 40-60 $
Restaurant: 8-10 $
■ **GEHOBEN**
Hotel: ab 80 $
Restaurant: ab 20 $

PREISBEISPIELE
■ **BIER**
In einem Café oder Hotel zwischen 0,5 und 2 $.
■ **COLA ODER FRUCHTSAFT**
In einem Café oder Hotel zwischen 0,5 und 2 $.
■ **KAFFEE**
Um 1 $
■ **FLASCHE WASSER**
Zwischen 0,5 und 2 $
■ **SANDWICH**
Zwischen 1 und 3 $
■ **EINE MAHLZEIT**
In einem Paladar zahlt man zwischen 3 und 10 $, in einem gehobenen Restaurant oder Hotel werden es zwischen 15 und 30 $ sein.
■ **BUSFAHRT**
10 Cents
■ **POSTKARTE**
25 Cents
■ **BRIEFMARKE**
40 Cents
■ **DISCO**
Eintritt kostet zwischen 5 und 10 $.
■ **CAFÉ CANTANTE**
Zwischen 25 und 50 $

GESCHENKE
Die Gastfreundschaft in Cuba ist legendär und man macht gerne Geschenke. Andersherum wird diese Haltung auch bei Touristen geschätzt.

→ ANREGUNGEN
Man freut sich über Toilettenartikel zur Schönheitspflege, über Hygieneprodukte, Seifen, Parfüm, Süßigkeiten, Spiele, Schulmaterial und Kleidungsstücke.

NÜTZLICHES REISEGEPÄCK
Mitnehmen sollte man Sonnen- und normale Brille, Taschenlampe, Adapter für Flachsteckdosen, spezielles Filmmaterial, Vorhänge- und Gepäckschloss…

GESUNDHEIT
→ MITNEHMEN
■ **HYGIENEARTIKEL UND VERBANDSMATERIAL**
Tampons und Binden, Sonnencreme, Insektenabwehrmittel, Einwegspritzen, Verband und Desinfektionsmittel.
■ **MEDIKAMENTE**
Vor Ort gibt es oftmals Versorgungsengpässe. Daher besser selbst im voraus für Antibiotikum, Schmerztabletten, Durchfallmittel, Antihistamine und Insektenstichsalbe sorgen.
■ **Tipp**
Vor der Abreise können Sie Ihre Reiseapotheke einer cubanischen Familie oder einem Doktor überlassen.

→ AIDS
Cuba hat keine hohe Aidsquote (span.: SIDA). Dennoch steigt sie merklich in Folge der zunehmenden Touristenzahl.
■ **KONDOME**
Sollten nicht vergessen werden. Auf der Insel sind sie rar und meist von schlechter Qualität.

→ IMPFUNGEN
Es sind keine besonderen Impfungen erforderlich.

DIPLOMATISCHE VERTRETUNGEN

DEUTSCHE BOTSCHAFT
Calle B n° 652, e/. 11 y 13, Vedado, La Habana, Tel. 07/30 25 69, 07/33 25 39 Fax 07/33 15 86

ÖSTERREICHISCHE BOTSCHAFT
Calle 4 n° 101, e/. 1 y 3, Miramar, La Habana Tel. 07/24 23 94 07/24 28 25, Fax 07/24 12 35

SCHWEIZER BOTSCHAFT
Quinta Avenida n° 2005, e/. 20 y 22, Miramar-Playa, La Habana, Tel. 07/24 26 11, 07/24 27 29, Fax 07/24 11 48

GELD

→ UMTAUSCH

■ BANKEN
Normalerweise von 8.30-12 und 13.30-15 Uhr geöffnet. Viele Filialen haben BFI (Banco Financiero Internacional) und BANDEC

■ KREDITKARTEN
Nordamerikanische Kreditkarten werden abgelehnt. Angenommen werden die internationale Visacard, Mastercard und die Eurocard.

■ DOLLAREINKAUF
Mit internationalen Kreditkarten in Banken und großen Hotels (unterschiedliche Öffnungszeiten).

■ TRAVELLERSCHECKS
Werden bei einer Gebühr von durchschnittlich 3% gewechselt.
Achtung:
Der Umtausch auf der Straße ist verboten. Um Dollar in Pesos zu wechseln, sollte man in die CADECA-Bank gehen.

→ ZAHLUNGSARTEN

In gehobenen Restaurants, Hotels und bei Autovermietungen kann normalerweise mit der Karte bezahlt werden.

→ VERLUST DER KREDITKARTE

CENTRO DE TARJETAS DE CRÉDITO (FINCIMEX)
in La Habana: Calle 23, esq. L y M, Tel. 07/33 44 44, Fax 07/33 40 01, Mo-Fr 8.30-17.30 Uhr

POST UND TELEFON

→ POST

Briefe und Postkarten von Cuba nach Europa brauchen ca. drei Wochen.

→ EILSENDUNGEN

CUBANACÁN EXPRESS
Ave. 31, n° 7230, esq. 41 (Playa), La Habana, Tel. 07/24 78 48, Fax 07/24 24 99. Außerdem in allen größeren Städten Cubas. Briefe können auch als Schnellsendungen mit Kurier aufgegeben werden.

→ FAX

In allen großen Hotels für ungefähr 8 $/Min.

→ TELEFON

■ TELEFONKARTEN
Für 10 oder 20 $ in allen Etecsa-Büros erhältlich; außerdem in Banken, Flughäfen, an internationalen Postschaltern und in Touristenorten.

■ VORWAHLNUMMERN IN CUBA

Isla de la Juventud	061
Sancti Spíritus	041
Pinar del Río	082
La Habana (Provinz)	064
La Habana (Stadt)	07
Guantánamo	021
Matanzas	052
Santiago de Cuba	0226
Cienfuegos	0432
Granma	023
Santa Clara	0422
Holguín	024
Trinidad	0419
Las Tunas	031
Ciego de Ávila	033
Camagüey	0322

■ HANDYS UND CUBACEL
Die europäische Norm ist nicht mit der cubanischen kompatibel. Handys können in den größeren Städten der Insel gemietet werden. Auskunft: La Habana, Calle 28 n° 510, e/. 5 und 7 (Miramar) und: Internationaler Flughafen José Martí, Tel. 07/80 22 22, Mo-Fr 8-17 Uhr, Sa 8-12 Uhr.

■ TELEFONAUSKUNFT
Tel. 113

■ TELEGRAMME
Tel. 81 88 44

ELEKTRIZITÄT

Die Stromspannung beträgt in der Regel 110 Volt/60 Hertz. Neuere Hotels haben oft 220 Volt und amerikanische Flachsteckdosen. Wenn der Strom im Land abgestellt wird, werden die Hotels davon ausgenommen.

TOURISTEN-INFORMATION

INFOTOUR
Calle Obispo, n° 358, e/. Habana und Compostela, Habana Vieja, Tel. 07/33 33 33, 9-12 und 13-20.30 Uhr; Calle 112 und 5a Avenida (Miramar), 8.30-20 Uhr

BUCHHANDLUNGEN

LA INTERNACIONAL
Calle Obispo, n° 526 (Habana Vieja)

LIBRERÍA INTERNACIONAL FERNANDO ORTIZ
Calle L, n° 202, esq. 27 (Vedado)

LA BELLA HABANA
Calle O'Reilly, n° 4 (Habana)

LIBRERÍA CERVANTES
Calle Bernaza, n° 9, esq. Obispo (Habana Vieja). Mit Bücherangeboten zu günstigen Preisen (sonntags geschlossen).

MÄRKTE

Kunstmärkte unter freiem Himmel (Ferias)

CALLE TACÓN
Habana Vieja, in der Nähe der Kathedrale, tgl. bis auf sonntags geöffnet.

MALECÓN Y D
Vedado, tgl. bis auf montags geöffnet

FOTOS

Filme etc. können in größeren Hotels erstanden werden. In den militärischen Sperrgebieten ist das Fotografieren verboten, genauso wie in einigen Museen. In den meisten wird für das Fotografieren eine Gebühr erhoben.

INTERNATIONALE PRESSE

ZENTRUM DER INTERNATIONALEN PRESSE
Calle 23, e/. O y N, La Habana, Tel. 07/32 05 26

GESUNDHEIT

→ WASSER

Das Leitungswasser sollte nicht als Trinkwasser verwendet werden.

→ KRANKENHÄUSER

Es gibt internationale Krankenhäuser, die für Touristen reserviert sind. Für eine medizinische ambulante Versorgung hohen Standards wird eine Gebühr von 20-30 $ erhoben.

→ EINIGE KRANKENHAUS-ADRESSEN

LA HABANA
Calle 20, n° 4101, esq. 43 (Miramar), Tel. 07/24 28 11 (-14), Fax 07/24 28 56

SANTIAGO DE CUBA
Calle 13 und 14, Viertel Vista Alegre, Tel. 0226/33 50 15

CIENFUEGOS
Calle 37, n° 202, e/. 2 y 4, Punta Gorda, Tel. 0432/33 50 71

TRINIDAD
Calle Lino Pérez, n° 130, esq. Reforma, Tel. 0419/33 91

VARADERO
Calle 60 y 1a,
Tel. 05/66 77 10

→ NOTFÄLLE
In jedem Hotel gibt es ein Notfallteam und in allen cubanischen Krankenhäusern eine Notaufnahme.

→ INTERNATIONALE APOTHEKE
In jeder internationalen Klinik zu finden

LA HABANA
Calle 41, e/. 18 y 20 (Miramar),
Tel. 07/24 43 50,
9-21 Uhr

→ FÜR TAUCHER
Dekompressionsräume gibt es in Santiago de Cuba, auf der Isla de la Juventud, in Varadero und in La Habana.

LEBENSART

Ein freundliches Auftreten ist der Schlüssel zur Lösung vieler Probleme.
Am Abend sollte man wie die Cubaner auf ein gepflegtes Äußeres achten.
Zwischen 21 und 22.30 Uhr lässt sich kein Cubaner gerne stören, denn dies ist die Zeit der allseits beliebten *soapopera* (Fernsehserie).
Verspätungen sind an der Tagesordnung und auf eine im Schnitt einstündige Wartezeit sollte man sich schon einrichten!
Im Falle einer Einladung freuen sich die Gastgeber über kulinarische Mitbringsel wie Coca-Cola, Kuchen, Eis, Schokolade oder Rum.
An die *piropos* kann man sich leicht gewöhnen. Diese Art von Komplimenten, die Männer den Frauen auf der Straße zu machen pflegen, sind meist lustig, poetisch oder originell und nur in den seltensten Fällen vulgär gemeint.

SICHERHEIT

Vorsicht ist vor Taschendiebstahl (Fotoapparat, Geld Schmuck) geboten. Wertgegenstände und Ausweis sollten im Hotelsafe oder in einem abschließbaren Koffer aufgehoben werden.

SOUVENIRS

→ HANDARBEITEN
Es werden zahlreiche traditionelle Objekte aus Leder, Korbflechterei und Marmor angeboten.
Typisch sind auch Puppen, die Themen der Santería darstellen.

PALACIO DE LA ARTESANÍA
Calle Cuba, n° 64, e/. Peña Pobre y Cuarteles (Habana Vieja). Verschiedenste Mitbringsel

BAZAR 43
Calle 22, n° 4109, e/. 41 y 43 (Miramar) Typische Objekte der afro-cubanischen Kultur

EL QUITRÍN
Obispo y San Ignacio (Habana Vieja), Zentrum der handwerklichen Entwicklung. Webstoffe, Stickereien, Kleidung, Tischdecken, *guayabera,* etc.

→ KUNSTGEGENSTÄNDE
Um Kunstobjekte ausführen zu dürfen, muss erst ein entsprechendes Dokument beschafft werden (zum Schutz des nationalen Kunstwerks).

FONDO DE BIENES CULTURALES
Calle Muralla, n° 107 (Habana Vieja) Malereien, Töpferkunst, Schmuck, Skulpturen, von cubanischen Künstlern angefertigte Kunstgegenstände.

→ SCHMUCK
Es gibt wunderbaren Schmuck aus schwarzen Korallen in allen Preisklassen.

→ KAFFEE
Cubita ist die beliebteste cubanische Kaffeemarke.

→ ZIGARREN
Zigarren sind hier bei großer Auswahl sehr viel preiswerter als in Deutschland. Zum Beispiel: Cohiba Lanceros (Kiste mit 25 Zigarren): 320 $; Montecristo n° 4 (Kiste mit 25 Zigarren): 65 $.
Man sollte Zigarren nicht auf der Straße kaufen. Auch wenn sie wie Markenzigarren aussehen, dabei aber sehr viel billiger sind, werden sie meistens privat gerollt (ungenießbar) oder sind geklaut und haben daher nicht die erforderliche Qualitätskontrolle passiert. Am Zoll kann nach den Rechnungsbelegen gefragt werden.
Ohne ein solches Dokument werden die Zigarren konfisziert. In den großen Hotels gibt es eine Casa de Tabaco mit den wichtigsten Produkten.

CASA DEL HABANO
Calle Mercaderes, esq. Obrapía (Habana Vieja)

CASA DEL HABANO
Fábrica Partagás Calle Industria, n° 520 (Habana Vieja)

EL PATIO COLONIAL
Obispo, esq. Baratillo (Habana Vieja)

LA CASA DEL TABACO Y RON
Obispo, esq. Monseratte (Habana Vieja)

PALACIO DEL TABACO
Fábrica La Corona Zulueta, esq. Morro (Centro Habana)

→ MUSIK
Kassetten und CDs mit cubanischen Rhythmen: Salsa, Merengue, Cha-Cha-Cha, Nueva Trova, Rumba, Conga; Musikinstrumente (Bongo, Tumbadora etc.)

BOUTIQUES ARTEX
L und 23 (Vedado) CDs, Kassetten, T-Shirts, Musikinstrumente, etc.

→ RUM
Der Preis variiert je nach Marke und Alter.
Zum Beispiel: Havana Club Silver Dry: 4 $.
Havana Club, sieben Jahre alt: 10 $.

LA CASA DEL TABACO Y RON
Obispo, esq. Monseratte (Habana Vieja)

→ KLEIDUNG
Guayabera: Traditionelles Hemd für Männer.

LA MAISON
Calle 16, e/. 7a y 9a Ave., Vedado. Luxusboutique mit Taschen, Accessoires, Goldschmiedearbeiten, Schmuck (alt und neu), Kleidung cubanischer Modeschöpfer, etc.

→ UND AUSSERDEM
Briefmarken, Plakate, Poster, Geldstücke, Hängematten etc.

KULTURELLE ANGEBOTE

MERCADU SA
Seminare zu wechselnden Themen, Sprachkurse, Kongresse, Konferenzen, Werkstätten, Kurse zur cubanischen Kultur.
Calle 13, n° 951, esq.8 (Vedado), La Habana
Tel. 07/33 3893, Fax 07/33 2028

CASA DEL CARIBE
Kurse zur cubanischen Kultur, afrocubanischen Religion, Geschichte, Musik, Tanz und dem Tourismus auf Cuba.
Calle 13, n° 154 Vista Alegre, Santiago de Cuba,
Tel. 0226/42 285, Fax 0226/42 387

ISA (INSTITUTO SUPERIOR DE ARTE)
Percussion-, Tanz-, Musik-, Theater-, Ästhetikseminare und Kurse über visuelle Kunst,
Calle 120, n° 110, Cubanacán, La Habana,
Tel. 07/21 60 75, Fax 07/33 66 33

FOLKCUBA
Internationale Werkstätte der Folklore aus La Habana. Der Conjunto Folklórico Nacional de Cuba organisiert Seminare zu Tanz, Musik und cubanischer Kultur.
Calle 4, e/. Calzada y 5a, La Habana
Tel. 07/31 34 67

PRODANZA
Tanzkompanie für zeitgenössischen cubanischen Tanz in La Habana. Es gibt spezielle Kurse für Ausländer.
Tel. 07/20 91 42

REITSPORT

In Hotels, Clubs, Seebädern oder in ländlichen Gegenden.

CLUB HÍPICO IBEROAMERICANO
Nord-westlich des Parque Lenin im Süden von La Habana.
Tel. 07/44 10 58

PFERDERANCHS
Auf Touristen eingestellte Ranchs:

EL OASIS
Baconao

LA CASA DEL CAMPESINO
Trinidad

HACIENDA LOS MOLINOS
Zwischen Trinidad und Sancti Spíritus gelegen, einer der schönsten viehwirtschaftlichen Betriebe.

FISCHEN

Pläne und Ausrüstungen gibt es vor Ort. Die Genehmigung wird gegen Bezahlung erteilt.

HOTELES HORIZONTES
Calle 23, n° 156, e/. N y O (Vedado), La Habana,
Tel. 07/33 40 042

→ HOCHSEEANGELN
Mit schwerer Ausstattung in Frühling und Sommer und leichter Ausstattung in Nov. und April: Playa del Este, Varadero, Cayo Largo.

→ SÜSSWASSERANGELN
Largo Zaza (Sancti Spíritus), Largo Hanabanilla (Villa Clara) und Largo Redonda (Ciego de Ávila)

TIEFSEETAUCHEN

Es gibt Höhlen auf dem Meeresgrund, zu denen gefahrlos getaucht werden kann.

Achtung
Von November bis April ist ein ruhigerer Seegang an der Süd- und Westküste zu erwarten, und von Mai bis September an der Nordküste.

■ INTERNATIONALE TAUCHZENTREN

HOTEL COLONY
(Isla de la Juventud)

MARÍA LA GORDA
(Pinar del Río). Um hier zu tauchen, wendet man sich an Marsub, Calle B, n° 310, esq.15,
Tel. 07/33 30 55

CLUB BARRACUDA
Cubanacán,
Tel. 07/61 34 81

MARINA GAVIOTA
Gaviota Group,
Tel. 07/66 77 55

ACUA DIVING CLUB
Puerto Sol,
Tel. 07/66 80 63

WANDERN

Auch wenn in den Naturparks immer mehr Wege angelegt werden, sind gekennzeichnete Wege selten und es ist schwer, eine Karte in größerem Maßstab zu finden. Man kann auch Ausflüge zu Pferd vornehmen.

Achtung
Bei allen Sorten von Ausflügen ist eine ortskundige Führung notwendig.

→ ZU EMPFEHLEN: RUNDWANDERUNGEN

■ 3-TAGE-WANDERUNGEN IN DER SIERRA MAESTRA
Nur mit offizieller Erlaubnis möglich. Gebühr: 8-15 $ je nach Wanderung. Der Ausflug ist genauso schön wie anspruchsvoll. Führer gibt es in der Villa Domingo oder in La Platica. Mit Übernachtungen und Pausen in Zelten und Hütten.

■ ZU JEDER ZEIT:

SIERRA DEL ESCAMBRAY
Hübsche Spaziergänge rund um Trinidad:

GAVIOTA TOURS DE TOPES DE COLLANTES
Tel. 0419/40 117 oder in Hotels von Trinidad und Ancón.

SIERRA DEL ROSARIO UND DE LOS ÓRGANOS
Eine Vielzahl von Grotten und Mogotes (Kalkhügeln) laden zum traditionellen Wandern aber auch zu Höhlenforschung und Kletterei ein.

LAS TERRAZAS
Zahlreiche Möglichkeiten für Spaziergänge von 2-8 km Länge durch die Kaffeeplantagen der Insel.

HÖHLENKUNDE

Für Informationen wendet man sich an Reisebüros oder Hotels.

CUBATUR
Calle L, esq. 23 (unterhalb des Hotels Habana Libre),
Tel. 07/33 41 35
Hier werden mehrtägige Exkursionen zu dem Höhlensystem von Majagua-Canteres angeboten.

Achtung
Es ist verboten, die Höhlen alleine zu betreten. Eine Begleitung durch einen cubanischen Führer ist notwendig.

SEGELN

Der Winter ist die beste Jahreszeit für das Segeln. Zahlreiche Organisationen bieten ihren Bootsverleih an über: Cubanacán, Puerto Sol, KP Winter. Anlegestellen und Büros finden sich in den meisten Küstengebieten der Insel:

MARINA TARARA
Playas del Este, 22 km östlich von La Habana

MARINA ACUA
Ave. Kawama e/. 3 y 4, Varadero

Vorsicht
Die amerikanische Administration verbietet allen Seglern, die USA anzulaufen, wenn sie zuvor in Cuba angelegt haben. Es ist daher empfehlenswert, eine Jacht vor Ort zu mieten.

DREI KULTURELLE EINRICHTUNGEN

In fast allen Städten Cubas gibt es diese drei kulturellen, traditionellen und kreativen Institutionen.

→ LA CASA DE LA CULTURA
Haus der Kultur. Künstlerische Aktivitäten aller Genres in größeren Städten und in allen Vierteln der Hauptstadt mit Bolero, Rock, Salsa, Konferenzen, Ausstellungen, Ballett u.s.w.

→ LA PEÑA
Typische kulturelle Versammlung, die von einer cubanischen Institution oder ganz spontan privat organisiert wird. Im Mittelpunkt der künstlerischen Abendgestaltung stehen das Lesen von Gedichten und das Vortragen von Liedern.

→ LA CASA DE LA TROVA
Dort trifft man die Trovadores, die Autoren, Komponisten und Interpreten der mit Gitarre begleiteten Trova. Es ist gleichzeitig der Ort, an dem diese cubanische Musikgattung am meisten gespielt wird.

PINAR DEL RÍO

→ RESTAURANT/ CAFÉ CANTANTE
N RUMAYOR
Carretera Viñales, Km 1, Pinar del Río. Restaurant geöffnet von 12-22 Uhr; Shows um 23 und 1.30 Uhr, danach Disco. Eintritt: 5 $. Lohnende Aufführungen im Freien.

LA HABANA

→ CAFÉ CANTANTE
EL TROPICANA
Calle 72, esq. Ave. 43 n° 4504, Marianao, Tel. 07/27 01 10, tgl. von 21-2 Uhr geöffnet. Eintritt 50

und 60 $ (für Show und einen Cocktail). Reservierungen sind in allen Hotels möglich. Das spektakuläre Kabarett findet unter freiem Himmel in einem Garten statt. Die cubanisch-karibische Show dauert 1,5 Stunden. Von den professionellen Darstellern werden im Wechsel klassischer Tanz, cubanische Rhythmen und Akrobatik dargeboten.

PARISER CAFÉ CANTANTE
Hotel Nacional, Calle O, esq. 21 Tel. 07/33 35 64, 21.30-2.30 Uhr. Zwei Shows tgl., später Disco, Eintritt 30 $. Kleines, gemütliches Lokal. Das Schauspiel über cubanische Musik und Geschichte nennt sich *ajiaco* nach einem Gericht, bei dem die Zutaten bunt zusammengewürfelt sind. Der Name steht als Symbol für die cubanische Gesellschaft. Die Show endet mit einem ausgelassenen Fest im ganzen Saal.

→ DISCOS
SALON INTERNACIONAL
Hotel Riviera (vormals Palacio de la Salsa) Ave. Paseo y Malecón Tel. 07/33 40 51, Show und Disco 22-3 Uhr, Eintritt 5 $.

CAFÉ CANTANTE
Teatro Nacional de Cuba, Paseo y 39, Plaza de la Revolución, Tel. 07/33 57 13, tgl. 22.30-3 Uhr. Eintritt: 15-20 $. Eine Disco, die mehr Cubaner als Touristen anzieht.

→ JAZZ
LA ZORRA Y EL CUERVO
Calle 23, n° 155 e/. N und O, Vedado, tgl. 21-4 Uhr. Eintritt 5 $. Latino-Jazz mitten im Herzen der Rampa.

→ BOLERO
PICO BLANCO, RINCÓN DEL FEELING (ECKE DES GEFÜHLS)
Hotel St John's, 14. Etage, Calle O, e/. 23 y Humboldt, Vedado, Tel. 07/33 37 40, 21.30-3 Uhr. Eintritt 5 $. Ein gemütlicher Ort für frisch Verliebte um die Zwanzig.

→ DARBIETUNGEN
EL GRAN PALENQUE
Calle 4, n° 103, e/. Calzada y 5, Vedado Tel. 07/30 39 39, Fax 07/33 38 10. Jeden 2. Samstag 15-17 Uhr, Eintritt 5 $. Sitz des berühmten Conjunto Folklórico Nacional de Cuba, der cubanische Traditionen samt ihren spanischen und afrikanischen Wurzeln pflegt. Unter freiem Himmel, auf einem großen Patio und von Bäumen umgeben. Ein echtes Erlebnis!

→ KULTURZENTREN
CASA DE LA AMISTAD
Calle 17 y Paseo, Vedado
Mit einem wunderschönen Rahmen: In dem von einem Garten umgebenen neoklassizistischen Gebäude führen Orchester und Sänger durch den Tanz.

→ AUF DER STRASSE...
EL CALLEJÓN DE HAMMEL
Aramburo y Hospital (Centro Habana)
So ab 12 Uhr, Eintritt frei.
Eine mit Fresken von Salvador Gonzáles geschmückte und in ein kulturelles Zentrum verwandelte Sackgasse. Afrocubanische Darbietungen, bei denen der Rumba regiert!

TRINIDAD

→ DISCO
CUEVA AYATALA
Carretera Hotel Las Cuevas, tgl. 22-4 Uhr. Eintritt 3 $. Ein kleiner Kiesweg führt zu diesem beliebten, in einer Grotte eingerichteten Ort. Man tanzt zwischen Stalagmiten und Stalaktiten zu Techno und cubanischen Klängen. Mit einer großen Auswahl an Cocktails.

SANTIAGO DE CUBA

CASA DE LA TROVA
Calle Heredia, e/. San Félix y San Pedro, Mo-So ab 11 Uhr, Eintritt 1 $. Traditionelle Musik und Salsagruppen.

CASA DE LAS TRADICIONES
Calle Rabi, n° 154, e/. Princesa y San Fernando, Tivoli-Viertel, Mo-Fr außer Di ab 19 Uhr. Eintritt 1 $. Unter Touristen weniger bekannter Ort der Kultur mit traditioneller Musik und Tanz. Unbedingt hingehen!

Adressen (Abkürzungen)

e/. : zwischen; **avenida (ave., avda.)**: Allee; **via**: Straße; **reparto (rpto.)**, **barrio**: Stadtviertel; **esq.**: an der Straßenecke; **apartamento (apto.)**: Appartement

A

Abendessen: cena
Abfahrt: salida
Adresse: dirección
alles inklusive: todo incluido
Ankunft: llegada
Auto: máquina, carro

B

Bad: sala de baño
Bahnhof: estación de ferrocarriles
Bank: banco
Benzin: gasolina
Besteck: cubierto
Bett: cama
Bettlaken: sábana
Bier: cerveza
Bohnen: frijoles
Boot: barco
Brief: carta
Briefkasten: buzón
Briefmarke: sello
Briefumschlag: sobre
Brot: pan
Busbahnhof: terminal de ómnibus
Butter: mantequilla

D

Datum: fecha
Dorf, Ortschaft: pueblo
Dusche: ducha

E - F - G

Ei: huevo
Einzel-/ Doppelzimmer: habitación sencilla (doble)
Eis: helado
Essen: comida
Fahr-/ Eintrittskarte: billete, boleto
Fahrausweis: licencia de conducir
Fisch: pescado
Fleisch: carne
Flughafen: aeropuerto
Flugzeug: avión
Frau: señora
Frucht: fruta
Frühling: primavera
Frühstück: desayuno
Garnelen: camarones
Gehacktes: picadillo
Geld: dinero
Gemüse: verduras
geöffnet: abierto(a)
Gepäck: equipaje
geradeaus: todo derecho
Gericht: plato
geschlossen: cerrado(a)
gestern: ayer
Glas: vaso
Guten Morgen: buenos dias
Guten Tag: buenas tardes (ab 12 Uhr)

H - I - J

Haus: casa
Herbst: otoño
Herr: señor
Heute: hoy
Hin- und Rückfahrt: ida y vuelta
Hotel: hotel
Hühnchen: pollo
in der Nähe von: cerca de
Jahr: año
jetzt: ahora

K

Kalbfleisch: ternera
Karte, Plan: mapa
Kartoffel: papa
Käse: queso
Kreditkarte: tarjeta de crédito
Kuchen: pastel

L - M

Laden: tienda
Landstraße: carretera
Maniok: yuca
Meeresfrüchte: mariscos
Menü: menú
Monat: mes

Januar:	enero
Februar:	febrero
März:	marzo
April:	abril
Mai:	mayo
Juni:	junio
Juli:	julio
August:	agosto
September:	septiembre
Oktober:	octubre
November:	noviembre
Dezember:	diciembre

morgen: mañana
Museum: museo

N

Nachtisch: postre
Nummer: número

eins:	uno, una
zwei:	dos
drei:	tres
vier:	cuatro
fünf:	cinco
sechs:	seis
sieben:	siete
acht:	ocho
neun:	nueve
zehn:	diez
elf:	once
zwölf:	doce
dreizehn:	trece
vierzehn:	catorcer
fünfzehn:	quince
sechszehn:	dieciseis
siebzehn:	diecisiete
achtzehn:	dieciocho
neunzehn:	diecinueve
zwanzig:	veinte
hundert:	ciento, cien
tausend:	mil

O - P - Q

Öl: aceite
Omelett: tortilla
Park: parque
Post: oficina de correos
Postkarte: postal
Preis: precio

R - S

Rechnung: cuenta
Reis: arroz
Reiseagentur: agencia de viajes
reisen: viajar
Reisescheck: cheques de viaje
Restaurant: restaurante
Rind: res
Rotwein: vino tinto
Saft: jugo
Salat: ensalada
Salz: sal
Schinken: jamón
Schloss: castillo
Schokolade: chocolate
Schwein: cerdo
Sommer: verano
Soße: salsa
Speisekarte: carta
Stadt: ciudad
Straße: calle

T - U - V

Tee: té
telefonieren: llamar por teléfono
teuer: caro, cara
Theater: teatro
Tisch: mesa
Toilette: servicios, baños
trinken: beber
Trinkgeld: propina

W-X-Y-Z

Warenrechnung: fractura
Wasser: agua
Wechselgeld: cambio
Weißwein: vino blanco
weit entfernt von: lejos de
Winter: invierno
Woche: semana

Montag:	lunes
Dienstag:	martes
Mittwoch:	miércoles
Donnerstag:	jueves
Freitag:	viernes
Samstag:	sábado
Sonntag:	domingo

Zoll: aduana
Zucker: azúcar

GEBRÄUCHLICHE REDEWENDUNGEN

Bis bald: Hasta luego
links, rechts: a la izquierda, a la derecha
billig: barato(a)
Wieviel kostet das?: ¿Cuánto cuesta?
Wie lange?: ¿Cuánto tiempo?
Wie geht es Ihnen?: ¿Cómo está?
Sehr erfreut: Encantado(a)
Ich verstehe nicht: No entiendo
Ich spreche kein Spanisch: No hablo español
Ich würde gerne: Quisiera
(Vielen) Dank: (Muchas) gracias
ja, nein: sí, no
Wann?: ¿Cuándo?
Wieviel Uhr ist es?: ¿Qué hora es?
Wo ist / sind ...?: ¿Dónde está(n)...?
Entschuldigung: Disculpe
Zimmer reservieren: reservar una habitación
Bitte: Por favor
Bitte sehr: De nada
Können Sie mich aufwecken?: Puede despertarme?

CUBANISCHE REDEWENDUNGEN

agromercado: Bauernmarkt
apagón: Stromausfall
babalao: Priester (Santería)
barbudos: Revolutionäre (wörtl. ›Bärtige‹)
bodega: Lebensmittelladen
bohío: Schilfhütte
buró de turismo: Tourismusbüro
camello: großer Bus nach La Habana
cayo: flache Insel
hacer la cola: Schlange stehen
comprobante: Beleg
guagua: Bus
guajiro(a): Bauer
jineteros (as): Schlepper, Prostituierte
libreta: Verpflegungsheft
mambí: Unabhängigkeitskämpfer im 19. Jh.
machete, machetero: Machete, Zuckerrohrschneider
mogotes: karstige Hügel
orisha: Gottheit der Santería
paladar: privat geführtes Restaurant
pedir botella: trampen
pelota: Basketball
santería: afro-cubanische Religion
sillón: Schaukelstuhl
tabaco: Zigarre
trusa: Badeanzug
vega: Tabakfeld
zafra: Zuckerrohrernte

FESTIVALS

FEB.	FESTIVAL DEL HABANO (ZIGARRENFESTIVAL)	LA HABANA
APRIL	FESTIVAL HUELLA DE ESPAÑA (SPANISCHE KULTUR)	LA HABANA
MAI	FESTIVAL Y CONCURSO INTERNACIONAL DE LA GUITARRA	LA HABANA
JUNI	FESTIVAL INTERNACIONAL BOLEROS DE ORO (ALLE ZWEI JAHRE)	LA HABANA, SANTIAGO
JULI	FESTIVAL DE LA CULTURA CARIBEÑA - FIESTA DEL FUEGO	SANTIAGO DE CUBA
AUG.	FESTIVAL INTERNACIONAL BENY MORÉ (ALLE ZWEI JAHRE)	CIENFUEGOS
SEPT.	FESTIVAL INTERNACIONAL DEL TEATRO	LA HABANA
SEPT.	FESTIVAL INTERNACIONAL MATAMOROS (ALLE ZWEI JAHRE)	SANTIAGO DE CUBA
OKT.	FIESTA DE LA CUBANÍA (CUBANISCHE KULTUR)	BAYAMO
OKT.	FIESTA DE LA CULTURA IBEROAMERICANA	HOLGUÍN
OKT.	FESTIVAL DE LA MÚSICA CONTEMPORÁNEA	LA HABANA
OKT./NOV.	FESTIVAL INTERNACIONAL DEL BALLET (ALLE ZWEI JAHRE)	LA HABANA
NOV.	FESTIVAL DE LOS RAÍCES AFRICANAS WEMILERE	LA HABANA
NOV.	FESTEJOS DE SAN CRISTÓBAL DE LA HABANA	LA HABANA
NOV.	CONCURSO INTERNACIONAL DE LOS BARMEN (ALLE ZWEI JAHRE)	LA HABANA
NOV./DEZ.	CONCURSO NACIONAL DE LOS BARMEN	LA HABANA
DEZ.	PARRANDAS REMEDIANAS	VILLA CLARA
DEZ.	FESTIVAL DEL JAZZ (ALLE ZWEI JAHRE)	LA HABANA
DEZ.	FESTIVAL INTERNACIONAL DE CHORALES (ALLE ZWEI JAHRE)	SANTIAGO DE CUBA
DEZ.	FESTIVAL INTERNACIONAL DEL CINEMA LATINO-AMERICANO	LA HABANA

KARNEVAL

JUNI	FIESTA DE SAN JUAN Y SAN PEDRO	CAMAGÜEY
JULI	CARNAVAL DE LA HABANA	LA HABANA
JULI	CARNAVAL DE SANTIAGO DE CUBA	SANTIAGO DE CUBA
DEZ.	PARRANDAS REMEDIANAS	REMEDIOS (▲ *194*)

RELIGIÖSE FESTE

3. MAI	LAS ROMERÍAS DE MAYO (MAIPROZESSIONEN)	HOLGUÍN
8. SEPT.	FIESTA DE LA VIRGEN DEL COBRE (AFRO-CUBANISCHE TRADITION)	EL COBRE (● *58*), (▲ *218*)
24. SEPT.	FIESTA DE LA MERCED (AFRO-CUBANISCHE TRADITION)	LA HABANA
3.-4. DEZ.	FIESTA DE SANTA BÁRBARA (AFRO-CUBANISCHE TRADITION)	GESAMT CUBA (● *58*)
8. DEZ.	FIESTA DE LA VIRGEN DE REGLA (AFRO-CUBANISCHE TRADITION)	REGLA (● *58*, ▲ *147*)
17. DEZ.	FIESTA DE SAN LÁZARO (AFRO-CUBANISCHE TRADITION)	EL RINCÓN (● *58*)

SPORTVERANSTALTUNGEN

MÄRZ/OKT.	COMPETICIONES INTERNACIONALES DE BÉISBALL	LA HABANA
APRIL	TORNEO DEL BOXEO GIRALDO CÓRDOVA CARDÍN	VILLA CLARA
MAI	TORNEO INTERNACIONAL HEMINGWAY DE PESCAR MARLIN	M. HEMINGWAY (▲ *162*)
JULI	COMPETICIÓN INTERNACIONAL DE BARCOS OFFSHORES	CUBANISCHE HÄFEN
NOV.	MARABANA (INTERNATIONALER MARATHON)	LA HABANA

MESSEN

FEB.	FIART (INTERNATIONALE MESSE DER VOLKSKUNST)	LA HABANA
FEB.	FERIA INTERNACIONAL DEL LIBRO (BUCHMESSE)	LA HABANA
NOV.	FIHAV (INTERNATIONALE MESSE VON LA HABANA)	LA HABANA

FEIERTAGE

1. JAN.	JAHRESTAG DER REVOLUTION UND NATIONALFEIERTAG
1. MAI	INTERNATIONALER TAG DER ARBEIT
26. JULI	JAHRESTAG DER NATIONALEN REBELLION UND DES STURMS AUF DIE MONCADA-KASERNE
10. OKT.	JAHRESTAG DES UNABHÄNGIGKEITSKRIEGES GEGEN SPANIEN
25. DEZ.	WEIHNACHTEN

Für nähere Informationen zu den nationalen Ereignissen kann man sich an folgende Adresse wenden:
Paradiso, Promotor del Turismo Cultural (Artex),
Calle 19, n° 560, esq. C (Vedado)
Tel. 07/32 69 28, Fax 07/33 39 21.

Von den Festen, Messen und Wettkämpfen sind hier die für Cuba typischsten und beliebtesten zusammengestellt. Für die Anmeldung zur Teilnahme an Sportveranstaltungen ist folgende Adresse zuständig:
Cuba Deportes,
Calle 20, n° 706, e/. 7 y 9 (Miramar),
Tel. 07/24 09 45

Die Buchstaben und Ziffern hinter den Ortsnamen oder Stadtvierteln (Beispiel: Habana Vieja I-3/4) verweisen auf die entsprechenden Koordinaten in den Umschlagkarten.

LA HABANA

HABANA VIEJA	**I-3/4**	
MUSEO DE LA CERÁMICA Castillo de la Real Fuerza Calle O'Reilly y ave. del Puerto Plaza de Armas	*Geöffnet Mo-Sa 8.30-16.45 Uhr, So geschl. Sammlung zeitgenössischer cubanischer Keramikplastiken und Malereien.*	▲ 122
EL TEMPLETE Plaza de Armas C. Baratillo e/. O'Reilly y Enna	*Geöffnet tägl. 9.30-16 Uhr*	▲ 123
MUSEO DE LA CIUDAD Palacio de Los Capitanes Generales Plaza de Armas Calle Tacón, e/. O'Reilly y ave. del Puerto Tel. 07/61 28 76, 61 50 62	*Geöffnet tägl. 9.30-19 Uhr Historische und kulturelle Darstellung der Geschichte La Habanas von ihren Ursprüngen bis heute.*	▲ 124
CATEDRAL DE SAN CRISTÓBAL Empedrado, n° 158, e/. Mercaderes y San Ignacio Plaza de la Catedral	*Geöffnet Mo-Sa 10.30-15 Uhr, So 8-12 Uhr*	▲ 126
MUSEO DE ARTE COLONIAL Palacio de los Condes de Casa Bayona San Ignacio, n° 61 Plaza de la Catedral, e/. Empedrado y O'Reilly Tel. 07/62 64 40	*Geöffnet Di-Sa 10-18 Uhr, So 9-13 Uhr, Mo geschl. Ausstellung der Kunst der Kolonialepoche und eine Sammlung von mediopuntos (Fenstern in der Form eines Halbkreises).*	▲ 127
CENTRO WIFREDO LAM Calle San Ignacio, n° 22 esq. Empedrado Tel. 07/61 34 19	*Geöffnet Mo-Fr 10-17 Uhr, Sa, So geschl. Präsentation asiatischer, afrikanischer, lateinamerikanischer und karibischer Kunstobjekte.*	▲ 127
FUNDACIÓN ALEJO CARPENTIER Casa de la Condesa de la Reunión Calle Empedrado, n° 215 e/. San Ignacio y Cuba	*Geöffnet Mo-Fr 8.30-16 Uhr, Sa, So geschl. Dem großen cubanischen Schriftsteller gewidmetes Museum: Ausstellung zahlreicher Erinnerungsstücke.*	▲ 127
CASA DE LA OBRA PÍA Calle Obrapía, n° 158 esq. Mercaderes Tel. 07/61 30 97	*Geöffnet Di-Sa 10.30-17.30 Uhr, So 9.30-12.30 Uhr. Mo geschl.*	▲ 129
CASA DE ÁFRICA Calle Obrapía, n° 157 e/. Marcaderes y San Ignacio Tel. 07/61 57 98	*Geöffnet tägl. 9-19 Uhr*	▲ 129
CASA SIMÓN BOLÍVAR Calle Mercaderes, n° 156 e/. Obrapía y Lamparilla Tel. 07/61 39 88	*Geöffnet Di-So 9-18 Uhr, Mo geschl.*	▲ 129
MUSEO NUMISMÁTICO Casa del Obispo Calle Oficios, n°8, e/. Obispo y Obrapía Tel. 07/61 58 57, 62 21 05	*Geöffnet Di-Sa 10-17 Uhr, So 10-13 Uhr, Mo geschl. Sammlung cubanischer Münzen und Geldscheine vom 16. Jahrhundert bis heute.*	▲ 129
CASA DE LOS ÁRABES Calle Oficios, e/. Obispo y Obrapía Tel. 07/61 58 68	*Geöffnet tägl. 9-17 Uhr Objekte aus 12 arabischen Staaten.*	▲ 129
CASA DEL CONDE DE JARUCO Fondo Cubano de Bienes culturales Plaza Vieja Muralla, n° 107-111, esq. San Ignacio	*Geöffnet tägl. 9-18 Uhr*	▲ 130
MUSEO/CASA NATAL DE JOSÉ MARTÍ Calle Paula, n° 314, e/. Egido y Picota Tel. 07/61 37 78	*Geöffnet Di-Sa 9-17 Uhr, So 9-13 Uhr, Mo geschl.*	▲ 131
CENTRO HABANA	**F-3/4**	
CAPITOLIO NACIONAL Prado e/. San José y Dragone Tel. 07/60 34 11, 61 02 01	*Geöffnet tägl. 9-18 Uhr*	▲ 132

Telefonvorwahlnummern siehe Seite 234.
Erläuterung der Adressen siehe Seite 232.

GRAN TEATRO FEDERICO GARCÍA LORCA Paseo del Prado, esq. San Rafael Tel. 07/61 30 78	*Vorstellungen und Aufführungen in der Woche um 20.30 Uhr, So um 17 Uhr.*	▲ 133
FÁBRICA DE TABACOS PARTÁGÁS Calle Industria, n° 520 e/. Dragones y Barcelona Tel. 07/62 46 04	*Führungen um 9 Uhr. Eintritt: 5 $.* *Achtung: manchmal unvorhersehbare Schließungen.*	▲ 134
MUSEO DE LA REVOLUCIÓN Y MEMORIAL GRANMA Ehemaliger Präsidentenpalast Calle Refugio, n° 1 e/. Monserrate y Zulueta Tel. 07/62 40 91 (-96)	*Geöffnet Di-So 10-17 Uhr,* *Mo geschl.* *Die gesamte cubanische Geschichte von den ersten Unabhängigkeitsbestrebungen bis hin zur Revolution von 1959.*	▲ 137
MUSEO NACIONAL DE LA MÚSICA Casa de Pérez de la Riva Calle Cárcel, n° 1 e/. Aguiar y Habana Tel. 07/61 98 46	*Geöffnet Mo-Sa 9.30-16.45,* *So geschl.* *Geschichte der cubanischen Musik und ihrer Instrumente vom 16.-20. Jahrhundert.*	▲ 137
EL VEDADO	**A/B-4**	
MUSEO ANTROPOLÓGICO MONTANÉ Edificio Felipe Poey, Planta baja Universidad de La Habana	*Wechselnde Öffnungszeiten*	▲ 142
MUSEO NAPOLEÓNICO Calle San Miguel, n° 1159, esq. Ronda, Vedado, etwa 100 m von der Universität entfernt Tel. 07/79 14 12, 79 14 60	*Geöffnet Mo-Sa,* *So geschl.* *Winter 10-17.30 Uhr, Sommer 11-18.30 Uhr* *Eintritt: 5 $.*	▲ 142
MUSEO MÁXIMO GÓMEZ Quinta de los Molinos Ave. Salvador Allende (Ave. Carlos III) e/. Infanta	*Geöffnet Di-Sa 9-17 Uhr, So 9-12 Uhr,* *Mo geschl.*	▲ 142
CEMENTERIO CRISTÓBAL COLÓN Calle 12 y Zapata Tel. 07/34 196	*Geöffnet Mo-Sa 9-17 Uhr,* *So geschl.*	▲ 144
MÉMORIAL JOSÉ MARTÍ Plaza de la Révolución Tel. 07/84 05 51	*Geöffnet Mo-Sa 9-17 Uhr* *So geschl.*	▲ 145
MIRAMAR		
MUSEO DEL MINISTERIO DEL INTERIOR Ave. 5ª y Calle 14, Miramar	*Geöffnet Di-Fr 9-17 Uhr, Sa 9-16 Uhr,* *So, Mo geschl.*	▲ 146
MODELL VON LA HABANA Calle 28, n° 113 e/. 1ª y 3ª Miramar	*Geöffnet Di-Sa 9-17 Uhr,* *So geschl.* *Fantastisches Miniaturmodell der Stadt auf 200 m².*	▲ 146
DER OSTEN VON LA HABANA	**I/J-1**	
CASTILLO DE LOS TRES REYES DEL MORRO Carretera de la Cabaña (Ostufer) Eingang an der Bucht von La Habana	*Geöffnet tägl. 8.30-20 Uhr* *Den Leuchtturm kann man besteigen.*	▲ 146
MUSEO DE LAS ARMAS **MUSEO DE LA COMANDANCIA DE CHE GUEVARA** **EL CAÑONAZO** Fortaleza de San Carlos de la Cabaña Carretera de la Cabaña (Ostufer) Eingang an der Bucht von La Habana	*Geöffnet tägl. 10-22 Uhr* *Kanonenschuss tägl. um 21 Uhr.*	▲ 147
SAN FRANCISCO DE PAULA		
FINCA VIGÍA/MUSEO HEMINGWAY San Francisco de Paula Im Osten La Habanas Tel. 07/91 08 09	*Geöffnet Mo-Sa 9-16 Uhr, So 9-12 Uhr,* *Di geschl.*	▲ 148

DER WESTEN: PINAR DEL RÍO		
SOROA	**B-4**	
ORQUIDEARIO (ORCHIDEEENGARTEN) Carretera Soroa 8 km	*Geöffnet tägl. 9-16.30 Uhr*	▲ 155
SAN DIEGO DE LOS BAÑOS	**B-4**	
CUEVA DE LOS PORTALES Einige km von San Diego de los Baños	*Ehemaliges Hauptquartier Ches während der Cuba-Krise.*	▲ 155
VIÑALES	**B-5**	
PRÄHISTORISCHE WANDMALEREIEN *Mogote* Dos Hermanas 3 km westlich von Viñales	*Unter freiem Himmel. Entwicklungsgeschichtlich bedeutsame Malereien an einer Felswand. Geführte Touren.*	▲ 157
CUEVA DEL INDIO 7 km nördlich von Viñales	*Eine der größten Höhlen Cubas.*	▲ 156
B-5		
MUSEO PROVINCIAL DE HISTORIA Calle Martí, n° 58 e/. Isabel Rubio y Colón Tel. 082/43 00	*Geöffnet Di-Sa 9-16 Uhr, So 9-13 Uhr, Mo geschl.*	▲ 158
MUSEO DE CIENCIAS NATURALES SANDALIO DE NODA Palacio Guasch Calle Martí, n° 202 esq. Commandante Pinares	*Geöffnet Mo-Sa 9-17 Uhr, So 8-12 Uhr Ausstellung präparierter Tiere aus Pinar del Río und anderen Regionen des Landes.*	▲ 158
CASA GARAY Fábrica de la Guayabita del Pinar Calle Recreo, n° 189	*Geöffnet Mo-Fr 8-16 Uhr, Sa 8-12 Uhr, So geschl. Produktion eines einheimischen Likörs.*	▲ 158
FÁBRICA DE TABACOS FRANCISCO DONATIÉN Calle Antonio Maceo, n° 157	*Geöffnet Mo-Fr 7.30-12 und 13-16.30 Uhr, Sa 7.30-12 Uhr, So geschl.*	▲ 158
DIE NORDKÜSTE		
MATANZAS	**D-4**	
MUSEO HISTÓRICO PROVINCIAL Palacio del Junco Plaza de la Vigía	*Geöffnet Di-Sa 10-12 und 13-17 Uhr, So 8-12 Uhr, Mo geschl.*	▲ 167
TEATRO SAUTO Plaza de la Vigía	*Vorstellungsbeginn um 20.30 Uhr*	▲ 167
MUSEO FARMACEÚTICO Calle Milanés n° 4951 e/. Santa Teresa y Ayuntamiento Tel. 052/31 79	*Geöffnet Di-Sa 9-17 Uh, Mo geschl. Eine von einem Franzosen eröffnete frühere Apotheke. Mobiliar und Sèvres-Porzellan.*	▲ 167
CUEVAS DE BELLAMAR 3 km von Matanzas und 50 km von Varadero	*Geöffnet tägl. 9-17 Uhr Einlass und Führungen alle 1,5 Std.*	▲ 167
VARADERO	**D-4**	
MUSEO MUNICIPAL Calle 57 y Playa	*Gemälde lokaler und bekannter Künstler. Geöffnet tägl. 9-17 Uhr*	▲168
DELFINARIUM Carretera Las Morlas	*Spektakuläre Delfin-Show; es ist sogar möglich, mit den Delfinen zu schwimmen.*	▲ 169
CÁRDENAS	**D-4**	
MUSEO MUNICIPAL OSCAR MARÍA DE ROJAS Calzada n°4 Tel. 052/24 17	*Geöffnet Di-Sa 9-17 Uhr, So 9-13 Uhr, Mo geschl. Das älteste Museum Cubas. Die Geschichte von Cárdenas. Mobiliar und Kunstobjekte.*	▲ 170
ZENTRAL-CUBA		
GIRÓN	**D-5**	
MUSEO GIRÓN Playa Girón	*Geöffnet Di-So 9-17 Uhr, Mo geschl.*	▲ 176

CIENFUEGOS	**E-5**	
TEATRO TOMÁS TERRY Calle 25 y ave. 56	*Geöffnet tägl. 9-16 Uhr.*	▲ 178
PALACIO FERRER Casa de la Cultura Östlich des Parque José Martí	*Öffnungszeiten abhängig von den kulturellen Aktivitäten.*	▲ 178
MUSEO PROVINCIAL Parque Martí	*Geöffnet 9.30-17.30 Uhr.*	▲ 179
PALACIO DEL VALLE Sehr erstaunliches Gebäude Calle 37, e/. 0 y 2 Gegenüber dem Hotel Jagua	*Geöffnet 10-23 Uhr* *Heute ein Restaurant, stets zugänglich.*	▲ 179
CASTILLO DE JAGUA Bahía de Cienfuegos Tel. 0432/45 10 03, 45 12 10	*Motorboote gegenüber dem Hotel Pasacaballos oder eine Barkasse ab Cienfuegos (Einschiffung an der Mole am Ende der Calle 25).*	▲ 179
JARDÍN BOTÁNICO LA SOLEDAD 15 km östlich von Cienfuegos e/. San Antón y Guaos	*Geöffnet tägl. 8-16 Uhr.*	▲ 179
TRINIDAD	**E-5**	
IGLESIA PARROQUIAL DE LA SANTÍSIMA TRINIDAD Plaza Mayor	*Messe So morgen um 10 Uhr.*	▲ 182
MUSEO DE ARQUITECTURA COLONIAL Casa de los Sánchez-Iznaga Calle Desengaño n° 83 Plaza Mayor	*Geöffnet Di, Mi, Sa, So 8.30-17 Uhr,* *Mo und Do 8.30-22 Uhr,* *Fr geschl.*	▲ 183
GALERÍA DE ARTE Casa de Aldemán Ortiz Plaza Mayor	*Geöffnet tägl. 8-17 Uhr* *Eintritt frei.*	▲ 183
MUSEO DE ARQUEOLOGÍA GUAMUHAYA Casa Padrón Calle Simón Bolívar, n° 457 Plaza Mayor	*Geöffnet Di, Do, Sa, So 9-17 Uhr,* *Mo und Mi. 8.30-22 Uhr,* *Fr geschl.*	▲ 183
MUSEO ROMÁNTICO Palacio Brunet Calle Fernan. Hernández, n° 52 e/. Piro Guinart y S. Bolívar Tel. 0419/43 63	*Geöffnet Di-So 8.30-17 Uhr,* *Mo geschl.*	▲ 184
MUSEO MUNICIPAL DE HISTORIA Palacio Cantero Calle Simón Bolívar, n° 423 esq. callejón de Peña Tel. 0419/44 60	*Geöffnet So-Fr 8.30-17 Uhr.* *Sa geschl.*	▲ 186
MUSEO DE LA LUCHA CONTRA BANDIDOS Convento San Francisco de Asís Calle del Cristo esq. Boca Tel. 0419/41 21	*Geöffnet Di, Do, Sa, So 8.30-17 Uhr,* *Mi und Fr 8.30-22 Uhr,* *Mo geschl.*	▲ 187
VALLE DE LOS INGENIOS	**E-5**	
HACIENDA DE LA MANACA IZNAGA Carretera de Sancti Spíritus, km 12. Ein kleiner Zug fährt die Strecke zwischen Trinidad und dem Vallee de los Ingenios.	*Besuchstouren von 8.30-17 Uhr.* *Abfahrt in Pastora, Halt bei Las Ruinas del Ingenio Magua, danach Frühstückspause bei Manaca Iznaca, Ankunft in Guachinango.*	▲ 190
SANCTI SPÍRITUS	**F-5**	
MUSEO DE ARTE COLONIAL Palacio de Valle Iznaga Calle Plácido y Menéndez Tel. 041/25 455	*Geöffnet Do-Di 10-17 Uhr,* *Mi geschl.*	▲ 191
SANTA CLARA	**E-5**	
TEATRO DE LA CARIDAD Parque Leoncio Vidal Im Nordwesten des Parks	*Vorstellungsbeginn um 20.30 Uhr.*	▲ 191
MUSEO DE ARTES DECORATIVAS Calle Martha Abreu esq. Luis Estévez Tel. 0422/53 68	*Geöffnet Mi-Mo 9-17 Uhr,* *Di geschl.*	▲ 191

MONUMENTO DEL TREN BLINDADO Carretera Camajuani y Línea del Ferrocarril	*Monument zur Erinnerung an die Schlacht von Santa Clara.*	▲ 192
MUSEO DEL CHE **MAUSOLEO DEL CHE** Ave. de los Desfiles e/. Danelito y Circunvalación Plaza de la Revolución	*Geöffnet Mo-Sa 9-12 und 14-17 Uhr, So 9-12 Uhr* *Mausoleum mit Ches sterblichen Überresten.*	▲ 192
REMEDIOS	**F-5**	
MUSEO DE LAS PARRANDAS REMEDIANAS Calle Máximo Gómez, n° 71	*Geöffnet tägl. 10-16.30 Uhr* *Fotos, Modelle, Musikinstrument und traditionelle Kostüme, die mit dem lokalen Fest verbunden sind.*	▲ 194
MUSEO DE MÚSICA A. GARCÍA CATURLA Parque José Martí	*Geöffnet tägl. 10-16.30 Uhr*	▲ 194
CAMAGÜEY	**G-6**	
MUSEO CASA NATAL DE I. AGRAMONTE Calle Ignacio Agramante, n° 59 esq. Independencia Tel. 0322/97 116	*Geöffnet Di-Fr 10-17.45 Uhr, Sa 10-22 Uhr So 8-11.45 Uhr*	▲ 196
CENTRO PROVINCIAL DE PATRIMONIO Plaza de San Juan de Dios	*Geöffnet Mo-Sa 9-17 Uhr, So geschl.*	▲ 196
ORIENTE		
HOLGUÍN	**H-6**	
CASA NATAL DE CALIXTO GARCÍA Calle Miró, n° 456 e/. Frexes y Martí	*Geöffnet Mo-Fr 9-17 Uhr, Sa 9-13 Uhr, So geschl.*	▲ 200
MUSEO DE HISTORIA PROVINCIAL »LA PERIQUERA« Calle Frexes, n° 198, Libertad y Maceo (gegenüber dem Park)	*Andenken und Zeugnisse von Helden der Stadt.* *Geöffnet Mo-Fr 9-17 Uhr, Sa 9-13 Uhr, So geschl.*	
GUARDALAVACA	**I-6**	
CHORRO DE MAITA 6 km östlich von Guardalavaca	*Geöffnet Mo-Sa 9-17 Uhr, So 9-13 Uhr*	▲ 201
BANES	**I-6**	
MUSEO INDOCUBANO BANI Calle General Barrero, n° 305 e/. Martí y Céspedes	*Geöffnet Di-Sa 9-17 Uhr, Mo 14-17 Uhr, So 9-14 Uhr* *Sammlung v. Kunstobjekten der frühen Indianerkultur.*	▲ 201
BAYAMO	**H-7**	
CASA NATAL DE CARLOS MANUEL DE CÉSPEDES Calle Maceo, n° 57 Tel. 023/42 38 64	*Geöffnet tägl. 9-17 Uhr*	▲ 204
MANZANILLO	**G/H-7**	
MUSEO HISTÓRICO LA DEMAJAGUA 12 km südlich von Manzanillo	*Überreste des Landgutes von Carlos Manuel de Céspedes, in dem heute ein Museum eingerichtet ist.*	▲ 205
SANTIAGO DE CUBA	**I-7**	
MUSEO DE AMBIENTE HISTÓRICO CUBANO Ehem. Casa Diego Velázquez Calle Felix Peña, n° 610 e/. Heredia y Aguilera, Nahe dem Parque Céspedes	*Geöffnet Mo-Sa 9-17 Uhr, So 9-13 Uhr* *Mobiliar, Dekoobjekte und Porzellan.*	▲ 210
MUSEO CASA NATAL DE JOSÉ MARÍA DE HEREDIA Calle Heredia, n° 260 Neben dem Parque Céspedes	*Geöffnet Di-Sa 9-21 Uhr, So 9-13 und 16-20 Uhr, Mo geschl.*	▲ 212
MUSEO DEL CARNAVAL Calle Heredia, n° 303, e/. Pio Rosado y Porfirio Valiente	*Geöffnet Di-So 9-17 Uhr, Mo geschl.* *Fotos, Kostüme und Musikinstrumente erzählen die Geschichte des Karnevals von Santiago.*	▲ 212
MUSEO EMILIO BACARDÍ-MOREAU Calle Pío Rosado, esq. Aguilera Tel. 0226/28 40 02	*Geöffnet Mo-Fr 9-18 Uhr, So 9-12 Uhr, Sa geschl.*	▲ 212

MUSEO DE LA LUCHA CLANDESTINA Calle Rabi, n° 1, Viertel Tivoli Tel. 0226/24 689, 28 244	*Geöffnet Di-So 9-17 Uhr, Mo geschl. Ehemaliger Polizeiposten zu Zeiten Batistas.*	▲ 213
TUMBA FRANCESA Calle los Maceo, n° 501 esq. San Bartolomé	*Öffentliche Proben am Do 8-12 und 17-23 Uhr*	▲213
FRIEDHOF SANTA IFIGENIA Calle Crombet (nord-westlich von Santiago)	*Geöffnet tägl. 7-18 Uhr*	▲ 214
MUSEO HISTÓRICO DEL 26 DE JULIO MONCADA-KASERNE Calle Gal Portuondo, e/. Calle Moncada y de los Libertadores	*Geöffnet Mo-Sa 9-17 Uhr, So 9-13 Uhr Ehemalige Kaserne, die in eine Schule und ein Museum umgewandelt wurde.*	▲ 215
CASA NATAL DE ANTONIO MACEO Calle los Maceo, n° 207 e/. Corona y Rastro Tel. 0226/23 750	*Geöffnet Mo-Sa 9-17 Uhr, So geschl. Leben und Schaffen des großen Führers des cubanischen Unabhängigkeitskrieges.*	▲ 215
CASA DEL CARIBE Calle 13, n° 154, Ecke Calle 8 Vista Alegre Tel. 0226/42 285, 42 387	*Organisator des Festivals der karibischen Kultur.*	▲ 216
CENTRO CULTURAL AFRICANO FERNANDO ORTIZ Calle Manduley, n° 10 esq. Calle 5, Vista Alegre Tel. 0226/42 487	*Geöffnet tägl. 9-18 Uhr*	▲ 216
DIE UMGEBUNG VON SANTIAGO	**I-7**	
MUSEO DE LA PIRATERÍA CASTILLO DEL MORRO 10 km südlich von Santiago	*Relativ dürftige Sammlung.*	▲ 217
BASILICA DE NUESTRA SEÑORA DE LA CARIDAD DEL COBRE 20 km östlich von Santiago		▲ 218
PRADO DE LAS ESCULTURAS Parque Baconao, 16 km von Santiago, Richtung Gran Piedra, Zw. Las Guasimas y El Sapo	*Skulpturenausstellung auf 40 ha: 20 Werke von Künstlern aus Cuba und dem Ausland.*	▲ 219
GRANJITA DE SIBONEY Der kleine Hof Siboney, km 13,5 an der Strasse nach Siboney	*Geöffnet tägl. 9-17 Uhr*	▲ 219
CAFETAL LA ISABELICA Carretera de la Gran Piedra km 14	*Geöffnet Di-Sa 10-16.30 Uhr, So 9-13 Uhr, Mo geschl. Museum zur Kultur des Kaffees.*	▲ 219
BARACOA	**J-7**	
MUSEO MUNICIPAL Fuerte Matachín-Bahía de Miel	*Geöffnet tägl. 10-17 Uhr*	▲ 222
ISLA DE LA JUVENTUD		
NUEVA GERONA UND UMGEBUNG	**C-5 B/C-6**	
MUSEO MUNICIPAL Südlich des Parque Central Calle 30, e/. 37 y 39	*Geöffnet Di-Sa 9-17 Uhr, So 9-13 Uhr, Mo geschl. Das alte Casa del Gobierno. Sammlung historische Ausstellungsstücke.*	▲ 226
MUSEO DE LA LUCHA CLANDESTINA Calle 24 y 45 Tel. 061/24 582	*Geöffnet Di-Sa 8-17 Uhr, So 8-12 Uhr, Mo geschl. Geschichte des Kampfes gegen die Diktatur Batistas.*	▲ 226
MUSEO DE HISTORIA NATURAL Calle 41 y 52 Tel. 061/23 143	*Geöffnet Di-Do 8-19 Uhr, Fr 14-22 Uhr, Sa 13-17 Uhr, So 9-13 Uhr, Mo geschl. Geologie und Archäologie, prähistorische Malereien*	▲ 226
MUSEO FINCA DEL ABRA In der Sierra Las Casas Carretara Siguanea, km 2	*Geöffnet Di-So 9-17 Uhr, Mo geschl.*	▲ 227
PRESIDIO MODELO 4 km östlich von Nueva Gerona, Reparto Chacón	*Geöffnet Di-So 9-17 Uhr, Mo geschl. Gefängnis, in dem Castro inhaftiert war.*	▲ 227
CUEVA DE PUNTA DEL ESTE 59 km süd-östlich von Nueva Gerona	*Werke der Cyboneyes-Indianer, Höhlenmalereien.*	▲ 227

Klappenkarte 1 verweist auf die Karte von Cuba am Anfang des Buches.
Klappenkarte 2 verweist auf die Karte von La Habana am Ende des Buches.

In Cuba sind Hotels und Restaurants nach offizieller Klassifizierung in ein Verzeichnis aufgenommen worden. Es handelt sich dabei um staatliche Einrichtungen. Der Charme eines Ortes, der Wohlgeschmack eines Gerichtes oder die Atmosphäre lassen sich allerdings nicht normieren, auch nicht ›offiziell‹. Auf Grund von Sonderangeboten und zahlreichen Saisontarifen sind die Hotelpreise nur als unverbindliche Richtwerte anzusehen. **Achtung:** Der angegebene Preis für ein Doppelzimmer ist mit der Zahl der Benutzer zu multiplizieren! Die Küche der öffentlichen Restaurants macht Fortschritte, bleibt aber oft stereotyp. Die *casas particulares* (Gästezimmer) wie auch die *paladares* (Gästetische) findet man vor allem in städtischen Zentren. Es werden einige Adressen dieser familiär geführten Einrichtungen angegeben, von denen es etwa 3500 in La Habana gibt! Mitunter sind sie jedoch von kurzem Bestand, da ihre Existenz von behördlichen Kontrollen und der Versorgungslage abhängt. Besuchern ist bei sich bietender Gelegenheit zu empfehlen, die kreolische Küche der Paladares zu probieren, wobei man im Voraus den genauen Preis von Speisen und Getränken erfragen muss. Man sollte Schwein oder Huhn den (oft mittelmäßigen) Langusten vorziehen, deren Verkauf in diesen Einrichtungen sogar verboten ist.

LA HABANA

Klappenkarte 1 / C4

→ UNTERKUNFT

CONVENTO DE SANTA CLARA
Klappenkarte 2 / I4
Calle Cuba, n° 610
e/. Luz y Sol
Habana Vieja
Tel. 07/61 33 35
Fax 07/33 96 56
Das ehemalige ›Seemannskloster‹ inmitten der Residencia Académica. Ruhige Atmosphäre im Herzen der Altstadt und preiswerte Unterkunft.
1 Appartment u. 8 Zimmer. (25 $ mit Frühstück)

HOTEL AMBOS MUNDOS****
Klappenkarte 2 / J3
Calle Obispo, n° 153
esq. Mercaderes,
Habana Vieja
Tel. 07/66 95 30
Fax 07/66 95 32
Luxushotel
Von 1932 bis 1939 wählte Ernest Hemingway dieses Hotel als Hauptwohnsitz. Im Zimmer N° 511 dieses legendären Hotels schrieb er »Wem die Stunde schlägt«.
Zwei Restaurants.
49 Zi (57-87 $)

HOTEL COLINA
Klappenkarte 2 / B2
Calle L, e/. 27. y
Jovellar, Vedado
Tel. 07/33 40 71
Fax 07/33 41 04
Touristenhotel
In der Nähe von Universität und Rampa ist es das ideale Hotel für alle, die eine intime und familiäre Atmosphäre dem Andrang in den großen Luxushotels vorziehen.
79 Zi (35 $)

HOTEL HABANA LIBRE
Klappenkarte 2 / C3
Calle L y 23, Vedado
Tel. 07/33 40 11
Fax 07/33 31 41
Luxushotel
Das einstige Kleinod der Hilton-Kette bleibt eines der größten Hotels in La Habana. 1959 fertig gestellt, 1997 renoviert, wird es heute von einer spanischen Kette geleitet. Ein Ort der Begegnung, an dem sich Geschäftsleute und angesehene Besucher einfinden.
540 Zi (85 $)

HOTEL INGLATERRA
Klappenkarte 2 / H3
Paseo del Prado,
n° 416, Ecke San
Rafael y San Miguel,
Habana Vieja
Tel. 07/33 85 93 (- 97)
Fax 07/33 82 54
Hotel mit Charme
1875 erbaut, war es das erste moderne Hotel in La Habana. Sein Stil ist von kolonialer Kunst beeinflusst und mischt sich mit arabisch-andalusischen Bezügen in den Azulejos, die den Speisesaal und die Bar, die Sevillana, schmücken. Zur Stunde der Mahlzeiten belebt sich die große Terrasse wie zu den Zeiten, als García Lorca, Caruso und Sarah Bernhardt, vom benachbarten Nationaltheater eingeladen, hier abstiegen. Man sollte die zum Platz liegenden Zimmer bevorzugen. Im Restaurant: einige kreolische Spezialitäten und die unumgängliche internationale Küche.
69 Doppelzimmer
(58-78 $)
4 Einzelzimmer,
10 Dreibettzimmer

HOTEL MELIÁ COHIBA*****
Klappenkarte 1 / C4
Ave. Paseo,
e/. 1. y 3., Vedado
Tel. 07/33 36 36
Fax 07/33 45 55
Luxushotel
In einem Turm in der Nähe des Malecón angelegt. Dienstleistungen, Läden und Schwimmbad befinden sich auf der Galerie und dem äußeren Gang. Luxuriöses, aber etwas kaltes Ambiente. Bewunderer der Altstadt werden ihm den anonymen Charakter vorwerfen, eilige Gäste und Geschäftsleute schätzen seine Zweckmäßigkeit.
342 Zi (74-120 $) und 64 Suiten. Mehrere Restaurants

HOTEL MELIÁ HABANA*****
Klappenkarte 1 / C4
Ave. 3ra, e/. 76 y 80,
Miramar
Tel. 07/24 85 00
Luxushotel
Das zuletzt entstandene der großen cubanischen Luxushotels (11 Etagen) wurde im Herbst 1998 eröffnet. Luxuriöse Zimmer mit Blick auf die Stadt oder das Meer.
409 Zi mit Balkon oder Terrasse
(85-123 $)

HOTEL NACIONAL*****
Klappenkarte 2 / D2
Calle O esq. 21,
Vedado
Tel. 07/33 35 64 (-67)
Fax 07/33 50 54
Luxushotel
Schön gelegen mit Blick auf die Bucht von La Habana und das Meer, bewahrt dieses zauberhafte Hotel den Charme der 1930er Jahre. Mehrere Restaurants bieten ihre kulinarischen Spezialitäten an: im Aguiar internationale Küche; entspannter im La Veranda; La Pergola unter freiem Himmel oder die verschwiegene Cafeteria La Arboleda.
488 Zi
(89-106 $),
15 Suiten

HOTEL NEPTUNO-TRITÓN
Klappenkarte 1 / C4
Ave. 3ra. y 74,
Miramar, Playa
Tel. 07/24 16 06
Fax 07/24 00 42
Touristenhotel
Ein Hotelkomplex, aber zwei Einrichtungen unmittelbar am Meer mit etwas alter Konzeption und gemeinsamen Dienstleistungen: Entspannung und Ruhe in Zentrumsnähe. Kabarett.
Neptuno:
187 Doppelzimmer (41-61 $),
34 Dreibettzimmer,
6 Suiten.
Tritón: 280 Doppelzimmer (61 $),
6 Suiten

HOTEL PLAZA****
Klappenkarte 2 / H3
Calle Agramonte,
n° 267, esq. Neptuno,
Habana Vieja
Tel. 07/33 85 83 (-89)
Fax 07/33 85 92
Touristenhotel
1909 erbaut, war das Hotel zuerst eine private Residenz, dann der Sitz einer Tageszeitung. Der Marquis Pinar del Río gründete das Hotel und gab ihm seinen eigenwilligen Stil. Es verfügt über eine Terrasse mit Bar und Cafeteria.
188 Zi
(60-80 $)

HOTEL RIVIERA*****
Klappenkarte 1 / C4
Paseo, e/. Malecón
y 1ra., Vedado
Tel. 07/33 40 51
Fax 07/33 37 39
Touristenhotel
Dieses ehemalige Luxushotel vom Ende der 1950er Jahre, ein wenig altmodisch restauriert, beherbergt den früheren Palacio de la Salsa (wo die berühmtesten cubanischen Orchester gespielt haben). Er wurde zu einem Kabarett umgestaltet. (▲ 237)
310 Zi (60-89 $) und
20 Suiten

HOTEL SANTA ISABEL*****
Klappenkarte 2 / J3
Calle Baratillo, n° 9
Habana Vieja
Tel. 07/33 82 01
Fax 07/33 83 91
Hotel mit Charme
Das im 18. Jh. auf der Plaza de Armas gebaute ehemalige Palais Santovenia wurde 1867 zu einem Hotel umgestaltet. 1996 renoviert, ist es heute die luxuriöseste Anlage der Altstadt. Hier wohnte der Papst anlässlich seines Besuches auf Cuba im Januar 1998. Im Restaurant El Condado kreolische und internationale Küche.
17 Zi (113-137 $) und
10 Suiten

HOTEL INGLETERRA

LA BODEGUITA DEL MEDIO

HOTEL SEVILLA****
Klappenkarte 2 / H3
Calle Trocadero, n° 55
Tel. 07/33 85 60
Fax 07/33 85 82
Touristenhotel
1880 im maurischen Stil gebaut, war das Sevilla eine Huldigung an die Hauptstadt Andalusiens, von wo aus Kolumbus seine Reise angetreten hatte. Nach der Restauration 1993 wieder eröffnet und seitdem von der Gruppe Accor geleitet, ist es eines der angenehmsten Hotels der Kolonialstadt.
188 Zi (52 $)

HOSTAL VALENCIA***
Klappenkarte 2 / J3
Calle Oficios, n° 53
esq. Obrapía
Habana Vieja
Tel. 07/62 38 01
Fax 07/33 56 28
Hotel mit Charme
Dieses alte Palais des Grafen von Sotolongo (18. Jh.) ist zu einem prunkvollen Hotel im Kolonialstil mit Garten, Patio und Terrasse umgebaut worden. Hübsch möblierte Zimmer. Spanische Küche im La Paella. Liebenswürdiger Empfang und Service.
14 Zi (46 $)

→ RESTAURANTS

EL ALJIBE
Klappenkarte 1 / C4
Ave. 7, e/. 24 y 26,
Miramar
Tel. 07/24 15 84
Typisches Restaurant
Im Viertel von Miramar, große Terrasse, das einzig angebotene Gericht ist Huhn in verschiedenen Formen und Zubereitungen. Von Cubanern geschätzt. Preiswert.
Nach Karte: 12 $

LA BODEGUITA DEL MEDIO
Klappenkarte 2 / I3
Calle Empedrado
n° 207, Habana Vieja
Tel. 07/61 84 42
Fax 07/33 88 57
Typisches Restaurant
Eine 1942 geschaffene Einrichtung, die nicht wie damals üblich an einer Kreuzung liegt, sondern mitten in einer Straße. Daher auch der Name. Die Bodeguita wäre eine von den Arbeitern der benachbarten Druckerei besuchte Kantine geblieben, wenn nicht Ernest Hemingway, García Márquez und Cortázar diesen Ort legendär gemacht hätten, dessen Wände von zahlreichen Graffitis bedeckt sind. Heute bestimmen Touristen das Bild; aber die Atmosphäre bleibt reizvoll. Ein Ort der Erinnerung. Es gibt Gerichte, in denen sich spanische Einflüsse und das ferne Andenken an Afrika im köstlichen kreolischen Kochtopf mischen, wo der ajiaco, ein Ragout aus Fleisch und Gemüse, schmort. Angeboten werden Moros y Cristianos, schwarze Bohnen mit Reis, und Schwein, großartig und zart, von unvergleichlichem Geschmack. Man serviert es gegrillt, mit Soße und schwarzen Bohnen. Ein Gitarrentrio zieht mit Liedern von Tisch zu Tisch.
Nach Karte: 20-30 $

LA CECILIA
Klappenkarte 1 / C4
Ave. 5., e/. 110 y 112, Miramar
Tel. 07/24 15 62
Luxusrestaurant
Im Herzen eines echten tropischen Gartens liegen die Speisesäle in zwei Hallen afrikanischen Typs. Kreolische Küche, Schalentiere und Meeresfrüchte, einige Fleischgerichte, spanische und französische Weine. Ziemlich flinker Service.
Nach Karte: 20-25 $

LA FERMINIA
Klappenkarte 1 / C4
Ave. 5, n° 18207, e/. 182 y 184, Playa
Tel. 07/33 65 55
Luxusrestaurant
Ein zum Restaurant umgestaltetes ehemaliges Patrizierhaus mit kostbarem Mobiliar, mit Salons und Terrassen, wo die Besten aus den Hotelschulen ihr Praktikum absolvieren. Schalentiere, Fisch, ausgezeichneter Service.
Nach Karte: 18-25 $

LA FINCA
Klappenkarte 1 / C4
Ave. 19, e/. 134 y 140, Reparto Cubanacán, Playa
Tel. 07/23 58 38
So geschlossen
Luxusrestaurant
Die beiden besten Speiserestaurants von La Habana sind heute El Ranchón (kreolische Küche des ausgezeichneten cubanischen Chefkochs Erasmo) und, gleich daneben, La Finca, ein gleichfalls unter seiner Leitung stehendes neues Restaurant. Sein Chef ist der junge Manuel Elias, der fünf Jahre in Paris bei Le Divellec, Pierre Vedel, Maxim's, und Robuchon war. Frische Fische, Garnelen, frische, einfach angerichtete Langusten. Einige europäische Weine, ausgezeichnete Cocktails, sehr geschulter Service und betörender Pianist. Einzige Wolke in dem azurblauen Himmel: der Höhenflug der Preise.
Nach Karte: 35-40 $

HOTEL LOS JAZMINES

EL FLORIDITA
Klappenkarte 2 / H4
Calle Obispo, n° 557, esq. Monserrate, Habana Vieja
Tel. 07/63 10 63
Fax 07/33 88 56
Luxusrestaurant
Anfang des 19. Jh. gegründet und von Hemingway besucht, wird dieser Ort der Erinnerung zu den sieben besten Bars der Welt gezählt. Im Restaurant Spezialitäten aus Meeresfrüchten. Musikalisches Ambiente.
Nach Karte: 30-35 $

EL PATIO
Klappenkarte 2 / I3
Plaza de la Catedral
Tel. 07/57 10 34
Typisches Restaurant
Ein schattiger Patio mit Brunnen, stets sehr belebt. Auf der Terrasse nimmt man einen Mojito vor dem kreolischen Menü mit Schwein, Huhn oder Fisch. 10-12 $

PROVINZ PINAR DEL RÍO

SIERRA DEL ROSARIO

Klappenkarte 1 / B4
→ **UNTERKUNFT**
HOTEL MOKA
Klappenkarte 1 / B5
Autopista km 51
Las Terrazas
Tel. 07/33 55 16
Hotel mit Charme
Die Sierra del Rosario ist die frühere Region des Kaffeeanbaus. Eine Folge von Hügeln und Tälern, von der Unesco als Schutzgebiet der Biosphäre eingestuft. Das moderne, komfortable Hotel im Kolonialstil ist ein Schmuckstück inmitten tropischer Vegetation.
26 Zi (58-72 $)

→ **RESTAURANT**
BUENA VISTA
Klappenkarte 1 / B4
Las Terrazas
Erreichbar mit einer kleinen Wanderung oder im Wagen.
Typisches Restaurant
Vom Hotel Moka aus Spaziergang durch tropische Flora mit Königspalmen, Orchideen, Hibiskus, Baumfarn. Diese überaus schöne Gegend wurde ›Kleines Frankreich‹ genannt: Die Ruinen der Plantage Buenavista sind zu einer Bar und einem Restaurant ausgebaut worden. Menü: Pollo (Huhn) brujo, das man unter Bäumen genießt.
Nach Karte: 8-12 $

SAN DIEGO DE LOS BAÑOS

Klappenkarte 1 / B4
→ **UNTERKUNFT**
HOTEL MIRADOR***
Klappenkarte 1 / B4
Calle 23, am Ende San Diego de los Baños
Tel. 085/33 54 10
Touristenhotel
Das Wasser (zwischen 30 und 40° C) und der radioaktive Schlamm des Ortes sind seit 1632 bekannt. Das moderne Thermalbad (Dermatologie und Rheumatologie) befindet sich in unmittelbarer Nähe des Hotels.
30 Zi (27-34 $)

VALLE DE VIÑALES

Klappenkarte 1 / B4-5
→ **UNTERKUNFT**
HOTEL LA ERMITA****
Klappenkarte 1 / B5
Carretera de la Ermita, km 2, Viñales
Tel. 08/93 204 (-3208)
Fax 08/93 60 91
Touristenhotel
Neues Gebäude im Kolonialstil. Geräumige und gut eingerichtete Zimmer, über Laufgänge erreichbar. Vom Schwimmbad und den Zimmern aus schaut man auf das Tal von Viñales und kann das großartige Spiel von Licht und Schatten in den Mogotes beobachten.
64 Zi (38 $)

HOTEL
LOS JAZMINES ***
Klappenkarte 1 / B5
Carretera de Viñales, km 25
Tel. 08/93 205
Touristenhotel
Wenn man Pinar del Río verlässt, windet sich die Landstraße nach Norden zu einem kleinen Gebirgspass hinauf, der eine der außergewöhnlichsten Landschaften der Insel überragt. Nach unten bietet das Hotel einen der schönsten Ausblicke über das Tal von Viñales, das durch Mogotes (Kalksteinhügel) gekennzeichnet ist, von denen die Landschaft gegliedert wird. Wenn die Sonne früh am Morgen nach und nach den Nebel vertreibt, erlebt man ein großartiges Schauspiel.

Das angenehme und mit allem Komfort ausgestattete Hotel besteht aus mehreren niedrigen Gebäudeteilen, die durch Laufgänge miteinander verbunden sind.
78 Zi

→ **RESTAURANT**
CASA DE DON TOMÁS
Klappenkarte 1 / B5
Calle Cisneros, n° 141, Viñales
Tel. 08/93 114
Typisches Restaurant
Viñales, die Hauptstadt für die Produktion von Tabakblättern, die der Havanna das Aroma geben, scheint zu beiden Seiten der Hauptstraße eingeschlafen zu sein. Im Tal werden in Werkstätten (despalillos) *die Tabakblätter bearbeitet, die dann in die Fabriken nach La Habana geschickt werden. Zur Essenszeit belebt sich die Stadt ein wenig, die Kinder sind auf dem Schulweg, und die Heerschar schöner Amerikaner, dieser Autos aus einem anderen Zeitalter, setzt sich wie zu einer Parade in Bewegung. Es ist ein Vergnügen, wenn man sich die Zeit nimmt und im ältesten Holzhaus der Stadt (1889) zu Mittag oder zu Abend isst; der Wirt bereitet ein Gericht mit dem etwas hochtrabenden Namen Las Delicias (8 $) zu, eine Variation der Paella. Die Zutaten sind Reis, Schwein, Huhn, Wurst und Languste.*
Nach Karte: 10-15 $

PINAR DEL RÍO

Klappenkarte 1 / J5
→ **UNTERKUNFT**
HOTEL PINAR DEL RÍO***
Klappenkarte 1 / B5
Calle Martí, am Ende, esq. Autopista
Tel. 082/50 70 (-7)
Touristenhotel
Großes Hotel ohne besonderen Reiz gegenüber der Universität. Man übernachtet ebenso bequem in Privatquartieren.
Mit Restaurant.
149 Zi (27-32 $)

→ **RESTAURANT**
RUMAYOR
Klappenkarte 1 / B5
Carretera de Viñales (1 km vom Stadtausgang)
Tel. 082/35 07
Do geschl.
Typisches Restaurant
Eine Art großer afrikanischer Hütte, wo man die große Spezialität serviert: Pollo ahumado, geräuchertes Huhn à la Rumayor.
Daneben ein Kabarett mit zwei abendlichen Vorstellungen zur späten Stunde.
Nach Karte : 12-15 $

DIE HALBINSEL GUANAHACABIBES

Klappenkarte 1 / A5
→ **UNTERKUNFT**
VILLA TURÍSTICA
Klappenkarte 1 / A5
Laguna Grande
Tel. 082/24 30
Nachtquartier
Auf der Landstraße zur Halbinsel, einige Kilometer von Isabel Rubio entfernt, kleine individuelle Hütten nahe am See der Laguna Grande (Angelsport); Strand in Punta Colorada und Maria la Gorda (Tauchsport).
12 Bungalows

LA TERRAZA

DIE NORDKÜSTE DER PROVINZ PINAR DEL RÍO

Klappenkarte 1 / A5-B4
→ **UNTERKUNFT**
PUERTO ESPERANZA
Klappenkarte 1 / B4
Dora Gonzales Fuentes,
Pelayo Cuervo, n° 5
Puerto Esperanza
›Landschaft am Ende der Welt‹.
Privatquartier etwa 100 m vom Meer.
15 $ mit Abendessen

DAS NORDUFER VON LA HABANA BIS CÁRDENAS

COJÍMAR

Klappenkarte 1 / C4
→ **RESTAURANT**
LA TERRAZA
Klappenkarte 1 / C4
Calle Real, n° 161, y Candelaria, Cojímar
Tel. 07/65 34 71
Tgl. 10-23 Uhr
Typisches Restaurant
Im Osten La Habanas dehnt sich die Vorstadt endlos aus und reiht ihre Barrios aneinander. In Cojímar scheint sich seit der Zeit, als Ernest Hemingway und sein Freund Gregorio Fuentes, der Fischer, ihre Fahrten auf dem Meer vorbereiteten, nichts geändert zu haben.
La Terraza mit seiner wunderbaren Bar ganz aus Holz und seinem über der kleinen Bucht hängenden Speisesaal bewahrt die Erinnerung an diese großartige Zeit. Zahlreiche Fotos an den Wänden erzählen die Abenteuer des Autors von »Der alte Mann und das Meer«. Hier findet man noch alte Fischer, die ›Papa‹ gekannt haben. Das Angebot ehrt die Legende: Man serviert frische Languste, Schalentiere, Garnelen und ein Tagesgericht.
Nach Karte: 15-18 $

STRÄNDE IM OSTEN

Klappenkarte 1 / C4
→ **UNTERKUNFT**
APARTHOTEL ATLÁNTICO
Klappenkarte 1 / C4
Ave. de Las Terrazas e/. 11 y 12, Santa María del Mar
Tel. 0687/25 60 (-69)
Fax 0687/33 51 58
Touristenhotel
Zimmer und Studios mit Kühlschrank und Balkon in einem Hotelensemble, wenige Schritte vom Strand entfernt.
108 Zi (35 $)

APARTHOTEL LAS TERRAZAS
Klappenkarte 1 / C4
Ave. de las Terrazas e/. 10 y Rotonda, Santa María del Mar
Tel. 0687/3829 (-59)
Fax 0687/80 23 96
Touristenhotel
Gebäude von umstrittener Ästhetik, aber gut eingerichtet. Wesentlicher Trumpf ist seine Lage am Strand.
2 Restaurants
154 Zi (45-55 $)

VILLA LOS PINOS****
Klappenkarte 1 / C4
Ave. de las Terrazas, n° 21, e/. 4ta y 5ta, Santa María del Mar
Tel. 0687/97 13 61
Fax 0687/80 21 44
Touristenhotel
Als Ergänzung des Strandhotels am Eingang des Badeortes zahlreiche kleine Häuser mit zwei Zimmern.
70 Doppelzimmer
26 Häuser (200 $)

VILLA TRÓPICO***
Klappenkarte 1 / C4
Km 60, Via Blanca, Playa Jibacoa
Tel. 0687/33 80 40
Fax 0687/66 75 85
Touristenhotel
Hotel der Gruppe Gran Caribe, von Villaggi del Ventaglio geleitet. Hier kann man allen Vergnügungen des Golfs von Mexiko nach-

gehen: Angeln, Schwimmen, Wassersport.
128 Doppelzimmer
26 Dreibettzimmer

TROPICOCO BEACH CLUB
Klappenkarte 1 / C4
Ave. Sur y Las Terrazas
Santa María del Mar
Tel. 0687/25 31 (- 39)
Fax 0687/33 51 58
Touristenhotel
Von Gärten umgebenes modernes Gebäude mit freundlicher Innenarchitektur. Ganz nah am Meer und von mehreren Kabaretts und Restaurants umgeben.
188 Zi (50 $)

MATANZAS

Klappenkarte 1 / D4

→ UNTERKUNFT

HOTEL VELASCO
Klappenkarte 1 / D4
Calle Contrera, Plaza Libertad
Tel. 052/44 43
Ein Zeugnis der kolonialen Vergangenheit in dieser Stadt, in der früher dank ihrer berühmten Oper ein reges Musikleben herrschte. Eine bescheidene Einrichtung im Stadtzentrum, aber voller Charme.
18 Zi (25 $)

VARADERO

Klappenkarte 1 / D4

→ UNTERKUNFT

HOTEL ACUAZUL
Klappenkarte 1 / D4
Ave. 1ra y 13
Tel. 05/66 71 32
Fax 05/66 72 29
Touristenhotel
Im Zentrum von Varadero in Strandnähe gelegenes achtstöckiges Gebäude, das die größten Annehmlichkeiten bietet, um einen schönen Aufenthalt zu sichern.
78 Zi (35 $)

BELLA COSTA ****
Klappenkarte 1 / D4
Carretera las Américas, km 4,5
Tel. 05/ 66 72 10
Touristenhotel
Gut geführte Einrichtung in der Nähe eines feinen Sandstrandes, mit einem Lustgarten. Leistungsfähiger Service. Sport und Animation nach Wunsch. Komfortable Zimmer mit großen Fenstern. Angenehmes Restaurant mit Fischspezialitäten.

HOTEL CORAL ****
Klappenkarte 1 / D4
Carretera las Américas, e/. H y K, Reparto la Torre
Tel. 05/66 72 40
Touristenhotel
An einem der schönsten Strände der Halbinsel verfügt dieses neue Hotel auch über ein gewaltiges Schwimmbad und alle Einrichtungen zur Freizeitgestaltung. Komfortable Zimmer und gepflegtes Restaurant.
230 Zi (155-310 $)

APARTHOTEL MAR DEL SUR
Klappenkarte 1 / D4
Ave. 3., esq. Calle 30
Tel. 05/66 74 81 (- 82)
Fax 05/66 74 81
Touristenhotel
Restaurant, zwei Bars, eine Snack-bar, eine Cafeteria. Ideal für Familien.
318 Zi, davon 48 Appartements mit 2 Zi, 98 mit 1 Zi, 42 Studios und 130 Hotelzimmer (35 $)

MELIA VARADERO *****
Klappenkarte 1 / D4
Autopista Sur
Playa de las Américas
Tel. 05/66 70 13
Fax 05/66 70 12
Luxushotel
Eines der großen modernen Hotels der Insel, sowohl wegen seines Luxus und seiner Lage auf einem Vorgebirge, als auch wegen der gebotenen Qualität und des Service eines motivierten Personals. Wundervolle natürliche Umgebung mit Grün und Brunnen; sternförmig angeordnete Zimmer mit Meerblick.
497 Zi (57-120 $)

SUPER CLUB TUXPÁN ****
Klappenkarte 1 / D4
Carretera las Morlas
Playa de las Américas
Tel. 05/66 75 60
Fax 05/66 75 61
Touristenhotel
Neuere Einrichtung an einem feinen Sandstrand, in Form einer Maya-Pyramide, wie man sie in Cancún findet. Das Restaurant genießt einen sehr guten Ruf.
234 Zi (155-195 $ mit Vollpension)

CÁRDENAS

Klappenkarte 1 / D4

→ RESTAURANT

LAS PALMAS
Klappenkarte 1 / D4
Ave. Céspedes y Calle 16
geöffnet: Di-So
Typisches Restaurant
In einem alten Gebäude, das von dem vergangenen außerordentlichen Reichtum der Kolonialstadt zeugt, kreolische und spanische Küche. Abends Musik.
Nach Karte: 10-12 $

ZENTRAL-CUBA

CIÉNAGA DE ZAPATA

Klappenkarte 1 / C-D5

→ UNTERKUNFT

VILLA GUAMÁ
Klappenkarte 1 / D5
Laguna del Tesoro
Tel. 059/29 79
Touristenhotel
Wunderschöne Bungalows auf Pfählen, in einem Garten mitten im See gelegen; palmengedeckte Holzkonstruktionen. Für einen Aufenthalt im Kontakt mit der Natur. Im Restaurant Huhn, Fisch und Krokodil.
59 Zi (34-44 $)

HOTEL PLAYA LARGA
Klappenkarte 1 / D5
Playa Larga, Península de Zapata
Tel. 059/72 25 (-94)
Touristenhotel
Etwa 50 gut ausgerüstete Bungalows.
57 Zi (20-25 $)

→ RESTAURANT

LA BOCA
Klappenkarte 1 / D5
geöffnet: 10-18 Uhr
Typisches Restaurant
In der Nähe der Krokodilfarm, gutes Essen, schmackhaft und erholsam. Huhn, Schwein, Fisch und manchmal Krokodil, mit guter Laune serviert. Nebenan im Colibri gibt es ebenso gutes Essen.
Nach Karte: 12-18 $

CIENFUEGOS

Klappenkarte 1 / E5

→ UNTERKUNFT

HOTEL JAGUA
Klappenkarte 1 / E5
Calle 37, n° 1, e/. Ave. 0 y 2
Tel. 0432/30 21(-4)
Fax 0432/66 74 54
Touristenhotel
Am Anfang von Punta Gorda, dem Wohnviertel von Cienfuegos, genießt man in diesem von Accor geleiteten Hotel vom Ende der 1950er Jahre eine großartige Aussicht auf die Bucht. Speisen in der Nähe, im Palacio del Valle.
145 Zi (35-50 $)

HOTEL RANCHO LUNA
Klappenkarte 1 / E5
Carretera de Rancho Luna, Cienfuegos
Tel. 0432/48 120
Fax 0432/33 50 57
Touristenhotel
16 km vom Zentrum von Cienfuegos, gutes Hotel zum Faulenzen am Strand

oder für Tauchsport. Ausflüge in die Hügel von Escambray.
225 Zi (28-34 $),
2 Restaurants

TRINIDAD

Klappenkarte 1 / E5

→ **UNTERKUNFT**

HOTEL ANCÓN
Klappenkarte 1 / E5
Playa Ancón,
14 km bis Trinidad
Tel. 0419/66 74 24
Touristenhotel
Eher zu empfehlen wegen des schönen Ausblicks auf das Meer und des Strandes mit weißem Sand als wegen seiner Architektur. Dieses Hotel bietet auch Bungalows in guter Qualität an. Mountainbikes, Tauch- und Wassersport. Restaurant.
279 Zi (60-80 $)

HOTEL COSTA SUR
Klappenkarte 1 / E5
Playa María Aguilar,
Casilda
Tel. 0419/31 80, 34 91
Touristenhotel
Kleiner als das Hotel Ancón, Empfang besonders freundlich. Interessantes Tauchrevier vor dem Hotel. Idealer Aufenthaltsort, um sowohl die gebirgige Landschaft der Südküste als auch der Sierra del Escambray zu genießen.
Restaurant
131 Zi (35-45 $)

MOTEL LAS CUEVAS
Klappenkarte 1 / E5
Calle Finca Santa Ana (10 Min v. Zentrum)
Tel. 0419/40 13 (-9)
Touristenhotel
Auf den Anhöhen der kleinen Kolonialstadt, 10 Min. vom Zentrum gelegen und mit Blick auf das Meer, bietet dieses Motel eine funktionelle Lösung für die Unterbringung.
114 Zi (45 $)
60 Bungalows

→ **RESTAURANT**

EL MESÓN DEL RECOGIDOR
Klappenkarte 1 / E5
Calle Simón Bolívar, n° 424
Tel. 0419/37 56
geöffnet: 11-22 Uhr
Typisches Restaurant
Der Besuch der Plaza Mayor, des Museo de Arquitectura, der Iglesia de la Santísima Trinidad taucht den Besucher in die außergewöhnliche kolonialspanische Umgebung dieser einzigartigen Stadt, eine der drei ältesten Cubas. Um noch etwas in dieser Atmosphäre zu verweilen bietet sich diese kleine Bar nahe der Plaza Mayor mit ihrem reizenden Patio im Grünen an.

EL MESON DEL RECOGIDOR

Man serviert die Klassiker der cubanischen Küche, Schwein gegrillt oder mit Soße, begleitet vom unvermeidlichen Kohl, doch mit viel Liebenswürdigkeit und ohne Eitelkeit.
Nach Karte: 12-16 $.

SANCTI SPÍRITUS

Klappenkarte 1 / F5

→ **UNTERKUNFT**

VILLA RANCHO HATUEY
Klappenkarte 1 / F5
Carretera Central, km 384 (4 km von Sancti Spíritus)
Tel. 041/26 015
Typisches Hotel u. Restaurant
Die ehemalige Ranch des Besitzers des in Sancti Spíritus hergestellten Biers der Marke Hatuey ist zu einem Hotel mit Cabañas (Bungalows) umgestaltet worden. Das hübsche und gepflegte Restaurant hebt sich vom Grau der ›offiziellen‹ Restaurants ab. Eine der seltenen guten Tafeln in der Region.
38 Zi (60 $)

SANTA CLARA

Klappenkarte 1 / E5

→ **UNTERKUNFT**

HOTEL SANTA CLARA LIBRE
Klappenkarte 1 / E5
Parque Vidal, n° 6, e/. Trista y Padre Chao
Tel. 0422/75 48
Touristenhotel
Massives Bauwerk (1956) im Stadtzentrum, eine der Hochburgen der Castro-Revolution. Ziemlich kleine Zimmer, aber einige mit Doppelbett. Annehmbares Restaurant.
168 Zi (25-30 $)

HOTEL MASCOTTE
Klappenkarte 1 / E5
Parque Martí,
Santa Clara
Tel. 0422/54 81
Touristenhotel
Eines der wenigen Hotels dieser ehemaligen spanischen Kolonialstadt, in der sich eine der letzten Episoden des Unabhängigkeitskrieges 1899 abspielte. Landestypische Lobby. Gemäßigte Preise.
10 Zi (15 $)

VON MORÓN BIS CAYO GUILLERMO

Klappenkarte 1 / F5

→ **UNTERKUNFT**

HOTEL TRYP CAYO COCO****
Klappenkarte 1 / F5
Tel. 033/53 88
Fax 033/51 66
Touristenhotel
Großartige neue Hotelausstattung, die ein Dorf im Kolonialstil darstellt, mit allem Komfort und aktuellen Sport- und Wassersportausrüstungen. Eines der Restaurants ist auf Fisch und Schalentiere spezialisiert.
458 Zi (141-204 $ Vollpension)

MELIA CAYO COCO****
Klappenkarte 1 / F5
Tel. 030/12 80
Fax 030/12 85
Touristenhotel
An der wundervollen Playa de las Coloradas bietet das neue Ensemble von Sol Melia die Annehmlichkeiten, die den Aufenthalt der Gäste verschönern, einschließlich Empfang und Küche (italienische Gerichte und Restaurant am Meer).
270 Zi (92-97 $ Vollpension)

VILLA COJÍMAR
Klappenkarte 1 / F4
Cayo Guillermo
Tel. 033/30 17 12
Fax 033/30 17 27
Touristenhotel
Im Westen von Cayo Coco. Alles erinnert hier an Hemingway, seine Beutezüge jenseits der Korallenriffe und der Mangroven an der Südküste, die von Pelikanen bevölkert sind. Eine empfehlenswerte Adresse für Angler.
167 Doppelzimmer (100-120 $ Vollpension)

VILLA VIGÍA****
Klappenkarte 1 / F4
Cayo Guillermo
Tel. 033/30 17 60
Fax 033/30 17 48
Touristenhotel
Dies ist die zuletzt entstandene Tourismusanlage, und auch hier verfolgt einen Hemingway auf Schritt und Tritt. Von Gran Caribe geführt, was sicher eine Referenz ist.
264 Doppelzimmer
Restaurant

◆ Adressenverzeichnis Oriente

CAMAGÜEY

Klappenkarte 1 / G6

→ UNTERKUNFT

HOTEL COLÓN

Klappenkarte 1 / G6

Calle República, n° 72, e/. San José y San Martín

Tel. 0322/83 346

Ehemaliges Kolonialhaus, zum Hotel umgestaltet (1920), dessen Zimmer sich um einen winzigen Patio gruppieren.

Restaurant

10-20 $

→ RESTAURANT

LA CAMPAÑA DE TOLEDO

Klappenkarte 1 / G6

Plaza San Juan de Dios

Tel. 0322/95 888

Typisches Restaurant

Die Tische stehen unter den Arkaden um den Patio eines ehemaligen Kolonialhauses im Herzen der Stadt. Die Spezialität (boliche de mechado) kommt aus der Rinderzucht der Region um Camagüey. Freundlicher Empfang.

Nach Karte: 10 $

DER OSTEN

HOLGUÍN

Klappenkarte 1 / H6

→ UNTERKUNFT

VILLA EL BOSQUE

Klappenkarte 1 / H6

Ave. Jorge Dimitrov

Tel. 024/48 10 12

Touristenhotel

Bungalows in einem baumbestandenen Park des Stadtzentrums; entspannte Atmosphäre, gemäßigte Preise.

69 Zi (32 $)

Bungalows mit Dusche, Patio

GUARDALAVACA

Klappenkarte 1 / I6

→ UNTERKUNFT

VILLA TUREY

Klappenkarte 1 / I6

Tel. 024/30 195

Fax 024/30 265

Touristenhotel

Hotelkomplex mit komfortabel eingerichteten Landhäusern unweit vom Meer (300 m). Der gehobenen Qualität entsprechende Preise. 2 Restaurants.

136 Zi (50-75 $)

3 Suiten

BAYAMO

Klappenkarte 1 / H7

→ UNTERKUNFT

HOTEL SIERRA MAESTRA

Klappenkarte 1 / H7

Tel. 023/45 013

Touristenhotel

Trotz seines massiven Aussehens und seines mangelnden Charmes bietet das einzige Hotel von Bayamo dem Durchreisenden einen guten Komfort. Schmackhafte, gepflegte Küche.

Restaurant.

207 Zi (30-40 $)

MANZANILLO

Klappenkarte 1 / G-H7

→ UNTERKUNFT

HOTEL GUACANAYABO

Klappenkarte 1-G-H7

Ave. Camilo Cienfuegos

Tel. 023/54 012 (-5)

Fax 023/41 39

Touristenhotel

Am Stadteingang auf einem das Meer überragenden Vorgebirge gelegen. Reizlose Einrichtung, aber gut geführt und mit freundlichem Personal, auch von Cubanern besucht. Im Restaurant Spezialitäten aus Meeresfrüchten.

103 Zi (30-35 $)

SIERRA MAESTRA

Klappenkarte 1 / H7

VILLA SANTO DOMINGO

Klappenkarte 1 / H7

(24 km südlich von Bartolomé Maso).

Touristenhotel

Ausgangspunkt für Wanderungen in 750 m Höhe am Fluss Yara entlang, bis hin zum Aufstieg auf den Pico Turquino (1974 m), den höchsten Gipfel der Sierra Maestra. Auch Ausflüge zu Pferd.

20 Bungalows (25-35 $)

HOTEL CASA GRANDA

SANTIAGO DE CUBA

Klappenkarte 1 / I7

→ UNTERKUNFT

♡ HOTEL CASA GRANDA

Klappenkarte 1 / I7

Calle Heredia, n° 201

Santiago de Cuba

Tel. 0226/88 600

Fax 0226/86 035

Typisches Hotel

1914 feierte Santiago de Cuba, damals zweitgrößte Stadt des Landes, mit großem Pomp die Eröffnung dieses Hotels im Kolonialstil, womit es in die großen Hotelstandorte der Insel eingereiht wurde. Heute hat das Hotel Casa Granda nach vollständiger Rekonstruktion wieder seine Pforten geöffnet. Im Herzen der Stadt gegenüber der Plaza de Armas, jetzt Parque Céspedes, und an der Seite der Kathedrale gelegen, hat das Hotel eine privilegierte Lage. Es steht nahe der Calle Heredia, dem kulturellen Stadtzentrum. Eine Terrasse mit Bar in der fünften Etage überragt Park und Bucht. Hier kann man einen der besten Mojitos von Cuba genießen. Seit der Wiedereröffnung ist man besonders um die Qualität des Speisenangebotes bemüht.

58 Zi (52-82 $)

HOTEL SANTIAGO

Klappenkarte 1 / I7

Ave. Las Américas, esq. J253

Calle M, Santiago de Cuba

Tel. 0226/4 26 12

Fax 0226/4 17 56

Luxushotel

Es ist das neueste Hotel in Santiago. In ihm mischen sich Metallstrukturen und Farbenfreude. Das Werk eines cubanischen Architekten steht im Kontrast zur kolonialen Atmosphäre der übrigen Stadt. Großer Komfort, aber dürftiges Mobiliar.

Restaurant La Cubana.

302 Zi (67 $)

→ RESTAURANTS

BALCÓN DEL CARIBE

Klappenkarte 1 / I7

Carretera del Morro (7,5 km vom Zentrum von Santiago)

Tel. 0226/91 011

Hotel und Restaurant mit Charme

Die Zimmer sind nüchtern, bis an Dürftigkeit grenzend, doch das von Palmen umgebene wunderschöne Schwimmbad über dem Meer reicht schon allein für das Glück der Gäste aus. Bar mit großartigem Panorama auf die Bucht bei Sonnenuntergang und Restaurant mit kreolischer und internationaler Küche. Qualifizierter und entspannter Service.

72 Zi (28-32 $), Bar, Restaurant.

RESTAURANT 1900
Klappenkarte 1 / I7
Calle San Basilio, n° 354, Santiago de Cuba
Tel. 0226/23 507
geöffnet: 19-24 Uhr
Das ehemalige Wohnhaus von Emilio Bacardí mit der üppigen Ausstattung ist zweifellos das beste Restaurant der Stadt. Abwechslungsreiche kreolische Küche mit Schwein und Meeresfrüchten, leistungsfähiger Service und gehobene Preise.
Nach Karte: 20 $

EL MORRO
Klappenkarte 1 / I7
Carretera del Morro (7 km vom Stadtzentrum von Santiago entfernt).
Tel. 0226/91 576
geöffnet: 12-22 Uhr
Typisches Restaurant
Großartige Terrasse am Fuße der Festung, wo man zu jeder Zeit Garnelen, Fisch, Schalentiere und einige Gerichte der kreolischen Küche genießen kann. Mit zuvorkommendem Empfangspersonal.
Nach Karte: 8-12 $

PARQUE BACANAO

Klappenkarte 1 / H7
→ UNTERKUNFT
HOTEL BUCANERO
Klappenkarte 1 / I7
Tel. 0226/28 130
Touristenhotel
Hotelensemble aus acht kleinen Gebäuden, wundervoll in der Nähe einer Arena am Ufer des Meeres gelegen.
200 Zi (50 $, einschließlich Essen)

HACIENDA MONTESUR
Klappenkarte 1 / I7
Carretera de Baconao, (9,5 km von Santiago)
Tel. 0226/86 213
Touristenhotel
Es ist im Parque Baconao gelegen und bietet sich für Entspannung, Tauchsport und Baden an.
Restaurant.
20 Zi (24-30 $)

GUANTÁNAMO

Klappenkarte 1 / I7
→ UNTERKUNFT
CASA DE LOS ENSUEÑOS
Klappenkarte 1 / I7

VILLA LINDAUAR

Calle Ahogado, esq. Calle 15 norte, Reparto Caribe
Tel. 021/32 63 04
Hotel und Restaurant mit Charme
Kleines, familiäres Hotel mit dem hervorragendsten Essen der Stadt. Man kann hier sogar sein Menü selbst bestimmen, vorausgesetzt, man meldet das im Voraus an. Dies ist ein Brauch, der mit den Gewohnheiten der staatlichen Restaurants bricht.
3 Zi (klimatisiert) (12-15 $)

BARACOA

Klappenkarte 1 / J7
→ UNTERKUNFT
HOTEL EL CASTILLO
Klappenkarte 1 / J7
Calle Calixto García
Tel. 021/42 103
Hotel mit Charme
Auf dem Gelände des ehemaligen Forts von Sebruco (1740) hat diese Einrichtung eine strategische Position. Der Ausblick ist außergewöhnlich, und in diesem Fall respektiert die Architektur die standortlichen Bedingungen. Mit einem inmitten der alten spanischen Festung großartig gelegenen Schwimmbad. Gutes Restaurant ganz oben, Fleischspezialitäten und kreolische Küche. Sehr liebenswürdiger Empfang.
Restaurant.
35 Zi (40-50 $)

ARCHIPEL CANARREOS

ISLA DE LA JUVENTUD

Klappenkarte 1 / B5
→ UNTERKUNFT
HOTEL EL COLONY****
Klappenkarte 1 / B5
Carretera de Siguanea, km 16
Tel. 061/98 181
Touristenhotel
Im Südwesten der Insel, an einem Strand mit weißem Sand, von Kokospalmen gesäumt, ist dieses etwas ältere Hotel das erste Tauchzentrum Cubas. Im Restaurant wird Schildkrötenfrikassee angeboten.
83 Zi (60-80 $)

CAYO LARGO

Klappenkarte 1 / D6
→ UNTERKUNFT
VILLA LINDAMAR
Klappenkarte 1 / D6
Cayo Largo del Sur, Archipiélago de los Canarreos
Tel. 05/48 111 (-118)
Fax 05/48 160
Freizeithotel
Die am Strand gelegene Villa Lindamar (Gran Caribe) reiht die Gebäude mit ihren mit Palmblättern gedeckten schrägen Dächern ähnlich einer Folge von Tabaktrocknern auf. Mit internationaler und kreolischer Küche.
63 Zi

GÄSTEZIMMER UND -TISCHE

LA HABANA

COCINA DE LILIAM
Miramar
Ungefähr 20 $
PALADAR HURON AZUL
Calle Humboldt, n°153, esq. P
Tel. 07/79 16 91
Tgl. geöffnet: 12-24 Uhr
AMPARO LOPEZ
Linea 53, e/. M y N
Tel. 07/32 70 03
25 $
MARITZA
Calle principe, n° 140
Espada y Hospital
Tel. 07/78 68 42
PALADAR ALADINO
Calle 21, n° 55
M y N

SANTIAGO DE CUBA

JORGE ABDALA Y HAYDÉE HABER
Calle J, n° 65
2da. e/. 3a.
Reparto Sueño
Tel. 0226/25 196
3 Zi (25 $)
FAMILIE HERMEZ DOMINGUEZ UND DALGIS LOPEZ SABLON
Feliz Peña (altos)
Tel. 0226/20 060
25 $
PALADAR EL AMANECER
Calle 10, n° 224
Bravo Corrioso
Reparto San Barbara
Doppelzimmer

TRINIDAD

MARITZA HERNANDEZ
Calle Francisci Cadahia, n° 223
e/. Colon y Lino Pérez
Tel. 0419/31 60
18$

REISEFÜHRER

◆ LANGENBRINCK, ULI: *Richtig Reisen Cuba*, DuMont
◆ LANGENBRINCK, ULI: *Extra Cuba*, DuMont

GESCHICHTE UND GESELLSCHAFT

◆ ALBERTO, ELISEO: *Rapport gegen mich selbst. Ein Leben in Kuba*, Rotpunkt
◆ BURCHARD, HANS-JÜRGEN: *Kuba. Im Herbst des Patriarchen*, Schmetterling Verlag
◆ GOODNOUGH, DAVID: *José Martí. Cuban Patriot and Poet*, Enslow
◆ HABEL, JANETTE: *Kuba. Gesellschaft im Übergang*, Neuer ISP-Verlag
◆ HERZKA, ALFRED: *Kuba. Abschied vom Kommandanten?*, Suhrkamp
◆ KIRK, JOHN M.: *José Martí. Mentor of the cuban nation*, Univ. Press of Florida
◆ RIDENOUR, RON: *Kuba. Ein ›Yankee‹ berichtet*, Papyrossi
◆ VOLLMANN, ANNA UND ZAHN, WERNER: *Kuba: Vom Modell zurück zum Hinterhof?*, Distel Verlag
◆ WEST, ALAN: *José Martí. Man of poetry, soldier of freedom*, Millbrook
◆ ZEUSKE, MICHAEL: *Kleine Geschichte Kubas*, Beck

Die Revolution

◆ CASTAÑEDA, JORGE G.: *Che Guevara*, Suhrkamp
◆ DEBRAY, REGIS: *Révolution dans la révolution*, Maspéro, 1967; *La Guérilla du Che*, Seuil, 1996
◆ DEUTSCHMANN, D.: *Che en la memoria de Fidel Castro*, Ocean-Press, Melbourne-New York, 1998
◆ FERNÁNDEZ, ALINA: *Ich, Alina*, Rowohlt
◆ FOGEL, J.-F. UND ROSENTHAL, B.: *Fin de siècle à La Havane. Les Secrets du pouvoir cubain*, Seuil, 1993
◆ GUEVARA, ERNESTO: *Guerillakampf und Befreiungbsbewegung*, Pahl-Rugenstein; *Cubanisches Tagebuch*, Pahl-Rugenstein; *Bolivianisches Tagebuch*, Pahl-Rugenstein; *Der neue Mensch*, Pahl-Rugenstein; *Che*, Antje Kunstmann
◆ LEE ANDERSON, J.: *Che Guevara, una vida revolucionaria*, Emecé, Barcelona 1997
◆ MARTÍ, JOSE: *José Martí Reader*, US-Paperback
◆ MASSARI, R.: *Che Guevara. Grandeza y riesgo de la utopía*, Txalaparta, Tafalla 1992
◆ MAY, ELMAR: *Che Guevara*, Rowohlt
◆ QUIRK, ROBERT E.: *Fidel Castro. Die Biographie*, Edition Q Quintessenz
◆ SALAS, ROBERTO UND SALAS, OSVALDO: *Kuba. Eine Revolution in Bildern*, Aufbau
◆ TABLADA PÉREZ, C.: *Ernesto Che Guevara. Hombre y sociedad*, Antarca, Buenos Aires 1987
◆ TAIBO UND IGNACIO, PACO: *Che. Die Biographie des Ernesto Guevara*, Edition Nautilus / Schulen
◆ TAIBO UND IGNACIO, PACO: *Das Jahr, in dem wir nirgendwo waren. Ernesto Che Guevara und die afrikanische Guerilla*, ID-Verlag

KUNST, KULTUR UND ARCHITEKTUR

◆ BARNET, MIGUEL: *Afrokubanische Kulte*, Suhrkamp
◆ CARLEY, R.: *Cuba, 400 Years of Architectural Heritage*, Whitney, 1997
◆ CORTANZE, GERARD DE UND NAUDIN, JEAN-BERNARD: *Hemingways Cuba*, Gerstenberg
◆ GONZÁLEZ DÍAZ, C. UND BOLÍVAR, N.: *Mitos y leyendas de la comida afrocubana*, Ed. Sociales, La Habana 1993
◆ HERNANDEZ, ALFREDO: *Spanisch für Cuba. Wort für Wort*, Kauderwelsch, Reise Know How
◆ LAFRAY, JOYCE: *Cuba Cocina. The tantalizing World of Cuban Cooking - yesterday, today, tomorrow*, Hearst Books & Morrow
◆ LECHTHALER, ERNST UND WINKLER, AUGUST F.: *Rum, Drinks und Havannas. Cuba Classics*, Haedecke
◆ MARTÍN, M. E. UND RODRÍGUEZ, E. L.: *La Habana. Guía de arquitectura, Junta de Andalucía*, Sevilla 1998
◆ MULLIN, SUE: *Neue Kubanische Küche*, Koenemann
◆ RODRÍGUEZ, E. L.: *La Habana. Arquitectura del siglo XX*, Editorial Blume, Barcelona 1998
◆ VAHE, GERARD: *Havanna. Die Königin der Zigarren*, Hallwag
◆ WEISS, J.-E.: *La arquitectura colonial cubana*, Agencia española de cooperación Internacional Ici, Junta de Andalucía, 1996

MUSIK

◆ CARPENTIER, ALEJO: *La Musique à Cuba*, Gallimard, 1985
◆ GÓMEZ (F.-X.) : *Les Musiques cubaines*, Librio, 1999
◆ ROY (M.) : *Musiques cubaines*, Cité de la Musique/Actes Sud, 1998

NATUR

◆ SILVA LEE, A.: *Natural Cuba / Cuba Natural* (zweispr. Ausgabe), Pangaea, Saint Paul, 1996
◆ RAFFAELE, H. (U. A.): *Birds of the West Indies*, Ed. Christopher Helm, London 1998

LITERATUR

◆ ALCANTARA, MARCO (HRSG.): *Erzählungen aus Cuba*, DTV
◆ ARENAS, REINALDO: *Rosa*, Edition diá
◆ BAQUERO, JOAQUIN: *Malecon*, Distel Verlag
◆ BARNET, MIGUEL: *Der Cimarrón. Die Lebensgeschichte eines entflohenen Negersklaven aus Cuba*, Suhrkamp; *Das Lied der Rache*, Suhrkamp; *Alle träumten von Cuba*, Suhrkamp, 1981; *Die stummen Hunde*, Suhrkamp
◆ BROVOT, THOMAS (HRSG.): *Der Morgen ist die letzte Flucht. Kubanische Literatur zwischen den Zeiten*, Edition diá
◆ CABRERA INFANTE, GUILLERMO: *Ansicht der Tropen im Morgengrauen*, Suhrkamp; *Wie im Krieg also auch im Frieden*, Suhrkamp
◆ CARPENTIER, ALEJO: *Barockkonzert*, Suhrkamp; *Explosion in der Kathedrale*, Suhrkamp; *Die Harfe und der Schatten*, Suhrkamp; *Le Sacre du Printemps*, Suhrkamp; *Die verlorenen Spuren*, Suhrkamp; *Die Hetzjagd*, Suhrkamp *Mein Havanna. Geschichten über die Liebe zur Stadt*, Ammann
◆ CONDE, MARYSE: *Sturminsel*, Hoffmann & Campe, Fischer Tb.
◆ DÍAZ, JESÚS: *Die verlorenen Worte*, Piper; *Die Initialen der Erde*, Piper
◆ ESTÉVEZ, ABILIO: *Dein ist das Reich*, Luchterhand
◆ GARCIA, CRISTINA: *Die Schwestern Agüero*, Fischer Tb.; *Träumen auf kubanisch*, Fischer Tb.
◆ HEMINGWAY, ERNEST: *Der alte Mann und das Meer*, Rowohlt
◆ MEJIDES, MIGUEL: *Rumba Palace. Erzählungen aus Kuba*, Atlantik Verlag
◆ MONTERO, MAYRA: *Der Berg der verschwundenen Kinder*, BTB
◆ OLIVA ESPINOSA, JORGE C.: *Unsere Zeit zu leben*, Aufbau
◆ PIÑERA, VIRGILIO: *Kleine Manöver*, Suhrkamp, 1990
◆ VALDÉS, ZOE: *Dir gehört mein Leben*, BTB

NACHWEISE

◆ S. 102: CARPENTIER, ALEJO: *Das Reich von dieser Welt*, übersetzt von Doris Deinhard, Insel, Frankfurt am Main 1964
◆ S. 103: BARNET, MIGUEL: *Ein Kubaner in New York*, übersetzt von Monika Lopez, Suhrkamp, Frankfurt am Main 1990
◆ S. 104/105: CABRERA INFANTE, GUILLERMO: *Rauchzeichen*, übersetzt von Joachim Kalka, Insel, 1987
◆ S. 105: SARDUY, SEVERO: *Kolibri*, übersetzt von Thomas Brovot, Edition diá, Berlin 1991
◆ S. 106/107: Hijuelos, Oscar: *Die Mambo Kings spielen Songs der Liebe*, übersetzt von Michael Strand, Fischer, Frankfurt am Main 1990
◆ S. 107: CABRERA INFANTE, GUILLERMO: *Drei traurige Tiger*, übersetzt von Wilfried Böhringer, Suhrkamp, Frankfurt am Main 1987
◆ S. 108: Greene, Graham: *Unser Mann in Havanna*, übersetzt von Dietling Kaiser, Zsolnay, Wien 1995
◆ S. 108/109:

LEZAMA LIMA, JOSE: *Paradiso*, übersetzt von Curt Meyer-Clason, Suhrkamp, Frankfurt am Main 1979
◆ S. 109/110:
ARENAS, REINALDO: *Die Reise nach Havanna*, übersetzt von Klaus Laabs, Edition diá, Berlin 1994
◆ S. 110:
DÍAZ, JESÚS: *Die Haut und die Maske*, übersetzt von Wilfried Böhringer, Piper, München 1997
◆ S. 111/112:
VALDÉS, ZOE: *Das tägliche Nichts*, übersetzt von Klaus Laabs, Ammann, Zürich 1996

MUSIK AUS CUBA

◆ *La música cubana conquista el mundo*, Eurotropical, EUCD-11, 1998
◆ *From Cuba to Cuba*, Edenways, EDE 1057-2, 1996
◆ Adalberto Álvarez, *Magistral*, Milan latino/ BMG, 49137-2, 1997
◆ Afro Cuban Jazz Project, *Descarga Uno*, Lusafrica, distr. Media 7, 262712, 1998
◆ Alfredo Rodríguez, *Cuba linda*, Rykodisc, distr. Harmonia Mundi, HNCD 1399, 1996
◆ Arte Mixto, *Virginia*, Ahi-Namá, distr. WEA Music, 3984-27011-2, 1998
◆ Asere, *Cuban Soul*, Indigo/Label Bleu, LBLC 2547, 1998
◆ Chucho Valdés & Irakere, *Indestructible*, Sonido, distr. Harmonia Mundi, 3006 036, 1998
◆ Chucho Valdés y su grupo Irakere, *Babalú Ayé*, Egrem, 1997
◆ David Calzado & La Charanga Habanera, *Pa'que se entere La Habana*, Magic Music, C-0019-3, 1997
◆ Elio Revé y su Charangón, *Arriba las manos*, Caribe Productions, distr. Scalen, CD-9455, 1995
◆ Giraldo Piloto & Klimax, *Juego de manos*, Eurotropical, EUCD-3, 1997
◆ Issac Delgado, *Otra idea*, RMM/DAM, RMM 82063, 1997
◆ José Luis Cortés y NG La Banda, *Échale limón*, Iris Musique, distr. Harmonia Mundi, 3006 038, 1998
◆ Juan Formell y los Van Van, *Lo último en vivo*, Caribe Productions, 9425-CD, 1996
◆ Juan Formell y Los Van Van, *Te pone la cabeza mala*, EMI/OO, 7243 8 21307 2 7, 1997
◆ Manolito y su Trabuco, *Contra todos los pronósticos*, Eurotropical, EUCD-1, 1997
◆ Maraca & Otra Visión, *Sonando*, Warner Music France, distr. WEA Music, 3984-27013-2, 1999
◆ NG La Banda, *Los éxitos*, IMP-Sonido/ Vogue, V.674 617, 1993
◆ Osdalgia, *La culebra*, Lusafrica, 262862, 1999
◆ Pachito Alonso y sus Kini Kini, *Una salsa en París*, Milan latino /BMG, 43354-2, 1996
◆ Rompesaragüey, *Entra y sale*, Tumi Music, distr. Night & Day, Tumi 078, 1999
◆ Son 14, *Cubanía*, Tumi Music, distr. Night & Day, CD 065, 1996
◆ Tony Martínez, *La Habana vive*, Blue Jackel, distr. Night & Day, BJAC#5026-2, 1998

CUBANISCHE SAMPLER

◆ *Cuba 1923-1995*, Fréneaux & Associés, FA 157, 1998
◆ Cuba. *I'm a Time*, 4 CDs, Blue Jackel/ TMS, BJAC 5001000-2, 1997
◆ *Cuban Danzoneras* 1932-1946, Harlequin, HQ CD 65, 1998
◆ *El son es lo más sublime*, ASPIC, X 55513, 1992
◆ *Encuentro de soneros*, Musisoft, CDS 7374/SD 35, 1999
◆ *Salsa. La música que se fuma*, 3 CDs, IMP/Sonido, SON 027, 1993
◆ *Semillas del son*, 5 CDs, BMG-RCA, 1992
◆ Septetos cubanos, *Sones de Cuba*, Corason, MTCD 113/4 (2 CDs), 1990
◆ *Piano con tunfa*, Egrem, CD 0196, 1996

ÜBERLIEFERTE MUSIK

◆ *Lecuona toca Lecuona*, vol. II, Egrem, CD 0086, 1994
◆ Ernesto Lecuona, *Al piano con orquesta y sus intérpretes*, Funny, CD-541
◆ Maza (C.), *Mariposa*, Lautaro, CD 0001, 1997
◆ Valdés, C., *Pianissimo*, IMP/Sonido -Harmonia Mundi, 3006 040, 1998 ; Piano Live, RMM Records, RMD 82251, 1998

RELIGIÖSE MUSIK

◆ Lázaro Ros et Olorum, *Songs for Eleguá*, Ashé/ Rounder, CD 2001, 1996
◆ Merceditas Valdés y los tambores de Jesús Pérez, ASPIC, X 55512

TROVA UND NUEVA TROVA

◆ Bola de Nieve, *Con su piano*, Montilla, CDF M-62, 1999
◆ Casa de la Trova, Erato Disques SA, East West 006301 47442, distr. Warner, 1996
◆ Compay Segundo, *Antología*, 2 CDs, East West 006301 47442, distr. Warner, 1996
◆ Eliades Ochoa, Cuarteto Patria Compay Segundo, *Chanchancheando*, Egrem, CD 0293, 1998
◆ Leyanis López, *Como la mariposa*, Lusafrica, distr. BMG, 262862, 1999
◆ Omara Portuondo, Moraima Sacada, Elena Burke, *Amigas*, Egrem, CD 0165, 1996
◆ Pablo Milanés, *Aniversario*, Milan litano/ BMG, 40185-2, 1995
◆ Síntesis con Silvio Rodríguez, *El hombre extraño*, IMP-Sonido/ Night & Day, SON 030, 1995
◆ The Legendary Trio Matarnoros 1928-1937, Tumbao TCD-016, 1992

TRADITIONELLE ORCHESTER

◆ Afro-Cuban All Stars, *A toda Cuba le gusta*, World Circuit, distr. Night & Day, WCD 047, 1997
◆ Arsemio Rodríguez, *Montuneando*, 1946-1950, Tumbao, TCD 0317
◆ Benny Moré, El *bárbaro del ritmo*, Sonido/IMP, distr. Vogue, V.674 619, 1993
◆ *Buena Vista Social Club*, World Circuit, distr. Night & Day, WC DO 50
◆ Celina González, *Fiesta guajira*, World Circuit,distr. Night & Day, WCD 034, 1993
◆ Chano Pozo & Arsenio Rodríguez with Machito and his orchestra, *Legendary Sessions* (1947, 1948, 1953), Tumbao TCD 017, 1992
◆ Conjunto Chapottín y sus Estrellas, *Tres señores del son*, Egrem/ Scalen, CD0012, 1992
◆ Ibrahim Ferrer con Los Bocucos, *Tierra caliente*, Egrem, CD 0308, 1998
◆ Israel López «Cachao», *More Legendary Descarga Sessions* (1957-1959), Caney, CCD 510, 1995
◆ Jesús Alemany, *¡Cubanismo!*, Rykodisc, distr. Harmonia Mundi, HNCD 1390, 1996
◆ Jóvenes Clásicos del Son, *Fruta bomba*, Tumi Music, distr. Night & Day, TUMI 084, 1999
◆ Los Muñequitos de Matanzas y Folklore Matancero, *Óyelos de nuevo*, Qbadisc (QB9013), 1994
◆ Los Naranjos, *Mi son tiene piel morena*, Eurotropical, EUCD-13, 1998
◆ María Teresa Vera, Edenways, EDE 20006-2, 1999
◆ Orquesta Aragón, Sonodisc, (Latin Gold coll.), CDW 5275, 1996
◆ Frank Emilio Flynn y sus amigos, *Barbarísimo*, Milan latino-BMG
◆ *Rapsodia rumbera*, Egrem, CD 0121, 1995
◆ Rubén González, *Introducing...*, World Circuit, distr. Night & Day, WCD 049, 1997
◆ Septeto Habanero, *El son es lo más sublime*, Egrem/Scalen, CD 0173, 1996
◆ Sierra Maestra, *Rumberos de La Habana*, Sonido, distr. Harmonia Mundi, 3006041, 1999
◆ Típico oriental, *Eterna melodía*, Lusafrica 56725 26258 2, 1998
◆ Yoruba Andabo, *El callejón de los rumberos*, Discmedi Blau, distr. Scalen, DM203CD

◆ Abbildungsnachweis

Abkürzungen
ANC: Archivo Nacional de Cuba, La Habana
A. R. vorbh.: Alle Rechte vorbehalten
BNF: Bibliothèque Nationale de France, Paris
BNJM: Biblioteca Nacional José Martí, La Habana
MNM: Museo Nacional de la Música, La Habana
OHC: Oficina del Historiador de la Ciudad, La Habana

Umschlag
vorn
Haus in Trinidad © Titouan Lamazou
Kirche Nuestra Señora de los Dolores © P. Hausherr
Che Guevara, La Habana, 1963 © René Burri/ Fondation Select
Changó, La Habana, Casa de Africa © J. Torregano
Rücken
Eleguá, La Habana, Casa de Africa © J. Torregano
Plaza San Juan de Dios, Camagüey © T. Deschamps/Diaf
Tänzerin im Karneval © P. Hausherr
hinten
Pedraplén © G.A. Rossi/Altitude
Bauchbinde © Tabacalera
Zigarrendreherin © M. Renaudeau/ Hoa Qui
Compay Segundo © E. Lobo/Hoa Qui

1 Cubanisches Orchester in den 1920ern, La Habana, MNM © MNM/Gallimard.
2/3 Arbeiter einer Tabakfabrik, Ende 19. Jh. © Fototeca de Cuba, La Habana
4/5 Markt im Freien, Santiago, 1920 © Fototeca de Cuba.
6 Geburtstag am 26. Juli 1959 © B. Henriques/ Magnum
7 Haus in der Umgebung von Trinidad © E. Layani
12 Cubanische Flagge © J. Miranda Strand von Santa Lucía © M. Renaudeau/ Hoa Qui
13 Schüler © Ph. Beuzen/Scope.
31 Blick auf La Habana, Stich Ende 17. Jh., Paris, Bibliothèque Nationale de France © BNF
32 Cemí, Taino-Epoche 1000-1500, Madrid, Museo de América © Museo de América Kavelle von Kolumbus, Keramik aus Zuloaga, Madrid, Museo Naval © Gallimard Bartolomé de Las Casas, Sevilla, Archivo de Indias © G. Dagli Orti
33 Karte vom Hafen in La Habana, 1567, Sevilla, Archivo de Indias © Oroñoz Küstenbruder, in: Christian, Geschichte der Piraten 1846-1850, Paris, BNF © Gallimard
34 Landschaft, Stich Ende 19. Jh., La Habana, ANC © ANC/Gallimard.
34/35 Trigonolith aus Stein, Taino-Epoche 1000-1500, Madrid, Museo de América © Museo de América
35 Zeichnungen von Modesto García © Gente Nueva. Plan von Cienfuegos 1847, La Habana, ANC © ANC/Gallimard
36 Zuckerrohrplantage, 18. Jh., A.R. vbh.
37/38 Bestrafung von Sklaven, in: Voyage pittoresque et historique au Brésil, Debret, 1834, Paris, BNF © J.L. Charmet
37 Bestrafung von Sklaven, in: Voyage contre les nègres révoltés du Surinam, J.B. Stedman, London 1876, Paris, BNF © J.L. Charmet
38 Angriff der Engländer auf La Habana, 1762, Stich Ende 18. Jh., Paris, BNF © BNF Karte von Cuba im 17. Jh., Paris, BNF © BNF
38/39 Mambis, im Krieg 1895-1898, La Habana, Biblioteca Nacional José Martí © BNJM/Gallimard
39 Antonio Maceo, Foto Anfang 20. Jh., La Habana, OHC © OHC/Gallimard Máximo Gómez, Foto Anfang 20. Jh., La Habana, OHC © OHC/Gallimard
40 Denkmal von José Martí in La Habana, © D. Guittot/Diaf
41 José Martí, Foto Anfang 20. Jh., La Habana, OHC © Gallimard Originalausgabe aus dem ›goldenen Zeitalter‹, La Habana, BNJM © BNJM/Gallimard Haus von José Martí auf der Isla de la Juventud © P. Hausherr Banknote, A.R. vbh.
42 Aushang für das Festival de Habaneras, La Habana, MNM © MNM/Gallimard Gerardo Machado © Keystone
43 Batista © Keystone Studentenrevolte © Keystone
44 Fidel Castro, Camilo Cienfuegos, Granma, Montage, 1956 © Collection Viollet Fidel Castro in Haft © Collection Viollet Förderung der Produktion © Keystone
I Januar 1961, Ankunft Castros in La Habana © Magnum
II Batista © Keystone Fidel und die Studenten © Bohemia
III Arbeitslose Zuckerrohrschneider © Bohemia Prostitution © Bohemia Chibás Beerdigung © Bohemia
IV Massaker an der Moncada-Kaserne © Bohemia Enrique Pérez Serantes © Bohemia
V Einband von ›Die Geschichte wird mich freisprechen‹ © Bohemia Fidel in den USA © Bohemia
IV/V Fidels Befreiung © Bohemia
VI Barbudos © Bohemia Frank País © Bohemia
VII Matthews und Fidel © Bohemia Fidel in der Sierra © Bohemia Frauen in der Sierra © Bohemia
VIII Fangio © Bohemia Violeta Casals © Bohemia Che und Santa Clara © Bohemia
IX Begeisterung in La Habana © Bohemia Ansprache mit Taube © Bohemia
X/XI Anschlag auf die Courbe © Bohemia.
X Che und Nerhu © Bohemia
XI Versammlung mit Dorticós © Bohemia Antiamerikanische Propaganda © Bohemia
XII Die Schweinebucht © Keystone Kino auf dem Land © Bohemia Alphabetisierung © Bohemia
XIII Rede von Fidel © Bohemia Guantánamo © Keystone
XIV Sozialistisches Wetteifern © Bohemia Fidel und Chruschtschov © Bohemia Fidel in der UDSSR © Bohemia
XV Celia Sánchez © Bohemia Fidel liest den Brief von Che © Bohemia
XVI Fidel auf der Konferenz © Bohemia In Bolivien © Bohemia Ches Leichnam © Bohemia
45 Anzeige von dem CDR, A.R. vbh. © B. Méneux. Kubakrise © Magnum
46 Guantánamo © Keystone
47 Danzón-Tänzerinnen © P. Glaize
48 Macheteros © Abbas/Magnum
49 Rohrzuckerplantage © E. Layani Zuckerrohrernte © E. Layani Transport © Ph. Beuzen/Scope Zuckerrohranbau © Dewalle/Pernod Ricard
50 Transport von Zuckerrohr, Postkarte Anfang d. 20. Jh. ANC © ANC/Gallimard Raffinerie © Dewalle/Pernod Ricard
50/51 In der Raffinerie El Progreso, Zeichnung von Laplante, Madrid, Biblioteca Nacional © Biblioteca Nacional
51 Bacardí-Team in den 1950ern. © Fototeca de Cuba. Rumbrennerei in Santa Cruz © J. P. Durand/Diaf
52 Originalpartitur von

Ignacio Cervantes, 1889, La Habana, MNM
© MNM/Gallimard
Cubaner, in: Le Journal illustré, 1898, Paris, BNF © BNF
Brindis de Salas, Foto Anfang des 20. Jh., La Habana, BNJM
© BNJM/Gallimard
53 Rita Montaner und Bola de Nieve,1953, La Habana, MNM
© MNM/Gallimard
Lecuona Cuban Boys,1940, La Habana, MNM
© MNM/Gallimard
54 Laute, Paris, MNM
© A. Giordan/MNM
Estrellas Cubanas, 1960er, MNM
© MNM/Gallimard
55 Trío Matamoros, 1928, La Habana, MNM
© MNM/Gallimard
Bongós und Marímbula
© P. Hausherr
Rumbatänzer
© P. Glaize
56/57 Grupo Cubano
© P. René-Worms
56 Beny Moré, 1962, La Habana, MNM
© MNM/Gallimard
57 Tänzerinnen
© D. Lainé/Cosmos
Los Van Van
© G. de Rémuzat/ Yemaya Productions
58 Changó, La Habana, Casa de Africa
© J. Torregano
Santería-Puppe
© J. Torregano
Ochosí, Museo de la Santería, Guanabacoa
© J.A. Figueroa
59 Yabospaar
© P. Glaize
Eleguá, La Habana, Casa de Africa
© J. Torregano
Hühner-Opfer
© P. Roy/Hoa Qui
Privataltar
© A. Perigot/Hoa Qui
60 N'ganga, Museo de la Santería, Guanabacoa
© J.A. Figueroa
61 Náñigo-Kostüm 19. Jh., Madrid, Museo de América
© Museo de América.
Náñigo
© J. Torregano
Rituelle Trommel, Guanabacoa, Museo de la Santería
© Museo de la Santería
62 Karneval in Santiago, 1950er
© Fototeca de Cuba.
Karneval in Santiago
© D. Lainé/Cosmos.
63 Chán
© Miké Charropin
Karnevalstänzerin
© P. Hausherr
Musiker
© P. Hausherr
Parade
© P. Hausherr
64 Verkäufer
© P. Hausherr
64/65 Rezept
© P. Leger/Gallimard
66 Zigarrensorten
© C. Sarramon
Zigarren
© C. Sarramon
Kellner in der Floridita
© Ph. Giraud/Sygma
Cocktails
© C. Sarramon
Flaschen
© P. Leger/Gallimard
67 Zigarrenrollerin
© M. Renaudeau/ Hoa Qui
68 Feld
© T. Deschamps/Diaf
Fotos vom Anbau
© C. Sarramon
68/69 Tabakblatt
© S. Compoint/ L'Amateur de cigare/Sygma
69 Schaubild
© J. Torregano
Saatgut
© C. Sarramon
Trocknung im Freien
© T. Deschamps/ Diaf
Eingang zum Tabakhaus
© M. Renaudeau/ Hoa Qui
Innen
© C. Sarramon
70 Tabakballen, etc.
© C. Sarramon
70/71 Tabakblatt
© S. Compoint/ Sygma
71 Entrippen
© C. Sarramon
Auslese
© S. Compoint/ Sygma
Glättung, etc.
© C. Sarramon
72 Blick auf die Fabrik
© S. Compoint/ Sygma
Rollen
© P. Robert/Sygma
Pressen und Schneiden
1-2 © C. Sarramon
3 © S. Compoint/ Sygma
4 © C. Sarramon
73 Innenleben einer Zigarre
© C. Sarramon
Farbsortierung und Größenbestimmung
© J.P. Laffont/Sygma
Klassifizierung
© C. Sarramon
Verpackung
© S. Compoint/ Sygma
74 Zigarrensorten
© P. Leger/Gallimard
Zigarrenschachteln
© C. Sarramon
Bauchbinden
© P. Leger/Gallimard
Vista 1© Tabacalera, Madrid
2 © C. Sarramon
76 Plaza des Armas
© Archivo General de las Indias, Sevilla
77 Bebauungsplan von Habana Vieja
© Pepe Navarro
81 Altar in der Kapelle der Kirche Nuestra Señora de los Dolores (Bayamo)
© B. Lenormand/ Gallimard
82 Neoklassizistische Urne
© B. Lenormand/ Gallimard
87 Mercado Colón
© Fondo Weiss
Mampara de la Casa de los Sánchez-Iznaga
© B. Lenormand/ Gallimard
88/89 Ingenio Flor de Cuba, Biblioteca Nacional, Madrid
© Biblioteca Nacional, Madrid
90 Keramikdetail der Masiá La Ampurdá
© B. Lenormand/ Gallimard
Casa de José Gómez Mena, La Habana
© B. Lenormand/ Gallimard
91 Türdetail vom Edificio López Serrano
© B. Lenormand/ Gallimard
Salon Arco de Cristal des Cabaret Tropicana, 1951, Archivfoto, DR
92 Eisdiele Coppelia
© B. Lenormand/ Gallimard
Restaurant Las Ruinas
© B. Lenormand/ Gallimard
Schule für Medizin
© B. Lenormand/ Gallimard
Lenin-Schule
© B. Lenormand/ Gallimard
Nationale Schule für Modernen Tanz
© Pepe Navarro
93 Detail aus »Guajiros«, 1938. E. Abela. DR.
94 El Triunfo de la Rumba, ca. 1928 E. F Abela. Villareal, La Habana, Museo de Bellas Artes
© J A Figueroa
Naturaleza muerta, 1960, A. Pelaez La Habana, collection ICAIC
© J A Figueroa
Die irdischen Gelüste, R. Alejandro, Privatsammlung
95 Mujeres junto al río, 1927, A.R. Gattorno Águila, La Habana, Museo de Bellas Artes
© J A Figueroa
96 Guajiros,1944, M. Rodriguez, La Habana, Museo de Bellas Artes
© J A Figueroa
Milicias Campesinas, 1961, S.M. Cabrera Moreno, Museo Bellas Artes
© J A Figueroa
97 Guajiros, 1938, E. Abela, A.R. vbh.
98 Der weiße Vogel, 1969, W. Lam, Privatsammlung
© ADAGP, Paris,1999
99 El Malecón, M. Mendive La Habana, Museo de Bellas Artes
© M.-T. Hernandez
W. Lam, 1967
© Keystone
Santa Bárbara, 1955, R. Portocarrerro, Privatsammlung
© J A Figueroa
100 Ohne Titel, 1970, Raúl P. A. Martínez González, Collection Estate R. Martinez
© J A Figueroa
Masas y Vedado, 1979, M. Rodriguez, Privatsammlung
© J A Figueroa
101 La Habana
© M. Rio Branco/Magnum
102 Rohrzucker, Stich 19. Jh., Cuba
© Oroñoz
103 Calesero, Foto Anfang d. Jh., ANC
© ANC/Gallimard
104-105 Kaffeeplantage, Stich Ende 19. Jh., ANC
© ANC/Gallimard
105 La Habana, 1993
© R. Burri /Magnum
106 Rumbatänzer
© D. Lainé/Cosmos
107 Beny Moré, Enrique Benítez und Fernando Álvarez, MNM
© MNM/Gallimard
108/109 Malecón
© F. Mayer/Magnum
110/111 Familie in Holguín, 1888, Paris, Société de Géographie
© BNF
112 Camello
© P. Hausherr
113 Das Kapitol von La Habana
© José Goïta
114/115 Valle de Viñales
© C. Sarramon
Archipel von Sabana
© P. de Wlilde/Hoa Qui
Valle de los Ingenios
© M. Renaudeau/ Hoa Qui
116 Dominospiel
© P. Hausherr

Traditioneller Tanz
© G. de Remuzat/ Yemaya Productions
Spiel in Trinidad
© P. Hausherr
117 Jugendliche
© J. Miranda
Frau mit Zigarre
© J. Miranda
Rumberos
© P. Glaize
118 Straße in Trinidad
© O. Beytout
Prado, La Habana
© P. Hausherr
119 Paisaje de La Habana, 1961
R. Portocarrerro, Privatsammlung
© J A Figueroa
120/121 La Habana von der Cabaña gesehen, Lithografie 19.Jh., Paris, BNF
© BNF
120 Alejo Carpentier, BNJM
© BNJM/Gallimard
121 La Habana, Hauptstraße
© G. A. Rossi/Hoa Qui
Prado-Viertel
© A. Rodríguez
122/123 La Plaza de Armas, Lithografie 19.Jh., Paris, BNF
© BNF
122 Castillo de la Real Fuerza
© G. Guittot/Diaf
123 Büchermarkt
© E. Layani
Zentralpark, Statue Céspedes
© R. Gain
124 Palast des Generalkapitäns, Foto Anfang d. Jh., Paris, Société de Géographie
© BNF
Flachrelief im Inneren des Palastes
© J A Figueroa
Badezimmer
© JP Amet/Sygma
Galerie
© M. Renaudeau/ Hoa Qui
Spiegelsaal
© JP Amet/Sygma
Tod von Antonio Maceo, Menocal, OHC
© J. Goïtia
126 Casa de Lombillo, Palast des Marqués de Arcos
© M. Renaudeau/ Hoa Qui
Restaurant El Patio
© B. Méneux
127 Kathedrale Anfang des Jh.
© Keystone
Palast des Segundo Cabo
© P. de Wilde/Hoa Qui
Patio
© B. Méneux.
128 Calle Obispo
© M. Renaudeau/ Hoa Qui
129 Casa del Árabe
© E. Layani. Börse, Postkarte, Anfang des Jh., OHC
© OHC
130/131 Plaza Vieja
© B. Méneux
131 Wohnung im alten La Habana
© P. Hausherr
Dominospiel
© A. Piera
Kirche de la Merced
© E. Layani
Alameda de Paula, Lithografie, 19. Jh., Paris, BNF © BNF
132 Kapitol
© G. A. Rossi/ Altitude
Im Inneren des Kapitols
© G. Guittot/Diaf
133 Brunnen der Indígena und Paseo Isabel II, Paris, BNF
© BNF
Parque Central
© M. Renaudeau/ Hoa Qui. Alicia Alonso.
© Keystone.
Theater García Lorca
© P. Hausherr.
136 Der Prado
© P. Hausherr
137 Palast der Mariages
© Fred Mayer/Magnum
Museum der Revolution
© P. Hausherr
Haus Bacardí
© T. Deschamps/Diaf
139 Die Tugend der Rechtschaffenheit, Statue von A. Zanelli
© B. Lenormand/ Gallimard
140/141 Malecón
© A. Rodriguez
141 Malecón
© A. Piera
Rampa in den 1960ern
© Roger-Viollet
Hotel Nacional
© E. Nichele/Hoa Qui
142 Universität, November 68
© Keystone
143 Haus in Vedado
© Ph. Roy/Hoa Qui
Haus in Vedado
© Ph. Roy/Hoa Qui
Ceiba in Vedado
© A. Perigot/Hoa Qui
Vedado
© Ph. Roy/Hoa Qui
Eingangshalle
© P. Hausherr
144 Blick über den Friedhof Colón
© P. Hausherr
Friedhofskapelle
© P. Hausherr
La Milagrosa
© P. Hausherr
145 Parteipropaganda
© P. Dannic/Diaf
Gebäude des Minint
© G. Guittot/Diaf
146 Haus in Miramar
© P. Hausherr
Castillo del Morro
© M. Gotin/Scope
147 Spitze der Cabaña
© P. Hausherr
Virgen de Regla
© Publicitur
Straßenkinder
© P. Hausherr
148 Hemingway in Cuba, 1959
© C. Izquierdo/ Librorio Noval, Archivo L. Noval
149 Haus von Hemingway, La Finca Vigía
© R. Gain
Büro von Hemingway
© P. Hausherr
Wohnzimmer
© P. Hausherr
Esszimmer
© R. Gain
150 Hemingway in Floridita
© Archivo L. Noval
Werbung für Floridita
© P. Hausherr
La Bodeguita del Medio
© Ph. Giraud/Sygma
151 Valle de Viñales
© Titouan Lamazou
152 Valle de Viñales
© E. Layani
Cubanische Tänzer, Lithografie 17. Jh., Paris, BNF
© BNF
153 Fischer
© P. Hausherr
154 Portal zur Finca Angerona, in: La Illustración Cubana, La Habana, BNJM
© BNJM/Gallimard
Sierra del Rosario
© P. Roy/Hoa Qui
155 Briefmarken, A.R. vbh.
Parque de la Güira
© Leonel/Publicitur
Manuel Cortina, ANC
© ANC/Gallimard
156/157 Valle de Viñales
© F. Bony/Gallimard
158 Calle de Pinar del Río
© C. Sarramon
159 Tabakbauer
© C. Sarramon
Tabakanbau, Lithografie 19. Jh., Paris, BNF
© BNF
160 Fingerreif
© C. Sarramon
Vista © Tabacalera
Vista © Tabacalera
Vista © Tabacalera
Vista © Tabacalera
Vista © Tabacalera
Vista © C. Sarramon
Vista © J. Torregano
161 Nassau-Barsch
© J. Romero/Jacana
Meeresboden
© M. Debatty/Jacana
162 Playa de Cayo Redondo
© Publicitur Éponge
© M. Debatty/Jacana
Schwammtier
© F. Banfi/Jacana
163 Straße von Trinidad
© P. Hausherr
164 Fort von Cojímar
© J.C. Pratt/Diaf
Playa del Este
© I. Roller
165 Postkarte Anfang d. Jh., Privatsammlung, A.R. vbh.
Ronera Santa Cruz
© J.P. Durand/Diaf
166 Matanzas, Stich 19. Jh.
© Roger-Viollet
Danzón-Tänzer
© P. Glaize
167 Foto Anfang d.Jh.
© Roger-Viollet
Straße von Matanzas, Postkarte Anfang d. Jh., Privatsammlung A.R. vbh.
Grotte von Bellamar, Foto Anfang d. Jh.
© Roger-Viollet
168 Verkäufer
© T. Deschamps/Diaf
Altes Haus in Varadero
© P. Hausherr
169 Playa de Varadero
© G. Rossi/Altitude/ Hoa Qui
Logo des Varadero Golf Club, A.R. vbh.
La Casa Dupont
© P. Hausherr
Hotel-Innenausstattung
© P. Hausherr
170 Straße von Cárdenas
© P. Hausherr
Kolumbus-Statue
© P. Hausherr
Droschke
© P. Hausherr
171 Kloster San Francisco de Assisi
© T. Deschamps
172 Valle de los Ingenios
© M. Renaudeau/ Hoa Qui
172/173 Herde in Holguín
© P. Hausherr
173 Playa de Santa Lucía
© M. Renaudeau/Hoa Qui
174/175 Península de Zapata
© F. Bony/Gallimard
176 Playa Girón
© Keystone
Strand in Ciénaga de Zapata
© P. Cheuva/Diaf
177 Cienfuegos, Punta Gorda
© Publicitur
Prado in Cienfuegos
© G. Guittot/Diaf
178 Parque José Martí
© P. Hausherr
Palacio Ferrer
© Publicitur
Haus in Cienfuegos

© M. Renaudeau/ Hoa Qui
179 Palacio Valle
© C. Bossut-Picat/Hoa Qui
180 Velázquez übergibt Cortéz die Befehlsgewalt über die Armee, Malerei auf Kupfer um 1790, nach Solis, Madrid, Museo de América
© G. Dagli Orti
180/181 Trinidad, Lithografie 19. Jh., Paris, BNF
© BNF
181 Straße von Trinidad
© J. C. Pratt/Diaf
182 Tag der Könige, Lithografie 19. Jh., Paris, BNF
© BNF Plaza Mayor
© P. Hausherr
183 Trinidad 1904, Foto C. Berchon, Société de Géographie
© BNF
Plaza Mayor, Casa Ortiz
© P. Hausherr
Portrait von A. von Humboldt, Bogota, Museo Nacional
© G. Dagli Orti
184 Zeichnung des Palast Brunet
© Titouan Lamazou
Patio
© B. Lenormand /Gallimard
Speisesaal
© P. Hausherr
185 Azulejos in der Küche
© B. Lenormand/ Gallimard
Fensterdetail
© B. Lenormand/ Gallimard
Möbel
© B. Lenormand/ Gallimard
Bett
© B. Lenormand/ Gallimard
186 Die Volanta vor einem Haus in La Habana, Foto Anfang d. Jh.
© Museo de América
Kirche de la Popa
© P. Hausherr
187 Kirche San-Francisco de Assisi
© P. Hausherr
Museo Municipal de Historia
© M. Renaudeau/Hoa Qui
188 Casa Zerguera-Mauri
© M. Renaudeau/Hoa Qui
Hausvorderansicht in Trinidad
© O. Beytout
189 Hausfront in Trinidad
© O. Beytout
id. © O. Beytout
id. © O. Beytout
Fenstergitter
© P. Hausherr
Haus mit Fahrradfahrer
© P. Hausherr
190 Turm von Manaca Iznaga
© P. Hausherr
Straße in Sancti Spíritus
© Publicitur
191 Brücke Yayabo
© P. Hausherr
Kirche Santi Spíritus
© Publicitur
192 Statue von Che
© Ph. Beuzen/Iles Images/Scope
Denkmal zu Ehren des Angriffs auf den Panzerzug
© Publicitur
Flachrelief
© P. Hausherr
193 Nach dem Foto von A. Korda bemalte Mauer in La Habana
© Adagp, Paris, 1999
© P. Dannic/Diaf
Brief an Fidel
© M. Gotin/Scope
194/195 Cayo Guillemo
© P. Hausherr
194 Alejandro García Caturla, La Habana, MNM
© MNM
Laguna de Leche
© Publicitur
195 Pedraplén
© G.A. Rossi/Altitude
Camagüey, Kirche de la Caridad, Postkarte Anfang d. Jh., La Habana, BNJ
© BNJM/Gallimard
196 Plaza San Juan de Dios, Camagüey
© T. Deschamps/Diaf
id. © T. Deschamps/Diaf
Hospital San Juan de Dios
© M. Renaudeau/Hoa Qui
197 Strasse in Santiago
© P. Hausherr
198 Landschaft in Oriente
© B. Perousse/Hoa Qui
198/199 Bestrafung von Sklaven, in: La Ilustración Cubana, La Habana, BNJM
© BNJM.
199 Bemalte Mauer
© P. Hausherr
200 Briefmarke Calixto Garcia, A.R. vbh.
Zuckerrohrschneider
© P. Hausherr
201 Familie in Holguín, 1880, Foto W. Lilbey, Société de Géographie, Paris
© BNF
Guardalavaca
© M. Renaudeau/Hoa Qui
202 Fidels Truppenlager
© Keystone
202/203 Landschaft in der Sierra Maestra
© Hoa Qui
204 Pedro Figueredo, ANC © ANC
Kirche in Bayamo
© Publicitur
205 Straßenmusikant
© P. Hausherr
Die Orgeln von Manzanillo
© P. Hausherr
Straße in Manzanillo
© P. Hausherr
206 Wandmalerei zur Geschichte der Revolution
© P. Hausherr
Morro und Hafeneingang, Lithografie 19. Jh., Paris, BNF© BNF
206/207 Wandmalerei zur Geschichte der Revolution
© P. Hausherr
207 Wandmalerei zur Geschichte der Revolution
© P. Hausherr
Zeichnung
© Titouan Lamazou
208 Klosterdach
© T. Deschamps/Diaf
Rathausbalkon
© B. Perouse/ Hoa Qui
209 Compay Segundo
© E. Lobo/Hoa Qui
Hausinnere der Casa de la Trova
© P. Hausherr
El Guayabera
© G. de Remuzat/ Yemaya Productions
210 Patio
© Sablon/Publicitur
Balkon
© P. Hausherr
211 Detail der Vertäfelung
© B. Lenormand/ Gallimard
Zimmer
© B. Lenormand/ Gallimard
Salon
© P. Hausherr
Speisesaal
© P. Hausherr
212 Postkarte, Anfang d. Jd., La Habana, BNJM
© BNJM/Gallimard
212/213 Straße in Santiago
© M. Renaudeau/Hoa Qui
213 Geschäft in den 1920er Jahren
© Fototeca de Cuba
Tänzerinnen der Tumba Francesa
© D. Laisné/Cosmos
214 Hafen
© G. Boseo/Hoa Qui
Statue zu Ehren von Antonio Maceo
© P. Hausherr
215 Bacardí-Fabrik, 1930/40
© Fototeca de Cuba
Barbier auf der Strasse
© P. Hausherr
216 Schloss El Morro
© P. Hausherr
217 Zulassungsmarke
© J.C. Pratt/Diaf
Altes Auto
© P. Hausherr
Straße von Santiago
© M. Renaudeau/ Hoa Qui
218 Basilika El Cobre
© P. Hausherr
Wallfahrt zur Basilika
© P. Hausherr
id. © P. Hausherr
220 Joseíto Fernandez, La Habana, MNM
© MNM.
Changüi-Gruppe
© P. Hausherr
221 Tüten mit Cucurucho
© P. Hausherr
Straße von Baracoa
© P. Hausherr
Die Pein von Hatuey, Stich (anonym)
© P. Alibert
222 Haus auf dem Land
© T. Deschamps/Diaf
Portrait der Rusa
© P. Hausherr
Hotel de La Rusa
© P. Hausherr
223 Cayo Rico
© G.A. Rossi/Altitude
224 Isla de la Juventud
© Ph. Beuzen/Scope
225 Gefängnis von José Martí
© Ph. Beuzen/Scope
Die Piratinnen Anne Bonny und Mary Read, Stich 18. Jh.
© P. Newark's Historical picture
226 Kirche Nuestra Señora de los Dolores
© P. Hausherr
226-227 Strafanstalt
© P. Hausherr
Zelle von Castro
© P. Hausherr
228 Strände von Cayo Largo
© P. Hausherr

A

B

C

Stichwörter aus der Rubrik »Praktische Informationen« wie ›Klima‹ und ›Formalitäten‹ sind mit *kursiven* Seitenzahlen aufgenommen worden.

Stadt- und Landkarten

A
A B C
1
2
3
4
5
6
GOLFO DE MÉXICO
ARCHIPIÉLAGO DE LOS COLORADOS Y DE SANTA ISABEL
El Morillo
CAYO LEVISA
Manuel Sanguily
CAYO INÉS DE SOTO
Puerto Esperanza
La Palma
CAYO JUTÍAS
Santa Luc a
VALLE DE VIÑALES
GUANIGUANICO
SIERRA DEL ROSARIO
CUEVA DE LOS PORTALES
Minas de Matahambre
PUNTA TABACO
Viñales
Entronque de Herradura
PARQUE LA GÜ
CAYO RAPADO GRANDE
Dimas
CORDILLERA DE
SIERRA DE LOS ÓRGANOS
Consolaci n del Sur
Los Palacios
Sumidero
Herradura
CAYO DE BUENAVISTA
Pinar del Río
Arroyos de Mantua
Cubanac n
VUELTA ABAJO
Puerta de Golpe
Playa Dayaniguas
Mantua
San Juan y Mart nez
San Luis
Alonso de Rojas
PUNTA CARRAGU
PUNTA DE ÁBALOS
Guane
La Coloma
GOLFO DE GUANAHACABIBES
Bolívar
Isabel Rubio
PLAYA BAILÉN
Punta de Cartas
PUNTA LA FIJA
Sandino
BAHÍA DE GUADIANA
CAYOS DE LA LEÑA
PENINSULA DE GUANAHACABIBES
La F
Cort s
Las Tumbas
La Bajada
Manuel Lazo
CAYOS DE SAN FELIPE
BAHÍA DE CORRIENTE
CABO FRANCÉS
CABO DE SAN ANTONIO
Maria La Gorda
PINAR DEL RŒO
CAYO LOS INDIOS
ENSENADA LOS BARCO
CABO CORRIENTES
ENSENADA DE LA SIGUANEA
CABO FRANCÉS
COSTA DE LOS PIRATE
Coco
MAR

D
E
F
1
2
3
4
5
6
ESTRECHO DE LA FLORIDA
CIUDAD DE LA HABANA
La Habana
PLAYAS DEL ESTE
PUNTA BARLOVENTO
Coj mar
Santa Cruz del Norte
Jaruco
Matanzas
VALLE DE YUMURÍ
CUEVA DE BELLAMAR
PUNTA HICACOS
Varadero
Santa Marta
Cárdenas
La Boca
Bauta
Mariel
Guanajay
San Antonio de los Ba os
Bejucal
San Jos de las Lajas
Aguacate
Madruga
Artemisa
Alquizar
San Antonio de las Vegas
G ines
Melena del Sur
G ira de Melena
Bataban
San Nicol s
Palos
Uni n de Reyes
Coliseo
Jovellanos
Nueva Paz
Playa Majana
Guanimar
Playa del Caj o
Surgidero Bataban
Playa el Rosario
Playa del Caimito
Playa Tasajera
Pedro Betancourt
Torriente
Jag ey Grande
CAYERÍA LAS CAYAMAS
LA HABANA
ENSENADA DE LA BROA
CAYOS DE BUENAVISTA
PUNTA GORDAS
Maneadero
Santos Tom s
La Boca
Guam
LAGUNA DEL TESORO
PENINSULA DE ZAPATA
Playa Larga
San Lazaro
BAHÍA DE COCHINOS
La Salina
CAYERIA DEL HAMBRE
CAYOS DE MANGLES
CAYERIA DE DIEGO PÉREZ
CAYO BLANCO DEL SUR
PUNTA PALMILLA
MATANZAS
Nueva Gerona
Playa Bibijagua
CAYOS DE LOS INGLESITOS
PRESIDIO MODELO
ISLA DE LA JUVENTUD
La F
La Reforma
CUEVA DE PUNTA DEL ESTE
CAYO MATÍAS
Cayo Piedra
PUNTA DEL ESTE
CAYO CAMPOS
CAYO CANTILES
CAYO DEL ROSARIO
CAYO RICO
CAYO LARGO
ARCHIPIÉLAGO DE LOS CANARREOS
SAGUA LA G
COLON
SANTA CLARA
PLAYA DE GIRÓN
CARIBE
0
25
50 km
1/1 900 000 - 1 cm = 19 km

B
A B C
1 2 3 4 5 6
LA HABANA
GÜINES
ARCHIPIÉLAGO DE SABANA
CAYO MORO
CAYO CRUZ DEL PADRE
PUNTA HICACOS
CAYO PUNTA ARENAS
CAYO BAHÍA DE CÁDIZ
CAYO BLANQUIZAL
Varadero
BAHÍA DE SANTA CLARA
CAYO PIEDRA DEL OBISPO
Santa Marta
Matanzas
Cárdenas
Baños de Elguea
Valdivieso
CAYO ESQUIVEL DEL NORTE
VILLA
Isabela de Sagua
CAYO DROMEDARIOS
Corralillo
Sierra Morena
Máximo Gómez
Martí
Hoyo Colorado
EMBALSE PALMA SOLA
Caharatas
Playa Uvero
Coliseo
Jovellanos
Périco
San José de Ramos
San Pedro
Quintín Banderas
Sagua la Grande
CAYO DE PAJO
Colón
Pedro Betancourt
Agramonte
San Pedro de Mayabón
Los Arabos
Quemado de Güines
EMBALSE ALACRANES
Emilio Córdoba
Calabazar de Sagua
Seis de Agosto
Cascajal
Cifuentes
Torriente
Jagüey Grande
San Diego del Valle
Encrucijada
Céspedes
Santo Domingo
Santos Tomás
Australia
Aguada de Pasajeros
La Victoria
Esperanza
Camaju
La Boca
Guamá
Cartagena
EMBALSE MINERVA
LAGUNA DEL TOSORO
Real Campiña
Rodas
Ranchuelo
Santa Clara
Placetas
Covadonga
Cruces
Playa Larga
Ariza
San Fernando de Camarones
San Lazaro
BAHÍA DE COCHINOS
Yaguaramas
Constancia
Palmira
Cienfuegos
Cumanayagua
Horquitas
Agabama
La Salina
Juraguá
JARDÍN BOTÁNICO DE LA SOLEDAD
Manicaragua
CAYO BLANCO DEL SUR
PUNTA PALMILLA
Playa Girón
Castillo de Jagua
EMBALSE HANABANILLA
Güinia de Miranda
La Sierrita
Topes de Collantes
MATANZAS
San Juan
Condado
Trinidad
CIENFUEGOS
Casilda
TORRE MANACA IZNAGA
LOS INGEN
PLAYA ANCÓN
San Pedro
CAYO LARGO
SANCTI
MAR

D
E
F
1
2
3
4
5
6
CLARA
CIEGO DE ÁVILA
CAYO RAGOSO
CAYO FRANCÉS
CAYO SANTA MARÍA
AYOS DE VIRAZÓN
CAYO GUILLERMO
ARCHIPIÉLAGO DE CAMAGÜEY
Caibarién
CAYOS DE LA HERRADURA
CAYO COCO
CAYO PAREDÓN GRANDE
Remedios
CAYOS DE PIEDRA
BAHÍA DE BUENA VISTA
BAHÍA DE PERR
CAYO MÉGANO GRANDE
Máximo Gómez
Yaguajay
ISLA DE TURIGUANO
CAYO JUDAS
CAYO ROMANO
CAYO CRUZ
Meneses
Mayajigua
Manatí
General Corralillo
Iguará
Chambas
LAGUNA DE LA LECHE
BAHÍA DE JIGÜEY
Florencia
Enrique Varona
Morón
Cabaiguán
Taguasco
Ciro Redondo
Bolivia
Ocho
Mameyal
Zaza del Medio
Jatibonico
Ceballos
Playa Jigüey
BAHÍA DE LA GLORIA
EMBALSE ZAZA
Majagua
Ciego de Ávila
Primero de Enero
Esmeralda
Sancti Spíritus
Brasil
Julio Sanguily
Colorado
La Sierpe
Mamanantuabo
Jiqui
Gaspar
Venezuela
Baraguá
EMBALSE PORVENIR
Solas
El Jibaro
Pueblo Nuevo de San Diego
Paso de Lesca
Júcaro
Manatí
Piedrecitas
Palo Alto
PUNTA DRILLO
Florida
San Joaquín
SPÍRITUS
CAYOS DE ANA MARÍA
NUEVITAS
San Antonio
EMBALSE MUÑOS
Camagüey
GOLFO DE ANA MARIA
Playa Florida
El Seis
El Trece
Vidot
LAS TUNAS
Vertientes
El Chorro
Jimaguayú
Contramaestre
CAYOS CINCO BALAS
NAJASA
PUNTA MACURIJES
Blanquizal
CAYO GRANDE
La División
CAMAGÜEY
La Caoba
Iagua Tres
COLOMBIA
ARCHIPIÉLAGO JARDINES DE LA REINA
CAYO ANCLITAS
CAYOS PINGÜES
Cándido González
Haiti
CAYO CACHIBOCA
Santa Cruz Del Sur
CAYO LAS CAGUAMAS
CAYO MEDIA LUNA
CAYO CABEZA DEL ESTE
CARIBE
0
25
50 km
1/1 900 000 - 1 cm = 19 km

C
A B C
1 2 3 4 5 6
ARCHIPIÉLAGO DE CAMAGÜEY
CAYO CRUZ
ROMANO
BAHÍA DE LA GLORI
CAYO GUAJABA
PUNTA CRUZ
CANAL
ESMERALDA
CIEGO DE A.
SANTA CRUZ DEL S.
Piloto
Solas
Mola
CAYO SABINAL
PUNTA DE PRÁCTICOS
Paso de Lesca
Senado
Lugareño
Nuevitas
Playa Santa Lucia
LAS TUNAS
Minas
Camagüey
PUNTA BRAVA
Camalote
Puerto Manati
Playa Jibara
Playa La Herradura
EMBALSE MAÑANA DE SANTA ANA
Vidot
Jimaguayú
Sibanicú
Manatí
Rincón
Puerto Padre
Playa de Caletones
Marti
Najasa
NAJASA
Guáimaro
Guinea
Vázquez
Delicias
Jesús Menendez
Gibara
Velasco
Potreri
Naranjo
Colombia
Las Tunas
San Andres
Floro Pérez
Calixto
Amancio Rodriguez
Jobabo
Buenaventura
Holguín
Ojo del Agua
Haiti
Dormitorio
Mir
Cacocum
Bágua
Zábalo
Maceo
Guayabal
Playa El Habanero
Guamo Embarcadero
EMBALSE LEONERO
ENSENADA DE BIRAMA
EMBALSE CAUTO DEL PASO
Cauto Cristo
Urbano Noris
Río Cauto
GOLFO DE GUACANAYABO
Babiney
Cauto Embarcadero
CAYOS DE MANZANILLO
GRANMA
Manzanillo
Bayamo
Jiguaní
Contramaestre
Yara
Campechuela
Guisa
EMBALSE CANTILLO
Palm Sorian
Bartolomé Masó
Buey Arriba
Los Negros
CAYOS BALANDRAS
Media Luna
Yao del Medio
Victorino
Las Mercedes
Dos Palr
Niquero
Vicana Arriba
SIERRA MAESTRA
La Marsellesa
Pozo Redondo
Santo Domingo
PICO TURQUINO 1974 M
San Lorenzo
Uvero
Chivirico
Río Nuevo
Pilón
Marea del Portillo
PUNTA TABACAL
La Magdalena
Alegría de Pio
CABO CRUZ
SANTIAGO DE CUBA
MAR

D
E
F
1
2
3
4
5
6
DE
SANTAREN
Guardalavaca
CABO LUCRECIA
PUNTA DE MULAS
Banes
Playa de Morales
Nicaragua
HOLGUÍN
El Ramón
Antilla
Guatemala
CAYO SAETIA
BAHÍA DE NIPE
Felton
Cayo Mambí
Moa
Nicaro
Cananova
PUNTA LA FABRICA
Mayarí
Punta Gorda
SIERRA DEL CRISTAL
Los Indios
La Mina
Sagua de Tánamo
PLAYA MAGUANA
Mayari Arriba
Paseo del Toa
BOCA DE YUMURÍ
Palenque
PUNTA DEL FRAILE
Limonar
Baracoa
Jamal
Palmarito de Cauto
Argeo Martínez
LA FAROLA
Maisí
El Salvador
Manuel Támes
Los Ranchos
PUNTA DE MAISÍ
Los Reynaldos
La Maya
Guantánamo
PUNTA CALETA
Imías
Cajobabo
San Antonio del Sur
Caimaneira
Santiago de Cuba
Baconao
Mártires de la Frontera
PARQUE BACONAO
Hatibonico
GUANTÁNAMO
US Naval Station
CARIBE
0
25
50 km
1/1 900 000 - 1 cm = 19 km

D
ESTRECHO DE LA
CALETA DE
MALECÓN
MONUMENTO A CALIXTO GARCIA
MONUMENTO A LAS VÍCTIMAS DEL MAINE
HOTEL NACIONAL
FOCSA
HOTEL CAPRI
TORREÓN DE SAN LAZÁRO
MONUMENTO A ANTONIO MACEO
PARQUE MACEO
COPPELIA
HOTEL HABANA LIBRE
MUSEO DE ARTES DECORATIVAS
UNIVERSIDAD DE LA HABANA
MUSEO NAPOLEÓNICO
VEDADO
HOSPITAL CALIXTO GARCÍA
CASTILLO DEL PRINCIPE
QUINTANA DE LOS MOLINOS
FERIA DE LA JUVENTUD
TERMINAL DE AUTOBUSES INTERPROVINCIALES
TEATRO NACIONAL
MINISTERIO DEL INTERIOR
CEMENTERIO DE CRISTÓBAL COLÓN
Plaza de la Revolución
BIBLIOTECA NACIONAL
PALACIO DE LA REVOLUCIÓN
HOSPITAL CENTRO HABANA
ESTADIO LATINOAMERICANO
HOSPITAL CLÍNICO QUIRÚRGICO
HOSPITAL GENERAL SALVADOR ALLENDE
CERRO
LÍNEA
AVENIDA DE LOS PRESIDENTES
CALZADA DE INFANTA
AVE. SALVADOR ALLENDE (CARLOS III)
CALZADA DE ZAPATA
PASEO
AVENIDA CARLOS M. DE CESPEDES
AVENIDA RANCHO BOYEROS
AVENIDA 20 DE MAYO
CALZADA DEL CERRO
CALZADA DE AYESTARÁN
INDEPENDENCIA
SAN LÁZARO
NEPTUNO
SAN MIGUEL
ZANJA
SALUD
JESÚS PEREGRINO
ARANGUREN
DESAGÜE
LOMBILLO
TULIPÁN
SANTA ANA
ERMITA
PUENTES GRANDES
FLORENCIA
AGUAS
MARIEL
PINAR DEL RIO
AEROPUERTO
A B C
1 2 3 4 5 6

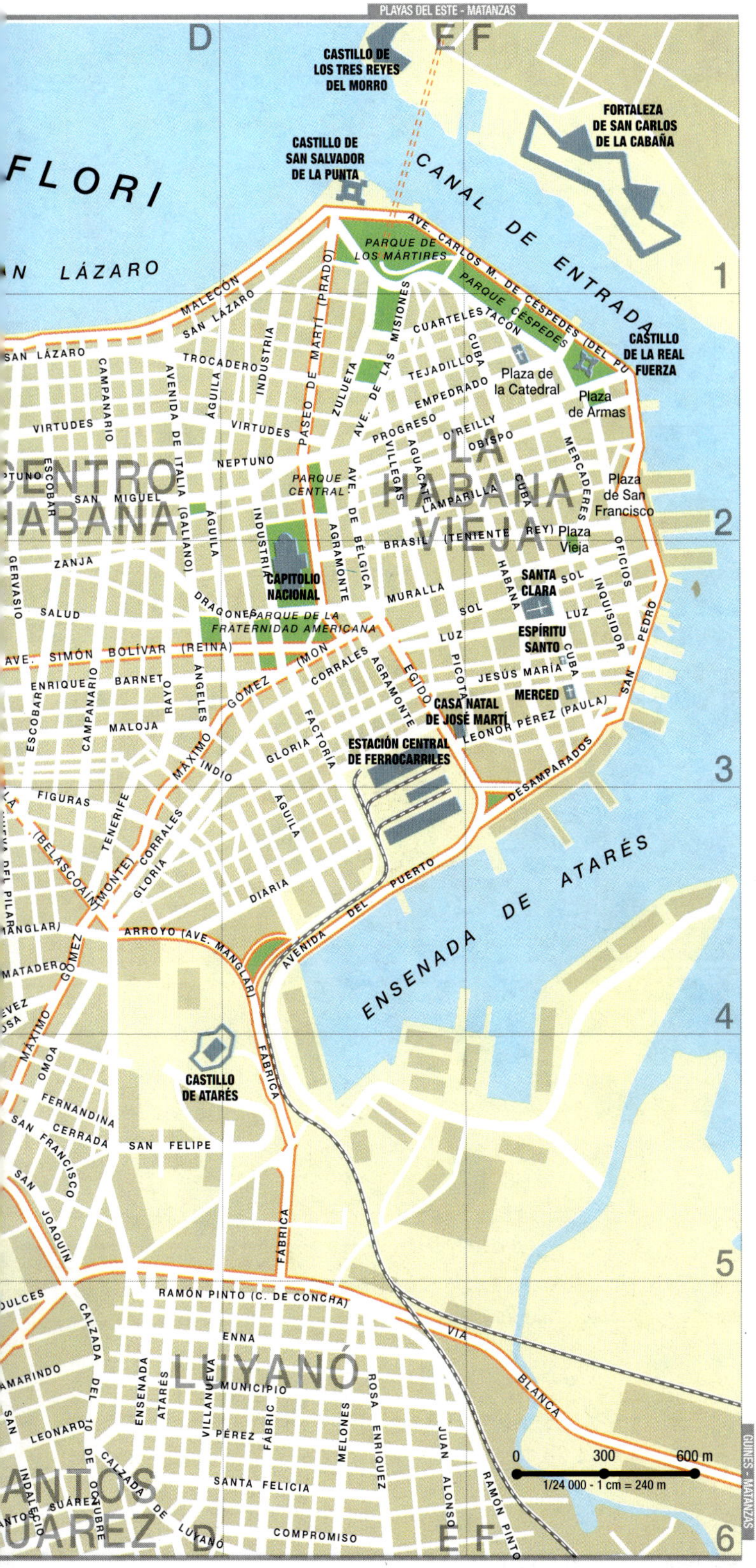
PLAYAS DEL ESTE - MATANZAS
GUINES - MATANZAS
D
E F
1
2
3
4
5
6
CASTILLO DE LOS TRES REYES DEL MORRO
FORTALEZA DE SAN CARLOS DE LA CABAÑA
CASTILLO DE SAN SALVADOR DE LA PUNTA
CANAL DE ENTRADA
FLORI
SAN LÁZARO
MALECÓN
PARQUE DE LOS MÁRTIRES
AVE. CARLOS M. DE CÉSPEDES (DEL PU
PARQUE CÉSPEDES
CASTILLO DE LA REAL FUERZA
Plaza de la Catedral
Plaza de Armas
Plaza de San Francisco
Plaza Vieja
CENTRO HABANA
LA HABANA VIEJA
PARQUE CENTRAL
CAPITOLIO NACIONAL
PARQUE DE LA FRATERNIDAD AMERICANA
SANTA CLARA
ESPÍRITU SANTO
MERCED
CASA NATAL DE JOSÉ MARTÍ
ESTACIÓN CENTRAL DE FERROCARRILES
PASEO DE MARTÍ (PRADO)
AVE. DE LAS MISIONES
AVE. SIMÓN BOLÍVAR (REINA)
AVENIDA DE ITALIA (GALIANO)
ENSENADA DE ATARÉS
AVENIDA DEL PUERTO
DESAMPARADOS
ARROYO (AVE. MANGLAR)
CASTILLO DE ATARÉS
FÁBRICA
VIA BLANCA
LUYANÓ
RAMÓN PINTO (C. DE CONCHA)
CALZADA DEL 10 DE OCTUBRE
CALZADA DE LUYANÓ
SANTOS SUÁREZ
0 300 600 m
1/24 000 - 1 cm = 240 m

La Habana (Centrum)

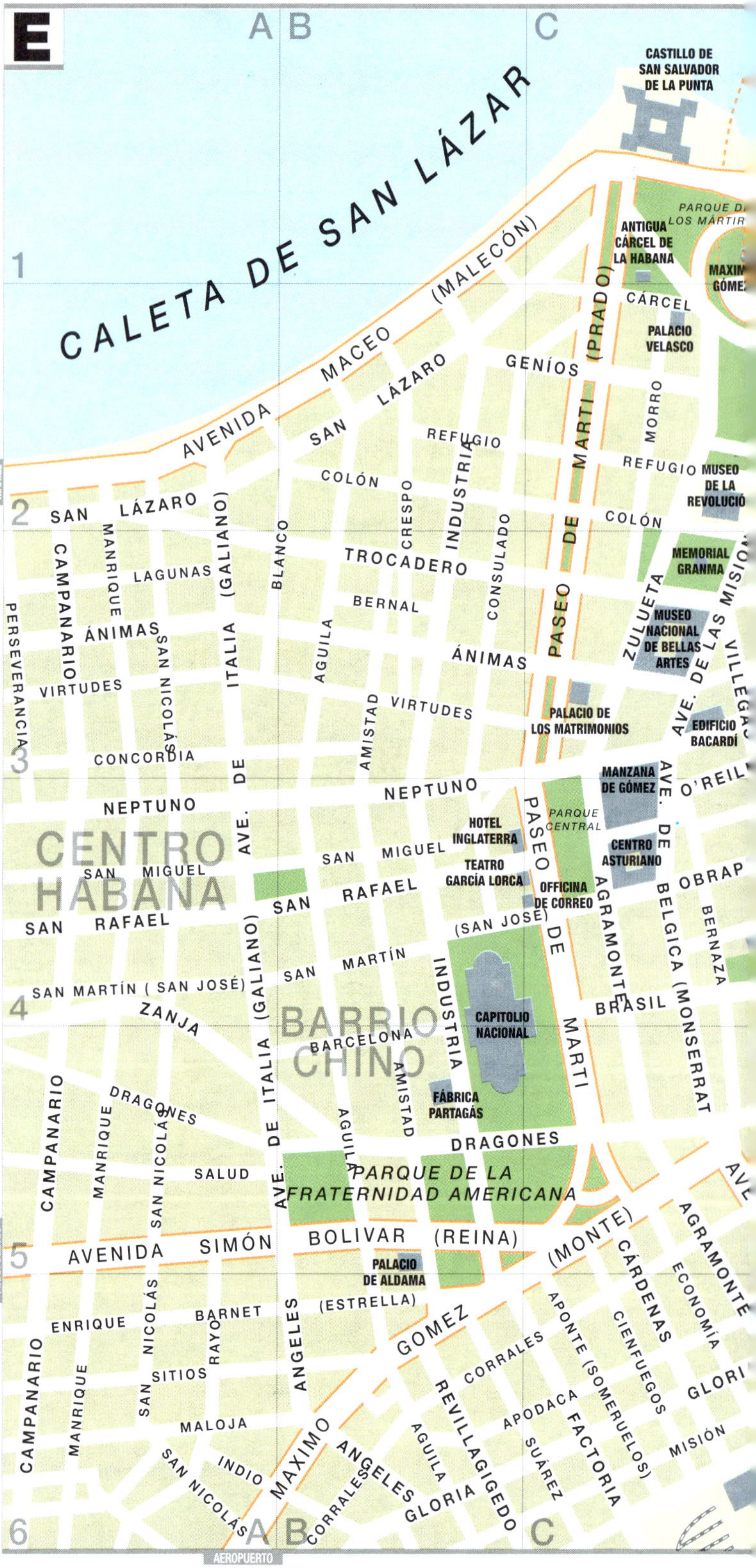

D
E F
1
2
3
4
5
6
FORTALEZA DE SAN CARLOS DE LA CABAÑA
CANAL DE ENTRADA
AVE. CARLOS M. DE CÉSPEDES (AVE. DEL PUERTO)
PARQUE CÉSPEDES
MUSEO DE LA MÚSICA
POBRE
PEÑA
EL PALACIO DE ARTESANÍA
ESPADA
CUARTELES
TACÓN
HABANA
AGUIAR
CHACÓN
CATEDRAL SAN CRISTOBAL
SAN IGNACIO
TEJADILLO
CUBA
Plaza de la Catedral
PALACIO DEL MARQUÉS DE ARCOS
CASTILLO DE LA REAL FUERZA
COMPOSTELA
CASA DE LA CONDERA DE LA REUNIÓN
EMPEDRADO
PAL. DE LOS CONDES DE CASA BAYONA
O'REILLY
EL TEMPLETE
N. LO
BARILLO
Plaza de Armas
LA HABANA VIEJA
PROGRESO
PALACIO DE LOS CAPITANES GENERALES (MUSEO DE LA CIUDAD)
JUST
CASA DEL OBISPO (NUMISMÁTICO)
CASA DE LA CALLE OBISPO
IGLESIA Y CONVENTO DE SANTA TERESA
OBISPO
CASA DE LA OBRA PÍA
OBRAPÍA
CASA DE LOS ÁRABES
BARATILL
CASA VILLEGAS
CASA DE ÁFRICA
MERCADERES
OFICIOS
LAMPARILLA
Plaza de San Francisco
IGLERIA Y
ARMAGURA
CARLOS J. FINLAY
IGLESIA Y CONVENTO DE SAN FRANCISCO DE ASÍS
LESIA L CRISTO
BRASIL
CHURRU
Plaza Vieja
ENIENTE REY
MURALLA
VILLEGAS
AGUACATE
CASA DEL CONDE DE JARUCO
SOL
CLARA
SANTA
INQUISIDOR
CONVENTO DE SANTA CLARA
LUZ
SAN PEDRO
IGLESIA Y CONVENTO DE BELÉN
CURAZAO
IGLESIA PARROQUIAL DEL ESPÍRITU SANTO
MARÍA
PICOTA
JESÚS
ALACIO DE BALBOA
MERCED
IGLESIA Y CONVENTO DE LA MERCED
BAYONA
(PAULA)
CONDE
IGLESIA DE PAULA
BELGICA (EGIDO)
CASA NATAL DE JOSÉ MARTÍ
LEONOR PÉREZ
SAN ISODORO
DESAMPARADOS
STACIÓN CENTRAL E FERROCARRILES
MURALLA DE LA HABANA
0
50
100 m
1/ 10 000 - 1 cm = 100 m

ÜBERSICHTSKARTE CUBA

■ Fläche
110 861 km2.
(1250 km lang; 7000 km Küste; 4195 *cayos* bzw. kleine Inseln)

■ Bevölkerung
11,2 Mio. Einwohner; davon über 2 Mio. im Großraum La Habana und über 400 000 in Santiago.

■ Hauptstadt
La Habana

■ Aufgliederung
14 Provinzen; 169 Stadtgebiete (Municipios)

■ Landessprache
Spanisch

■ Landeswährung
Peso und Dollar

■ Erwerbspersonen
5,2 Mio. (Schätzung von 1998). Davon im Dienstleistungssektor: 38 %; Industrie und Bauwirtschaft: 27 %; Verkehrswesen: 13 %. Landwirtschaft: 22 % (Da… Ende der 80er … Die Umstellung de… Wirtschaft sorgte … eine Abnahme … Staatsbedienste… (70 % der Berufsta… gen), einen Aufschwung der Kooperativen (9,6 %) sowie

Wissenswertes auf einen Blick

Natur Die Besonderheiten der cubanischen Landschaften, der Flora und Fauna, dargestellt von spezialisierten Autoren und Natur-Illustrateuren.
Geschichte Auswirkungen der großen Geschichte auf die der Region, von prähistorischer Zeit bis zur Gegenwart. In einer Zeitleiste sind die wichtigsten Daten schnell zu finden.
Kultur und Traditionen Sitten und Bräuche, Trachten und traditionelle Tätigkeiten der Menschen in der Region.
Architektur Das gebaute Erbe: die bedeutenden zivilen, religiösen und militärischen Monumente, dazu Wohnhäuser in der Stadt und auf dem Land, nach Epochen sortiert und in zauberhaften Zeichnungen präsentiert.
Cuba – von Malern gesehen Eine charakteristische Auswahl von Gemälden von der frühen Neuzeit bis zur Moderne, nach Themen zusammengefasst.
Cuba in der Literatur Ausgewählte Texte aus berühmten, aber auch aus weniger bekannten Werken, ebenfalls nach Themen sortiert.

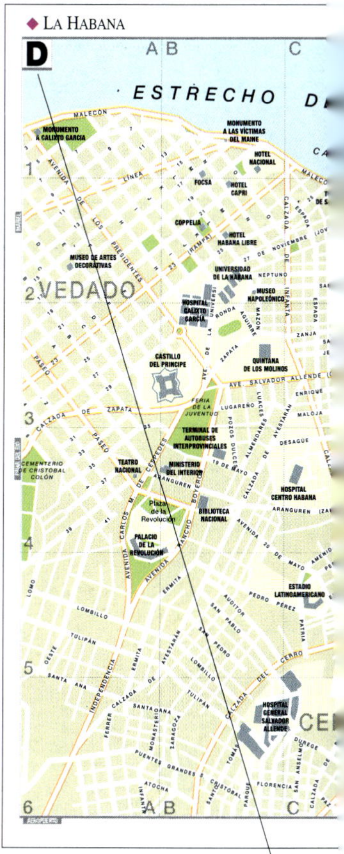

Reiserouten auf Cuba

Jedes Routenkapitel beginnt mit einer Karte der behandelten Region.
★ **Die Highlights** Die bedeutendsten Sehenswürdigkeiten; besonders hervorgehoben durch grau unterlegte Texte in den Randspalten.
♥ **Empfehlung** Von den Autoren empfohlene Orte, besonders landestypisch!
Themenseiten Jeweils eine ganze Doppelseite zu einem wichtigen Thema oder einer außergewöhnlichen Sehenswürdigkeit.

Praktische Informationen

Alle notwendigen Informationen, die man zur Reisevorbereitung oder unterwegs benötigt.
Sehenswürdigkeiten Adressen und Öffnungszeiten, präsentiert in tabellarischer Form.
Adressenverzeichnis Eine Auswahl empfehlenswerter Hotels und Restaurants, vorgeschlagen von ausgewiesenen Landeskennern.
Anhang Bibliografie, Abbildungsnachweis, Register.
Stadt- und Landkarten Karten in größerem Maßstab mit Index; jede Karte ist mit Koordinaten versehen, mittels derer die Orte und Stätten leicht zu finden sind.

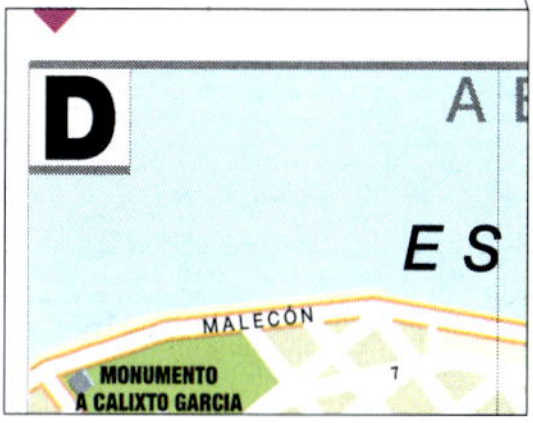

Die Karten sind durch einen Buchstaben kenntlich gemacht. Die sehenswerten Orte der Reiserouten sind mittels der Koordinaten der Karten aufzufinden (z. B.: **D** B2).

TA CLARA (▲ 192)

CAYO COCO (▲ 194)

CAMAGÜEY ▲ 195

NIDAD (▲ 180)

SANTIAGO (▲ 206)

BARACOA (▲ 221)

rden mit den rch Zucker gewonnen Vermögen ınkvolle Paläste schaffen. Gehen e zur Plaza Mayor!

nta Clara
f Ches Spuren: er ist seit 1997 seiletzte Ruhestätte. Gehen Sie zur Plaza de la Revolución!

Cayo Coco
Sie ist eine der schönsten cubanischen Inseln und liegt nahe des Korallenriffs.

Camagüey
Die berühmten *tinajones* (große Wasserkrüge aus Ton) können in den Patios der kolonialen Wohnsitze bewundert werden.

Santiago de Cuba
Hier hat man den Rhythmus im Blut und der Karneval ist ein Muss! Besuchen Sie Parque Céspedes und Calle Heredia!

Baracoa
Die älteste Stadt Cubas hat einen vergessenen Hafen im Osten der Stadt. Besuchen Sie das Museo Principal!